法学教育研究

Legal Education Research

2023 第四十一卷

范九利 主编

法律出版社
LAW PRESS·CHINA
北京

CSSCI来源集刊

《法学教育研究》已许可中国学术期刊（光盘版）电子杂志社在中国知网及其系列数据库产品中以数字化方式复制、汇编、发行、信息网络传播《法学教育研究》全文；《法学教育研究》已许可北大法宝法学期刊数据库以电子形式对本书进行制作、以不脱离于数据库的形式进行传播和销售。本书被北京万方数据股份有限公司、万方数据电子出版社数据库收录，相关著作权使用费和稿费由本书一并支付。本书已被维普网全文收录。如无特别说明，作者提交文章发表的行为即视为同意上述声明。

法学教育研究（第四十一卷）

理论探讨

教学研究

比较研究

教育法治

法务反哺

书　评

Contents

· Exploration of Theories ·

· Teaching Research ·

· Comparative Study ·

· Education and Law ·

· Legal Practice ·

· Book Review ·

理论探讨

规范体系及其社会规范的研究价值和意义*

刘作翔**

摘　要：法律体系是一个有着严格要求的规则体系。在我国，能够纳入法律体系的，必须符合我国《立法法》对于法律形式的要求，即必须由有立法权的国家立法机关制定，才能进入法律体系的序列，成为法律体系的组成部分。法律体系的这种严格性，必然带来其局限性。除法律之外，还有各种各样的规范类型和体系存在，且发挥着重要的作用，而我们没有办法把这些规范类型和体系都纳入法律体系中。因此，我们需要寻找一个新的命题、新的概念或新的范畴，把这些规范类型和体系纳入其框架之内。

---

* 基金项目：2018年度国家社科基金重点项目"'重大改革于法有据'理论与实践研究"（项目编号：18AFX001）的阶段性成果。此文系作者应邀于2022年1月5日在甘肃省民族法制文化研究所为研究人员作的学术讲座"关于建立分种类、多层级的社会规范备案审查制度的思考"的整理稿，由中国社会科学院魏书音博士根据录音整理。作者在讲座中，讲述了为什么要研究规范体系及其社会规范问题的起因、过程、内容，以及如何思考问题、研究问题，一步步推进问题的深入和拓展。

** 刘作翔，上海师范大学哲学与法政学院光启学者特聘教授，法治与人权研究所所长，中国法学会法理学研究会副会长。研究方向：法理学、法社会学、法律文化理论、民主法治理论、法学发展。

规范体系就是这样一个合适的、恰当的命题、概念和范畴。在规范体系概念之下,所有的规范类型和体系都可以纳入其中,它具有很强的包容性。在规范体系内部,存在非常复杂的相互关系,对这些复杂关系的研究和厘清,不仅有重要的理论和学术价值,也对于法治实践有重要的指导意义。

关键词:规范体系　规范类型　法律规范体系　社会规范体系　备案审查制度

一、为什么要研究规范体系?

今天跟大家交流的问题,就是"建立分种类、多层级的社会规范备案审查制度",这也是前不久我在《中国法学》2021年第5期发表的文章的主题。大概有十年的时间,我一直在思考规范体系的问题。为什么要研究规范体系?这个话题要追溯到2010年前后。2011年1月24日,在全国人大常委会召开的"形成中国特色社会主义法律体系座谈会"上,时任全国人大常委会委员长吴邦国出席会议并指出,中国特色社会主义法律体系已经形成,这是党的十五大确定的一个任务和目标。在关于法律体系问题的讨论过程中,我发现法律体系是有局限性的。为什么法律体系有局限性?因为法律体系是有严格要求的,能够成为法律体系的,需要进入法律的序列。那么法律体系这个序列是怎么进入的?它是有标准的。我国是一个制定法国家。所谓制定法国家,也就是说我们的法律都是由立法机关来制定的,我们的司法机关是适用法律的,我们的执法机关是执行法律的,我们整个法治的构造就是立法型的,是以立法为主导的法治结构。要进入法律体系,就要按照我国《立法法》的规定,它是有明确的形式的,不是随便可以进入的。《立法法》目前规定了八种法律形式,在国家层面有四种,在地方层面也有四种,即我们通常所说的"法律渊源"。国家层面的四种形式依次为宪法、法律(包括全国人大制定的法律和全国人大常委会制定的法律)、国务院制定的行政法规、国务院各部委制定的部门规章;在地方层面也有四种形式,包括地方性法规、地方政府规章、自治条例、单行条例。现在有设区的市的立法,但是设区的市的立法完全可以归到地方性法规和地方政府规章序列里面去。可以看出,作为法律体系是有严格要求的,必须由有立法权的国家立法机关制定,才能进入法律体系的行列。

但是,除了法律之外,我们国家还有一些规范类型和体系。一是党内法规体系。党的十八届四中全会提出了一个“法治体系”的结构,分为五大体系:第一个是法律规范体系,第二个是法治实施体系,第三个是法治监督体系,第四个是法治保障体系,第五个是党内法规体系。党内法规体系显然是放不进法律体系这个概念里的,它是“法治体系”的结构,但不是“法律体系”的结构,这就产生了一个问题:怎么在我们法治国家建设的结构里面安排它的位置?另外,还有一个党的规范性文件,这又是一个类型。党内法规的制定机关是有级别限定的,按照2019年修订后的《党内法规制定条例》第3条规定,“党内法规是党的中央组织、中央纪律检查委员会以及党中央工作机关和省、自治区、直辖市单位制定的体现党的统一意志、规范党的领导、党的建设活动、依靠党的纪律保证实施专门规章制度。”但是党的规范性文件前后做了修订,起初,党的规范性文件在2012年发布的《中国共产党党内法规和规范性文件备案审查规定》里是有级别限定的。在该规定于2019年经中共中央政治局讨论修改以后,党的规范性文件是指“党组织在履行职责过程中形成的具有普遍约束力、在一定时期内可以反复适用的文件”,其范围就很广了,显然不在法律体系框架之内。二是国家政策体系,它也是很庞大的一个规范类型和体系,这个规范类型和体系也没有办法纳入法律体系这个框架内。三是我们今天要讨论的社会规范体系。什么是社会规范?比如我们大家通常所讲的习惯、道德、宗教、社会团体章程,显然不在法律体系这个框架之内。所以,为什么我提出法律体系有局限性,就是我们没有办法把这些规范类型和体系归入法律体系,但是这些规范类型和体系又都发挥着重要的作用,怎么办?我们得寻找一个新的命题、概念、范畴,给它作一个概括,把这些规范类型和体系都能够纳入这样一个框架之内。怎么找到一个合适的、恰当的概念或者命题?这是一个颇费思量的问题。所以,大约从2010年讨论法律体系问题的时候,笔者就开始思考这一问题,最后想到的就是"规范体系"这样一个命题。笔者认为"规范体系"这个概念可以把这些规范类型和体系全放进来。经过多年的研究,笔者围绕规范体系也发表了一些阶段性的文章。笔者于2019年第7期《中国社会科学》发表的《当代中国的规范体系:理论与制度结构》,详细地把笔者这些年关于规范体系的思考呈现了出来。

所谓规范体系,是要回答在一个国家或社会,实际存在的且发挥作用的规范类型和体系到底有哪些。根据笔者对当代中国规范体系的考察,将它分为四大体系:第一大体系是法律规范体系,第二大体系是党内法规体系和党的规范性文件体系,第三大体系是国家政策体系,第四大体系是社会规范体系。在当代中国,笔者认为存在这样的四大体系,这四大体系基本可以概括我们目前所有的规范类型。

2019年第7期《中国社会科学》发表的《当代中国的规范体系:理论与制度结构》中,笔者提出研究规范体系首先要完成的一个重要任务,即对当代中国的规范类型和体系作一个完整的描述、概括和归纳,这项描述、概括和归纳的工作是很艰巨的。通过完成上述任务提出四大体系后,还要回答它们之间的相互关系是什么,比如,党内法规和国家法律是什么关系。

接下来要完成的一个任务就是:既然这样一个规范体系是一种多元的存在,那么我们必须回答这种多元规范之间是平起平坐的,还是存在主次或者有主导的和非主导的方面。所以笔者接着就思考这个问题。2020年题目是《构建法治主导下的中国社会秩序结构:多元规范和多元秩序的共存共治》的文章,发表在《学术月刊》2020年第5期。在规范体系的研究初步完成以后,这篇文章就规范体系之间的相互关系还要作出进一步探讨,尤其是把这个问题放到当代中国社会秩序结构里面去研究(这里笔者需要说明一下,每一个研究都是有连续性的和历史性的。本人在1999年写过一篇文章,就是关于中国社会秩序结构的研究,对当代中国社会秩序结构以及一些观点做了一些评析。该文章研究了传统中国社会秩序结构是什么,当代中国社会秩序结构如何表述,等等。这篇文章在《法学评论》发表后,被《新华文摘》全文转载。1999年之后的将近20年,笔者虽然也在关注此问题,但没有专门思考过这个问题)把多元规范和多元秩序问题同当代中国社会秩序结构问题结合起来去思考,就有了更强烈的现实性和连接点。因为关于规范体系的研究,表面上看是在研究规范问题,实际上是在研究中国社会秩序结构问题,所以笔者就提出这么一个命题:建构以法治为主导的多元规范和多元秩序共存共治的当代中国社会秩序结构。

多元规范和多元秩序是一个客观现实,既然是多元的,是不是就自发自生任其发展,没有主次之分?笔者认为不是的。当代中国社会秩序是以法治为主导的,因为多元规范之间并不是没有矛盾、没有冲突,它们之间存在激烈的冲突。只要深入研究,就会发现它们之间存在的冲突。比如,在法律规范和习惯规范之间是有冲突的,当发生冲突以后怎么办?笔者看到中央电视台做了一个回访,就是大凉山彝族地区的"失依儿童"问题。大凉山彝族地区有个习俗:父亲去世,母亲改嫁以后不再和子女来往。由于这样一个习俗,在凉山当时有很多这样的"失依儿童"。中央电视台做了一个关于"失依儿童"的追踪报道,回访了当年曾采访过的一个小男孩,那时这位小男孩只有十几岁,十几年后已经成人,发生了很大的变化,新房子也有了,也结了婚,生了三个小孩,也买车了,生活好了,两个弟弟都安排得很好,等等。在十多年前笔者关注失依儿童问题,主要是关注由这样一种习俗产生的法律问题。这样一个习俗在我们学习法律的人来看,显然是不符合法律的,母亲改嫁以后就和子女就断绝关系,在法律上是讲不通的,作为父母,对子女的抚养义务是不能解除的,但是在这样一种习俗下就解除了,这种习俗在这样一个社会文化范围里面,它具有"正当性",我把它叫作习惯权利,这个习惯权利怎么产生的?是由当地的习俗产生的。这样一种习俗显然和我们现代法律对父母子女的权利义务规定是有冲突的,怎么办?有人问,如果这个孩子起诉了会怎么样?笔者认为起诉了以后法官肯定要按法律宣判,不可能认可这样一个习俗,这样的习俗跟法律是冲突的,必须要有一个标准判断,根据什么去判断?这个时候就要根据法律去判断。为什么要根据法律判断?按照现有的理论,法律是人民的意志和利益的体现,是经过人民代表大会这样一个程序化的方式制定出来的,相对来讲它代表一个理性化的结果。当多种规范产生冲突的时候,为什么要用法律来做判断标准?这个问题实际上是在回答一个终极性问题,即为什么要依法治国?其实就回到了这样一个原点问题了,依法治国一整套原理就是用来回答这个问题的。所以,为什么要提出以法治为主导,笔者做了较为充分的阐释。社会秩序也一样,当代中国社会秩序是一个多元混合秩序结构,这是笔者在1999年研究得出的结论,这个结论在今天还适用不适用?笔者认为仍然是适用的,它是一个杂交秩序状态,在我们的社会秩序结构里面什么都有,我们有法治秩序,有人治秩序,有德治秩序,甚至有宗法秩序,笔者称为“多元混合秩序结构”。为什么《新华文摘》当年会全文转载这篇文章,也是看到这样一个观点。当然笔者有一些实证材料,文章也引用了当年研究者对广东番禺由农村变为城市化社会结构之后,人与人之间的关系所发生的一些变化,以说明文章的观点。

这个问题完成以后,接下来的任务就是:对于规范体系的研究,毕竟只是完成了静态的描述。什么是静态?就是指我们讲的规范体系是一种静态的存在,它就是一些制度规定,我们制定的制度就摆在那里,但是这些制度要进入动态的运行过程,才能发挥作用,因此,还有很多的任务还要去完成。目前关于规范体系的研究,包括对备案审查制度的研究,还是在静态层次的。当然我们也认识到动态的重要性。不仅要研究动态,还包括这几年我们提出的许多重大的命题,比如,如何理解法治化?党的十八届四中全会提出了两大命题,实现国家和社会生活的法治化,还提出了国家各项工作的法治化,党的十八届四中全会的决议一共有19处提到了法治化,我们就要思考什么是“法治化”,这些命题都要综合起来考虑。因此,在完成规范体系及其关系问题之后,我们就要进入第三步。对社会规范的研究就是第三步的研究。为什么要进入社会规范,为什么要提出一个社会规范备案审查制度,这个问题又是怎么提起来的?这些都需要有所交代。

本文前面讲的都是“序言”,给各位交代一下笔者的思考过程,是用笔者的切身研究过程来跟大家交流怎么思考问题,在其他场合还没有这样详细讲过笔者对这个问题的一个延续性的历史性的思考过程。这个思考过程是一步一步的,由2010年宣布法律体系形成产生的思考,然后提出“规范体系”这个命题,直至2019年,将近10年时间最终一篇文章才在《中国社会科学》面世。2019年的文章面世之前,笔者也有几篇关于规范体系的文章发表,但是文章的角度不一样。先前的文章对于规范体系的研究,主要是从司法裁判的视角切入的,后来对规范体系的思考不是原来司法的视角了,而是将规范体系放在中国社会结构中来思考,是更宏大的视野。

二、为什么要研究社会规范的备案审查制度?

第三步转入对社会规范的研究。为什么提出一个社会规范的备案审查制度?笔者在一些会议上也交流过,包括前一阶段西北师范大学召开的“地方立法理论和实务”的研讨会,笔者在会议上发了言,因为时间有限,没能展开,一般发言也就是10分钟左右,顶多给你15分钟,不可能谈多少。当时笔者围绕“规范性文件”这个概念谈了本人的观点,因为它是个立法问题的会议,这个问题对搞立法的来说是很重要的,主要谈了“规范性文件”概念的界定和它的分类问题,没有展开谈备案审查制度。在会上发言之后,很多与会者认为“社会规范备案审查制度”是个原创性的命题,目前为止还没有第二个人提出来过,所以提出这个问题是有原创性的。这篇文章在《中国法学》杂志发表,大约一年时间,其间不断修改、不断完善,所以一篇文章产生出来有个过程,但是对问题的思考其实不限于一年时间。

为什么要研究社会规范的备案审查制度?怎么研究这个问题?为什么这几年笔者对社会规范这么感兴趣?怎么思考这个问题的?这两天笔者同甘肃政法大学、西北师范大学的老师交流,本人说案例是一个重要的思考点，笔者思考社会规范备案审查制度就是从案例开始的，由案例引发笔者对这个问题的思考，这些案例大都是司法案例，是法院判决的案例。下面笔者想分这么几个问题和大家交流一下。

第一个问题，什么是社会规范？

既然要谈社会规范的备案审查，首先要搞清楚什么是社会规范？目前，社会规范这个概念还没有形成共识。但是好在2020年12月中共中央印发了一个文件，叫《法治社会建设实施纲要（2020—2025）》，这个文件里面明确提出了“社会规范”的概念。根据笔者对社会规范的思考和理解，笔者对社会规范下了这样一个定义：社会规范是由社会自身产生的以及由各类社会组织制定的规范类型所形成的一个集合体或者叫组合体，这是笔者对社会规范下的一个定义。这个定义包含两部分内容，第一部分就是社会自身产生的，社会自身产生有哪些？目前主要归纳为两大类：第一类是我们讲的习惯规范，第二类就是道德规范。这两类规范不是哪个人或哪个组织可以制定的，习惯和道德都是社会自身产生的，是一个长期的历史积淀、历史延续、历史传承，它是两种不成文的规范形式。第二部分是各类社会组织制定的规范类型。对于各类社会组织要有细分，要讲清楚有哪几种？笔者将其分为三类。前面的习惯规范和道德规范算两类，第三类就是宗教规范。宗教规范又可以分为以下两个层次：第一个层次是与宗教信仰相关联的如宗教教义、教规、经文等，这一类属于宗教信仰的范畴。第二个层次是宗教组织、宗教场所等制定的自制管理规范，比如中国佛教协会章程、中国道教协会章程、中国伊斯兰协会章程、中国基督教协会章程、中国天主教主教团章程等，还有宗教寺观教堂和其他固定宗教活动处所等制定的自制规范等。我们经常逛寺庙，看到里面有很多的规范，墙上贴了很多，这些规范是怎么来的，通常我们可能不关注这个问题。笔者将其研究这个问题以后就不由自主地关注，有关于消防的，关于治安的，关于卫生的，等等，各种各样的，它有很多规范，这些规范是怎么来的？在《宗教事务条例》里面对它们有要求，《宗教事务条例》第26条规定：“宗教活动场所应当加强内部管理，依照有关法律、法规、规章的规定，建立健全人员、财务、资产、会计、治安、消防、文物保护、卫生防疫等管理制度，接受当地人民政府有关部门的指导、监督、检查。"这一条规定涉及了宗教场所需要建立健全的八项规章制度。我们在中国的宗教寺观教堂看到的就是这些规章制度。每一个寺观教堂必须制定这八项制度，要制定并张贴出来，是有要求的，不是说自己制定的，是法律提出的要求。宗教规范的这两个层次就属于我们说的社会规范，这是第三类规范。第四类更加复杂，叫"社会组织自制规范"，这八个字其实包含了无限大的内容，在今年笔者将要在《法学论坛》2022 年第 2 期发表的一篇文章里面，主要谈的社会规范备案审查的具体机制，在社会组织自制规范里面，笔者列出了 14 类，这 14 类不是随便瞎想的，都是有法律依据的，是根据现有的法律对社会组织自制规范做的一个分类。

首先，对什么是社会组织要有一个明确的界定，没有明确的界定，就没法去给它们归类。这 14 类社会组织，比如社会团体，包括我们的中华司法研究会，它就是一个社会团体，属于社会团体里面的学术团体，它是由最高人民法院作为主管单位，在民政部登记成立的一个社会团体。社会团体里面还有一部分叫人民团体，人民团体属于社会团体的一个组成，但是在《社会团体登记条例》里面有个特殊的规定，即不需要登记的。不需要登记的人民团体有几种情况，一个是中国人民政治协商会议的 8 个组成单位，这 8 个组成单位属于中共中央直属；还有 14 个经过国务院批准的不需要经过登记的社会团体。以前我们对此不理解，为什么不登记？它是国务院批准的，如中国文联下面十几个协会，这十几个协会都被中国文学艺术家联合会全部包括进去了，像书法协会、美术协会、舞蹈协会、摄影协会、戏剧协会，等等，凡文学艺术类协会全都归到中国文联这样一个人民团体之下，还有其他 13 个社会团体；还有各企事业单位内部成立的开展活动的团体，如我们大学里一些学生会，就属于大学内部组织，学生会又成立各种各样的兴趣团体，什么篮球协会、足球协会、书法协会、绘画协会，等等，大学生活丰富多彩，有各种各样的组织，它们不需要登记。社会组织自制规范还包括我们今天要讲的农村的村规民约，城市的居民公约、管理规约、企业规章、学校规章，等等，学校规章把它分为两块,一个是高等教育,另一个是高等教育之外的其他各种各样的教育,一直到幼儿园教育,法律名词叫学前教育。这 14 类是在我们中国社会组织这个概念之下的一个类型。第五大类是比较新奇的,是笔者后来补充的,笔者在写规范体系的时候还没想到这一类,但是后来笔者在这篇文章里面把它放进去,叫“各级政治权威机关制定的专门用于管理内部成员的自制规章”,笔者想大家应该能听明白,各级政治权威机关就是指的党的机关,立法机关、司法机关、行政机关、监察机关,所有的政治权威机关,从中央到基层,每个单位都制定了一些管理内部成员的自制规章,这些自制规章第一不是法律,第二不是规范性文件,它属于管理内部成员的,管哪些事呢?比如,单位的请假制度、考勤制度。笔者了解了一下,甘肃省民族法制文化研究所每天要坐班,其是甘肃省高级人民法院下属的一个单位,员工服从省高院的上班制度的安排。但是中国社科院不一样,“非典”之前是一个星期去两个半天,星期二、星期五下午到所里签到,办所有的事情,开会、报销,所以一到那个时间大家都忙着跑财务处,或者所里有什么重要的事情,就在那个时间召集开会,平时不轻易召集。“非典”结束以后,就把两个半天改成一个全天,到目前为止中国社科院各个研究所基本上都是这样,星期二叫“返所日”,这一天你必须来,不能缺席,要签到,有的单位甚至要按指纹,行政人员每天都要去上班,研究人员就比较自由了,当然有事要请假,如果要出外开会,就要拿邀请函请假,就可以视为上班。这就是不同的单位不同的规定。同样是研究单位,为什么甘肃省民族法制文化研究所这里从周一到周五每天要坐班,而中国社科院也是研究单位,为什么可以一个星期去一天?大家都是研究人员,为什么你们可以那样,而我们则不行?这是由于不同的单位有不同的制度规定。所以笔者说的“各级政治权威机关制定的专门用于管理内部成员的自制规章”就是指的这一类。请假制度、考勤制度,不同的单位是不一样的。甚至包括晋升制度、晋升条件,每个单位也不一样。同样是二级教授,在最开始评选的时候,各个单位之间也不平衡,有的条件弱一点,有的强一点,取决于每个单位人员的情况,有比例限制,正高职的 1/10,你单位有 10 位正教授,只能评一位二级教授。北京和外地的评审条件差距也非常大。同样在北京，也有很大的差距，有的学校，只要你拿到一个国家重大项目，就可以直接评上二级教授了，但是像中国社科院就不太可能，资历深的、成果多的、有重大项目的太多了。所以笔者说的第五大类就指的这一类规范，叫“各级政治权威机关制定的专门用于管理内部成员的自制规章”。

以上是笔者对社会规范的定义，以及关于社会规范的五大分类。笔者的文章标题中的“分种类”，就是指这五大种类。

前面讲到，笔者对于社会规范的研究是由案例引发的。下面讲三个案例，正是这些案例引起了笔者对这个问题的重视。虽然刚才笔者对什么是社会规范下了个定义，但是这个定义还是抽象的，我们可以通过具体案例，来感性地认识什么是社会规范。

第一个案例是 2019 年上海的案例。这个案例引起了全国的关注。大家知道，在上海有个迪士尼乐园，我国内地只有这一个，我国香港特别行政区有一个。2019 年年初，华东政法大学一位姓王的女同学要去迪士尼乐园游玩，在外面花 40 多元钱买了点食品，想带进去，被门卫拦住不让进。当时给她两个选择，要么把食物吃掉，要么花 80 元钱把它存起来。为什么门卫提出这个要求？是 2017 年迪士尼乐园出台了一个规定，即企业规则，即“禁止游客携带食品入园”。为什么不让游客携带食品，说影响园区卫生，有些气味大的食品影响游客，等等。搜包搜出来以后，小王不接受这个要求。她肯定吃不了，也不可能花 80 元钱存起来，40 多元钱的东西，花 80 块钱，这不是傻子吗？她就吃了一点，把剩余的扔掉了。但进去以后发现园区在高价售卖自己的食品，小王就把迪士尼乐园起诉了。起诉以后，迪士尼乐园开始是不认错的，认为自己没有错，还讲了很多理由，但是到后来，在强大的舆论攻势下，不得不妥协，最后修改了它的规则，允许游客携带食品入园，这个案件以调解结案，当时起诉了 30 多块钱的赔偿，后来赔了 50 块钱，调解结案。这个案件我们关心的是什么问题？一个就是案件本身，大家都在关注搜包行为，笔者关注的是企业规则，为什么企业可以制定这个规则？这个企业规则合法不合法？小王是学法学的，就带着这个问题做了一个社会调查，迪士尼乐园说我们在全世界都是这样的,最后调查的结果并不是这样的,在欧美国家并没有这条规定,只是在日本和中国有这个规定。这样一个企业规则,如果不是这个案件,会对所有的消费者权利产生影响。从 2017 年这个规则的制定到 2019 年年初,不知道有多少游客受这条规则的影响。那么在这个期间有没有人告过?有两起案件也以同样的理由起诉,但是被法院以不符合起诉条件拒绝受理,只有小王这个案件才起诉成功。企业的案例还有很多,大家有兴趣可以看看这篇文章。

第二个案例是有关村规民约的案例。河南郑州有一个村的村规民约规定,出门的闺女只享受当年的福利。在河南话里,出门的闺女就是出嫁的闺女,只享受当年的福利,有母女三个人就受这一条村规民约的约束,她们的村民福利、村民待遇被剥夺了。她们找乡政府申诉,没解决,后起诉到郑州开发区人民法院、郑州中级人民法院,后来到省高级人民法院上诉,都没有得到解决,最后申诉到最高人民法院,最高人民法院受理以后,经审理,发回河南省高院重审。一个涉及村规民约的案例会被最高人民法院发回重审,说明这个问题的重要性。最高人民法院发回重审的理由和依据,一个是《村民委员会组织法》,另一个是《行政诉讼法》,发回重审本身就表明了最高人民法院的态度。

第三个案例是湖南的村规民约案例,是由村规民约侵权而被法院判决败诉的案例。主要案情是:湖南的一个村的村规民约规定:违反计划生育法生的小孩 14 周岁以前不能享受村民待遇。这是对违反计划生育法的行为的一种惩罚。这个村子一对夫妻生了第三胎,前两胎都是女儿,第三胎是儿子,违反了计划生育法,罚得很重,罚了 24000 元,交了 8000 元,剩余的没交。后来这个村子的土地被征收,拿到几百万元的土地补偿款,按照村民平均分配,每一个村民能分到 44000 元,按照村里的那个村规民约,这个小孩是不能享受村民待遇的。但是村委会还是开了个会,专门研究了一下,说还是照顾一下,给他按 30% 的比例分配,分给 13000 元,他父亲把这个钱也领了,但是却耿耿于怀,最后直接以村委会为被告起诉到法院,这是个民事起诉。法院判决非常漂亮,有很长的判决,简要地讲,法院认为,父母违反计划生育法的行为和小孩作为一个村民应享受的财产权利之间没有任何关联，它是两个法律关系。违反计划生育的行为是对他父母行为的惩罚，且已经交了一部分，法院最重要的判断是：村规民约中的“违反计划生育法生的小孩14周岁以前不能享受村民待遇”这一个条款不符合法律的精神，属于无效条款，最后判决村委会要按照平等待遇给小孩平等的征地补偿款，这样的判决就是很漂亮的，是很少看到的。笔者指导的一位学生的博士学位论文是写农村契约秩序的，笔者让她去收集一下村民胜诉的案例，才收集了一两个案子，不太容易收集的。很多年前，法院都以村民自治为由不受理这类案件。这些年，立案登记制改革，法院受理了一部分，但是判胜诉的不多，好多案件，以村民自治，村民大会民主作出的决议为由，被驳回。所以此类案件不太好找。

此外，由企业规章引发的案例很多，笔者在文章里面讲了几个案例。还有由大学的自制规章引发的案例，从最早的北京大学取消博士学位的案例，其中就涉及北京大学制定的学位授予办法，都属于社会规范的范畴。所以，社会规范是一个很重要的领域，它常常成为引发纠纷的导火索或者来源、根源。社会规范中还有很多很奇葩的规定，希尔顿酒店规定，“员工辞职、辞退后，6个月内不能踏入该酒店”，一位员工果然就碰上了这种事情。还有很多案例。以上的案例可以为我们提供什么是社会规范的感性认识的素材。

第二个问题，为什么要提出“分种类、多层级的社会规范备案审查制度”这样一个命题？

任何一个新问题提出来，必须要把它的必要性讲透，不讲透的话，这个问题就没法往下进展。笔者为什么要提出“分种类、多层级的社会规范备案审查制度”这样一个命题？有两个重要的文件：第一个重要文件是党的十八届四中全会的决议提出的任务，“加强备案审查制度和能力建设，把所有规范性文件纳入备案审查范围，依法撤销和纠正违宪违法的规范文件，禁止地方制发带有立法性质的文件”。第二个重要文件是2020年12月7日中共中央颁发的《法治社会建设实施纲要（2020—2025年）》，这个文件对社会规范的建设提出了明确的要求：加强对社会规范制定和实施情况的监督。其中列举了社会规范的四大类型：加强居民公约、村规民约、行业规章、社会组织章程等社会规范的建设,这四大类型属于社会规范里面比较典型的。“社会组织章程”这个概念虽然只有6个字,但是包含了很大的范围。什么是“社会组织”?“社会组织”概念确定以后,就知道它的范围有多大。文件还提出了“使社会规范制订和实施符合法治原则和精神”,这一句话有很多的思考空间。什么叫使“社会规范制订和实施符合法治原则和精神”?社会规范本来是民间的规范,怎么会有一个符合法治原则和法治精神在里面?这就涉及对法治化的理解。要解决它的必要性问题,就要完成论证工作。当然这是来自国家的一种政治要求。我们国家的现代化属于政府主导型的现代化,我们国家的整个运行是党和政府主导的这样一种体制。为什么对社会规范提出备案审查,因为既然提出社会规范的制定和实施要符合法治原则、法治精神,这就是法治化的要求,这就涉及法治化怎么理解。当然这个问题是一个理论问题。笔者的基本观点就是:法治化包括了法律化,但不只是法律化。因为我们国家的学界和实务界对法治化的理解有误区。我们一些从事立法的同志,把法治化就理解成制定法律,一遇到什么问题,首先考虑怎么立法的问题。笔者的观点是:法治化包括了法律化,而且首先应该是法律化,但是法律化是有很多前提要求,第一个是应该法律化,第二个是能够法律化。我们提出能够法律化的尽量法律化,但是法治化并不只是法律化。为什么研究规范体系,这个时候规范体系的研究价值和作用就显现出来了。既然我们有那么多的规范体系,法律规范体系有法治化问题,其他的党内法规体系、国家政策体系、社会规范体系有没有一个法治化的任务?同样有。这样我们就回到党的十八届四中全会提出的“使国家各项工作实现法治化”“实现国家和社会生活的法治化”,国家各项工作实现法治化,包括我们的规范体系,既然我们社会中客观地存在四大规范体系,每一种规范体系都有一个法治化的问题。

第三个问题,“分种类、多层级的社会规范备案审查制度”的可行性论证。

对社会规范进行备案审查可能吗?到现在为止,很多人一听到这个问题,会认为是天方夜谭。社会规范的种类,根据笔者简单的描述,大家听了后感觉很杂乱。确实,社会规范面大量广,种类繁多,不可计数,怎么可能对它们进行备案审查?还有,我们现在对于法律法规的备案审查工作都没有人力去做,怎么可能对它们去备案审查?有些人认为对社会规范进行备案审查不具有可行性,笔者认为还是可以有所作为的。主要是在法理上怎么论证这个问题,法律上有没有依据,实践上有没有可能性,笔者认为这些问题都应该回答。这里面有几个分析要点。

第一个就是中国的网格化社会结构为对社会规范的备案审查提供了一个很好的条件。我们刚才详细讲了社会规范产生的两种方式,一个是社会自身产生的规范,另一个是社会组织制定的规范。对于社会自身产生的规范,有人会提出,对于道德和习惯,怎么去备案审查?这不是开玩笑吗?笔者一再强调习惯和道德是社会自身产生的,是一种不成文规范,但是我们的法律里面已经对它有规定了,从《物权法》第85条到后来的《民法总则》第10条再到后来的《民法典》第10条,已经对习惯在处理民事纠纷提出了要求。《民法典》第10条规定,处理民事纠纷,应当依照法律;法律没有规定的,可以适用习惯,但是不得违背公序良俗。这样一条规定,不仅适用于司法调解和司法审判,也适用于行政处理和民间调解等。《民法典》第10条对于习惯的适用确立了一个判断标准,即“不得违背公序良俗”,这样一条判断标准其实就是对习惯的审查标准,即在社会实践和司法实践中如果涉及适用习惯问题时,要看拟适用的习惯是否违背公序良俗。如果不违背公序良俗,可以适用;如果违背公序良俗,就不能适用。至于如何进一步地判断是否违背公序良俗,就要结合具体的社会环境作出具体判断。《民法典》提出了对习惯的适用不得违背公序良俗,其实就是对习惯在司法中适用案件时的一个审查条件,一个审查判断标准,这不是审查吗?当然它是一种事后的。还有一个情况就是,在我们国家出现了一种把习惯规范和道德规范成文化的趋势。有些人只知道道德和习惯是不成文的,但没有看到道德和习惯有一种成文化趋势。关于习惯的成文化和我们司法有密切关系。2004年前后,江苏省泰州市的江堰市人民法院,就制定了6个文件,这6个文件都是关于善良民俗进入司法的指导意见,涉及赡养、结婚、商事,其中有关于彩礼的一些处理办法,都是关于民俗进入司法的指导意见,先是发动法官调研,然后法院审委会开会,讨论哪些民俗在司法中能用,哪些不能用。从2004年前后他们就开始了这项工作,这不是习惯规范的一种成文化吗?习惯一旦成文化,成为我们法院的指导意见,就是我们前面说的规范性文件,属于司法规范性文件,它就要接受我们说的狭义的规范性文件备案审查机制的审查。它的内容是社会规范,是习俗,但是它的表现形式已经演变了,已经变成了一种我们法院系统的规范性文件,受同级人大常委会的审查,这是对于社会自身产生的社会规范为什么要备案审查的可行性论证。

对于社会组织制定的社会规范备案审查的可行性问题,笔者重点讲。社会组织制定的各种各样社会规范,由于它的制定主体都定格在网格化的社会网络之中,都有其隶属关系,因此每一个社会规范的制定主体都有相应的组织体系,这一点我们必须要看到。我们所有的社会规范,除了社会自身产生的习惯和道德规范外,它的制定都有组织体系,依靠这样一种组织体系,我们就可以将看似种类繁多、量大面广的社会规范体系和种类层层分解,由其组织体系完成对社会规范的备案及其审查工作。经过层层分解之后,那些看起来种类繁多、量大面广的社会规范体系和种类就都有了归属,就每一种具体的社会规范类型的主管机关、登记机关、监督机关而言,其数量都是可计算的,都是可以具体落实到位的。

以村为例,在我们的村委会组织法里面,村是归乡管的,村规民约和村民自治章程,要向乡、民族乡、镇政府备案,村委会组织法对此提出了明确的备案要求。比如,一个乡有50个或者100个村,它是可计数的,不是说不可计数,你把这100个村管起来,100个村已是很多的了。中国地域广大,乡也不一样,有的地方一个乡可能村少一些,有的村多一些,都是可以计数的,都可以具体落实到位的。另外,笔者还想强调一点,我们现在只关注到村规民约,其实我们村民自治过程中有四大规范,这四大规范是《村民委员会组织法》规定的:第一个村民自治章程,第二个是村规民约,第三个是村民大会决议,第四个是村民代表大会决议。《村民委员会组织法》对村民自治章程、村规民约明确地提出了制定以后要报乡、民族乡、镇政府备案的,这在法律中已经早就规定了备案的要求。近年来,我们国家非常重视村规民约的重要性,2019 年专门发布了一个关于完善和发展村规民约的文件,对村规民约中存在的一些问题也做了一些说明,列举了一些村规民约中违法的条款,还有歧视性的条款,说这些违法的条款和歧视性条款要删除,怎么删除?要加强备案审查。多年前我在南京大学讲这个问题,有一位学生说他的论文是写村规民约的,他在调查中发现,乡政府认为某个村的村规民约有问题,责令村委会进行纠正,村委会就是不纠正,顶着不改。我们关注的这几个案例,包括河南和湖南这两个案例,都是村规民约中里面有侵权和违法的内容,村民因为具体权益受到侵害了,第一个案例是要求乡政府去纠正,乡政府不理,第二个案例是直接起诉到法院。所以,如果我们能够切实落实法律规定的备案审查制度,就可以将这些问题消灭在萌芽阶段。

另以学校为例,它都有层级体系的,有中央级学校,有省级的,像我们的小学一般来说属于县级管辖,一个县有几十个小学也不得了,所以分层级,层层分解,把这个问题就落实下来了。

另外,笔者在研究过程中发现,社会规范的五种类型以及社会组织自制规范的种类都有相关的法律法规规章,比如,对于社会组织的章程和规则的主管机关、登记机关、监督机关都有明确规定和法律依据,大多数都是有规制的。村规民约我们反复讲了,居民公约在居委会组织法里面也是有规定的,《民法典》甚至对业主公约等有关问题做了规定,还有物业管理条例对于管理规约的规定,等等。

最后一点,以法律顾问制度、公职律师制度、公司律师制度、社会律师制度为载体的现代社会发达的法律服务体系以及其他公共法律服务体系,也可以发挥对于社会规范备案审查的主力军作用,且实践中已有一些有益的探索,如驻村律师制度、社区律师制度等。我们后面提出的审查原则,审查办法,就内部审查而言,要发挥我们现在的这种律师制度以及法律顾问的作用,要把这种作用发挥出来,首先完成内部审查,然后再外部审查,外部审查就是登记机关和监督机关的审查。最重要的一个问题就是法治化实践,中国现在全面推进依法治国的法治化实践,这是一个强有力的政治动力。

第四个问题,就是审查原则和审查标准方法。

从我们国家现有的法律、法规、规章对于社会规范的遵循要求,我们可以概括出以下几条对于社会规范备案审查的原则和标准。

第一,合宪性标准。合宪性标准不仅仅对于法律规范体系是一个重要的审查标准,对于法律规范体系之外的社会规范体系,也是一个重要的审查标准。

第二,合法性标准。一切社会规范的制定都要符合合法性标准,不得作出和法律、法规相违背的规定。

第三,合理性标准。合理性标准对于社会规范也是一个重要的审查标准。合理性标准针对所有的规范类型,因此,合理性标准是一个层次非常高的标准。合理性是建立在对社会规范正当性的判断基础上所作出的分析。在对于各种规范的论证过程中,关于正当性问题的论证是非常复杂的。

第四,合规性标准。合规性既指合乎法规、规章的要求,也指涉了各种社会规范内部存在的层级关系。一般来讲,在各种社会规范体系内部,章程是最高规范;在章程之下,还制定一些下位阶的规则体系,这些规则体系都要符合章程的规定。

第五,适时性标准。社会规范也要适应当前形势的发展,这是个非常重要的问题。每一个社会规范的制定都有它制定当时的社会环境。当社会环境变化了,这个规范还有没有存在的必要,有没有延续下去的必要,有没有修改的必要,这些都是备案审查中应该注意的事项。我们常讲,没有永恒的法律,法律永远处在一种变动过程中;同理,也没有永恒的社会规范,就连稳定性比较强的习惯规范和道德规范,也会随着社会的发展而变化。因此,适时性也应该是社会规范的一个审查标准。

第六,可适用性、可操作性、可实践性标准。任何规范的制定都要在社会生活中应用,而不只是摆样子的具文。因此,可适用性、可操作性、可实践性也应该是社会规范的审查标准。就不展开了。

最后是一个结论：构建分种类、多层级的社会规范备案审查制度。

通过我们对当代中国社会规范体系的种类及其实际存在样态，笔者提出建立分种类、多层级的社会规范备案审查制度。关于分种类，大家已有所了解，分种类就指的是五大种类；多层级是指的什么？多层级是指的除了习惯规范和道德规范属于社会自生规范，不存在层级关系外，其他多种社会规范都是由各类社会组织制定的，这些由各类社会组织制定的社会规范都有其组织体系和层级体系，比如，中央级、省级、市级、县区级以及乡镇级、街道级、村级，等等。根据每一类社会规范的法律规制，由它的主管机关、登记机关和监督机关按照属地管辖原则履行备案审查制度。这样一来，构建一个全方位的对社会规范进行备案审查的体系化系统化的制度框架，使各种社会规范类型步入规范化、程序化、制度化、法治化的轨道，提高国家和社会治理能力和治理体系现代化水平，实现国家和社会生活法治化的目标。

笔者以上用了将近一个半小时跟大家交流，从笔者自己为什么研究规范体系及其社会规范问题，以及如何一步步对这个问题的推进，前前后后这样一个过程。实际上也是用现身说法，和大家交流怎么样去思考问题，怎么样去发现问题，怎么样去研究问题。

On The Value and Significance of the Study of Normative System and Its Social Norms

Liu Zuoxiang

Abstract: Legal system is a system of rules with strict requirements. In our country, those that can be included in the legal system must meet the requirements for the form of law set forth in the Legislation Law of the

People's Republic of China (hereinafter referred to as the Legislation Law); that is to say, they must be formulated by the national legislature with legislative power before they can be included into the sequence of the legal system and become part of it. This strictness of the legal system is bound to bring its limitations. Outside the law, there are various normative types and systems that exist and play an important role, but we have no way to incorporate all of them into the legal system. Therefore, we need to find a new proposition, a new concept, or a new category that can incorporate all these normative types and systems into such a framework. The "normative system" is a suitable and appropriate new proposition, new concept and new category. Under the concept of "normative system", all types and systems can be included, and it has a strong inclusiveness. Within the "normative system", there exist very complicated interrelationships. The research and clarification of these complex relationships not only have important theoretical and academic value, but also have great guiding significance for the practice of rule of law.

Key Words: normative system; normative types; legal normative system; social norms; filing review systems

论李达的法学教育思想

徐亚文[*]　邱安邦[**]

摘　要：李达多年从事法学教育工作，形成了丰富的法学教育思想，主要包括在法学教育中渗透正确的政治观念；法理学教学、研究要体现中国特色，反映中国实际；招揽英才，重视师资队伍建设；坚持以教学为中心来推进法学教学改革；反对违反教育规律的措施。李达的法学教育思想很好地论证了中国法学教育必须坚持正确指导思想的必要性与可行性，回应了法学教育如何处理教学与研究、理论与实践的命题，具有重要的历史作用及现实意义。

关键词：李达　法学思想　法学教育　马克思主义法学

李达是杰出的马克思主义理论家、宣传家和教育家，中国共产党的主要创建者和早期领导人之一，毛泽东称赞他为“理论界的黑旋风”①，习近平总书记评价他为中国近代以来运用马克思主义进行哲学

---

*　徐亚文，武汉大学法学院教授，博士生导师。研究方向：法学理论。

**　邱安邦，武汉大学法学院博士生。研究方向：法学理论。

①　陈微主编：《毛泽东与文化名流》，人民出版社 2003 年版，第 67 页。

社会科学研究的“名家大师”之一。② 自改革开放以来,有关李达哲学思想、社会学思想、教育思想的研究浩如烟海,但是对于李达的法学教育思想,相关研究文章较少涉及。究其原因,主要是李达有关法学教育的论述散见于他的各种讲话稿和私人信件中,需要研究者提炼。另外,他的哲学、社会学理论成就太过突出,掩盖了其作为法学家的光芒,以至于20世纪80年代武汉大学韩德培教授在撰写怀念李达的文章时也不禁感慨,称许多人都知道李达是杰出的马克思主义哲学家,但是很少有人知道他还是一名马克思主义法学家,③更遑论其关于法学教育的重要观点和经验了。实际上,李达对于法学教育思想有着深刻的、独到的理解。另外,由于他曾多年从事法学教育实践工作,在实践中也积累了宝贵的经验,取得了丰硕成果。他的法学教育思想和经验不仅在新民主主义革命时期和社会主义建设初期对马克思主义法学中国化起到了积极推进作用,同时对当下我们推进法学教育事业也有重要的借鉴参考意义。2016年问世的20卷本《李达全集》收录了许多关于李达的原始文献资料。本文依托《李达全集》各卷研究成果,参考了武汉大学图书馆、档案馆的有关资料,通过系统梳理李达生平著述和其学生、朋友的回忆录,试图归纳、呈现出李达丰富的法学教育思想,以期丰富这一课题的理论研究。④

---

② 参见习近平:《在哲学社会科学工作座谈会上的讲话》,载《人民日报》2016年5月19日,第2版。

③ 参见韩德培:《一位少有的马克思主义法学家》,载《武汉大学学报(社会科学版)》1981年第1期。

④ 本文有关李达的法学教育理论和实践的描述,参见汪信砚主编:《李达论著和思想研究》,人民出版社2016年版,第3~74、551~608、621~688页;汪信砚、高其文:《李达教育哲学思想论析——以李达的求学、从教及校政管理实践为视角》,载《上海师范大学学报(哲学社会科学版)》2020年第3期;任向阳、李斯:《论建国后李达与马克思主义教育思想中国化》,载《求索》2012年第10期。

一、李达法学教育思想的主要内容

(一)在法学教育中渗透正确的政治观念

李达自从接受了马克思主义理论,尤其是经过十月革命以后,就十分注意将马克思列宁主义宣传和法学教育相结合。他认为法学教育一定要贯彻正确的指导思想,要在法学教育中渗透正确的政治观念。1921年中国共产党成立以后,为了逐步培养党的领导干部,加强马克思列宁主义理论的教育和学习,毛泽东于1921年8月在长沙创办了湖南自修大学。学校课程设计分为文、法两科,主要目的是探讨中国的革命问题和研究马克思列宁主义思想。党的二大召开后,毛泽东邀请李达前往长沙,主持湖南自修大学的教学工作。在赵恒惕采取行政手段强制关闭湖南自修大学后,李达又应李希贤之邀请,来到当时湖南唯一的一所政法学校——湖南公立法政专门学校(1926年改为湖南大学法科)任教。教学内容包括社会学、唯物史观和科学社会主义,主要以社会学内容为主。他的讲述生动形象,将复杂抽象的理论问题化为可学、可做的具体方法,博得了学生的好评。虽然教学工作十分繁忙,李达仍然利用空余时间,夜以继日完成了《现代社会学》一书。该书作为李达本人的第一本学术专著,也是中国第一本比较全面地阐述唯物主义思想的专著,受到了当时学术界的广泛称赞。他创造性地使用了马克思主义基本原理探讨马克思主义法学中的若干重要的基础性理论问题,如法的起源、法与国家的关系、法律的功能和作用,等等。1928年,他在上海参与创办了昆仑书店,出版、翻译宣传马克思列宁主义的进步书籍。1932年8月,应进步师生的盛情邀请,他抵达北平,开始在北平法商学院任教,并在另外多所大学兼任教职。在此期间,虽然他一直受到国民党反动派的威胁和压迫,但依然坚持教授马克思主义政治哲学、社会学、法学和经济学,撰写了很多理论文章,进步的学生称赞他为“红色教授”。1947年2月,通过朋友推荐,李达结识了湖南大学法学院院长李祖荫,受邀担任为法学院的教授。他一入湖南大学当老师,国民党反动派的特务机构就开始对他进行严密监视,同时对他采取了许多限制措施,如不得参加任何政治活动,不准进行公开的演讲等。为了达到控制李达进行思想传播的目的,有关当局故意安排他教授法理学,而不允许开设有关马克思主义及其哲学演讲的课程。根据尹世杰后来的回忆,李达当时争辩说,他是一名学者,有其自身独立的理论体系,他无法做到不宣传马克思主义。他认为,在法理学研究和教学中,也可以宣传、贯彻马克思主义的基本原理。⑤虽然遇到了许多困难,但他还是下定决心,通过自己独到的观点来传播马克思列宁主义,同时探索和宣传马克思主义的法学理论。

新中国成立之后,李达先后担任了多个要职,为他以马克思列宁主义、毛泽东思想来指导法学教育提供了广阔的施展舞台。李达虽然身兼数职,社会事务繁忙,但是仍在百忙之中到武汉大学法律系作了专题报告《怎样学习法律》。在报告中,他多次强调马克思主义的立场、方法和观点对于我国法学研究的重要性,给法律系师生留下了深刻的印象。李达在纪念五四运动四十周年大会上指出,当前革命实践向我们提出了很多重大课题,涉及哲学、经济学、法学、历史等各个方面。例如,两个过渡的问题、人民公社问题、商品生产和价值规律问题、马克思主义辩证法问题、逻辑问题以及批判现代资产阶级思想体系特别是现代修正主义思想的问题等,都是迫切需要解决的现实问题。⑥ 李达认为,苏联的法学教育之所以取得了显著成果,主要是因为苏联坚持用马克思列宁主义来指导教学和学术工作,进行正确政治观念的宣传与渗透。因此,他号召师生积极学习马列主义,积极学习新宪法。

担任武汉大学校长以后,李达更是强调要加强在意识形态领域的教育工作,学好学透马克思列宁主义和毛泽东思想。为此他亲自领导制定了一系列政策:第一,专门组建马克思列宁主义教学研究室,率领骨干教师们到庐山进行理论学习和备课。他亲力亲为,主持审定教学大纲,指导课程改革。第二,创办马克思列宁主义夜大学,成立马列主义政治理

---

⑤ 参见尹世杰:《忆李达同志》,载《新湘评论》1979 年第 5 期。

⑥ 参见汪信砚主编:《李达全集》(第 19 卷),人民出版社 2016 年版,第 44 页。

论教育委员会。委员会下设立四个教研室和办公室,教员的职位由专门的理论课老师和一些党员干部、团员干部兼职担任。随后,在他的动员下,各系相继成立了与之对应的政治课教学小组。他动员全校的教师和干部完整地学习了马克思列宁主义、毛泽东思想,许多参加的成员都感到获益匪浅,受益终身。第三,利用一切机会,在一切场合,大力宣传毛泽东思想这一马克思主义中国化的最新理论成果,并将宣传党的最新理论思想与教育理论、法学理论相结合。李达根据其著作《〈矛盾论〉解说》和《〈实践论〉解说》,多次在全校范围内做宣传、阐释毛泽东思想以及有关社会主义政治、经济、法律思想的报告。除此之外,李达在武汉大学还进行了一系列政治报告和学术讲座,主要是批判旧知识分子,如梁漱溟、胡适等的错误言论,通过"破旧"来"立新",达到宣讲新宪法、传播新观念的目的,使政治教育无形渗透法学教育,在法学教育中贯彻政治教育。李达所付出的努力,极大推动了武汉大学法学学科、政治学科的发展,也切实提高了广大师生的觉悟,让他们更为熟悉马列主义的经典理论。

李达认为,法学教育要坚持以马克思列宁主义、毛泽东思想为指导。他在新中国成立后将这套理念贯彻到改造旧湖南大学、建设新湖南大学的工作中去。当时的湖南大学合并了民国大学、克强学院、兰田师院、音乐专科学校四所学校,学生人数增多,人员构成复杂,和全国的其他大学一样,面临着如何提升原来师生的政治思想水平、废除国民党统治时期的教育制度、改造课程体系和教学内容的困境。此时,李达展现出教育家的魄力,他在湖南大学校报《人民湖大》创刊号上指出,今后全校师生工作的目标即是贯彻新民主主义教育的政策精神,为新中国的建设培养各种人才。⑦ 可以看出,李达站在一位马克思主义教育家的高度,坚持马列主义立场,坚持社会主义的办学宗旨,全心全意地为人民办教育。他根据矛盾的普遍性和特殊性原理,认为一所大学的改造总要有个突破口,而那个突破口就是思想的改造。要把学校的改革和对师生的思想改

---

⑦ 参见汪信砚主编:《李达全集》(第16卷),人民出版社2016年版,第9页。

造相结合。我们党历来重视对具有旧思想的知识分子进行思想层面的改造。李达了解党的发展全过程,对思想改造工作非常热心,常常亲力亲为参与其中。李达鲜明指出,实现从旧湖南大学到新湖南大学的转变,适应人民的现实需要,任务确实非常艰巨,毕竟很多"刚从旧社会翻身过来的人"身上多多少少都免不了带着旧时代的观念意识和习惯成见,以至于从教学内容、方针到具体措施,都有许多的缺点、不足。"为要把学校改造好,我们必先把自己改造好。为要改造自己,只有学习,学习,再学习。从不断的学习中,掌握住马克思列宁主义与毛泽东思想,用这个武器,来克服旧的思想、习惯和作风,树立新的思想、习惯和作风。因为不否定旧的,便不能建立新的;不建立新的,就不能搞好学习,搞好工作,不能全心全意为人民服务。所以,当前第一着,大家要抱定改造自己的决心,努力学习马克思列宁主义与毛泽东思想……只要大家在思想意识上,有了这样的认识,并努力去做,才能把湖大办好。"⑧他认为,只有持续不断地加强理论学习,接受正确的政治理念,让师生真的认真学习掌握马克思列宁主义和毛泽东思想的精髓,才能将自我改造和学校改造、社会改造结合起来。

李达充满热情地赞扬马克思列宁主义对新社会文化事业改造的指导意义:"在我们这个时代中首先出现的,代表劳动阶级意识的科学社会主义便是马列主义。在资本主义制度之下,马列主义是无产阶级革命斗争的旗帜,摧毁资本主义的爆炸力量。在社会主义制度之下,它不仅是指导劳动人民继续与旧制度残余势力进行斗争,而且是指示建设新社会的指南针,只有依据马恩列斯的理论,去分析阶级力量,了解政治与经济的相互关系,才能实现国家的技术、经济、社会及文化改造的伟大计划。"⑨在"三反""五反"运动推行阶段,李达从"三反"运动与高校思想政治建设的角度指出,在大学中进行"三反"运动具有现实紧迫性的考量,毕竟资产阶级的思想在高校老师头脑中"是严重地存在"⑩。他总结

---

⑧ 汪信砚主编:《李达全集》(第16卷),人民出版社2016年版,第10页

⑨ 汪信砚主编:《李达全集》(第16卷),人民出版社2016年版,第160页。

⑩ 汪信砚主编:《李达全集》(第16卷),人民出版社2016年版,第412页。

自己在湖南大学两年的工作重点，主要是在思想改造上面。⑪“三反”运动要结合思想改造同步进行。⑫ 要高度重视对教师开展思想改造运动。李达认为，全校教师要“用马列主义和毛泽东思想把自己的头脑武装起来”⑬。他呼吁以青年教师为主体的知识分子群体要自主、自觉地接受思想改造，成为适应新社会、新时代、新建设需要的教学人才。

（二）法理学教学、研究要体现中国特色，反映中国实际

李达认为，自民国以来，虽然法学教育有了一定程度的发展，但是对法理学的教学却远远不够，教材编撰也没有跟上，多数是翻译国外的教科书，容易脱离中国的实际。李达指出，各大学的法律系十几年前就开设了法理学课程，但是主讲的先生们却不太懂得如何教授法理学。他们讲课的内容大多是根据现有的外国人写的著作或者翻译著作，同时有一些老师自己依据外国理论去编写讲稿。李达对此十分担忧，因为如果都用外国人的教材来给中国学生上课，那么连法理学都可能逐渐成为舶来品。还有，当时市面上广泛传播的法理学书籍，也基本上是翻译版本，中国人自己编写的著作就一两本，写得比较浅显。另外，研究文章的数量也非常少，就几篇。有的人粗略研究过社会法学和新分析法学，但不过是认为西方的最新的法律思潮和我国原有的民族心理所吻合，“不曾对中国社会的现实，给予一瞥”。这样的法理学，是没有实践的意义和价值的。他在仔细分析原因之后，认为法理学的研究之所以在中国不兴盛，主要是由于法学家们把它看成一个冷门研究领域，没有给予足够的重视。老师都不感兴趣，学生们上课自然就勉强听讲，毕竟做法官、律师，或者应付考试，法理学都不属于考试内容。⑭

有鉴于此，李达认为法学研究应当重视法理学研究，体现中国特色，反映中国实际。对于法理学的研究，首先，要阐述清楚世界法律发展的普遍原理，使读者能够认识到法律的发展与世界发展的联系，以及明白

⑪ 参见汪信砚主编：《李达全集》（第16卷），人民出版社2016年版，第422页。
⑫ 参见汪信砚主编：《李达全集》（第16卷），人民出版社2016年版，第420页
⑬ 汪信砚主编：《李达全集》（第16卷），人民出版社2016年版，第397页。
⑭ 参见汪信砚主编：《李达全集》（第15卷），人民出版社2016年版，第169页。

具体的历史时期中存在的法律的发展与社会结构变迁之间的内在的、固有的联系。其次,要能够将这个原理应用到理解中国的法律变迁和社会发展的关系,发展出一套适合我国国情的法学理论,使这个理论对我国的法律发展起到积极的促进作用,而不是消极的阻碍作用。在这个方向上,我们继续往前推进,“跨出法典和判例的洞天”,探索法律以外的社会和世界的原野,才能够使理论来源于实践而又指导实践,使自己的法理学研究不脱离时代、不陈旧过时,真正为促进世界和平与发展、减少纷争流血贡献智慧。可以说,“这样的工作,是法理学最高的任务”[15]。

李达同时一针见血地指出,教材是不是“成龙配套”,以及是不是具有科学水平,是衡量学科建设成果的重要指标。他常常拿自己在国统区担任教师时写的书举例,像《社会学大纲》和《法理学大纲》等,既可以说是学术著作,也可以看作教科书来使用。他认为每个学科、每个专业都需要有自己的课本。而且,他反对只用其他国家的教材,认为这样会丧失自己的特色。苏联的教材虽然也有优点值得借鉴,但是没有反映毛泽东的哲学思想以及中国革命建设的经验,不是马克思主义中国化的最新成果。“革命人民很需要学习马列主义、毛泽东思想。”所以,要联系中国具体国情来编写教材和讲义;到时候不仅要给中国人民看,编写得好的话还要给全世界人民看。[16] 为了能够编写出一些高水平的课本,李达把各系的老师召集起来,组织了一套老中青合作的班子进行教材编写的攻坚。[17] 在具体编写的过程中,他下了指示,要在编写过程中重视教科书的逻辑性、科学性、体系性,即便要联系具体实际,也不能追赶时髦、生拉硬扯。梳理学术史的时候,要从老祖宗讲起,毛泽东思想也是从马列主义发展起来的,必须要讲马列,而马列也不是凭空生出来的,“它是人类认识史的总计、总和与结论”。总之,要把学术史的来龙去脉讲清讲透。[18] 具体到法学领域,他亲自着手编订了《法理学大纲》作为课堂

---

⑮ 汪信砚主编:《李达全集》(第15卷),人民出版社2016年版,第170~171页。

⑯ 参见宋镜明:《李达与武汉大学》,山西教育出版社1999年版,第257页。

⑰ 参见宋镜明:《李达与武汉大学》,山西教育出版社1999年版,第257页。

⑱ 参见王炯华等:《李达评传》,人民出版社2004年版,第456页。

用书。

我国直到新中国成立初期,冠以"法理学"之名出版的著作和译作都十分稀少,不过十来种。李达的《法理学大纲》是马克思主义法学中国化历史上具有独到眼光和开创意义的学术著作,其贡献主要有三个方面:其一,这是中国学者独立完成的第一本将马克思主义的基本原理运用到阐述具体的法学理论和法律问题的专著。在马克思主义理论体系下,厘清了法理学的研究范围、研究对象和研究方法,为将来学者研究马克思主义法理学奠定了理论基础。其二,该书旁征博引,系统地梳理、评析了从古希腊到现代以来的西方法理学著名流派的起源、代表作家、代表观点,不偏不倚地评价了它们在历史发展上的贡献和局限,通过与西方法理学对比,可以了解到马克思主义法学理论的科学性、先进性。该书作为教材来说,是非常适合当时的学生学习、适用、掌握的。即使是20世纪80年代重新出版,该书的许多观点、论断也没过时,仍然值得研读。其三,该书用了较大篇幅讨论法理学的许多基本、重大命题,突破了民国以来西方资产阶级知识分子对法学问题的解释,尤其是基于中国社会的实际,对原有的分析模式架构进行了颠覆性的创造,在恪守马克思主义基本原则观念的前提下,对法的本质、法律的类型、法律的功能和未来发展趋势,以及法律与国家、道德、社会之间的关系辨析等基本问题提出了鲜明的观点和论断。

(三)招揽英才,重视师资队伍建设

李达用辩证矛盾观指出,一所学校能否办好,师资是关键。在教育方面,当时存在的主要矛盾是教学质量的提高和师资水平不相适应的矛盾。[19] 为此,他将提高教师待遇作为学校的重点工作之一。[20] 他指出,大学是最高的学府,教师理应有最高的学术水平才可以。[21] 教师的科研水平和教学水平是反映学校水平的重要衡量指标之一。要把学校建设好,

---

⑲ 参见宋镜明:《李达》,河北人民出版社1997年版,第244页。

⑳ 参见孙祥锺:《深有启示的几次讲话》,载《武汉大学学报(社会科学版)》1981年第1期。

㉑ 参见汪信砚主编:《李达全集》(第19卷),人民出版社2016年版,第436页。

就得有几个名教授,要把院系办好,就要有顶尖人才、拔尖人才。为了留住人才,肯定需要提高待遇。他寄希望于各系能够找到几个重点投入资源培养的教师,花费数年时间,使他们在学术界有一定的影响力,进而带动学科的发展和学校的进步。㉒

李达采取了许多具体的措施来充实教育队伍:其一,在各个场合不断地强调,人才是高校发展之本。他提出"培养师资是基本问题"㉓,大学办得好不好的评价指标是能否"依靠教师提高,多出学者"㉔。因此,他不管在什么学校工作,都对教师的质量和数量十分上心,都把师资队伍建设作为学校的重点工作之一来抓。其二,指出教师人才队伍的培养需要经过时间的沉淀,要有一个长期的规划。他要求各系主任着力解决好提高师资水平、找寻骨干教师的问题。㉕ 主张在教学实践中,培养出优秀的教师,"搞好教学工作与教师的提高是一致的"㉖。其三,要求"人民的教育工作者必须是马克思列宁主义者"㉗。政治素质和教学能力同等重要,政治上要"红",教学水平上要"专",一名合格的教师必须做到德才兼备。李达就任武汉大学校长后,亲自给中国人民大学和北京大学的领导写信,请求他们推荐优秀的教师来武汉大学教书。他甚至还亲自三顾茅庐,邀请一些学术水平高的青年教师来武汉大学任教。对于那些已经来到武汉大学工作的青年教师,他也没有怠慢,依然十分关心他们的工作、生活情况。他会登门询问他们有什么困难,并指示各部门及时帮助他们解决。李达爱才、惜才的事例不胜枚举,成为武汉大学中人津津乐道的故事。

具体到法学领域,他对法治人才的爱惜和尊重体现了在一封封书信和批示之中,仅从《李达全集》中收录的书信中略举几例,即可见一斑。例如,他在主政湖大时,对于他觉得可靠的学者,总是不吝赞美之词,极

㉒ 参见汪信砚主编:《李达全集》(第19卷),人民出版社2016年版,第435页。
㉓ 汪信砚主编:《李达全集》(第19卷),人民出版社2016年版,第458页。
㉔ 汪信砚主编:《李达全集》(第19卷),人民出版社2016年版,第436页。
㉕ 参见汪信砚主编:《李达全集》(第19卷),人民出版社2016年版,第436页。
㉖ 汪信砚主编:《李达全集》(第19卷),人民出版社2016年版,第433页
㉗ 汪信砚主编:《李达全集》(第19卷),人民出版社2016年版,第345页。

力劝说他们来大学任教。他在给余志洪的信中提到曾昭暖是可造之材，可以担任法律系主任："曾昭暖由中山大学来信，说要进新法学研究院学习，亚南和梅龚彬极力主张聘他到湖大。这也可以。我准备明天回信，说起约他来湖大法律系任教。亚南说你也与他相熟，你如同意，就请你也去一信催他来湖大，可能就要他做法律系主任。"㉘而且，如果他教过的法商学院的学生，一时间找不到与法学教育有关的工作，他也尽力安排其担任别的工作。他有个学生名叫张子杰，他认为他有教学能力，能上好课，便写信给分管领导："他是我在北京法商学院教过的学生，对于哲学、经济学等，还有些根底，最近在华大学习完毕后，到政法大学教育科做干部。我想带他前去，可先在教务处工作，兼教一门功课，我认为他是行的。"㉙针对湖南大学教师的工资待遇低的问题，李达也很忧心，他见了中南军政委员会副主席，当面请求提高教师工资："见了邓子恢主席。我又把湖大经费困难的情形，对邓主席详细说了。他肯定地说：湖大的经费必须加拨，教员待遇应与武大一样，毫无问题。他说得很诚恳，我想这一定可以实行的。特为报告你一声。我还说起以折实单位计算的话，他也赞成。㉚"总之，李达抓住一切机会，要给法学教师和学生提高待遇，使他们能够更加专心于学术事业。

（四）坚持以教学为中心来推进法学教学改革

李达曾在许多高校担任教职，也管理过好几所学校，深感教学工作的重要性。他在湖南大学主政时，就提出了影响深远的"以教学为中心"的基本原则。成为武汉大学校长之后，他同样也提出"稳步前进地改革教学，提高教学质量"㉛，并强调"改革教学内容，教育青年一代"是我们工作的中心任务。㉜ 为此，他在武汉大学提出了一系列有利于树立教学工作中心地位、提高教育质量的方案措施。

第一，提出了以教学为中心的教育指导观念。李达指出，所有的行

㉘ 汪信砚主编：《李达全集》（第20卷），人民出版社2016年版，第435页。
㉙ 汪信砚主编：《李达全集》（第20卷），人民出版社2016年版，第438～439页。
㉚ 汪信砚主编：《李达全集》（第20卷），人民出版社2016年版，第435页。
㉛ 汪信砚主编：《李达全集》（第16卷），人民出版社2016年版，第464页。
㉜ 参见汪信砚主编：《李达全集》（第17卷），人民出版社2016年版，第486页。

政工作者都应该服务于教学工作,教学工作应该成为学校一切工作的重心,行政工作人员需要牢牢地确立一切工作围绕教学工作的意识。[33] 李达明确了一所综合性大学所应该承担的任务。他认为,一所学校的一切任务最终都要落到为国家建设培养人才上,其中专科学校的任务主要是培育科技方面的从事实际工作的专门人才,综合性大学的任务主要是培养理论研究人才或者教学方面的人才。[34] 在明确了以教学为中心的教育原则的前提下,李达认为,要倡导教学与科研及劳动生产相结合。

第二,详细地阐述了大学推行教学改革的内容和基本方法原则。李达指出,综合性大学想要培育德才兼备的科研和教学人才,首先需要做到的就是施行教学方面的改革,而在改革的全过程中,要坚持学习苏联的先进经验并将其与中国具体实践相结合的方针,“我们还必须深刻认识到教师们系统学习马列主义的重要性;首先,我们教学改革的中心问题是学习苏联。但苏联的教材、教学计划、教学方法等,都贯穿着马列主义的立场、观点和方法,这都是要通过教师们来汲取和传播的。只有我们的教师们具有马列主义的立场、观点和方法,才能通晓它、掌握它,并使之结合中国的实际,收到改进教学的效果”。[35] 教学改革的重心是对教学的内容进行创新改革,包含完善教学大纲,制订教学计划,完善、充实有关的教材内容等;与此同时,对教学组织和教学方法的改革工作也不能忽视。

第三,大力推进各个学科的建设。李达非常重视全校各学科的建设,在武汉大学主政初期,他根据不同系科的特点,量身定做发展规划,如“文科7系,培养马列主义理论队伍”“理科5系,培养科技队伍”。[36] 1952年,全国高等学校院系调整,武汉大学撤销了学院制,由学校对学系进行直接领导。此时,虽然法学院被撤销,法律学系成为学校直接领导的一个独立的教学行政单位,但是系主任仍然由韩德培教授担任,而

---

[33] 参见汪信砚主编:《李达全集》(第17卷),人民出版社2016年版,第161页。
[34] 参见汪信砚主编:《李达全集》(第17卷),人民出版社2016年版,第157页。
[35] 汪信砚主编:《李达全集》(第17卷),人民出版社2016年版,第161~162页。
[36] 参见汪信砚主编:《李达全集》(第17卷),人民出版社2016年版,第424页。

且调整后的师资队伍反而空前强大。厦门大学、湖南大学、中山大学三所学校的一部分青年教师并入了武大法律系，人民大学研究生班也分来了一大批青年教师，在校学生达到300多人，是武汉大学法学院成立以来最为鼎盛的时期。当然，由于“左”倾错误思想的影响，1958年武汉大学法律系并入湖北大学后，武汉大学的法科暂时中断了。但是在这几年，在李达的教育理念指引下，武汉大学法律系的成就有目共睹，许多法学家都是在那个时期培养起来、成长起来的。正是在他的辛勤推动下，武汉大学的文、理各个学科才迅速发展壮大，很多专业都成为全国的特色专业，至今不衰，武汉大学经也逐渐成为全国的重点大学。

第四，要重视学术交流平台建设。1956年，李达主持了《武汉大学学报》的复刊，将其分为自然科学版和人文科学版，亲自撰写了含义深远的发刊词。他指出，《武汉大学学报》的任务就是给师生和学界同人交流学术成果，探讨学术问题提供一个交流平台，以此来促使师生不断地提高研究能力和研究水平。武汉大学法学院的很多老教师，当年都曾经在《武汉大学学报》上发表论文。除了鼓励他人，李达还自己亲自带头进行高水平的专著撰写工作。除继续宣传社会主义政治思想外，他计划撰写《唯物辩证法讲话》、修订《社会学大纲》等学术专著，还开始着手修改、出版1947年完成的《法理学大纲》讲义。但由于历史原因，《法理学大纲》直到20世纪80年代他逝世后才得以出版。

(五)反对违反教育规律的措施

按照唯物论的观点，李达指出，一切事物的发展都有其自身运行的规律，[37]在教育领域同样也是如此。因此，他多次反对违反教育规律的措施。

第一，他反对师生参加超过自身需要范围的劳动和政治活动，“学生尽搞劳动，大学就不会称其为什么大学”[38]。“广大教师，尤其是青年教师要坚持做好本行工作，以促进教学的学术研究为主，不要去从事别的

---

[37] 宋镜明：《李达传记》，湖北人民出版社1986年版，第161页。

[38] 王炯华：《李达评传》，人民出版社2004年版，第370页。

不相干的科研。”[39]“教师同志们首先要花大力气提高教育质量和教学水平,追赶世界先进水平。”[40]1960年,李达在武大科学工作会议上提出,随着社会主义建设事业的蓬勃开展,科研工作的重要性日益凸显,因此需要鼓足干劲,在若干个学科中,花费3~8年时间,攻破学术界的重大堡垒,攀登科学高峰。[41]

第二,反对学生和老师打擂台和学生给老师写大字报。李达认为,老师和学生应当互相尊重,教学相长。毕竟很多学生的思想并不成熟,还处在接受知识的阶段。同时,他也反对未成年的学生上台讲授太过艰深的知识。虽然说三人行必有我师,但是对于哲学问题,一个14岁的学生连物质、意识等名词尚且不十分明了,并不具备教哲学课的能力。1961年5月,李达在武汉大学党委扩大会上表达了对行政过度干扰教学的不满,抱怨最近两三年学校的运动太多了,很多制度干扰了正常的教学工作。他反对助教可以做系的副主任和教研室主任,指出辅助教学的人不能指导教学。另外,他也不赞成总支书包揽教学和行政工作,“教学经验的形成要有个过程,要反复地研究、提高,以趋于完善的”[42]。他要求总支书不能干涉各位系主任的教学主持工作,尽快恢复教学秩序和各项规章制度。[43]

第三,强调教学要与研究相结合,要尊重学术自由。李达指出,对待学术问题要倡导“百花齐放、百家争鸣”,这个方针符合我国实际,是依据学术发展的客观规律所制定提出的。他认为,对于学术上的分歧,应该给予自由讨论的机会,“只有这样,才能够促进认识向前发展”,使得正确的认识取代不正确的认识。因此,需要在教学科研中进一步贯彻落实这一指导思想,广泛开展学术交流活动,搭建学术平台,推动学术发展。[44] 这其实既是他骨子里的文人气节使然,更是由于他多年来教授法

[39] 参见汪信砚主编:《李达全集》(第19卷),人民出版社2016年版,第436页。
[40] 参见汪信砚主编:《李达全集》(第19卷),人民出版社2016年版,第443页。
[41] 参见汪信砚主编:《李达全集》(第19卷),人民出版社2016年版,第406页
[42] 汪信砚主编:《李达全集》(第19卷),人民出版社2016年版,第442页。
[43] 参见汪信砚主编:《李达全集》(第19卷),人民出版社2016年版,第415页。
[44] 参见汪信砚主编:《李达全集》(第19卷),人民出版社2016年版,第442页。

学理论思想,尊崇法治、文明的理念根深蒂固。

二、对李达法学教育思想的评价

李达毕生的法学教育思想与实践,对具有中国特色的社会主义法学教育事业的产生和发展起到了较大的促进作用。

第一,李达从理论上论证了中国的法学教育必须坚持马克思列宁主义和毛泽东思想,必须坚持社会主义的办学方向的必要性和可行性。中国是一个社会主义国家,中国的法学教育道路也只能走社会主义道路。李达撰写的《法理学大纲》及许多理论文章,以及新中国成立后的各类讲话稿等,都详细阐明了中国的历史、国情、文化无法全面移植西方资本主义的法学体系和法学教育制度。西方式的法学教育模式有其固有的缺陷,如忽略了法的阶级性、过于注重权利而忽视义务、脱离现实语境谈论法与道德等。中国的法学教育想要茁壮发展,只能在坚持马克思列宁主义基本立场的基础上,结合本国具体实际,通过一代代人的不懈努力和奋斗,探索出一条适合中国国情的法学教育道路。他呼吁建立起中国的法理学研究体系,出版既体现马克思列宁精神,又适合中国实际的法理学教材和部门法教材。这些宝贵的观点对当下法学教育的开展仍然具有重要的指导意义。

第二,李达坚持求真务实的法学教育精神,通过一生的法学实践给我们留下了丰富的实践案例。他的全部教育活动,证明了法学教育的模式不是一成不变的,而是要根据革命和社会主义建设的实际需要而变化发展。他开创了在政治教育中渗透法学教育,在法学教育中贯彻正确的政治思想的道路,值得我们借鉴和学习。无论是20世纪二三十年代创办平民女校、在湖南自修大学任教,还是新中国成立后在湖南大学、武汉大学主政,李达都坚决贯彻了实事求是的马克思主义教育实践风格,认为在不同的历史阶段,法学教育实践的侧重点不同。在新民主主义时期,要重视结合阶级斗争的学说。他在给工人、农民普法的过程中,引导他们勇敢地拿起武器,与反动派和帝国主义者、大资产阶级作最坚决的斗争,培养了一批批革命的法律人才。在和平年代,尤其是经过了社会主义改造以后,他根据八大的指示,认为国内的主要矛盾已经发生变化。他鲜明地指出学校必须回归课堂、回归教学,以教学和科研为中心,避免过多的行政干预。

第三,李达的理论与实践都很好地回答了法学教育如何处理教学与研究、理论与实践的问题。在他的努力下,湖南大学、武汉大学的师生处在一个相对宽松的学术环境之中,能够通过教学发现具有现实意义的研究课题,同时通过研究的深入推进教学方法的转变,教学和研究相辅相成、相得益彰。他坚持大力推行以教学为中心的教育原则,明确大学的核心任务是培养学生、进行教学活动。这对当下很多学校重科研、轻教学的现象有很大的启发意义。学校就是教书育人的地方,如果片面追求科研上的突破,而不注意人才培养,就是本末倒置。同时,他也很好地回答了理论与实践的问题。法学是一门实践性很强的学科,法律的生命在于实施。李达反对师生躲在书斋里做学问,他的许多讲话、指示都鼓励学生走向社会、走向农村、走向生活,深入广袤的中国大地,在实践中发现理论问题,在实践中解决理论问题。

第四,李达通过其崇高的风范、无私的精神、宝贵的理论品格影响了好几代法学家和法科学生。他一心一意做学问,在历史风浪中始终保持本心,保护了许多法律人才。有的法学专家由于政治原因失去了教职,他多方奔走,给予无私的帮助。在他的影响和帮助下,如韩德培教授等许许多多的法学大家走上了讲坛,开启了辉煌的学术道路,为中国法学教育的薪火相传、生生不息奠定了坚持的基础,为改革开放后我国法学事业能健康发展培养了一批批生力军。

诚然,李达的法学教育思想仍具有一定的局限性。例如,他较为推崇苏联的法学教育模式,注重法典化、体系化的教学,强调意识形态在课堂的灌输,重视教师在课堂的主导地位。对于英美法系的教育模式,如师生互动式教学、案例教学法、法律诊所等,他运用得不多,也未在其著作中对此作出客观的介绍评论。另外,在法学教育和政治哲学教育的区分方面,李达没有为我们探索出一条合适的路径。法学毕竟是一门独立的学科,其培养的方法、目标和政治哲学在很多层面上具有差异性,苏联的教育学理论也一直没能很好地解决这一问题。李达在 20 世纪 60 年代骤然离世,他的探索也戛然而止,殊为遗憾。

正如列宁所指出的,判断一个历史人物的功绩,“不是根据历史活动家没有提供现代所要求的东西,而是根据他们比他们的前辈提供了新的东西”[45],“要研究预先决定这些政党的政治活动的意义和结局的客观政治环境”[46]。评价像李达这样优秀的法学教育家时,一定要把他放在他所处的历史条件下来进行,绝不能脱离当时的社会现实。李达对中国法学教育的贡献远大于局限,“可以说培养了几代人”[47]。他用马克思列宁主义和毛泽东思想指导具体的法学教育实践,按照教育规律办事,为发展社会主义高等教育、社会主义法学教育贡献了全部力量,取得了丰硕的成果,培养了一批批合格的建设人才,影响了马克思主义法学教育思想中国化的进程。他的名字将永远镌刻在新中国法学教育历史纪念碑上。

Li Da's Thoughts on Legal Education

Xu Yawen　Qiu Anbang

Abstract: Li Da has been engaged in legal education for many years and formed rich legal education thoughts, which mainly includes infiltrating correct political concepts into legal education, jurisprudence teaching and research should reflect Chinese characteristics and the reality in China, attracting talent and attaching importance to the construction of teaching

---

[45] 《列宁全集》(第 2 卷),人民出版社 1984 年版,第 154 页。

[46] 《列宁全集》(第 12 卷),人民出版社 1987 年版,第 262 页。

[47] 王身炳:《中国马克思主义的一代宗师》,载中国现代哲学史研究会编:《纪念李达诞辰一百周年——中国现代哲学与文化思潮续集》,湖南出版社 1991 年版,第 37 页。

faculty, insisting on teaching-centered method to promote the reform of law teaching, resisting left-leaning educational measures that violate objective laws. Li Da's legal thoughts well demonstrate the necessity and feasibility that China's legal education must adhere to the correct guiding ideology, and positively respond to the proposition of how legal education deals with teaching and research, theory and practice, which have important historical and practical significance.

Key Words: Li Da; legal thought; legal education; Marxist jurisprudence

迈向新文科的法学教育范式三重定向[*]

杜　辉[**]

摘　要：面向新文科的法学教育范式创新分别指向话语体系、学科体系、知识体系和人才体系的复杂变革，表征为价值性、科学性与融合性三重定向。价值性定向主要是完成价值秩序和话语体系塑造的目标，着眼于如何构建当代全球秩序安全稳健发展的价值准则，提炼以人民为中心的法治正当性价值准则以及贯彻中国特色社会主义法治道路的法价值体系。科学性定向聚焦于如何面向中国、面向发展、面向世界、面向未来集成和深化法学知识体系，关系法学教育创新的知识论问题。融合性定向则从形式上体现出新文科对于学科结构、方法思维等人才培养体系的创新要求，推进问题导向的科际整合和以集群化学科、融合性方法解决特定问题的功能优化。面对这些新的体系变革需求，中国法学教育范式转型应从宏观层面强化价值引领，从中观层面科学构

---

* 本文是重庆市2018年教育教学改革项目“基于庭审现场的法学实践课‘第二课堂’教学模式改革研究”（183127）和重庆大学研究生教育教学改革项目“面向生态文明理论的环境法经典文献课程设计研究”（项目编号：cquyjg20307）的阶段性研究成果，还获得了重庆英才计划（2021YC025）的支持。

** 杜辉，法学博士，重庆大学法学院教授、博士生导师，重庆英才青年拔尖人才。研究方向：法治与治理理论、环境法。

建现代法学教育的主体内容,从微观层面系统精细地落实法学教育改革新举措。

关键词:新文科　法学教育范式　价值秩序　知识体系　学科融合

一、背景与问题

新文科是世界水平、中国特色文科体系发展的新要求和新范式。其新,并非新旧之别,而在于话语体系、学科体系、知识体系、人才体系的创新发展,因此是文科教育发展的进阶。其新,并非文科体系内部之新,而在于文理交叉、学科集群、价值重整以及知识融合,是回应时代需求的新范式。其新,并非汉语文科知识界的自我维新,而在于构建具有中国气象的人文社科体系,以中国意识、中国话语为主线服务于全球发展的新使命。可以说,新文科是社会大变革时代,从全球视野和中国立场出发推进的高等教育改革模式。它立足于世界格局和内部改革实践对人文社科的知识新需求,服务于当代人类发展和社会实践所面临的重大历史任务。一方面,新文科能为世界格局变迁和中国式现代化道路提供解释方案,精准定位人类社会发展过程中遭遇的现代化陷阱或困境,引领高等教育对象以正确的价值立场和学术角色观察、思考、回答、总结社会世界;另一方面,新文科强调以问题为导向,为全球治理和中国国家治理体系和治理能力现代化供给知识基础和解决方案,回应全人类关切的重大时代命题,解决国家发展难题。因此,新文科是通过整合学科门类、融贯方法、综合思维、开拓视野、发掘问题、重新解释、解决问题等系统关联方式形成的新知识体系、新方法体系和新教育体系。

当新文科建设蓝图与全面推进依法治国战略相结合,势必在法学教育领域引发新一轮反思和改革尝试。如何在新文科之下塑造新法科,成为法学知识界和教育界所面临的紧迫任务。由此,在这场变革中,法学学科以及法学教育如何更好地服务于全面依法治国,如何形成新理念、新模式,以培养适应新时代要求的复合型法治人才,如何塑造新时代法学的话语体系、学科体系、知识体系、人才体系，成为不容回避的重要议题。

改革开放之后，中国法学教育恢复并呈现出蓬勃发展之势，基本确立了以培养法官、检察官、律师、司法工作人员等专业化人才为己任的法律职业主义路线。在这一范式导引下，法学教育常常被简化为技术性、精英化的“职业教育”，是以培养能够解决纠纷的裁判者或法律服务者为旨趣的职业法律家教育。这种路线的价值意义无疑能在先发国家的法学教育发展史中寻得确证，精准把握法律人才培养的基本规律和模式，也与我国法治现代化发展的人才需求高度匹配。但需要注意的是，这一路线仍需要深入反思。一是“成为法官”“成为律师”的职业式教育应当重视价值判断、利益权衡、规范评注、辩论说理、案例分析等各方面能力的培养，但实际的情况是，我们的法学教育更侧重于理论的传递以及认识法律规则，对于理解法律之后的运用、检验则未能形成体系化的教育机制。二是法学教育不仅是法律的内容，更应当涉及与法律有关的内容。法律行业的细分正在不断加剧法学知识体系的肢解，法律职业群体受困于职业领域而慢慢失去了法学知识学养的深厚滋养，以致法学教育因为法律职业领域的限制而滑入功利化的陷阱。从社会效用角度来评判，这一路线的封闭性、技术性在诸多场景下也迷失在教育的多元化目标之中。这不仅体现在法律职业伦理重规范教义分析轻社会理论分析的方法范式维度，也明显地体现为对国家、社会和市场各个场域的决策型法律思维的轻视。这些都是当下中国法学教育与国家发展、社会实践逐渐脱节，无力承接许多重大时代命题的重要原因。基于这种历史和现实困境，我们需要探索与职业主义相对的智识教育、通识教育、理论教育之于法学教育范式转型的重要价值，进一步丰富法学教育的目标和功能，尤其是要面向法律上游、①面向全球治理、面向国家发展寻求法学教育的新着力点。当这一补充式路线逐渐清晰之时，不难发现，法学教育的范式转型与新文科建设思路不谋而合，并无二致。它们都强调面向复

---

① 参见刘诚：《面向“制度上游”的法学教育》，载《法学教育研究》2021 年第 3 期。

杂性治理的知识生产、规则创制、人才需求和方法创新等多元化任务来重新确立教育的理念、方法、目标。

基于此,新法科作为新文科建设的一部分,并不是要推翻传统法学范式和教育模式,而是要立足于学科发展的新实践、新理念、新方法、新使命,恰当处理文理融合、中西融合、古今融合、知行融合的辩证关系,开辟新的知识增长点,淬炼法学新思维,实现革故鼎新和创新发展,最终服务于建设具有世界水平、中国特色的法学学科体系、知识体系和话语体系,培养满足全面依法治国战略需求的法治人才。习近平总书记曾在考察中国政法大学时指出,没有正确的法治理论引领,就不可能有正确的法治实践。正确的法治理论与伟大的法治实践都不能脱离高质量法学教育的支撑。因此,创新法学学科体系、学术研究范式和人才培养模式,构成了面向新文科的法学教育创新发展的基本内容,是当前法学教育高质量发展的核心目标。立德树人、德法兼修、明法笃行,是习近平总书记明确提出的法治人才培养目标。② 其中,立德树人是价值引领,德法兼修和明法笃行则是法律专业能力和职业精神的深刻体现,是法学教育科学性与融合性的集中表达。由此来看,面向法治中国战略和基于法治内生发展规律的法学教育之新,理应是集价值性、科学性与融合性于一体的新范式,指向新法学的话语体系、知识体系和人才培养体系,扮演基础性、先导性的角色。这三重属性分别指向当下法学教育创新发展的不同矛盾及其突破路径,回答的是"新时代办什么样的法学教育、造就什么样的法治人才"这一时代之问。本文尝试围绕这三重属性做初步的解释与解答。

二、价值性与话语体系塑造

(一)何谓价值性?

新文科之下的新法学及其教育,从其总体功能来看,是从理论上总

② 参见习近平法治思想概论编写组:《习近平法治思想概论》,高等教育出版社2021年版,第232页。

结中国治理经验和法治发展规律，阐释法治中国的主体性，并为全球法治进步和治理现代化贡献中国智慧。这本身就蕴含着清晰的价值体认，也就是在全球化时代，既要执着于对中国法治经验的爬梳和张扬，还要加强与世界先进经验的互动和对话。中国近现代法学教育虽起源于西法东渐的特殊历史契机，但“中学为体、西学为用”的本体意识仍然是贯穿其中的主线。尤其是改革开放以来，探索构建新的法学知识体系、话语体系和学科体系，确立中国特色社会主义法治之根本，以求适配于治国理政的制度理念，一直都是中国法学教育孜孜以求的当代使命。这也构成了当代中国价值体系重建的重要组成部分。从中不难发现，新文科之下法学教育的价值性要求首先要突破的，就是如何根据中国实践的因果及其事理来探寻、凝练新的价值体系，以问题为导向塑造“中国化”的法理，最大限度地剥离法治发展和法学教育所隐含的西方前提、西方意识。

脱离中国主体性这一国家观的引领，法学融合发展将失去历史和现实根基，无助于形成理性的法学知识体系和法学教育发展模式。尤其是在对内深化改革、对外开放新格局中，为了回应“世界结构的大转换”这一战略机遇，我们正在进行一场决定世界格局的法治范式创新运动，③目的是在面对多元价值交锋之时，能够最大限度激发寻求价值共识的能力，推动以多元和整合为特征的法治发展。要完成这一目标，一方面，应当将以西方为隐藏前提的法学话语体系转变为以中国为主体的法学话语体系，不完成这个转变也就无所谓新文科、新法学，法学教育的创新发展也就无法跳脱出历史惯性的牵引；另一方面，应当以新话语体系集中表达和引领法学教育创新发展，深刻把握我国国内法治和涉外法治对法学教育提出的新要求，增强法学教育创新机制，构建体系化的、面向未来的法学教育价值体系。

(二)多层次价值秩序的话语表达

在新文科时代，法学教育创新发展要充分发掘价值内涵并承担起意

---

③ 参见季卫东：《通往法治的道路：社会的多元化与权威体系》，法律出版社2014年版，第80～82页。

识形态阐释功能,就必须“坚持价值性和知识性相统一,寓价值观引导于知识传授之中”[④],系统阐明这一价值体系的内容,规避改革中可能遭遇的价值误区。

其一,着眼于构建当代全球秩序安全稳健发展的价值准则是法学教育范式创新的顶层设计。中国特色社会主义法治建设着眼于对人类法治文明的承接及其与国家民族精神的融合,是将人类命运共同体理念与中国特色社会主义法治现代化进程深度结合的总体进程,因此为构建当代全球秩序安全稳健发展的价值准则提供了丰富的中国经验。基于这一顶层价值设计目标,当前法学教育创新发展需要借助教育的价值塑造功能,为全球发展和治理提供精深博奥的经世指引,以包容的立场扩展全人类共同价值的法治模块,“即以本土也是全球的思想、观念、制度与知识框架创新,为全球性难题的解决提供中国经验与策略”[⑤]。作为全人类的共同价值,和平、发展、公平、正义、民主、自由也是法治现代化的价值旨趣。但是,这一价值集合在不同话语体系下呈现出不同内涵,甚至呈现对立紧张关系。造成这种分殊和紧张的关键在于其实践路径和实现方式不同。西方话语体系的偏狭之处在于忽视了多元主义的时代特性,因而在创造现实和引领未来的过程中逐渐无能为力,甚至引发了一系列思想危机,在现代文明体系中丧失了全人类共同价值的坐标地位。

在多元化世界秩序之下,经由塑造强劲的内驱力和制度能力,发挥中国特色法治文化的辐射力和内吸力,为全球化时代的人类法治文明开辟新形态,已呈现沛然不可御之势。因为,这一道路凝聚了不同文明形态、多样性价值体系在不同时空范围之间的最大公约数,是以人类共同利益为基点的共赢共享价值。比如,人类命运共同体就是在深刻反思西方传统人权观基础上开掘出的全新人权理念,它凝聚着“法治的最终目的是构建人类命运共同体,尊重与保障人权,实现人的全面发展”这一根

---

④ 《习近平谈治国理政》(第3卷),外文出版社2020年版,第330~331页。

⑤ 吴寒天、阎光才:《大学与人类命运共同体的建构——中国大学的时代使命与自我革新》,载《探索与争鸣》2019年第9期。

本性价值。[⑥] 故此，法学教育范式转型理应聚焦于当下中国特色社会主义法治现代化，积极探寻、凝练、普及其中所蕴含的价值元命题，助力发掘或构建当代全球秩序安全稳健发展的顶层价值准则。

其二，着眼于提炼以人民为中心的法治正当性价值准则是法学教育范式创新的核心任务。正在发展中的中国式法治现代化是中国特色社会主义法治实践的结晶，坚持政府、市场和社会协同发展以及自上而下与自下而上两种路径互动并进，立足于中国场景、国情民意与世界法治成熟经验的有机统一，其最终价值落脚点在于“以人民为中心”。人民性的主体要素和基本特点清晰地表现为：坚持人民主体地位，坚持和完善人民当家作主；保障人民权益实现和发展，让改革发展成果更多更公平惠及全体人民；解放和增强社会活力，促进社会公平正义，维护社会和谐稳定；依靠人民维护法律权威，增强人民尊法学法守法用法意识；促进全体人民共同富裕等。这些价值意涵通过不同领域的发展战略、治理实验转化为法治发展的重要内容和养料，并以法治理念、法律制度的形式实现了具体化和实践化。总体来说，“尊重保障人权、维护公平正义、促进和谐稳定、保障改革发展、引领社会风尚”，这一意义释放过程的最终成果都应当通过法学教育转化为法学知识体系、话语体系，形成法律职业群体的法律实践准则。同时，在完成这些目标过程中所显现的新法学命题，也需要法学教育予以吸收、承接并寻求最优解释方案与解决路径。总之，以范式创新充分开掘、彰显、弘扬中国式法治现代化的正当性，是法学教育创新发展的核心任务。

其三，着眼于贯彻中国特色社会主义法治道路的法价值体系是法学教育范式创新的基本路径。有论者将社会主义核心价值观、全面依法治国的五项基本原则以及习近平法治思想的核心要义解释为中国特色社会主义法治道路的法价值结构和体系。[⑦] 这一论断具有重要启发意义，意味着法学教育范式创新的价值尺度在于确立面向世界、面向国家、面

⑥ 参见李龙：《全面依法治国这五年》，载《光明日报》2017 年 6 月 25 日，第 7 版。

⑦ 参见莫纪宏：《中国特色社会主义法治道路的法价值结构与功能》，载《中国社会科学报》2021 年 10 月 19 日，第 3 版。

向民族的基本价值体系,并将其传导到法治建设的总体进程和具体任务之中。在这一过程中,法学教育的功能就是贯通国家认同(宏观)、社会核心价值彰显(中观)以及人的内在赋能(微观),形成、贯彻并普及这一"科学和系统的法价值体系"⑧。或者说,面向新文科的法学教育范式转型的价值引领不是若干独立的价值或者它们的简单加权总和,而是一个多层次协同的价值体系,具有典型的系统性与融合性。这是一个新的系统性价值启蒙的过程,承载着传统法学教育自我革新的发展愿景。

在学科融合过程中,不同学科的知识体系所承载的价值观念不可避免地会对法学本位价值形成冲击,甚至引发价值分化的危机。在学科融合的新文科背景下,面对思想激荡的知识发展背景,只有在提高法学价值的主体性基础上平衡多元价值,形成新的价值秩序,才能回应建设中国特色社会主义法治体系的开放性、包容性需求,以开放胸襟和高远格局引领法学发展和法学教育范式创新。具体来说,要从国家观、民族性的基点和法治的轨道作用出发,将上述的法价值体系融入法学的人文向度、科学向度、逻辑向度、技术向度和实践向度,并通过宪法的价值宣示和部门法体系的转译,确保国家治理方式转型的稳定。尤其是要避免盲目追求经济效率、单向利益、技术更新等目标而忽视价值引领的误区,导致法学学科在学科融合中失去根基、归于混沌,沦为纯粹的技术治理工具。要完成社会转型、治理转型,建立以价值秩序为基础的中国特色社会主义法治体系,除了要克服价值混沌冲突及其带来的惯性阻力,还需要释放价值体系之意义的智慧和想象力。这些都需要发挥法学教育的基础性作用。

三、科学性与知识体系深化

(一)何谓科学性?

价值性与科学性是法学教育范式创新的基本目标,是同一问题的两

⑧ 参见莫纪宏:《中国特色社会主义法治道路的法价值结构与功能》,载《中国社会科学报》2021年10月19日,第3版。

个侧面,而非“法学作为科学之无价值性”所呈现的法律科学主义是否成立的取舍难题。如果说价值性是以价值秩序为内容的法学教育意义的呈现,那么科学性则取决于法学教育为治理实践、文化繁荣、法治强国、民族复兴、全球性危机应对等供给知识、思想、观念和制度的能力,或者说其能否历史地、系统地、“严肃地对待复杂的社会动态”⑨,是一种典型的知识论呈现。2016 年 5 月,习近平总书记在哲学社会科学工作座谈会上指出,人类社会每一次重大跃进,人类文明每一次重大发展,都离不开哲学社会科学的知识变革和思想先导⑩。这一论断也恰恰可以诠释法学教育范式创新应当兼及科学性与价值性的本旨所在。

那么,价值引领下的法学知识体系集成与深化,在新文科背景下又面临何种任务、承载何种功能呢？对这一问题的回答,关系法学教育创新的知识论问题。在知识论立场上,法学既是纯粹的理论科学、人文科学、诠释科学,也是一门实践科学、社会科学和论证科学,⑪肩负着对社会和历史发展引起的各种变化作出反应的任务。随着社会实践的发展,法学知识体系深陷于分化整合、更新迭代的快速演化之中,需要从哲学、社会学、经济学、政治学甚至自然科学中寻求新的知识素材或方法论基础。这为知识的交叉、跨界、融合提供了广阔空间和“重构知识存量的机会”⑫,不断拓展了法学学科边界。这一过程内涵的知识谱系演进、知识分化或分层、知识生产和形态,都是当下法学教育创新必须与时俱进地予以阐明的问题。一方面,法学知识体系向兼收并蓄的方向发展,在很大程度上增进了回应国家治理和法治发展的能力。与此相应,面向治理实践和法治发展进程的法学知识体系也因此增强了开放性、历史性和有效性。尤其是一系列标识性概念、革新性理念和结构性理论的发展,正

⑨ [美]华勒斯坦等:《开放社会科学》,刘锋译,生活·读书·新知三联书店 1997 年版,第 84 页。

⑩ 参见习近平:《在哲学社会科学工作座谈会上的讲话》,载《人民日报》2016 年 5 月 19 日,第 2 版。

⑪ 参见陈林林:《法学知识的根与用——〈法学的知识谱系〉阅读札记》,载《中国政法大学学报》2021 年第 5 期。

⑫ [德]阿图尔·考夫曼、温弗里德·哈斯默尔主编:《当代法哲学和法律理论导论》,郑永流译,法律出版社 2013 年版,第 470 页。

在慢慢形成中国特色的法学知识体系,为治理实践和法治发展不断供给解释方案。另一方面,法学教育需要对这一融贯的、逻辑的和实践的知识系统,做出持久有效的诠释,避免在知识生产与知识实践之间制造出鸿沟,以使每一次法学教育范式创新都以确实的实践为基础,进而在情感、理智和理性等多个层面上加强法律职业群体对国家角色、社会发展、法治实践的认知、理解和认同。

因此,法学教育范式创新的科学性面向是与法学知识体系演化的历史使命相适配的,是通过教育对国家、社会及其法治问题进行不断概念化、理论化的知识创新过程。如果法学教育范式创新忽视这一维度,不能兼顾服务于国家治理实践和深化法学知识体系,那么以法律知识向全世界讲好中国法治故事的目标将大打折扣,也无益于规划中国特色社会主义法治道路的发展方向,甚至会最终背离中国特色哲学社会科学的继承性、民族性、原创性、时代性、系统性、专业性特征。如果要实现上述目标,则"要按照立足中国、借鉴国外,挖掘历史、把握当代,关怀人类、面向未来的思路"⑬。

(二)法学知识体系深化的四个维度

1. 以中国为支点概念的"中国法学"

法学知识体系结构深化的首要任务就是阐释中国的治理实践,将中国作为法学知识生产和法学教育转型的支点概念,以全面推进依法治国的实践为本体来构建中国特色社会主义法学体系,进一步呈现法学(法律)的主体性。这可称为法学知识体系创新的中国化,其内容主要包括长期历史发展过程中积淀的中国特色以及在中国特殊国情下解决中国问题积累的宝贵经验与智慧。

在过往几十年的法治进程中,西方概念或命题方式在解释中国实践中发挥了一定作用。但是随着中国本土法治经验的丰富以及法治中国主体性的彰显,我们需要形成新的概念命题、理论系统来弥补、扩展和修正这种十足"外在性"的知识路径,从中国本土法治实践凝练出一套用

---

⑬ 习近平:《在哲学社会科学工作座谈会上的讲话》,载《人民日报》2016年5月19日,第2版。

来把握治理实践和社会转向的法学方法。这个知识转型运动横跨法学研究、法治实践和法学教育三个面向。在法学研究的学术向度,它涉及如何将中国的法治品格及规律纳入法学之中,建立具有中国主体性的法学话语体系。在法治实践向度,它强调精准地提出问题、深入地分析问题、有效地解决问题,增强具有中国主体性的法学话语体系的经验质感,创造性地吸收、转化、评价中外法治经验,服务于中国国家治理和社会转型。在法学教育向度,它强调以国家治理和社会转型为视角融入法学知识传承、人才培养的各个方面,建立以实践为支撑的学科体系和人才培养方案。在这个意义上,法学教育范式转型的科学性主要源于其经验属性,是经由法律实践的本土化重建中国法学独特性的一种努力。

2. 以实践性为特征的"发展法学"

法学知识体系结构深化要立足于实践性,助推国家发展和转型。从规模和深度来看,中国的制度变革和治理转型都超出已有的世界经验,呈现出明显的时空压缩特征。为更好地理解、支撑这一发展格局,需要各个学科从不同侧面提供充分的知识论证或智识能力。为战略考量,新文科背景下的法学不能仅是以教义学为基础的规范法学,以及以结果为导向的实践法学,还应当是包含创新能力和创新机制的发展法学,也即将法学的规范思维、实践理性和未来设计三重要求贯穿于知识生产和应用之中。新的发展和转型实践正在构成法学知识体系演化的主线,并逐渐成为法学中新的独立分支,这本身是中国特色社会主义法学体系创新发展的表征,也可能成为中国法学对世界法学的一个特殊贡献。

从实践来看,中国国家发展和治理转型沿着工业化、市场化、城市化、信息化的方向发展,法律体系和法学体系也随之不断发展完备。当前,中国现代法律运动推进到新的阶段,问题叠加以及国家发展的技术化新方向诱发了知识跨界效度问题,这为法律体系和法学体系的进一步深化提出了新要求,客观上也要求法学教育从规模扩大向内在质量持续转型。比如,面对高度互联的技术化社会,法律如何处理非人主体的角色、信息保护、算法安全与公平、人与自然生命共同体等新的基础性问题。又如,在高质量发展格局中,法律如何回应国内区域化发展模式的知识、规则、人才需求,如何把握改革和法治深刻的内在关联、发展与安全的统筹关系。这些都表明,中国当前的法学知识建构和教育发展不能拘泥于既有学科的内部建制,而是要根据新发展阶段包含的复杂社会关系发展出新的知识形态和教育范式。

当处理这些关系国家前景的重大问题之时,法学知识体系深化决不能着眼于将这一系统性问题任意切割裁剪,分解为若干细节性问题予以关照。这样就会忽视关系国家发展和转型的问题的复杂性与相互联系。只有将普遍知识探索与系统问题解决勾连在一起,才能创造必要的条件和有效的结构安排,实现法学(法律)创新发展任务目标,也方能为法学教育转型提供新的可能性,并以恰当的方式融入社会发展之中。

3. 以全球性关联为逻辑的"世界法学"

法学知识体系结构深化应当面向世界,以全球性关联视野回应人类命运共同体的新布局。人类命运共同体理念是从全球维度达成的关乎全人类共同福祉的共识,标示着国家观、安全观、发展观、文明观、生态观从以利益竞争、"中心—边缘"为驱动的本土立场向以信任互惠、多元认同为纽带的全球立场的位移。其生发深深根植于生态环境恶化、资源枯竭、能源危机、粮食安全、科技风险、全球公共危机、贫困等全球性问题及其背后的全球性关联。人类命运同共同体预示了法治存在最低标准和最高追求——建设法治的最低标准是构建人类命运共同体的基础工程,而探索法治的最高追求则是国际秩序最优化的终极目标。法学知识的深化需要针对此种全球性关联,揭示全球现代性的根本问题,引导人类走出发展困境,探寻共同未来。在这个意义上,互惠正义和秩序应成为法学知识体系深化的一个原点,将人类命运共同体的理念内化为法理论、法观念和法规范发展的知识前见。或者可以说,法学知识体系的深化是应对全球治理、"缩小秩序与正义之间的张力"⑭的一种必要的文化、意识和规则准备。针对全球尺度的法律发展,有学者提出"复规范性"这一概念,用以强化平等对话、融合共生,削弱法律秩序知识主导者

⑭ 张锋、[德]理查德·内德·勒博:《重塑以正义原则为基础的中国国际秩序观》,载《中国社会科学报》2021年11月11日,第5版。

的身份。[15] 这一概念与以人类命运共同体为国际治理的最大公约数共同构成了规范维度和价值维度的相互参照,大大扩展了法学(法律)的格局。

人类命运共同体需要一种超越国家主义的包容性发展模式予以支撑,以推动全球治理体系变革,构建全球公平正义和全球人与自然相和谐的新秩序。在过去以国家主义为逻辑的知识生产中,知识作为生产要素服务于国家发展竞争,通过知识竞争的优势地位来保障国家在竞争博弈中占得先机。竞争逻辑下的知识生产势必造成知识区隔和意识形态化,强化竞争或对抗的思维,背离知识无界的本质,阻碍知识的交流和繁荣。这势必要求法学知识体系做出深刻的自我革新,围绕人类命运共同体处理好全球性与国家立场、引领发展或发展竞争与共同应对人类挑战的历史任务等基本关系。在这个意义上,法学知识体系作为全球治理的主要工具,也应围绕各具体领域发展全球化意识、观念和规则,致力于实现共同治理,最大限度地彰显法治的人类性价值。比如,在国际执法合作和全球安全治理领域,反恐怖主义、打击网络犯罪、禁毒、国际追逃追赃等方面的国际法治合作逐渐深入,中国推动共建"一带一路"的法治手段也在不断完善,上海合作组织、中国—东盟等国际和区域合作框架内的法治合作日臻成熟,以及进一步满足涉外法治建设中的涉外执法司法效能、法律服务等新布局。这些新布局、新模式将推动法学知识体系在方法论上解构西方中心主义,围绕合作治理重构新的知识体系,完成法学领域内的知识革命。同时,这也将进一步传导到法学教育创新改革之中,推动法学教育在维护人类前途命运中担负起重大责任,以"尊重生命和人格尊严、权利平等和社会正义、文化和社会多样性,以及为建设我们共同的未来而实现团结和共担责任的意识"[16]来重申人文主义教育观。

---

⑮ 参见[德]托马斯·杜斐:《"复规范性"从何谈起　法律全球化的知识挑战》,李富鹏译,载《中外法学》2019 年第 1 期。

⑯ 联合国教科文组织编:《反思教育:向"全球共同利益"的理念转变?》,联合国教科文组织总部中文科译,教育科学出版社 2017 年版,第 30 页。

4. 以新型社会关系为调整对象的“未来法学”

法学知识体系结构深化应彰显未来性,以未来法学调整新一轮科技革命给社会和人类带来的机遇或整体性危机。随着万物互联互通,人工智能、大数据等智能化生产方式形成,一系列重大法治前沿问题逐渐显现,并给既有法律体系和法学知识体系带来挑战,亟须围绕新型法律关系、重大科技风险、深层社会结构调整甚或不可知的疑难问题,对法律规则体系和法学知识体系进行梳理、分析以及重构。法学与现代科技的深度交融,是对法学知识系统回应新问题能力的重大考验。法学知识系统能否有效吸纳数据治理、算法规制、平台治理、智慧司法、区块链法治、人工智能治理、金融科技与科技金融等问题,为未来社会关系变革供应体系性解决方案,协同推进未来社会的法治化和智能化,为未来中国的系统性治理提供智识支撑和创新机制,是面向未来的法学知识创新必须解决的重要且紧迫课题。

首先,未来法学要解决的关键问题是识别未来社会的风险。这需要以多学科的思维来把握风险方法与科技发展创造性之间的关系,深度挖掘新兴科学技术带来的伦理风险和规则风险,厘清不同类型风险之间的相互作用或者连锁反应,最终将这些智识判断转化为法学原理革新扩张的基础。其次,在此基础上,法学知识系统还需要聚焦这些风险可能诱发的系统性社会变革,探究未来社会风险的流动、转化与关联逻辑,以设计法律治理的底层框架,也即确立未来风险法律治理的伦理、政策、规则。最后,要在法律治理底层框架之上假设治理的原则和方法,尤其是重现权利保护原则、民主原则、公开原则、责任原则、合作原则、预防原则如何在新的治理场景下进一步深化。

可见,未来法学将会是以科学范式关照未来社会法律秩序的一门新学问,这大大超出了现有法学理论和部门法规则体系的范畴,也绝非传统法学的教义规范先见所能涵摄的问题领域。关于此领域的法律论题、伦理价值结构、评价体系、法律规则设计路线等绝非抽象的逻辑推演,而必须因循有计划的智识探究,以塑造系统全面的基础理论框架。因此,法学教育范式创新也必须以这一知识革命为前提,才能谈如何培养世界领先的人才,如何拓展中外合作交流,如何服务于未来社会的系统治理。

四、融合性与人才培养体系优化

法学教育发展到今天,应当如何进行创新发展、创造性转化,必须立足于当前社会生活方式、生产方式、思维方式和治理方式的深刻变革,紧紧抓住法学教育发展的深层次矛盾。这就需要从跨学科视野、跨文化的视角推动与其他学科的实质性交叉,以问题为导向创新学术领域。⑰ 跨学科并非"去学科",也不是为了跨学科而跨学科,而是以问题为导向进行科际整合,功能在于以集群化范式来确定问题域、以融合性知识来研究和解决特定问题。面对新的问题域,新文科要求下的学科深度交融应有清晰的标准。

(一)面向集群化的学科融合

学科边界本是为了维护学科知识的统一性,但却逐渐使思考和研究受到掣肘。价值体系重塑和知识体系的深化表明法学研究以及法学教育范式转型需要跳出学科边界,从学科导向的学科高峰向学术高峰为目标的学科集群位移。一方面,打破法学(法律)与经济管理、政治学、社会学甚至人文科学的学科边界,可以最大限度彰显法学的思想张力、文化渗透力,增强自然科学的规范性、伦理性和安全性,重新定位人文学科对社会发展的支撑功能;另一方面,通过融合理工农医等自然科学的方法元素和思维范式,可以增强法学的实证性和科学性,开掘新的研究范式和教育资源整合的机制。在这个过程中,法学教育范式的转型、知识体系的深化、价值体系的重塑、重大理论和时间问题的解决等任务,得以互动创新、整合升级,体系性发展新格局也得以定型深化。

学科结构体系何以通过集群化得到创新?当前,学科中心主义的考核评价体系正在逐渐强化学科差异,限缩学科整合的空间,而要突破这

⑰ 参见季卫东:《新文科的学术范式与集群化》,载《上海交通大学学报(哲学社会科学版)》2020 年第 1 期。

一限定则需要跳出以学科知识生产和传授为主线的传统模式,转向以问题为中心整合学科知识的新机制。正如有学者指出,“分科是为了治学,但治学绝不是为了巩固分科,强化分科,或者搞什么学科建设,而是为了解决问题”⑱。换句话说,学科集群是以重大实践问题界定、联结为基础的多视角多领域科际整合过程。总体来看,学科融合的互动互补关系在当下中国法学教育范式转型进程中主要体现在:如何培养德才兼备的高素质法治人才,如何为中国特色社会主义法治道路提供思想和理论支撑,如何为国家发展实践提供决策服务,如何面向中国塑造新的法治文化和价值观,如何顺应新科技革命和产业变革打造计算法学、治理法学、生态法学、发展法学等具有鲜明时代特色的卓越集群。基于这一关系,中国特色法学学科体系的构建应着力于“基础学科和传统学科的升级转型”“新兴学科的原始创新”“交叉学科加快发展”⑲。

过去,我国的法学教育缺少实践性技能训练,并尝试通过案例教学和法律诊所等方式予以补强。但上述补强方式仍然是法条主义的概念或规范处理能力训练,缺少正确处理“作为规则存在的实在法”、“作为事实存在的社会法”和“作为价值存在的应然法或自然法”三重智识的有效方式,⑳将面向实践的法学教育简化为法条应用,而忽视了法治运行这个系统性主题。面向法治实践的法学教育不仅是法条主义的规则认知训练,而更多是围绕国家新发展格局、中国特色社会主义法治建设、贫困治理、生态文明建设战略等新阶段重大使命的实践智慧养成。例如,当前的碳中和问题、互联网金融等问题的解决往往难以完全划分到法学领域,通过单纯的法律知识和法律手段去解决,而是需要各学科共同发力。

但在学科集群化的融合过程中还应当认识到,法学与其他学科的融合并非随机。换言之,法学不能任意与其他学科进行排列组合,学科之

---

⑱ 王学典:《何谓“新文科”?》,载《中华读书报》2020年6月3日,第5版。

⑲ 张文显:《在新的历史起点上推进中国特色法学体系构建》,载《中国社会科学》2019年第10期。

⑳ 参见孙笑侠:《法学的本相　兼论法科教育转型》,载《中外法学》2008年第3期。

间的融合必须具有现实意义和可能性。例如,法学与历史学、哲学等具有天然的亲和力,法学作为人类文明的优秀成果自然应当注重守正和传承。而且,作为社会科学的典型代表,法学中的许多基本问题和基本方法需要从历史或哲学这类人文社科领域的学科获取支撑和拓展新的研究视角。再如,法学和互联网、大数据、人工智能等科学技术领域融合趋势明显。大数据和人工智能的发展繁荣了信息与实体交错的数据经济,引起行为方式和治理方式的变革,扩大了法律的调整方式和调整范围。这些学科亟须以法学解决技术合法性问题和伦理问题,丰富了法学的研究课题和研究方法。所以,法学与其他学科的融合应坚持问题意识,分类推进,在实践中推进学科融合,回应社会现实需求,在法学和其他学科的交叉领域发掘新的增长点。[21] 对此,有学者提出可以围绕基础学科和领域学科重建法学学科,领域法学综合运用传统法学方法和跨学科方法来解决跨学科问题。[22] 这种思路恰当地回应了法学应与其他学科在多层次话语空间中深度交融的新方向。

(二)面向整全化的方法思维融合

现代法学之所以能够解决复杂社会的碎片化问题,是因为法学具有规范功能和思维能力。面对正在发生的古今融合、中外融合、学科融合、方法融合现象,现代法学需要不断从复杂社会变迁中析出解释性、规范性和建构性概念或理论,形成具有批判性、反思性和体系性的方法思维,才能使法学及其教育不会在各种错综复杂的关系网络中迷失方向。

从卓越法律人才的培养要求出发,这种方法思维是中国特色社会主义法学体系的基本构件。由于现代社会的复杂性,待解难题往往难以直接被划分到具体的领域,运用原生法律知识获得解决。因此,这要求对法学知识、技能有整全性把握并借此抽象或涵摄具体问题,以体系化方式将一系列价值判断、合法性论证与其他学科知识方法综合应用于复杂问题的解决。长期以来,传统法学教育对法律思维的训练陷入以教义为

㉑ 参见李飞跃:《新文科的知识与思维革新》,载《中国社会科学报》2020年8月28日,第7版。

㉒ 参见解志勇:《法学学科结构的重塑研究》,载《政法论坛》2019年第2期。

中心和以问题为导向的争辩之中。以法教义为中心表达的是以职业能力和方法训练为主体的“法官教育”进路,以问题为导向则决定了法学教育偏向于法学知识传授的“通识教育”进路。这种进路之争不仅存在于法学方法论的角力之中,也存在于法学知识体系创新的范式争论之中(如社科法学与法教义学之争)。对此,张文显教授提出了以“法治体系论”新范式推进法律思维、法治思维到法理思维的法学方法论革命的论断,[23]尤其强调法理思维作为“论证和促进良法善治的思维方式”对法律思维、法治思维的超越。[24] 正是从法治的动态性出发做出的精准判断,其从方法论的视角对法治、法律、法学作出全面理解,本旨在于塑造“在法律本体论、认识论、价值论基础上旨在实施法律的思维规则体系”[25]。如果说法律思维面向的是以运用规范思维、权义思维、程序思维和教义思维为特点的职业主义,法治思维面向的是以法律至上、职权法定、依法行政、权利保障、平等保护为特点的限权主义,[26]那么法理思维则面向的则是以民主政治、依法治国、转型发展、治国理政、国际合作为特点的治理主义。正如有学者所言,“法律思维注重法律规范的作用,对法治的实施主体不够重视,属于法律决断论。法治思维虽然强调政治、治理主体的重要性,试图运用法律化解社会矛盾,但往往忽视逻辑思维规则的运用,以致很多决断不符合法理。法理思维是建立在尊重法律规范、法治秩序之上的综合决断方式,它既强调思维决策过程的法治之理,又主张对所有的法律假定和拟制使用批判思维、体系思维和反省思维,以保证决断的正当性”[27]。这种方法思维从微观到中观再到宏观的拓展,是以不断迎合法治发展需求为主线的,是法学教育必须予以贯彻的全面推进法治中国建设的体系化方法。

㉓ 参见张文显:《在新的历史起点上推进中国特色法学体系构建》,载《中国社会科学》2019 年第 10 期。

㉔ 参见郭晔:《法理思维论——新时代法学思维体系的变革》,载《现代法学》2020 年第 6 期。

㉕ 陈金钊:《体系语用的法思考》,载《东方法学》2021 年第 1 期。

㉖ 参见范进学:《论中国特色法学思维体系的基本范式》,载《法学》2020 年第 1 期。

㉗ 陈金钊:《法理思维及其与逻辑的关联》,载《法制与社会发展》2019 年第 3 期。

代结语：体系变革中的法学教育再出发

随着新文科建设的走深走实，精准定位中国特色社会主义法治道路、中国特色社会主义法学体系和现代法学教育同频同质的相通共荣属性，围绕价值性、科学性和融合性三重定向全面深化法学教育领域综合改革，发展具有中国特色、世界水平的现代法学教育，已是法学教育再出发的关键之匙。

在宏观层面，应当强化价值引领，围绕以多层次价值秩序为中心的话语体系创立新的法学理论，增强法学教育的主体性、人民性、当代性。具体来看，应着眼于：第一，以贯彻习近平法治思想为抓手，立足传统和发展新阶段，把握中国国情和全球交流新形势，跳出“透过西方理论的镜头来观察中国现实，将中国现实社会简单化和概念化”[28]的陷阱，诉诸人类基本价值、人文社科的价值、法学的本位价值等多元价值体系的平衡以及新价值秩序的形成，在法学教育转型中推进与全球交流互鉴、寻求价值共识，不断增强法学教育的开放性和主体性，通过简明扼要的法学新理论向全世界讲好中国法治故事。第二，发挥价值体系的协同优势，阐释法治中国的人民性，自觉地维护代表社会总体利益的基本价值，形成以人民为中心的法价值理论和规范理论，始终把人民作为法学教育创新的着力点，坚持以人民为中心的法学教育本体论、以立德树人为目标的法学教育价值论。第三，认真总结中国特色社会主义法治实践的规律经验，并将其转化为中国特色社会主义法治理论和法学理论的主干，遵循中国法治的时代要求将其内化到法学教育的话语体系、学科体系、知识体系之中。

在中观层面，应当推进法学教育进一步科学化，聚焦知识体系更新，科学构建现代法学教育的主体内容。具体来说，应着眼于：第一，以实事

---

[28] 王晓毅：《社会科学中的实践论》，载《南京工业大学学报（社会科学版）》2021年第4期。

求是的精神发掘中国特色社会主义法治实践遇到的新问题,形成具有中国特色、中国风格的法治理论体系。第二,以与时俱进的立场凝练中国发展的法治逻辑和中国法治的发展逻辑,既立足于当前发展实践又面向未来发展愿景,聚焦“发展权利、发展条件与发展成果共享”的全面共享理念,㉙通过开辟以发展为主题的新知识版图推动法学教育深深扎根在中国大地之上。第三,以普遍关联的视角把握世界体系的发展演变,聚焦全球治理和国家治理的衔接转化,以人类命运共同体为出发点推动中国法学教育全球化,增强受教育者全球意识、全球思维和参与全球治理能力,在培养国际法治人才的同时助力全球法理的创新。第四,以面向未来的智慧保持法学教育范式转型与科技革命同频变奏,服务于人类社会蓝图的法律机制创新,既激活求真创新的科学精神,又增进风险可控、致善致公的人本精神。

在微观层面,应当以系统精细的原则落实法学教育改革新举措,深化学科体系、教学体系、课程体系、平台体系、管理体系等人才培养体系建设。为此,应当强调:第一,创造性地建立起学科关联,面向中国、面向社会实践、面向技术时代、面向新兴产业、面向其他学科搭建“法学+”学科群,加强法学的跨界融合、培育战略新兴法学方向。在这个过程中,既要推进法学与人文学科融合的新专业、新方向,形成有助于重塑社会价值观、增强国家软实力的知识体系和人才队伍,也要推进法学与科技融合的新专业、新方向,以科学思维深度挖掘法学的知识资源、更新法学视野、拓展法学研究领域,还要推进法学与其他社会科学融合的新专业、新方向,回应广大人民群众切身利益问题、法治实践中产生出来的新问题,提升法学教育在助力国家制度改革方面的能力。第二,探索法学教学体系新模式,围绕知识教育、职业教育、实践教育推进差异化人才培养体系逐渐走向成熟,以科教融合、产教融合、政教融合为主线优化教学体制改革。第三,以跨界能力培养为导向创新法学课程建设,围绕学科融合开设实践类、国际化、交叉性新课程,改造旧课程,激发卓越法治人才

㉙ 参见陈雪、王永贵:《全面把握新时代共享发展理念的理与路》,载《南京工业大学学报(社会科学版)》2020年第5期。

对国家、社会和个人的创造性构想。第四,架设思政教育与法学教育的沟通桥梁,将法学话语体系作为思政教育的重要补充,将悬浮于法学专业教育之上的思政内容熔铸于法学教育之中,加强思政课与法学教育的协同性。第五,升级传统法学思维方法,贯通规范分析、实证分析、价值分析,系统培养法治人才的法律思维、法治思维和法理思维。第六,搭建面向新文科的法学卓越集群化专业建设的载体,以生态文明法治、智慧法治、未来法学、生命法学等新型项目制打造专业建设载体,以多元交叉的教育平台提升复合法治人才培养实效。

总之,面向新文科的法学教育范式创新既关注中国特色社会主义法学体系改革的深度,强调法学教育本体的科学发展,即全球性、本体性和人民性,也关注范式转型的时代背景及其承载的系统性、整体性、协同性要求。这些都恰当地诠释了中国法学教育创新发展的三重定向。

On the Triple Orientations of Legal Education Paradigm towards the New Liberal Arts

Du Hui

Abstract: The innovation of legal education paradigm towards the new liberal arts points to the complex reform of the discourse system, the knowledge system and talent cultivation system respectively. It is represented by the triple orientations of value, scientificity and convergence. The orientation of value is mainly to achieve the goal of building value order and discourse system, focusing on how to construct the value criterion of the orderly development of the global, refining the people-centered rule-of-law values and the value criterion of the road of socialism with Chinese characteristics. The orientation of scientificity focuses on how to integrate and deepen the legal knowledge system that suits China, the world, the development and the future, which is related to the innovation of the knowledge and the theory of legal education. The orientation of convergence the innovative requirements of the new liberal arts for the discipline structure, method of thinking and talent cultivation system, which promotes problem-oriented discipline integration and functional optimization to solve specific problems by bundling disciplines and convergence methods. Facing the needs of the reforms in the systems, the paradigm transformation of Chinese legal education should include three multiple changes: at the macro level, the guidance of socialist values should be strengthened; at the intermediate level, the primary content of contemporary legal education should be established scientifically; and at the micro level, the new measures that matches and supports legal education reform should be carried out systematically and carefully.

Key Words: new liberal arts; paradigm transformation of legal education; value order; knowledge system; convergence of subjects

新时代涉外法治人才培养的守正与出新*

王祥修**　薛清嘉***

摘　要：当今世界正经历百年未有之大变局，全球化的趋势和对外开放的格局催生了大量高层次、专业化涉外法治人才的需求。涉外法治人才培养具有厚重的形成基础，当前的人才定位更具包容性，需要兼顾微观技艺与宏观视野。为此，人才培养要把握历史脉搏，紧贴国家战略需求，结合新时代背景兼顾守正与出新。一方面，坚守人才培养的基本规律与优秀传统，坚持价值引领、走内涵式发展道路、落实国际化育人、强调实践的重要性。另一方面，审视现有问题与最新形势，适当调整和出新，顺应分层培养的客观现实与规律，在强调本科宽口径、基础性教育和硕士专业化、类型化培养的基础上，重视博士研究生阶段人才培养的突破。涉外法治人才培养是复杂的系统工程，守正与出新的过程中需要适应多元

---

* 基金项目：国家社会科学基金"十三五"规划2019年度教育学一般课题"'一带一路'倡议下中国涉外法治人才培养"（项目编号：BIA190206）。

** 王祥修，上海政法学院国际法学院教授，哲学（教育）博士。研究方向：国际私法学、国际经济法学等。

*** 薛清嘉，上海财经大学法学院博士研究生。研究方向：国际经济法学。

化社会需求,深化实务部门与高校协同育人机制;适应复合型人才要求,倡导学科互动与学校互动,深化特色化发展之路;服务国家战略需求,重视国别法人才培养;推进国际化进程,由“单一输出”转向“输出与输入并重”;完善配套政策,实现多维度支撑与赋能。

关键词:涉外法治人才培养　守正　出新

当今世界正经历百年未有之大变局,国际秩序正处于深度发展与调整时期。对外开放是中国发展的关键一招,①伴随经济、科技、文化的持续发展,中国综合国力和国际影响力稳步提升,逐渐走近世界舞台中央。中国从最初的加入国际经贸市场转向全面参与全球治理,国家利益分布从集中于本土转向本土和海外并重。为推动全球治理体系朝着更加公正合理的方向发展,中国作为负责任的大国积极参与国际事务,从全球治理的参加者逐渐转变为推动者和引领者。2020 年,习近平总书记在中央全面依法治国工作会议上强调坚持统筹推进国内法治和涉外法治,加快涉外法治工作战略布局。② 涉外法治代表涉外关系的规范导向,为维护国家利益、营造法律环境、改进全球治理、塑造国家形象增添积极因素。加强涉外法治建设才能更好地服务于开放发展的大局,使中国更加稳定持久地屹立于世界强国之林。③

致天下之治者在人才。2022 年 4 月 25 日,习近平总书记在中国人民大学考察调研时强调,“为谁培养人、培养什么人、怎样培养人”始终是教育的根本问题。④ 人才是实现民族振兴、赢得国际竞争主动的战略

---

① 参见王文涛:《以党的二十大精神为指引　推进高水平对外开放》,载求是网 2023 年 1 月 16 日,http://www.qsthory.cn/dukan/qs/2023-01/16/c_1129283113.htm。

② 参见《习近平在中央全面依法治国工作会议上强调　坚定不移走中国特色社会主义法治道路　为全面建设社会主义现代化国家提供有力法治保障》,载《人民日报》2020 年 11 月 18 日,第 1 版。

③ 参见何志鹏:《涉外法治:开放发展的规范导向》,载《政法论坛》2021 年第 5 期。

④ 参见《习近平在中国人民大学考察时强调　坚持党的领导传承红色基因扎根中国大地　走出一条建设中国特色世界一流大学新路》,载新华网 2022 年 4 月 25 日,http://www.news.cn/politics/leaders/2022-04/25/c_1128595417.htm。

资源。法学教育是培养法治人才的基础性工程,[⑤]对法治的形成与发展具有先导性作用。涉外法治愿景与目标的实现离不开人才的支撑,探索中国涉外法治教育的现代化发展之路是融入全球化、适应多极化的长久之计。

一、新时代涉外法治建设亟待专业人才供给

近年来,中国参与国际事务的程度日益深入。伴随“一带一路”倡议实施、自由贸易区试验区深化改革、亚洲基础设施投资银行运行,中国对涉外法治人才的需求愈加迫切。新时代法治中国建设比历史上任何时期都急需涉外法治人才。

(一)急需的涉外法治人才类型

涉外人才培养服务于国家战略。从国家战略维度划分,涉外法治人才涵盖四类:第一,涉外立法、司法、执法、法律服务环节中善于维护国家利益的专门人才。第二,到国际立法机构、争端解决机构等国际组织任职,参与全球公共事务,善于推动全球治理体系革新的专业人才。第三,熟悉“一带一路”沿线国家法治的专门人才。第四,企业“走出去”和“引进来”的过程中需要的合规人才。[⑥] 职业的产生源于社会需求,从满足职业需求的角度看,涉外法治人才可分为应用型和学术型:前者主要指在政府部门、司法机关、仲裁机构、调解组织、公证机构、律师事务所、企业、国际组织从事涉外法治工作的人员;后者指在高等院校、科研机构从事国际法、外国法和比较法教学、科研的人员。可见,涉外法治人才具有多元的类型与层次之分。

(二)涉外法治人才供给不足的现实图景

近年来,法学教育正逐步实现大众化,然而法治人才结构呈现高层

⑤ 参见杨宗科:《新时代法学教育新理念新思想新战略》,载《法学教育研究》2021 年第 1 期。

⑥ 参见杜焕芳:《涉外法治专业人才培养的顶层设计及实现路径》,载《中国大学教学》2020 年第 6 期。

次人才不足的现象,高素质涉外法治人才稀缺更是其中的突出问题。一方面,在国内从事涉外法治实践的专业人才不足,当前涉外律师约1.2万名,不足全国律师总量的2.3%;⑦2020年中国律师事务所在境外处理法律事务的数量仅占全国律师办理各类法律事务总量的0.83%。⑧涉外律师业务分布存在短板,现有业务主要分为跨境投资、民商事诉讼与仲裁、国际贸易、金融与资本市场、知识产权及信息安全、海商海事、能源与基础设施、国际经济合作、跨国犯罪与追逃追赃九大领域,其中实务人才集中于跨境投资、民商事诉讼与仲裁、国际贸易、金融与资本市场领域,从事跨国犯罪与追逃追赃的涉外律师仅19名,不足总量的2%。⑨另外,从整体人才结构看,实务型人才较少,尤其是高层次涉外司法执法人员占比较低。以2019年"上海涉外法律人才库"215名入库专家的数据为例,其中学术人才(包括教授、副教授、研究员、副研究员)108名占总量的50.23%,律师84名占总量的39.07%,法官17名占总量的7.91%,检察官6名占总量的2.79%。⑩另一方面,在国际舞台上代表中国深入参与国际事务的专业人才不足。有调查显示,联合国系统中的中国籍雇员仅占总量的1.12%,位列第11位,居菲律宾、印度等国之后。⑪整体来看,现有涉外法治人才的数量不足与结构分布不均,与经济全球化和中国国际地位的实际需求不匹配。

---

⑦ 参见司法部:《律师队伍已达52万多人,要加强对律师执业权利保障》,载澎湃新闻网,https://www.thepaper.cn/newsDetail_forward_11880167#:~:text=%E7%9B%AE%E5%89%8D%E6%88%91%E5%9B%BD%E6%B6%89%E5%A4%96%E5%BE%8B%E5%B8%88,%E6%9C%BA%E6%9E%84150%E5%A4%9A%E5%AE%B6%E3%80%82,最后访问日期:2022年6月21日。

⑧ 参见《2020年度律师、基层法律服务工作统计分析》,载司法部官网,http://www.moj.gov.cn/pub/sfbgw/zwxxgk/fdzdgknr/fdzdgknrtjxx/202106/t20210611_427394.html。

⑨ 参见全国千名涉外律师人才查询系统:总数985人;跨境投资545人;民商事诉讼与仲裁421人;国际贸易289人;金融与资本市场240人;知识产权及信息安全125人;海商海事92人;能源与基础设施86人;国际经济合作84人;跨国犯罪与追逃追赃19人。载司法部官网,http://www.bcisz.org/plug/lawyerquery/,最后访问日期:2022年6月21日。

⑩ 参见《上海涉外法律人才库入选名单》,载澎湃新闻网,https://www.thepaper.cn/newsDetail_forward_5197803,最后访问日期:2022年6月21日。

⑪ 参见杜焕芳:《涉外法治专业人才培养的顶层设计及实现路径》,载《中国大学教学》2020年第6期。

(三)新时代涉外法治人才培养守正与创新的形成逻辑

从历史性视角出发,涉外法治人才具有厚重的形成基础,是法治建设不断深化和法学教育持续反思的产物。改革开放40多年以来,涉外法治人才培养一直受到或多或少的关注。《关于实施卓越法律人才教育培养计划的若干意见》(以下简称《卓法意见1.0》)提及"培养涉外法律人才",《关于坚持德法兼修实施卓越法治人才教育培养计划2.0的意见》(以下简称《卓法意见2.0》)提及"构建涉外法治人才培养新格局",从"涉外法律人才"到"涉外法治人才",一字之差暗含丰富的意蕴。"法治"涉及立法、执法、司法、守法等国家治理的各个环节,因此"法治人才"相较于"法律人才"涵摄范围更广。据此推演,"涉外法治人才"不仅要满足对外开放过程中涉外法律服务的需求,更需要为全球治理的法治化进程提供重要保障。法治人才并非纯粹的法律专业技术人才,需要兼顾微观法律技艺与宏观法治视野。⑫ 为此培养新时代语境下的涉外法治人才需要坚持守正与出新。守正出新语出《道德经》"以正治国,以奇用兵",后人将"奇"改为"新",用以表达恪守正道、坚持原则,却不固守常规,能突破思维定式、推陈出新的意思。"守正",即恪守正道。徐锴曰将"正"解释为"守一以止也",⑬"正"指客观规律和正确理论,是事物的本质和规律。"出新"指推动旧事物获得新发展,侧重于求变再造。扬雄《太玄经·太玄莹》有言:"因而能革,天道乃得;革而能因,天道乃驯。"守正与出新具有辩证统一、相互交融、共生互补的关系。严复有言,"非新无以为进,非旧无以为守",守正是出新的根基,出新是守正的补充和优化。⑭

---

⑫ 参见蒋银华:《多元一体化:法治人才培养的实现机制——基于改革开放40年法学教育的经验总结》,载《广州大学学报(社会科学版)》2020年第1期。

⑬ 参见许慎:《说文解字 小徐本》,吉林文史出版社2017年版,第103页。

⑭ 参见李树杰:《"守正"与"出新"》,载《人民日报》2016年7月28日,第4版。

二、新时代涉外法治人才培养坚持守正

守正即坚守正道与根本,符合基本标准和规律。新时代涉外法治人才培养的守正须把握涉外法治和人才培养的本质,恪守社会发展、教育与思维发展的客观规律。涉外法治人才具有高、精、尖的特点。2016年,习近平总书记在中共中央政治局第三十五次集体学习时强调,参与全球治理需要一大批熟悉党和国家方针政策、了解我国国情、具有全球视野、熟练运用外语、通晓国际规则、精通国际谈判的专业人才。⑮ 具体而言,需要具备浓厚的家国情怀和强烈的历史使命感,对中国的国情、政情和社情有正确的认识;掌握娴熟的外语技能和跨文化交际能力,具有开阔的国际视野与国际战略意识;德法兼修,专业素质过硬,知识结构多元合理,善于破解实践与理论难题。进一步深入推进复合型、应用型涉外法治人才建设,需要在既有优良传统与经验的基础之上,遵循人才培养的规律与标准,将已有目标和理念进一步转化为可操作的措施和可遵循的制度。

(一)强化价值引领,坚持立德树人

法治人才的思想观念特别是价值观,将影响未来法治的价值追求。强化价值引领是新文科建设的内在要求。价值观教育服务于国家建设的大局,没有正确的理论引领,就难有正确的涉外法治实践。《法学类教学质量国家标准(2021年版)》将“习近平法治思想概论”课程设为法学专业核心课程,体现了马克思主义法学思想和中国特色社会主义法治理论在中国法学教育中的指导性地位。恰当的价值引领有利于强化家国情怀与历史使命感,引导涉外法治人才积极投入国家涉外法治建设,增强我国在国际法律事务中的话语权和影响力。没有道德滋养,法治文化

---

⑮ 参见《习近平:加强合作推动全球治理体系变革 共同促进人类和平与发展崇高事业》,载新华网2016年9月28日,http://www.xinhuanet.com//politics/2016-09/28/c_1119641652.htm。

就缺乏源头活水。[16] 习近平总书记于2017年考察中国政法大学时，就提出法学教育要坚持立德树人，培养德法兼修的高素质法治人才。[17] 建设德才兼备的高素质涉外法治工作队伍，是全面推进涉外法治的组织保障。《法学类教学质量国家标准(2021年版)》将法律职业伦理作为法学专业必修课程，高校在教学实践中稳步推进课程思政建设，围绕政治认同、家国情怀、道德修养等优化课程内容供给，贯彻了注重品格塑造、培养德法兼修的高素质人才的基本要求。

(二)走内涵式发展道路，提升教育质量

提高人才培养质量是高等教育最核心、最紧迫的任务。涉外法治人才不仅要掌握国内外的法律规则和法律制度所蕴含的精神与逻辑，更要具备适用、分析、归纳、评价规则的能力。专业能力的培养离不开合理的课程设计。首先，当前法学专业课程总体配置给予了涉外法治人才培养更多空间。例如，《法学类教学质量国家标准(2021年版)》在2018年发布的《普通高等学校本科专业类教学质量国家标准(法学类)》的基础上，针对本科阶段的教学提出采取“1+10+X”分类专业课程设置方案，明确各院校可以根据办学特色开设其他专业必修课。以涉外法治人才培养为特色的院校，可以将国际经济法、国际私法等纳入其他专业必修课“X”的范围。其次，专业课程内容中融入涉外法治的前沿知识。在日常教学中指导研读国际法院等国际争端解决机构网站上公开的经典案件和最新案例的原始资料，采用模拟法庭、模拟仲裁庭的方式，将涉外法律规则的实体与程序内容、法律的对抗性思维和法律推理过程融入课程设计。

此外，外语能力和跨文化交流能力是深度参与涉外法治建设的敲门砖。语言的习得规律和理论决定了外语学习须分阶段贯穿人才培养的全过程。英语是国际场合与国际事务中通用的工作语言，而法律是具有

---

⑯ 参见习近平：《加快建设社会主义法治国家》，载《求是》2015年第1期。

⑰ 参见习近平：《习近平在中国政法大学考察时强调 立德树人德法兼修抓好法治人才培养 励志勤学刻苦磨炼促进青年成长进步》，载中青在线2017年5月3日，http://news.cyol.com/content/2017-05/03/content_16022797.htm。

独特概念体系和话语体系的专门知识系统。法律英语是英语语言学与国际法学、民商法学等法学学科融合产生的新兴学科,兼具英语语言的工具性与法学的专业性。国际法律规则和涉外法律事务的学习和应用都无法脱离法律英语。涉外法治人才不仅要能够进行流畅表达,更需要掌握司法文书、法律翻译、特殊语词语法的技巧。众多院校通过双语教学或纯英语教学,增加外语接触度,营造国际司法文化氛围,提升跨文化沟通能力。近年来,众多高校开启"法学 + 外语"复合培养模式的积极探索。例如,自 2000 年起,山东大学法学院开设法学与英语双学位班。2020 年 9 月,中国政法大学与北京外国语大学设立"法学 + 英语联合学士学位项目"。⑱

(三)多措并举,统筹落实国际化育人

涉外法治人才需要具备相当的国际视野与国际事务处理能力,因此常态化国际交流被纳入人才培养机制。《国家中长期教育改革和发展规划纲要(2010—2020 年)》就提出要坚持以开放促改革、促发展,开展多层次、宽领域的国际教育交流合作。首先,我国坚持构建以教育主管部门和高校、科研机构为主导的联合培养机制。利用学分互认、课程互通、教育联盟等机制与境外知名高校开展合作办学或双学位项目,鼓励开展科研项目的合作研究。有效利用优质教育资源,通过信息平台、网络图书馆、远程教育技术等多种途径实现包括人才培养模式、培养方案、课程设置、教学内容与方式等优势资源共享。⑲ 其次,丰富国际人才交流活动的内容和形式,鼓励优秀学生到知名国际组织或研究机构调研、实习,深度参与研究或实践。通过学生互换、假期游学、国际性模拟法庭竞赛、合作举办国际研讨会等形式增进互动。

---

⑱ 参见马怀德:《创新高校涉外法治人才培养模式 服务国家涉外法治建设发展需要》,载《人民法治》,https://new.qq.com/omn/20220226/20220226A01CAB00.html,最后访问日期:2022 年 6 月 21 日。

⑲ 参见邓瑞平、唐海涛:《卓越涉外法律人才国际化培养略论》,载《法学教育研究》2013 年第 1 期。

(四)力学笃行,躬行实践

"法律的生命在于经验,而非逻辑"[20],法学人才培养强调实践的重要性。《卓法意见 1.0》要求促进法学教育与法律职业的深度衔接,确保法学实践环节累计学分(学时)不低于总量的 15%。法律实践技能包含硬技能和软技能。硬技能指法律专业知识、文书写作、数据分析、自然语言分析等能力。软技能包括沟通协调、批判性思维、团队建设等能力。[21]法学教育实践中,根据具体能力要求设置专门课程的现象并不鲜见。针对硬技能需求,开设案例教学、法律诊所、模拟法庭、观摩审判、社会调研等专门课程,有助于提升学生法律解释、法律推理、法律论证、探知法律事实、说服分析等能力。针对软技能提升,提供有效沟通、冲突管理、压力管理、合作能力建设等相关课程。迈克尔·波兰尼(Michael Polanyi)认为人类知识具有显性和隐性两种类型,显性知识表现为书面文字、图表等客观表达;隐性知识则更具有主观性,通常蕴含于行为过程之中。[22] 2017 年 5 月,习近平总书记考察中国政法大学时就强调,要处理好知识教学与实践教学关系的重要性,提倡打破高校和社会之间的体制壁垒。[23] 众多高校积极探索实践课程联合培养机制,邀请涉外立法、司法、执法等实务部门专家参与课程设计,结合热点、难点、重点实务问题,将前沿实践经验纳入课程内容建设。

当前参与涉外法治实践主要依托两种方式,一是在国内参与涉外法律事务。二是参加国际组织的实习活动。在国内参与涉外法律事务包括到涉外政府部门和司法机构参与涉外法治事务的处理,参与涉外仲裁、企业涉外法务、律所涉外业务。在国际组织实习,可以更直接地接触国际规则和国际法律事务,能最大限度地提高涉外法治人才的国际交流

---

⑳ [美]小奥利弗·温德尔·霍姆斯:《普通法》,冉昊、姚中秋译,中国政法大学出版社 2006 年版,第 1 页。

㉑ 参见杨学科:《数字时代的"新法学"建设研究》,载《法学教育研究》2021 年第 2 期。

㉒ 参见周城雄:《隐性知识与显性知识的概念辨析》,载《情报理论与实践》2004 年第 2 期。

㉓ 参见习近平:《习近平在中国政法大学考察时强调　立德树人德法兼修抓好法治人才培养　励志勤学刻苦磨炼促进青年成长进步》,载中青在线 2017 年 5 月 3 日,http://news.cyol.com/content/2017-05/03/content_16022797.htm。

能力和涉外事务处理能力。部分高校已通过中央机关及其直属机构的涉外部门、省级政府部门涉外机构、涉外民间团体、大型企业国际业务部门,与诸多国际组织建立不同层次的教学科研实践项目。例如,教育部学生服务与素质发展中心设立信息发布平台,专门提供知名国际组织的招聘、实习信息。国家留学基金管理委员会与联合国粮食及农业组织(Food and Agriculture Organization of the United Nations)、联合国工业发展组织(United Nations Industrial Development Organization)、国际电信联盟(International Telecommunication Union)、联合国国际贸易中心(International Trade Centre)等国际组织签署实习生合作协议,选派优秀青年到上述组织实习。部分知名法学院校与国际法院、国际海洋法庭、WTO争端解决机构、海牙常设仲裁法院、世界知识产权组织、欧洲人权法院等具有影响力的国际争端解决机构建立合作关系。

三、新时代涉外法治人才培养深化出新:分层培养

涉外法治人才培养深化出新需立足于优秀传统与科学规律,针对既有问题和新情况实施优化补充的策略,偏离基础与正道片面追求出新,容易走向歧路。应当注重遵循教育发展现实和人才成长规律,大而全的教育理念被分层理念替代已成为客观事实和主流趋势。现代高等教育通常将学位教育分为学士、硕士、博士三个层级。现有的涉外法治人才培养研究集中于宏观层面和问题对策范式,本科阶段的人才培养研究较为充分,硕士阶段的培养研究亦有涉及。哲学社会科学高端人才的成长和发展需经历复杂漫长的过程,法学作为社会科学的典型代表,法学人才培养需要长久的训练。相较于国内法治,涉外法治对人才的知识、能力和素质要求更具复合性,这决定了涉外法治人才的培养需要经历更长周期、采用更系统的方式。将涉外人才培养的重任倾注于教育的初级和中级阶段不符合实际与人才培养规律。从系统论视角出发,将涉外法治人才培养视为整体性工程,强调分层培养具有必要性和现实性。

(一)分层培养的现状与问题

回溯起源,学士、硕士、博士的早期含义相近,均有教导、教学之意。[24] 时至今日三者已发展为正式的学位称谓,修业时间、修业科目、考核要求的差异决定了不同教育层次的教育质量存在差异,具体表现为知识储备、学术水平、能力素质的区分。我国《学位条例》指出,学位分为学士、硕士、博士三级,不同级别学位的授予条件在基础理论与专门知识的掌握程度、从事科学研究或担负专门技术工作的能力等方面存在深度与广度上的明显区分。[25] 欧盟亦从知识、技能、胜任力三方面对三种学位进行详细划分。[26] 就法学教育而言,学士、硕士、博士阶段的教育层层递进,受教育者的综合法学素养逐层增加。

我国法学教育历来注重本科阶段的人才培养,强调宽口径、厚基础的理念。《卓法意见2.0》对本科阶段人才培养提出了总体规划,也强调了培养熟悉"一带一路"沿线国家法制的高素质涉外法治队伍的顶层设计思路。然而,本科阶段的法学教育承载着储备法学专业基本知识与技能的功能,将国内法治与涉外法治的相关知识都在此阶段进行灌输不切实际。将仅具有高中基础、无社会经历的本科生培养为素质全面的高层次涉外法治人才亦是不切实际的,至少无法成为涉外法治人才培养的普遍模式。[27]

研究生阶段的教育作为高层次人才培养的强化阶段,承载着特色化培养的功能,与高度专业化的涉外法治工作队伍匹配度更高。近年来,部分高校探索了面向涉外法治的本硕贯通培养和本硕联合培养模式。2021年,我国就涉外律师和国际仲裁方向的人才培养在法律硕士教育中进行了初步探索。然而,涉外法治人才培养方向众多,包括国际知识

---

[24] 博士对应的英文单词为"doctor",其词头"doc"有教导、教学之意。硕士对应的英文单词为"master",其原意是师傅、熟练者。学士起初只是巴黎大学对高年级学生的尊称,因高年级学生常协助教师教学,也衍生出助教的含义。

[25] 参见我国《学位条例》第4条至第6条。

[26] 参见王传毅等:《重思硕士培养定位:争论与可能》,载《清华大学教育研究》2019年第2期。

[27] 参见王晨光:《以人才素质为导向 以人才培养规律为依据 科学设置培养模式——国际法律人才培养的模式、内容与方法刍议》,载《法学教育研究》2021年第4期。

产权法、国际刑法、国际卫生法、国际体育法、国际娱乐法、“一带一路”国别法等,更具全面性、系统性的硕士阶段涉外法治人才培养规划有待出台。作为人才培养的最高层级,博士研究生教育是培养高层次拔尖创新人才的重要渠道,更符合涉外法治高难度、高门槛的要求。然而,我国博士研究生阶段的涉外法治人才培养尚未获得足够关注。

(二)开拓博士阶段深化涉外法治人才培养的潜在空间

博士研究生阶段的人才培养始终是全球高等教育关注的焦点。第二次世界大战后,美国意识到拔尖人才对国家竞争力的重要性,相继出台1950年《国家科学基金会法》、1958年《国防教育法》等一系列法案,由此迎来博士规模的扩张,为其政治经济科学文化全面发展提供了充足的高层次人才储备。[28] 伴随全球化和对外开放的进一步深化,中国涉外法治领域高层次人才供给不足问题凸显。为满足社会发展和国家战略需要,不仅应当增加高层次人才的数量,更应提高人才培养质量与规格。

1. 博士研究生培养阶段拓展职业能力的必要性。人才培养需要接受需求与供给理论的修正。博士研究生教育的最终目的是为社会发展提供高端人才。由于学术职位总量及增幅有限,而博士学位供给稳步上升,社会对高层次人才的规格与要求呈现多样化趋势,越来越多的博士学位获得者愿意从事非科研领域的实务工作。2018年,欧洲研究型大学联盟(League of European Research Universities,LERU)发布研究报告,指出49%的博士选择就业于私营部门,仅39%的博士选择高等教育部门。[29] 中国法学院校的情况亦是类似,华东政法大学2021届博士毕业生中约55%到党政机关、律师事务所、企业等非高等院校单位就业,[30]中国

---

[28] 参见陈翠荣、李冰倩:《世界一流大学博士教育发展战略的主要特点及未来走向》,载《研究生教育研究》2020年第2期。

[29] See LERU, *Delivering Talent: Careers of Researchers Inside and Outside Academia*, June 21, 2018, https://www.leru.org/files/LERU-PP-Delivering-Talent-Executive-Summary.pdf.

[30] 参见《华东政法大学2021届毕业生就业质量年度报告》,https://jy.ecupl.edu.cn/2022/02/23/202223130339034190.html。

政法大学2021届博士毕业生中也有约48%到机关、企业就业。[31] 欧洲高等教育部长会议通过的《卑尔根宣言》将“不断满足高级人才市场的需要、拓宽学术领域外的价值”作为博士研究生培养的首要原则。[32] 因此，在博士研究生教育阶段拓展学术之外的职业发展能力具有必要性。

2.法学博士研究生培养中增添应用型元素。中国传统的法学博士研究生培养模式致力于培养在高等院校和科研院所从事法学教学和研究的“理论创新型法学工作者”，强调具有创新法学理论、法律制度的学术能力。[33] 然而现实中存在培养人群、培养目标与市场需求不匹配的现象。中国法学博士研究生培养，尤其是国际法学博士研究生培养本身就特别注重外语、比较法和国际问题研究，符合对高层次涉外法治人才的专业知识要求。然而，培养过程过分强调人文性和逻辑性，忽视了法律的实践性传统，造成学生“知晓”多于“能做”。兼顾学术逻辑与市场逻辑的关系，增强博士研究生阶段的应用型人才培养元素，能够平衡理论知识和应用能力之间的张力，符合经济社会对高层次人才的需要。

高层次涉外法治人才需要具备跨文化沟通能力，处理涉外法律问题的具体技巧，发现和解决问题过程中的前瞻性、判断力等，这些均需在实践过程中通过体验、直觉、观察、领悟等方式逐渐累积。[34] 在学术理论研究外，拓展融入应用型元素的可能路径，整合高校内外力量，通过多种渠道和方式打造良好的常态化职业训练平台，给予丰富的国际化职业发展机会，有助于探索法学博士培养目标由单一转向多元，由培养单一的学科守护者，转向培养能够在政府、产业界、高校、科研机构等多领域的顶尖人才。

3.法律博士研究生教育在涉外法治人才培养中的可行性。20世纪

---

[31] 参见《中国政法大学毕业生就业质量年度报告(2021)》，载中国政法大学信息公开网2021年12月31日，http://xxgk.cupl.edu.cn/info/1065/3945.htm。

[32] 参见胡光志、陈云霞：《中国法学博士生分类培养模式的借鉴与重构》，载《法学教育研究》2012年第1期。

[33] 参见袁钢：《我国法律博士专业学位设置的必要性和可行性》，载《中国高教研究》2020年第1期。

[34] 参见邓旭：《论涉外卓越法律人才的知识构成》，载《法学教学研究》2015年第2期。

七八十年代以来,学位的内涵在世界范围内获得大发展,学位的设置和标准趋于多样化,专业型博士学位受到越来越多的重视。英国研究生教育委员会将专业博士学位界定为能满足职业需要且符合授予博士学位标准的高级学习或研究计划。[35] 澳大利亚研究生院长委员会认为获得专业博士学位须通过研究和高级学习,候选人需致力于专业实践领域具有关键意义的实质问题,有能力对专门领域的理论和实践作出重大贡献。[36] 不同国家对专业博士的定义并不完全一致,但都强调面向职业需求,培养将前沿理论迁移至具体应用场景的专业能力,要求能够创造性地解决实际问题,在学术和实践中保持必要的张力。[37]

中国现有的学术理论型法学博士培养方式,难以满足实务部门对高层次应用型涉外法治人员的需求,设置法律博士学位有助于实现人才的专门培养,是满足法治实际需要的现实选择。我国设立法律博士学位可以借鉴域外经验,并结合本土国情,要求培养对象能够创造性地解决中国涉外法治实务中,尤其是"一带一路"倡议实施过程中的关键问题,成为实践反思型法治工作者和研究型专业人员。

自2012年起,中国政法大学先后与最高人民检察院、最高人民法院签署合作协议,以"应用型法学博士研究生招录培养改革试点"名义,试点招录、培养法律博士研究生。2012年,西北政法大学获批实施服务国家特殊需求博士人才培养项目。应用型博士人才培养的招生选拔、课程设置、指导方式、论文标准、评价体系等环节均已积累了一定经验。[38] 我国现有的6个专业型博士学位培养模式也能为法律博士的培养提供有益借鉴。现有专业型博士学位培养方式大体可以归纳为规范化职业培

---

[35] 参见黎学平:《英国哲学博士学位与专业博士学位比较》,载《学位与研究生教育》2005年第6期。

[36] 参见徐铁英:《美国专业博士教育:问题、论争与改革》,载《教育学术月刊》2010年第7期。

[37] 参见王传毅等:《重思硕士培养定位:争论与可能》,载《清华大学教育研究》2019年第2期。

[38] 参见袁钢等:《我国法律博士专业学位研究生培养模式的探索》,载《学位与研究生教育》2021年第6期;王健:《我国设法律博士学位不仅必要而且可行》,载北大法律网,https://xw.qq.com/cmsid/20211201A08U2000。

训、行业联合培养与在职人员提升三种模式。涉外法治人才培养的长期性和系统性导致人才培养完全依赖于高校力量不切实际。高校法学教育在法治人才培养中具有基础性作用,但高校之外持续的实践能力培养和经验积累亦至关重要。高水平的涉外法治人才培养并非一蹴而就,淡化“学校/社会”的二元区分,在实践与理论的交互中不断打磨人才,有助于培养工作持续推进。同时,考虑到现阶段法学教育与实践发展情况,采取规范化职业培训模式时机尚不成熟,优先采取以行业联合培养为主、以高校自主培养为辅的模式,主要招收涉外法治领域的实务人员具有现实可行性。[39]

专业学位与学术学位作为不同的学位类型,存在培养规格差异,但并无层次高低之分。[40] 学术是学位的本质体现,学术论文写作是学术的重要表征,法律博士的培养离不开论文写作,尤其应重视学位论文的规范与价值。作为最高级别的应用型人才教育,法律博士的学位论文尤其需要突出实践导向,致力于研究具有重要应用价值的涉外法治疑难问题。

四、新时代涉外法治人才培养守正与出新的保障

新时代背景下的涉外法治人才培养是一项复杂的系统工程,涉及多重维度、多元主体与多种措施。面对多元化社会需求与长远国家战略目标,人才培养坚持守正与出新的过程中需要汇聚合力,构建多层保障机制持续支持与赋能。

(一)适应多元化社会需求,深化实务部门与高校协同育人机制

涉外法治人才培养依赖国际化与实践性的双重驱动。协同育人理

---

[39] 参见袁钢:《我国法律博士专业学位设置的必要性和可行性》,载《中国高教研究》2020 年第 1 期。

[40] 参见张学良、张炜:《行业特色型高校开展专业博士教育的优势分析与路径优化》,载《研究生教育研究》2021 年第 4 期。

念是高层次人才培养规律的反映,也是实践教学和国际化培养的基础。协同育人理念的关键在于整合全社会优质资源,发挥教育机构和实务部门的双轮驱动作用,实现人才培养与社会需求的深度对接,形成供需互动型人才培养共同体,[41]满足国家与市场对涉外法治人才类型多样性和能力复合性的要求。

1. 建立常态化涉外法治实践平台,实行过程管理。当前涉外法学学生普遍缺乏实践经验,有涉外实习经历的不足20%,[42]且缺乏专业对口的涉外法律实践机会。为此,政府可以通过政策支持和资金支持等多种方式引导教育机构与实务部门建立常态化、实质性的合作培养平台。针对境外实习项目面向法学专业岗位较少的问题,一方面可以运用国家机关、高校的多种资源,与国际组织特别是国际争端解决机构建立法律实习专项项目;另一方面可以争取与更多境外司法机关建立长期的国际人才交流与合作机制。交流实践中注重过程管理,高校承担理论指导的职能,实务部门提供实务经验指导和人际网络支持。以高校为核心主体,构建制度化的实践经验分享与传承机制,助力实践培养不断优化升级。

2. 加强联合培养方案的软硬件支持。为避免教育机构与实务部门在实践基地的建设投入、合作方式、学生管理方面的利益诉求不均衡而产生运行困难,倡导高校与实务部门共同制定联合培养方案。为降低人才培养过程中不必要的时间成本与交通成本,鼓励使用适当的信息技术手段,开拓"互联网+法学教育"的培养模式,打破校园与涉外法治实务的时空屏障。

多导师制是推进应用型教育的基本共识,来自不同院系或社会部门中从事最前沿研究和实践的人员组成指导团队,能够为涉外法治人才培养提供充分的智力支持。以科研教师为主体,重点指导理论学习与研究,提高学生学术视野和多学科创新能力;以实务专家为主体,重点对学

---

[41] 参见杨宗科:《新时代法学教育新理念新思想新战略》,载《法学教育研究》2021年第1期。

[42] 参见孟伟:《学子的理想与时代的潮声　聚焦我国涉外法治人才培养》,载法治日报·法治周末网,http://www.legalweekly.cn/fzzg/2022-05/19/content_8719707.html。

生的实践能力进行深度培养和提升。遴选实务导师时,重点考量实务业绩与业内评价,将真正有经验、有能力、有精力的人员纳入师资团队。为避免校内外导师同时指导发生生态位重叠,[43]有必要为校内外导师履行职责提供充足的后勤支持和合理的监督评价机制。

(二)适应复合型人才要求:倡导学科间互动与学校间互动,深化特色化发展

真正的"法律头脑"(legal mind)需要具备剖辨能力、社会常识、超俗精神和历史眼光。[44]"法律头脑"以更具包容性、稳定性和连续性的世界观与方法论为支撑,这有赖于深厚的人文底蕴和多元合理的知识结构。涉外法治贯穿全球治理与涉外实务的方方面面,相较于纯粹国内法治更具复杂性。因此,提升涉外法治人才的专业化,要求不局限于精通法学学科知识,还要融通扩展学科视域,综合学习哲学、政治、历史、经济管理、科学发展、社会心理、域外国家文化、国际关系、国际礼仪、谈判策略等知识。因此,涉外法治人才培养有必要采取跨学科教育战略,注重多元文化社区的建立,吸收院外、校外乃至境外优质资源研制跨学科课程体系,设立多样化的跨学科专业与研究项目。同时,促使专业特色不同的学校之间的合作交流,通过辅修课程、联合培养双学位项目等方式拓宽校际合作渠道有助于优势互补,协同推进复合型人才培养。

我国开办法学专业的院校众多,包括综合性大学和各类专业特色院校,院校间的办学基础、学科结构存在差异。涉外法治涉及经济贸易、工业制造、基础设施建设等各个领域,人才类型需求多元。人才培养需要把握未来法治发展的方向,根据需求提前布局。教育部、司法部、外交部、商务部作为与涉外法治紧密相关的政府部门,可以根据自身需要,积极设立专项人才扶持计划,统筹布局相关领域的院校人才培养事业。高校作为人才培养的最主要实施者,需要充分发挥自主性和能动性,紧密结合自身学科专业实力和地理区位条件,在组建师资、设计课程、实践教

---

[43] 参见植林等:《生态位理论视阈下高校新型研发机构人才培养路径研究》,载《科技管理研究》2021年第11期。

[44] 参见燕树棠:《法律教育之目的》,载《清华法学》2006年第9辑。

学、理论研究等方面细化和丰富人才培养方向,落实具体的差异化和特色化发展策略。

(三)落实"一带一路"倡议,重视国别法人才培养

截至2023年1月6日,中国已同151个国家和32个国际组织签署200余份共建"一带一路"的合作文件。[45] 可见,我国需要大量"一带一路"沿线国别法人才就国际投资的尽职调查、合同签订与履行、争端解决等事项提供智力支持。域外国别法与国际法同属涉外法治领域,但二者的功能定位与人才培养方式存在差异。相较而言,我国在国别法人才的培养方面存在更多提升空间,尤其是精通"一带一路"沿线国别法的人才供给亟待增加。

国别法人才通常需要通过外国司法程序维护中国国家、企业、公民的正当利益,因此需要系统深入掌握外国法律体系,熟悉法院管辖权行使规则、诉讼程序规则、地方性法律。"一带一路"沿线国家众多,国家间的政治体制、经济水平、教育体系等情况差异较大,有必要对人才培养进行统筹规划。一是国内培养环节。第一,可以率先遴选一批重点院校与研究团队,在现有涉外法律专业培养的基础上,针对"一带一路"沿线国家的法律进行针对性的教材编写、课程设计、实践教学。第二,发挥我国边疆民族文化优势和地理优势,挖掘边境地区具有潜力的人才与高等院校,创建周边国家国别法律人才培养的高地。第三,为已经从事涉外法律服务且有意愿参与"一带一路"沿线国家法律服务实践的人员开设专门的法律外语、国别法律制度、纠纷处理技巧方面的专项培训。二是境外培养环节。第一,由中央政法委牵头,教育部、司法机关、国家留学基金管理委员会共同参与,制定和实施"一带一路"国别法律人才留学规划,均衡布局沿线留学目的国,促进国别法人才的协调发展。第二,鼓励设立国别法人才联合培养学位项目,为优秀的中国学生在国外系统学习当地法律提供充足的资金支持和政策支持;同时,为无学位的短期出国交流和联合培养项目人员提供参与境外法律实践的机会与支持。

---

[45] 参见《已同中国签订共建"一带一路"合作文件的国家一览》,载中国"一带一路"网2023年6月26日,https://www.yidaiyilu.gov.cn/xwzx/roll/77298.htm。

国别法的研习离不开国别法所在国家语言的学习。在相当长的时间内,我国涉外法治人才掌握的外语语种主要是英语。从长远来看,伴随“一带一路”倡议的实施和全球化进程的不断深入,法语、西班牙语、阿拉伯语、俄语、德语、葡萄牙语等使用范围较广的语言以及“一带一路”沿线国家的语言重要性日趋提升。受学科设置和培养体制等条件的制约,当前只有少数院校专门培养小语种涉外法治人才。有调查显示,上海地区律师的执业外语约95%为英语,精通小语种的律师十分稀缺。[46] 推广开设语言兴趣班、定向培养、“小语种+法学”双学位等培养模式,有助于开拓小语种法治人才的培养路径,进而构建完善的涉外法治工作队伍。

(四)推进国际化进程:由“单一输出”转向“输出与输入并重”

我国涉外法治人才培养坚持国际化,在“走出去”的过程中不断研习域外法律经验和国际法规则。然而涉外法治实践不仅需要加深对涉外规则的理解与运用,更需要代表中国政府、企业、公民表达自身立场、主张正当利益。新中国成立以来,特别是改革开放40多年来,我国在法治建设方面成就卓著,中国特色社会主义法律体系已经形成。国际法与国内法存在千丝万缕的联系,将国际法规则体系视为完全独立于国内法的独立、封闭体系不符合实际。涉外法治实践不仅是汲取域外法治经验,遵从既有的合理的国际规则的单向过程,还需要促进法治文明双向交流互鉴。因此,应当积极探索将中国涉外法治最新实践经验与研究成果引入教学的路径,着力培养善于讲好中国故事、传播中国声音的涉外法治人才,向世界展示真实、立体、全面的中国,让国际社会更准确地了解中国法治建设状况,进一步推进高水平对外开放。

国际化的双向流动是以人为核心的互动过程,我国在不断追求“走出去”的过程中,更需关注如何吸引域外人才来华交流、学习,推动国际交流活动由“单一输出”转向“输出与引入并重”。应当构建以司法机关、政府涉外部门、教育部门、高校为主导,以学术团体、行业协会等更具

[46] 参见李卓谦:《培养“多语种+”卓越法律人才——张海斌谈上海外国语大学法学教育特色》,载《民主与法制时报》2019年10月17日,第5版。

专业特色的组织为补充的人才交流与引入平台。在形式方面,注重在扩充多元领域的中国法交流、培训与学习项目的同时,鼓励开展一系列围绕"一带一路"法律服务建设的国际法、国别法赛事与实训。

(五)完善配套政策,实现多维度支持

涉外法治人才培养服务于对外开放的国家战略,具有鲜明的政策导向,仅通过市场调节难以实现有效的资源配置。发挥多元主体的协同作用,从多重维度完善配套政策有助于涉外法治人才培养的可持续发展。

1. 发挥政府、教育机构、行业组织的功能,实现主体间协调共进。政策实施需要经历复杂的动态过程。涉外法治服务于对外开放的国家战略,设立国家层面的协调机构以履行统筹、指导、监督职能,有助于宏观把控涉外法治人才培养的方向。从《卓法意见1.0》到《卓法意见2.0》,涉外法治人才培养新增了"推动全球治理规则变革"的目标定位。此类人才难以通过市场机制提供充分供给,需要借助政府力量积极引导有意识地培养。[47] 政府部门通过规划、信息服务、政策指导、行政措施、拨款等一系列政策工具和财政工具引导人才培养战略的同时也要尊重高校在具体办学中的自主权,减少不必要的行政干预,尊重大学发展规律。鼓励高校建立教育执行委员会和监事会,与教育管理部门共同参与涉外法治发展战略的制定、实施、监督及评估。行业组织是以市场参与者为主体的社会性组织,代表行业整体,是人才培养体系中不可或缺的力量,具有预测人才需求的功能。相关行业组织针对涉外法治领域发布的人才需求报告,对涉外法治的专业设置、课程开发具有较强的参考作用,有利于提高人才培养效率和效益。构建以政府、教育机构、行业组织为核心主体的涉外法治人才培养机制有助于涉外法治建设的整体协调。

2. 开拓多元渠道,增加资金支持力度。充裕的资金支持是涉外法治人才培养战略实施的坚实后盾。人才培养合作平台搭建、师资构建、课程设计、境外实习、国际赛事参与等都需要大量的资金支持。当前我国

---

[47] 参见郑超:《国际规则领域课程应是涉外法治人才的必修课——专访华东政法大学国际金融法律学院院长贺小勇》,载法治日报·法治周末网,http://www.legalweekly.cn/fzzg/2022-05/19/content_8719744.html。

高等教育经费投入渠道相对单一，投入力度与设备条件的总体水平与发达国家相比存在差距。对此，一方面，建议国家政府部门制定教育规划时增加涉外法治人才培养的专项支持，倡导与涉外法治领域相关的中央和地方政府部门积极参与资金投入与专项扶持。另一方面，鼓励社会组织、行业协会等市场主体积极投入，缓解高校自筹经费压力。

3. 优化人才培养质量评估与监督机制。涉外法治人才培养离不开质量评估与监督体系。当前人才培养质量的评估主体主要是教育主管部门指派的专家、社会中介组织、学生、家长、教职员工等，此类主体与被评估主体具有较大的利益相关性。超越权力与利益冲突的评估主体有助于人才培养质量评估走向开放、包容、透明、有效。建立多重主体并存、多向度兼顾的评估体系，有助于实现过程管理与环节管控。为弥补政府评估的局限性，一方面，倡导专业的独立第三方机构、行业组织对高校进行客观、公正、自主、科学的评估；另一方面，健全教育机构自我评估的机制以促进有效管理与可持续发展。规范专业的质量评估需要恰当合理的指标与方法，因而有必要构建分类分层教育质量评估指标体系，并在评估过程中注重理解与交流，健全质量监督反馈机制。

4. 加强政策引导，重视教学与师资建设。教师作为人才培养的一线实施者，对人才培养起直接作用，其教学能力与投入直接影响教育质量与人才培养的效果。涉外法治要求深厚的理论知识与精湛的实践技能，更需要引导教师对人才培育增量投入。

首先，要转变“重科研轻教学”的倾向。现有教育评价体系中对院校和教师的评价主要关注科研情况，对课程建设、教学成果等教学业绩关注不足，[48]引发了教育实践中“重科研轻教学”的倾向。大学作为教师和学生学习共同体，其首要职能始终是人才培养。人才培养的关键在于教学，而教学的关键在教师。习近平总书记考察中国人民大学时提到，教师应有言为士则、行为世范的自觉，应成为精于“传道授业解惑”的

---

[48] 参见孙长永：《法学研究生课程改革的几个问题》，载《高等教育评论》2017年第1期。

“经师”和“人师”的统一者。[49] 从政策层面促进教师功能的发挥，需要始终把人才培养的质量和效益作为评价高校的根本标准，突出重视教学的政策导向，健全不同形式的教学激励和约束机制。将教学能力与贡献作为教师评价的基本标准，突出学生评价在教师教学评估中的重要地位，在岗位聘任、职称评定等关系教师切身利益的事项中把教学质量和教学效果作为优先考量的重要指标。

其次，重视国际化师资团队建设。与国际实践、国内社会发展脱节的教师很难教育出符合需求的高素质涉外法治人才。合格的涉外法治人才培养师资应具备一定的立法、司法、执法实践经验，具有海外法学学位或留学经历，外语听说读写能力优秀，法学专业基础扎实，善于捕捉最新的国内国际法学新动态、新理论、新案件。因此，应当组建国际化的师资团队，在教学层面接轨国际先进水平。一方面，拓宽教师的国际视野和思维，组织境外进修、访学、讲学或从事科研工作；鼓励教师参加国际学术研讨会，在国际知名学术期刊发表论文；另一方面，充分运用国际师资资源，促进教学方式与知识结构国际化，重视外籍教师的聘用和管理，吸引境外著名大学博士毕业生回国任教，引入国外知名学者与实务专家开设讲座、访问交流。重视国际法、比较法、国别法的教育，聘任专业友好的外籍专家开展专业系统的全外语法学教学。

引入外籍专家过程涉及诸多外事手续，开设课程手续尤为烦琐，部分环节存在制度不协调、程序不明晰的情况。[50] 有必要建立更加高效透明的引入机制，组建专业的外籍人才管理团队，做好绩效管理与服务保障。当前外籍人才的长期聘任与短期访问均主要依赖政策性文件，为避免政策不确定性与不严谨性带来的问题，持续简化审批申请流程，出台外国人才引进及管理专项立法具有现实必要性。合适的国际化师资团队对人才培养具有独特优势，应当建立科学完备的工作效益评价机制，

---

[49] 参见《习近平在中国人民大学考察时强调　坚持党的领导传承红色基因扎根中国大地　走出一条建设中国特色世界一流大学新路》，载新华网 2022 年 4 月 25 日，http://www.news.cn/politics/leaders/2022-04/25/c_1128595417.htm。

[50] 参见郭雳：《创新涉外卓越法治人才培养模式》，载《国家教育行政学院学报》2020 年第 12 期。

以教学管理为主要评价对象,在工作量计算、职称晋升、项目设置等方面制定有效的激励措施。

结　语

习近平总书记考察中国人民大学时强调,“为谁培养人、培养什么人、怎样培养人”始终是教育的根本问题。结合新时代背景,立足国家战略与市场需求,培养具有高远目标、扎实功底,能够解决复杂难题,回答时代命题的高素质涉外法治人才,无疑需要借助法律共同体的一致努力,整合全社会的优质资源。尽管当前的涉外人才培养尚有种种问题亟待解决,但是在遵守教育发展规律、立足远大战略目标与客观现实的基础上,坚持守正与出新,坚持面向世界、面向未来、面向需求,中国涉外法治人才的数量和质量终将获得大幅提升,涉外法治建设终将迎来长久的可持续发展。

On the Maintenance of the Tradition and Innovation in the Cultivation of the Foreign-Related Rule-of-Law Talent in the New Era

Wang Xiangxiu　Xue Qingjia

Abstract: Facing profound changes unseen in a century, the general trend of globalization and the overall situation of opening up have spawned the demand for a large number of high-level and professional foreign-related rule-of-law talent. The cultivation of foreign-related rule-of-law talent has a solid foundation. The current talent orientation is more inclusive, requiring both micro skills and macro vision. Talent cultivation should grasp the directions of the history, closely follow the needs of national strategy, and keep right and innovate in the context of the new era. On the one hand, legal education should adhere to the basic principles and fine traditions of talent cultivation. Legal education should also focus on value guidance and quality-orientation, which foregrounds the characteristics of internationalization and practice orientation. On the other hand, legal education should be adjusted and innovated appropriately on the basis of the existing problems and the latest situation. Legal education should be adopted to the talent cultivation at different levels according to reality and objective principles. Legal education should also attach importance to the breakthrough of talent cultivation in doctoral education stage in the background of "broad caliber-oriented" undergraduate education, which specializes the classification of different types in postgraduate education. The cultivation of foreign-related legal talent is a complex systematic project. The maintenance of the tradition and the innovation of legal education need to cater for the diversified social needs and deepen the collaborative mechanism between the practical departments and universities. Legal education should also adjust the demand of the cultivation of the compound legal talent, advocating the interaction of disciplines and the interaction of universities in order to deepen the path of the characteristic development. Legal education should serve the demand of national strategy, emphasizing the cultivation of the talent who know well of the laws in different countries in order to promote the process of internationalization and transferring the "single-sidedness" to "emphasizing both the input and the output". In addition, legal education should optimize the supporting policies and realize the diversified support and empowerment.

Key Words: cultivation of foreign-related rule-of-law talent; maintenance of the tradition; innovation

“一带一路”建设下涉非洲的法治人才培养模式探索*

罗　迎**　朱超然***

摘　要:“一带一路”建设下涉非洲的法律服务市场领域不断拓宽,涉非洲的法治人才面临解决“独特而又复杂”的法律风险需求的严峻现实挑战。当前我国涉非洲的法治人才数量和质量的供给,均难以满足现实需求。传统涉非洲的法治人才培养模式存在简单套用“法学+外语”复合型国际化培养模式,培养目标不清晰,涉非洲的语言培训与法律课堂的实践性教学效果不佳,课程体系不完善,法律实践训练强度与海外非洲实务平台搭建力度不足等问题。对此,我国高校应以习近平法治思想为指引制定出明确且更具实践导向型的涉非洲的法治人才培养目标,参照国际经验逐步形成“法学+英语+非洲主要小语种+N”与“企政学研”一体化相结合的协同创新培养模式,尝试采取传统课堂与“诊所式”法

* 基金项目:2020年国家社科基金重点课题“优化营商环境视角下营业权利保护研究”(项目批准号:20AFX018)。

** 罗迎,郑州大学法学院讲师,郑州大学私法研究中心助理研究员,法学博士。

*** 朱超然,湖南师范大学法学院博士研究生。研究方向:宪法学与行政法学、法治文化。

律课堂交互式运作方式革新涉非洲的法学教学模式,强化法律研究课程在涉非洲的课程体系的中心地位,建立科学的涉非洲的法治人才考核评价认证体系。

关键词:“一带一路” 涉非洲的法治人才培养 协同创新育人 “诊所式”法律教育

“一带一路”建设下涉非洲的法治人才培养是指培养能够为在“一带一路”沿线非洲国家或地区开展营业活动的中资企业提供直接的经贸商事法律服务的高素质涉外法治人才。近年来,中非交流日益密切,经贸往来逐渐频繁。2021 年非洲大陆自由贸易区的正式启动,为中非经贸投资合作的深入发展注入了强劲动力与活力。① 随着“一带一路”建设和中非经贸投资合作的深入推进,涉非洲的法律服务的领域和复杂度也在不断增加,从而对涉非洲的法治人才的综合素质提出了更高的要求。2019 年 2 月 25 日,习近平总书记在中央全面依法治国委员会第二次会议上强调,要加强涉外法治专业人才培养,积极发展涉外法律服务。② 2021 年 1 月 10 日,中共中央印发《法治中国建设规划(2020—2025 年)》,明确提出要“加大涉外法治人才培养力度,创新涉外法治人才培养模式”③。然而,国内传统法学教育模式下培养的法律人才规模和质量均难以适应涉非洲的法律服务实践的特殊需求。④ 据中国社会科学杂志社发布的《2020 年法学研究发展报告》显示,与国内法治研究

---

① 参见郭一达:《新时代涉外法治专业人才队伍培养路径探析》,载《中国司法》2021 年第 3 期。

② 参见《习近平主持召开中央全面依法治国委员会第二次会议并发表重要讲话》,载中国政府网,http://www. gov. cn/xinwen/2019 - 02/25/content_5368422. htm。

③ 中共中央印发《法治中国建设规划(2020—2025 年)》,载中国政府网,http://www. gov. cn/zhengce/2021 - 01/10/content_5578659. htm。

④ 参见高绣叶:《从精英主义到大众主义:创新型人才培养的话语实践转向》,载《当代教育科学》2019 年第 10 期。

相比,涉外法治研究远不能满足强大现实需求。[⑤] 学界对如何创新高素质涉外尤其是涉非洲的法治人才培养模式,以应对新时代涉非洲的经贸投资环境变化带来的新挑战缺乏深入的研究,这与我国作为"一带一路"沿线涉非洲的投资主导国的地位是不相匹配的。有鉴于此,本文以"一带一路"建设下中非经贸投资合作的人才需求为视角,在提炼现行涉外法治人才培养有益实践经验并参考域外法治人才培养模式的基础上,尝试提出新型涉非洲的法治人才培养模式,从而为提升"一带一路"发展水平、中非经贸投资合作法律服务质量贡献中国法治智慧。

一、迥异的法律服务市场:"一带一路"建设下涉非洲的法治人才培养面临的需求挑战

(一)经济合作深度与广度前所未有:面临的法律服务需求领域不断拓宽

"一带一路"倡议实施以来,中非之间经贸投资合作日益频繁,涉及的经济领域不断拓宽,构建了更加紧密的中非命运共同体。2021 年 1 月 1 日,非洲大陆自由贸易区正式启动,以协定的形式将 12 亿人口和 2.5 万亿美元的市场规模整合在一起,是世界贸易组织成立以来成员国最多的自由贸易区,为市场主体提供了更多的贸易和投资机会。[⑥] 2021 年 11 月 30 日,中非合作论坛达喀尔峰会通过了《中非合作论坛—达喀尔行动计划(2022—2024)》,提出应加强涵盖农业、粮食安全与食品安全,基础设施建设,产业对接与产能合作,投资与经济合作,贸易,海关和

---

⑤ 参见中国社会科学杂志社社会科学部:《2020 年法学研究发展报告》,载中国社会科学网 2021 年 1 月 18 日,https://mp.weixin.qq.com/s? __biz = MzA4NDUwMjMxNA = = &mid = 2650146125&idx = 2&sn = 9494766bab5d447bf7b408821ef1b03e&chksm = 。

⑥ 参见邹松:《非洲大陆自贸区正式启动(国际视点)》,载人民网 2021 年 1 月 4 日,http://world.people.com.cn/n1/2021/0104/c1002 - 31987350.html。

市场监管、数字经济,金融等领域的经济合作。⑦ 截至2021年年底,53个同中国建交的非洲国家中,已有52个非洲国家签署了合作文件,“一带一路”合作在非洲基本实现全覆盖。⑧

与此同时,“一带一路”沿线涉非洲的经贸投资法律纠纷的领域和数量也在不断增多,中资企业面临的法律风险陡增,由此催生了数量庞大、复杂多样的涉非洲的法律服务需求。具言之,中资企业在“一带一路”沿线非洲地区亟须中方涉外法律人才提供包括但不限于税收(含数字税收)纠纷解决、投融资纠纷解决、劳工纠纷解决、金融与破产纠纷解决、知识产权纠纷解决、政治风险规避、公司与并购、取证与合规、房地产与工程建设、能源资源开发、环境保护、双边或多边投资条约争议解决等领域的法律服务。⑨ 上述多领域的法律服务需求对我国涉外尤其是涉非洲的法治人才的能力和素养提出了新的、更高的要求,同时对国内涉外尤其是涉非洲的法治人才培养提出了新的挑战。

(二)宏观与微观法律风险防范能力需求并存:面临的法律风险复杂多元

随着“一带一路”投资合作的深入推进,相较于在其他成熟经济体投资所遭遇的涉外经贸投资法律风险而言,中方企业在撒哈拉以南的非洲地区投资所可能面临的法律风险挑战是类型多元、复杂而又独特的。具言之,中方企业在涉非洲的业务中可能面临的法律风险,既包括宏观层面的法系与双边条约冲突风险,又包含微观层面的法律差异及制度、规则冲突风险。

---

⑦ 参见《中非合作论坛—达喀尔行动计划(2022—2024)》,载外交部官网,http://switzerlandemb.fmprc.gov.cn/ziliao_674904/1179_674909/202112/t20211202_10461174.shtml。

⑧ 参见成欣、朱超:《构建更加紧密的中非命运共同体——〈新时代的中非合作〉白皮书解读》,载中央人民政府网,http://big5.www.gov.cn/gate/big5/www.gov.cn/xinwen/2021-11/27/content_5653709.htm。

⑨ See "ALN-Africa Legal Network", Accessed March 3, 2022, https://aln.africa/expertise/services/. 非洲律师联盟(Africa Legal Network,ALN)是由15个非洲国家杰出的全方位服务公司律师事务所组成的综合联盟。

1. 宏观层面:需具备审慎化解法系冲突与国际经贸规则冲突风险的能力

“一带一路”沿线涉非洲的法律服务市场亟须具备审慎化解法系冲突风险能力的涉外法治人才。在宏观层面,非洲地区内部的司法辖区存在混合的法律体系,通常包含两种或多种法律传统的要素。[10] 许多采用大陆法系或普通法系的非洲国家也仍然保留着习惯法[11]或宗教法(如伊斯兰法)的要素。如非洲国家中的尼日利亚是前英国殖民地,其法律体系深受前殖民宗主国英国的影响,奉行普通法系遵循先例的判例法传统;同时,该国还保留着英国殖民统治之前就长期存在的习惯法以及伊斯兰法。[12] 埃及是前法国殖民地,其法律体系建立在《拿破仑法典》、罗马法和伊斯兰教法的基础之上。一些曾受英国殖民的非洲国家与受法国殖民的非洲国家在法律体系及法律渊源上通常也存在较大差异,这对中方企业在非洲地区实施跨越边境的大型桥梁、工程等基础设施项目的建设带来较大的法律风险。

此外,“一带一路”沿线涉非洲的法律服务市场还亟须具备审慎化解国际经贸规则冲突风险能力的涉外法治人才。中国虽已经同非洲的大部分国家签订了双边投资条约、贸易协定或避免双重征税协定,但这些已签订的条约仍然存在较大问题。中国与非洲国家签订的投资保护协定、贸易协定与避免双重征税协定,普遍存在协定签署年代久、生效时间漫长、版本“混合”特色明显、条约的制度性保护局部缺失和更新不及

---

[10] See *Understanding a Foreign Jurisdiction's Legal System*, Accessed March 4, 2022, https://guides.ll.georgetown.edu/c.php? g = 362128&p = 2446003.

[11] 司法机构、立法机构和学术界对“习惯法”一词有不同的定义。在尼日利亚的东部地区,该术语被定义为规范权利和施加相关义务的规则,它通过既定的用法获得承认并在效力上得到加强。尼日利亚《证据法》将该术语定义为“在特定地区长期使用而具有法律效力的规则”。非洲习惯法的先驱学者阿洛特将该术语定义为“追溯到人们习惯、习俗和实践的规则,这些规则产生并支持不时明确制定的争端裁决规范”。See Auwalu H. Yadudu, *Colonialism and the Transformation of the Substance and Form of Islamic Law in the Northern States of Nigeria*, Journal of Law and Religion Volume 9 Issue 1, 1991, p. 17 – 47.

[12] 参见《尼日利亚法律体系、审判制度和国际组织参与情况》,载投资并购律师博客 2020 年 12 月 17 日,https://www.bizchinalaw.com/archives/34139。

时等问题,[13]亟须依照新一代国际投资、贸易和税收规则加以调整或更新。当然,仍有一些非洲国家至今未与中国签订上述类型的双边条约,这无疑给中方企业投资带来宏观层面的法律风险。

2. 微观层面:需具备防范化解独特而又复杂法律风险的能力

(1)面临独特的法律风险

从微观层面来看,中方企业在涉非洲的业务中除可能遭遇一般性的涉外法律风险[14]之外,还可能面临一些独特的法律风险。譬如,在非洲的中方投资者可能会面临政治、监管等方面的障碍,这些障碍的形式可能是当地的所有权规则、持续的本土化要求以及税赋重复征收、外汇管制、国有化征收、当地含量政策、雇用本土员工比例、环境保护标准等特殊规定。[15] 以尼日利亚、埃塞俄比亚、津巴布韦三国为例:尼日利亚外汇管制措施持续多年且有增强趋势;存在特殊税种,包括但不限于预提所得税、市场税;[16]对外籍劳务人员实行配额制管理。[17] 埃塞俄比亚也采外汇管制制度,且货币贬值严重,在该国投资容易产生汇兑险;存在预扣赋税[18]这一特殊税种;2019 年最新修改的《劳动法》给外来劳务人员带来特

---

⑬ 参见刘桓:《双循环格局下中非合作面临的障碍及政策建议》,载《中国投资(中英文)》2021 年第 ZB 期;朱伟东、王婷:《中非避免双重征税协定存在的问题及对策》,载《国际贸易》2019 第 11 期;贺鉴、杨常雨:《新时代中非海洋经贸合作及其法治保障》,载《湘潭大学学报(哲学社会科学版)》2020 年第 4 期。

⑭ 一般性的涉外法律风险,是指合同纠纷、劳工纠纷、贸易纠纷、知识产权侵权纠纷、人身侵权、财产损失风险等常规风险。

⑮ See Macfarlanes LLP, *Key Legal Considerations When Investing in Africa*, Accessed March 3,2022,https://www.lexology.com/library/detail.aspx? g = 98ca5baa - a2de - 414a - 9421 - 8d7b65c83d9c #: ~ : text = The% 20legal% 20risks% 20facing% 20an% 20investor% 20in% 20Africa, deals% 20than% 20is% 20the% 20case% 20in% 20other% 20continents.

⑯ 参见中国商务部发布的《对外投资合作国别(地区)指南(尼日利亚)2021 年版》,载商务部“走出去”公共服务平台网 2022 年 3 月,http://www.mofcom.gov.cn/dl/gbdqzn/upload/niriliya.pdf。

⑰ 尼日利亚对外籍劳务人员实行配额制管理,即对在政府或企事业单位工作的具有一定专业技能的外籍劳务人员发放工作许可证。对于投资类企业,政府根据投资额多少,分配一定的外籍劳务人员名额。

⑱ 埃塞俄比亚的预扣税赋是指按进口商品的到岸价(货值、运输费和保险的总价)预扣 3% 的税款。如果为具有法人资格的组织、政府机构、私人非营利机构、非政府组织的进口物品,预扣税款为款项总额的 2%。

殊的劳工法律风险,如要求外来劳务人员(包含一般技术工人)提供相应的学历证明或技能证明才能办理工作许可,有些项目对业主雇用当地工人有一定的规定和限制。另外,埃塞俄比亚环境保护法规较为严格,近年来有个别中资企业因环保不达标而收到罚单,乃至被关停。津巴布韦对外资并购境内企业存在较为严格的国家安全审查制度,[19]通过《本土化与经济授权法》实施本土化政策,其政策核心是外资企业必须将51%以上的股份转让或者预留给津巴布韦本地人。[20]此外,津巴布韦还在《竞争法》对并购的限值做出了不明确性的规定,仅规定该限值由工商部部长设定,超出该限值的,需要在并购前向津巴布韦竞争和关税委员会申请通过才能实施并购。[21]上述独特法律风险的存在无疑对中方企业的投资产生不利影响。

(2)面临复杂的法律风险

除上述独特法律风险之外,中方投资者在微观层面还可能面临更复杂的法律风险。譬如,中方企业可能遭遇投资者未来退出其投资或执行其权利的限制条款等特殊法律要求。了解此类风险对投资者选择正确的退出战略尤其重要,能够使中方企业在一开始就确定构建投资结构的最佳方式,[22]并减轻它们在最终退出过程中可能产生的任何负面影响。因为,确保与任何合资伙伴围绕退出机制进行顺利的谈判,包括但不限于处理拖曳权和僵局解决机制中的关键转让条款问题,对投资交易实际

---

[19] 参见中国商务部发布的《对外投资合作国别(地区)指南(尼日利亚)2021年版》,载商务部“走出去”公共服务平台网2022年3月,http://www.mofcom.gov.cn/dl/gbdqzn/upload/niriliya.pdf。

[20] 参见吴传华:《津巴布韦的本土化政策及其对中国投资的影响》,载《西亚非洲》2017年第5期。

[21] 津巴布韦《竞争法》规定,由津巴布韦工商部部长对并购设定一个限值。所有并购涉案金额超过此限值的,需在并购前向津巴布韦竞争和关税委员会(Competition and Tariff Commission)提交申请,经审查通过后,才可实施并购。津巴布韦竞争和关税委员会有权调查其认为会损害竞争的并购行为。参见《对外投资合作国别(地区)指南(津巴布韦)2022年版》,2023年3月,http://www.mofcom.gov.cn/dl/gbdqzn/upload/jinbabuwei.pdf。

[22] 如何确定构建投资结构的最佳方式?这可能很简单,就是通过离岸司法管辖区构建VIE(Variable Interest Entities)投资法律结构,即“协议控制”。例如,VIE投资法律结构可规避股权转让需要得到当地当事人同意的限制性条款。

问题的解决及投资者正当利益的保护尤为重要。中方投资者可能遭遇的上述法律风险均将成为影响相关业务合同健全性的关键性因素,从而增加处理相关法律问题的复杂度。

涉非洲的法律服务类型的多元化以及法律业务本身极强的复杂度意味着我国在培养涉非洲的法治人才时需要对非洲地区的投资环境与法律风险做出进一步的系统风险评估,并充分考虑其复杂性。

(三)涉非洲的法律服务市场面临的语言环境复杂:众多官方语言与非洲土著语言交织

"一带一路"建设下,涉外法律服务工作者在提供涉及非洲地区经贸投资法律服务时面临的法律语言环境极为复杂,导致高质量法律服务供给的难度陡增。"一带一路"沿线65个国家和地区涉及50多种官方语言,[23]而沿线非洲地区的语言环境是差异化的官方语言与种类繁多的非洲土著语言交织并存的局面,这与欧美、亚太、中东等地区法律服务市场的语言环境相比存在较大差异,因而其潜在的法律沟通风险与成本也不可同日而语。从官方语言来看,非洲地区的官方语言主要有英语[24]、法语[25]、阿拉伯语[26]以及葡萄牙语等,这些语言又分别属于不同的语系,即亚非语系、印欧语系和南岛语系。[27] 除众多的官方语言之外,非洲地区各国实际上还保留着大量当地土著语言。这意味着涉非洲的法律服务工作者仅仅掌握一门法律英语或法律法语均是难以适应多元挑战的。譬如,阿尔及利亚的官方语言为阿拉伯语,但塔马兹特语(柏柏尔人方言)从2002年起定为国语,而法语又是通用语言。[28] 埃及的官方语言也

[23] 参见姜国权:《语言产业高质量服务"一带一路"》,载光明思想理论网,https://theory.gmw.cn/2021-04/29/content_34809230.htm。

[24] 英语是非洲22个国家的官方语言(之一)或通用语。

[25] 法语是非洲26个国家的官方语言(之一)或通用语。

[26] 阿拉伯语是非洲11个国家的官方语言(之一)。

[27] 参见中非贸易研究中心:《详解非洲国家主要通用语言分布》,载搜狐网2019年1月10日,https://www.sohu.com/a/288134951_99911507。

[28] 参见商务部《对外投资合作国别(地区)指南》编制办公室:《对外投资合作国别(地区)指南 阿尔及利亚(2021年版)》第9页,载商务部"走出去"公共服务平台,2022年3月,http://www.mofcom.gov.cn/dl/gbdqzn/upload/aerjiliya.pdf。

为阿拉伯语,但社会中上层人士一般使用英语或法语交流,而埃及的努比亚人则普遍使用努比亚语。[29] 因此,涉外律师在埃及执业时,如果仅仅掌握阿拉伯语、英语或法语中的任何一种语言,就可能遭遇难以同当地司法机构及当事人开展及时有效沟通的困境。

二、“一带一路”建设下涉非洲的法治人才培养模式的实然供给分析

随着“一带一路”建设的深入推进及中非深度融合发展的展开,中国的对外开放处在一个新的历史起点上。从实然供给与应然需求的矛盾视角来看,我国涉非洲的法治人才的培养质量及进度均有待加强。

(一)涉非洲的法治人才的供给现状:数量与质量均难以满足现实需求

我国涉非洲的法治人才在非洲地区官方与非官方国际经贸组织中的话语权和影响力有待提升。譬如,在亚欧非贸易促进委员会(简称亚欧非贸促会)、非洲经济共同体(African Economic Community,AEC)、阿拉伯马格里布联盟(Union of the Arab Maghreb,UMA)、西非国家经济共同体(Economic Community of West African States,ECOWAS)、西非经济货币联盟(Union Economique et Monétaire Ouest-Africaine,UEMOA)、东部和南部非洲共同市场(Common Market for Eastern and Southern Africa,COMESA)等官方或非官方国际经贸组织中,我国涉外律师参与提供法律服务的频次较少,其中作为高级别法律顾问的律师在数量上更是偏少。[30] 与美国等其他西方国家相比,中国律师在国际经济贸易组织中尚未达到举足轻重的地位。[31]

---

[29] 参见商务部《对外投资合作国别(地区)指南》编制办公室:《对外投资合作国别(地区)指南　埃及(2021年版)》第9页,载商务部“走出去”公共服务平台,2022年3月,http://www.mofcom.gov.cn/dl/gbdqzn/upload/aiji.pdf。

[30] 参见《我国稀缺的“涉外律师”你了解多少?》,载搜狐网2020年10月29日,https://www.sohu.com/a/428266813_650902。

[31] 参见雷怡安:《中国涉外律师为“一带一路”投资企业护航》,载今日中国网2021年4月7日,http://www.chinatoday.com.cn/zw2018/bktg/202104/t20210407_800242835.html。

我国中资律师事务所在非洲地区设立正式分支机构起步较晚,相较其他涉外法律服务市场而言,涉非洲的服务律师数量偏少、高质量人才欠缺。环太平洋律师协会于2021年4月召开的第30届年会新闻通气会发布的有关数据显示,中国律师事务所已在35个国家和地区设立了150多家境外分支机构,[32]但目前在非洲地区开设分支机构的数量仍然十分稀少。其中,直至2020年6月24日,京师喀麦隆律师事务所(Jingsh Cameroon Law Firm)作为非洲第一家中资律师事务所,才开启了中资律师事务所在非洲地区设立独立分支机构的先河。[33] 截至2021年11月4日,司法部涉外律师人才库共有985位律师在库,其中绝大多数涉外律师使用中英双语提供法律服务为主,仅有极少部分涉外律师能够掌握并使用除中英双语之外的第三门外语[34]提供法律服务,表明目前能够胜任繁杂涉非洲的法律服务的高级法律人才十分稀少。[35] 总体而言,我国涉非洲的法治专业人才在数量上存在庞大缺口,质量还远远不能够满足新时代对外开放和深入推进“一带一路”建设的实际需要。

(二)涉非洲的法治人才培养模式现状:简单套用“法学+外语”复合型国际化培养模式

为加强涉外法治人才培养,自2021年开始,教育部决定全国15所高校开始实施法律硕士专业学位(涉外律师)研究生培养项目。从15所高校发布的涉外法律人才培养方案来看,总体而言,我国高校并没有专门针对“一带一路”沿线涉非洲的法律服务市场的特征制定出有针对性的培养方案,与其他地区的涉外法治人才培养基本适用同一套培养模式。公开资料显示,15所高校所采用的涉外法治人才培养模式大同小异:涉外语言的学习以英语为主,涉外课程的设置以英美普通法为主,课

---

[32] 参见兰天鸣、白阳:《中国律师事务所已在35个国家和地区设立150多家境外分支机构》,载中国新闻网,https://www.chinanews.com.cn/gn/2021/04-18/9457744.shtml。

[33] 参见《海外第八家!京师喀麦隆办公室获批成立》,载搜狐网2020年6月24日,http://www.bcisz.org/plug/lawyerquery/https://www.sohu.com/a/406657501_775498。

[34] 经查询司法部涉外律师人才库可知,仅有极少部分律师能够满足非洲法律服务市场对语言的要求,他们能够使用的语言也仅限于中文、英语、法语或西班牙语。

[35] 参见《司法部公布全国千名涉外律师人才名单》,载司法部政府信息公开网,http://www.moj.gov.cn/pub/sfbgw/zwxxgk/fdzdgknr/fdzdgknrtzwj/201903/t20190321_207790.html。

程学习以课堂授课为主要方式,实质上是以欧美等地区涉外法律人才培养为主,兼顾“一带一路”沿线涉外法律服务人才培养。例如,北京大学采“法律+外语+N”模式[36],其中“N”可为指定行业,也可为国际组织、区域等,从而建立起法学与外语、政治学、应用经济学等跨学科融合的培养模式。又如,中国人民大学法学院与本校新闻学院、经济学院、国际关系学院、外国语学院等开展合作,建立健全“法律+外语+N”涉外律师方向课程体系。[37] 再如,广东外语外贸大学采取“法律+英语”培养模式,实施联合培养、校内—校外双导师制、导师组集体培养相结合的培养方式。[38] 由此可见,15所高校基本上没有跳脱出“外语+法学”的复合型国际化培养模式,当然在具体实施上又存在一些细微差异以及创新之处。

(三)涉非洲的法治人才培养模式存在的问题

从“一带一路”建设下涉非洲的法律服务市场的特殊需求来说,可以预见现行涉外法治人才培养模式之下培养的涉外律师难以尽快满足非洲法律服务市场的现实特殊需求。具言之,目前,我国涉非洲的法治人才培养模式存在以下问题需加以解决:

1.“一带一路”建设下涉非洲的法治人才培养目标不清晰

就“一带一路”建设下涉非洲的法治人才培养而言,部分高校在设置涉外律师方向法律硕士时,培养目标存在过于宏观、缺乏针对性以及实际指导意义的问题。譬如,有高校在涉外法律硕士项目中将培养目标定位为“为涉外法律服务机构和大型企事业单位法务部门培养一批跨文

---

[36] 北京大学确定了“法律+外语+N”(“N”可为国际政治/国际关系、国别/区域、国际组织等,也可以为金融、应用统计、会计、税务、国际商务、保险、资产评估、审计)差异化、特色化的涉外律师人才培养定位。参见《法律硕士专业学位(涉外律师)研究生指导性培养方案》,载北京大学研究生院网,http://grs.pku.edu.cn/docs/2021-05/20210528134823761730.pdf。

[37] 参见《中国人民大学法学院法律硕士涉外律师项目简介》,载中国人民大学法学院网2021年10月9日,http://www.law.ruc.edu.cn/home/t/?id=57554。

[38] 参见《广东外语外贸大学法学院2021级法律硕士(涉外律师)选拔方案》(附件2:2021级法律硕士(涉外律师)培养方案),载广东外语外贸大学法学院网2021年7月12日,https://fxy.gdufs.edu.cn/info/1178/8958.htm。

化、跨学科、跨法域,懂政治、懂经济、懂外语的德才兼备的高层次复合型、应用型、国际型法治人才,服务国家战略和大湾区建设”[39]。还有的高校在涉外法律硕士项目中将培养目标定位为“培养具备跨文化沟通能力,熟悉国际规则,能够胜任涉外立法、司法、行政执法和法律服务领域德才兼备的高素质、高层次的专门型、应用型涉外法治人才”[40]。上述培养目标中的“跨文化”“跨学科”“跨法域”等词汇缺乏进一步的指向性和针对性,没有依照涉非洲的法律服务市场的特性来进一步突出涉非洲的法治人才培养的特殊性。此外,上述培养目标强调熟悉国际规则,较多关注大陆法系和英美法系,而对“一带一路”沿线非洲地区存在的伊斯兰法系的研究有所不足,同时对沿线具体非洲国家的法律制度缺乏深入的研究。[41] 这使涉非洲的法治人才培养目标的实践性导向不足。

2. 涉非洲的语言培训与法律课堂的实践性教学效果不佳

如前所述,非洲地区法律服务市场的语言体系较为庞杂,其中英语、法语、阿拉伯语以及葡萄牙语是大部分非洲国家的通用语言,[42]但不同的非洲国家人民常用的土著语言又有所不同。然而,目前我国 15 所涉外法治人才培养高校的双语课程教学设置多为“法律 + 英语”,并未根据非洲国家的涉外特征进行针对性的语言培训和法律教学课程安排。如北京大学法律硕士(涉外律师)的语言培养是以“法律 + 英语”为主,[43]而对外经济贸易大学法律硕士(涉外律师)的语言培养是以“法律 + 英

[39] 《中山大学法学院全日制法律硕士专业学位(涉外律师)研究生培养方案)(从 2021 年级开始执行)》,《中山大学法学院各类研究生培养方案(2021)》[附件五:中山大学法律硕士专业学位(涉外律师)研究生培养方案],载中山大学法学院网 2021 年 9 月 2 日,https://law.sysu.edu.cn/article/478。

[40] 《广东外语外贸大学法学院 2021 级法律硕士(涉外法治人才)选拔方案》,载广东外语外贸大学法学院网 2021 年 7 月 16 日,https://fxy.gdufs.edu.cn/info/1099/8968.htm。

[41] 参见王祥修、赵永鹏:《“一带一路”倡议下中国涉外法治人才培养目标及方案》,载《法学教育研究》2021 年第 3 期。

[42] 参见魏媛媛:《非洲英语文学的语言特征研究——评〈非洲英语文学研究〉》,载《新闻爱好者》2020 年第 10 期。

[43] 参见《法律硕士专业学位(涉外律师)研究生指导性培养方案》,载北京大学研究生院网,http://grs.pku.edu.cn/docs/2021-05/20210528134823761730.pdf。

语"为主、"法律+西班牙语"为辅。[44] 从其他涉外法治人才培养高校的培养方案来看,也大致如此。因此,我国涉非洲的法治人才培养存在缺乏非洲本土化的外语教学环境的问题,亟须引进相应师资力量加以改进。

此外,我国政法类院校涉外方向的师资主要是以美、英、德、法等发达国家留学教育背景为主,鲜少有非洲知名高校背景的师资力量引入或者与非洲著名高校展开合作教学,导致本校涉外师资仅有极少数教师能够掌握"中文法律+主要外语+具体非洲当地主要小语种"等多元化组合型外语并具备涉非洲的实务经验。譬如,复旦大学国际化程度虽较高,但与之展开联合培养涉外法治人才的著名高校均处于发达国家或地区。从培养方案来看,复旦大学合作的14所高校中,美国高校占8所,加拿大高校占1所,德国高校占1所,瑞士高校占1所,新加坡高校占2所,中国香港特区高校占1所。[45] 其他涉外法治人才培养高校的情况也大致如此。由此可见,现行涉外法治人才培养高校仍鲜少与非洲著名大学展开本土化的联合培养,导致"应用型"与"研究型"相结合的涉非洲的法律人才培养效果不佳。

3. 涉非洲的法律教育课程体系不够完善:仍需进行结构化调整

现行针对涉非洲的法治人才培养的法律教育课程体系仍然有待完善,亟须进行结构性优化。目前,涉外法治人才的培养方案和课程设置均未完全到位,学生仍以学习中国法律为重点,包括国际法、普通法(英美法)、比较法在内的涉外教学体系在系统性、内容丰富性等方面存在一些问题。[46] 当然,这是就整体涉外法治人才培养法律教育课程体系存在的问题而言的。涉非洲的法治人才培养的课程教育体系实际上更是处于不系统、不完善的境地,包含但不限于上述问题。譬如,法律研究课程

---

[44] 参见《2020级法学专业(涉外型卓越经贸法律人才实验班)选拔方案》,载对外经济贸易大学法学院网2020年7月21日,http://law.uibe.edu.cn/xwzx/tzgg/90643.htm。

[45] 参见《复旦大学法学院2021年法律硕士涉外律师方向招生说明》,载复旦大学法学院网2021年3月19日,https://law.fudan.edu.cn/7a/47/c27452a293447/page.htm。

[46] 参见贺赞:《涉外法治人才培养机制创新——以课程体系建设为中心》,载《中国法学教育研究》2017年第2期。

与法律写作课程在涉非洲的法律教育课程体系中所占据的比重不大,核心地位也不够突出。我国绝大多数法学院没有在其课程体系的设置中重视法律研究技能的训练问题,导致传统法学院传授给学生的法律研究技巧实际上较为有限,难以满足处理跨境尤其是“一带一路”沿线涉非洲的地区复杂民商事案件的实际需求。

4. 涉非洲的法律实践训练强度与海外非洲实务平台搭建力度不足

由于“一带一路”沿线涉非洲的法律实务远比一般涉外法律实务要复杂的多,因而涉非洲的法治人才培养更应注重实务能力的培养和锻炼。涉非洲的法律实务能力的培养应成为涉非洲的法律教育的核心内容之一。遗憾的是,目前涉非洲的法治人才的教学培养仍以传统的课堂讲授为主,内容主要是法条解读和学理阐释,而实践性最强、锻炼效果最佳的非洲地区法律实习还处于起步阶段,实习期限也较短(6 个月左右)。就涉非洲的法律实务实践锻炼而言,我国 15 所涉外法律硕士培养高校在非洲地区搭建的法律实务平台还非常欠缺,这将较大程度地影响涉非洲的法治人才培养的实际效果。受限于经费和自身在非洲地区的影响力,目前单纯依靠高校自身拓展涉非洲的法律实务平台,可能力有未逮。因此,一些实务平台的搭建,特别是与一些重要的非洲国家及区域性组织的资源对接,尚需国家有关部门的支持方能推进。[47] 总之,涉外法律硕士的培养应采用多渠道、多视角、多方面的课堂教学与实践训练相结合的培养模式。

三、“一带一路”建设下涉非洲的法治人才培养模式的路径探讨

基于“一带一路”建设下涉非洲的经贸投资合作现实需求的法治人才应然供给与实然供给的供求矛盾分析,笔者认为新时代涉非洲的法治人才培养模式可以从以下几个方面进行改进。

㊼ 参见郭雳:《创新涉外卓越法治人才培养模式》,载《国家教育行政学院学报》2020 年第 12 期。

(一)以习近平法治思想为指引明确涉非洲的法治人才培养目标

习近平法治思想是新时代卓越法治人才培养的根本指导思想。习近平法治思想强调坚持统筹推进国内法治和涉外法治,坚持建设德才兼备的高素质法治工作队伍。法学课程本身具有很强的政治性、思想性,“一带一路”沿线涉非洲的卓越法治人才的培养不仅要重视对专业知识的传授,更要通过课程思政建设对学生法律职业伦理道德加以引导。高校法学院校应把习近平法治思想融入涉非洲的法治人才培养全过程,弘扬民族精神和时代精神,加强爱国主义、集体主义、社会主义教育,引导学生树立正确的历史观、民族观、国家观、文化观。

为更好应对“一带一路”建设中涉非洲的法律风险,国家亟须培养“复合型、应用型、研究型、担当型、创新型”的高素质涉非洲的法治人才,以建设具有国际视野、通晓国际规则、熟悉非洲地区国情、理解非洲当地语言与法律文化、善于处理涉非洲的法律事务的涉外法治人才队伍为培养目标。第一,复合型法治人才需要在扎实的法学基础上,同时具有跨学科的知识储备,如社会学、经济学、语言学、信息学等。复合型法治人才既要了解非洲的人文环境、政治制度、法律制度,又要掌握非洲区域内的通用语言文字,具备进行涉外商务谈判、涉外民商事诉讼、涉外民商事仲裁等基本技能与能力。同时,复合型法治人才也要能够在互联网和实体经济的深度融合中挖掘有效数字信息。第二,应用型法治人才应当能够综合运用法律、经济、外语、管理、互联网信息技术等方面的专业知识,能够独立或协作从事涉非洲的法律实务工作和相关管理工作。第三,研究型法治人才应当既能够从法律实务中提炼和概括出一般性的法律原理,又能够独立发现法律问题并撰写高质量的法学论文、著作、调研报告等研究性文本。第四,担当型法治人才对社会主义涉外法治人才的思想政治素质提出了更高的要求。社会主义涉外法治人才参与国际法律事务时担负着切实维护国家利益的重要使命。在提供法律服务、解决贸易争端或是制定国际条约和规则时,他们都必须始终坚定地维护国家合法经济利益。我国在“一带一路”沿线非洲地区拥有较为庞大的国际经济利益,因此涉非洲的法治人才培养也应突出政治站位,培养勇于维护国家经济利益的担当型涉非洲的法治人才。第五,创新型法治人才要有强烈的问题意识,能够突破常规思维的固有界限,对涉外疑难复杂案件或者新类型案件提出与众不同的解决方案,从而产生新颖独到、有社会价值的思想成果。在处理进出口贸易纠纷、对外入股投资纠纷、跨境电商纠纷等问题时,创新型法治人才要化被动应对为主动创新,积极寻求疑难复杂问题的解决方案,在优化时间成本的同时,提供全方位的法律知识支撑。创新型法治人才还应当充分利用学习资源,主动积累不同国家人文环境、政治制度、法律制度的相关知识,能够针对新兴法律问题进行跨学科交流学习,最大限度实现自身的个性化发展。

因此,高校在法律硕士专业学位(涉外律师)研究生培养项目中应当列明适应"一带一路"建设下中非经贸合作可持续发展的法治人才培养需求,如"具备国际以及非洲地区贸易与投资法律专业技能""能胜任各类国际组织、跨国公司、律师事务所及其他涉非洲的法律工作"等个性化特征。

(二)逐步形成"法学+英语+非洲主要小语种+N"与"企政学研"一体化相结合的协同创新培养模式

外语是涉外法治人才最重要的工作语言。为加强未来法律从业者对非洲地区本土化法律文化的理解,学生除应掌握英语这一世界通行语言之外,还需要尝试学习并适应非洲国家的通用语言、常用方言、主流宗教文化。建议我国15所涉外法治人才培养高校的法学院应挑选部分学生选择至少一种在特定非洲国家地理区域内主要使用的非洲语言,并与语言学校合作翻译法律资源。特别是对于以中文为第一语言使用者,而以英文为第二语言的学生来说,这将有助于他们更好地理解法律概念,并将加强他们对非洲法律运作的社会学背景的理解。法律文本的翻译也有助于让法学院用当地的非洲语言教授法律。[48] 因此,我国高校应积极开展"法律+具体非洲国家常用的小语种"或"法律+英语+具体非洲国家常用小语种"或"法律+英语"的语言教育。语言的学习需要长

---

[48] See Dladla, Thokozani, *Breaking the Language Barrier in Legal Education: A Method for Africanising Legal Education*, Pretoria Student Law Rev. 14, 2020, p. 59.

期地积累,高校可以从外国语言文学类或外国语学院的本科专业学生中选拔有志于从事涉非洲的法律业务的人才加以培养。此外,自身无条件开展涉非洲的小语种培养的高校法学院既可以采取与国内专门语言学校合作的方式开展涉非洲的小语种培养,又可以同市场上具有品牌影响力的留学语言辅导机构合作加强涉非洲的小语种的培养,还可以通过与非洲著名大学法学院合作视频连线,开展实时在线法律语言授课,强化涉非洲的小语种及其法律语言的培养。

首先,我国高校应以“法学+英语+非洲主要小语种+N”复合型国际化培养模式逐步替代“法律+外语”的传统模式。这里的“N”代表着多元化的学科知识。外语和国际法律只是涉外法治人才培养的起点,多学科的交叉融合课程方可拓宽涉外法治人才的学科视野。具言之,高校法学院应当与国际关系学院、外国语学院、商学院、新闻学院等学院,其他国内外高校的优势学科以及相关实务部门开展合作,突出特色课程,开设国际政治、法律翻译、国际贸易、国际新闻等跨学科课程。

其次,国内财经类院校“通过与境外法学院校进行学术资源整合,建立国际合作交流平台,实现多元涉外法治人才培养”[49]的有益经验证明这是一条可行路径。因此,有条件的高校法学院可以与国内外知名高校的商学院或国际关系学院深度合作,相互开放部分全英文课程和选课名额,两校间学分互认。通过院校间搭建的学习平台,学生可以进一步强化涉外法律专业技能。

再次,高校应当以培养应用型、研究型涉非洲的法治人才为契机,以教学改革为动力、教育创新为手段、多样化实训平台为条件,积极探索“企政学研”一体化协同育人新途径。国内高校应充分依托全国现有教研平台、海外实务平台、国际交流学习平台、国内涉外官方培养平台、涉非洲的国企平台,构建“企政学研”一体化协同开展涉非洲的法

㊾ 杜承铭、戴激涛:《整合式创新:多元法治人才分类培养的实践与探索——基于财经类院校法治人才培养的考察》,载《中国大学教学》2016年第10期。

治人才培养机制。[50] 我国现有教研平台包括中国—非洲法律培训基地、中非法律与人文交流基地、湘潭大学中国—非洲经贸法律研究院、“一带一路”法律研究协同创新中心、“一带一路”安全问题协同创新中心等;海外实务平台包括联合国法律实习项目、非洲地区知名律所、非洲地区中资律所等;国内涉外官方培养平台包括中国国际贸易促进委员会、中国国际经济贸易仲裁委员会、中国—非洲经贸博览会、国家开发银行等;涉非洲的国企平台包括中国海洋石油集团有限公司、中国石油天然气集团有限公司、中国交通建设集团有限公司、国家电网有限公司、中国工商银行股份有限公司非洲代表处等。

最后,目前单靠国内高校自身平台资源来培养涉非洲的法治人才可能力有未逮,应当适应法学教育国际化转型的潮流,通过设置一定的协同创新项目来加速外国法治人才和我国涉外法治人才的融合,主动将国外优质教育“引进”我国法学高等教育的体系中。[51] 譬如,可借鉴国际上非常成熟的美国—欧盟法学教育联盟形式,设立以中国为倡导者和主要非洲国家积极参与合作的区域性的法学教育联盟。中国高校可以利用好“中非高校 20 + 20 合作计划”机制,与非洲知名高校(合作对象包括但不限于开普敦大学、开罗大学、金山大学、比勒陀利亚大学等法学院校)联合打造具有法学特色的涉非洲的法治课程体系,精准培养具有国际视野且精通非洲本土法律制度文化的卓越法律人才。

此外,对于那些自身缺乏培养资金来增加涉非洲的小语种教学和涉非洲的法律实践的高校法学院,可尝试报请由教育部设立“一带一路”涉非洲的法治人才培养专项基金,实施专款专用。此举可为部分无条件或无资金的培养单位提供一部分涉非洲的法治人才培养经费。除此之外,高校法学院还可尝试采取与涉非洲的企业合作进行定向培养或“订

[50] 参见张欣:《“首届全球治理卓越法律人才培养高端论坛”会议纪要》,载《经贸法律评论》2019 年第 3 期;杜焕芳:《涉外法治专业人才培养的顶层设计及实现路径》,载《中国大学教学》2020 年第 6 期;蒋新苗:《加快构建中国特色法学人才体系》,载《中国大学教学》2017 年第 5 期。

[51] 参见杜承铭、柯静嘉:《论涉外法治人才国际化培养模式之创新》,载《现代大学教育》2017 年第 1 期。

单式"培养的方式,以便获得涉非洲的企业的资金支持。在"一带一路"沿线涉非洲的地区开展经贸商事活动的中资企业亟须高素质的涉非洲的法治人才提供法律服务以保驾护航,从而减少因法律风险带来的不必要损失。高校法学院可主动寻求合作,由数量庞大的涉非洲的企业共同出资设立涉非洲的法治人才培养发展基金,帮助解决涉非洲的法治人才培养中的资金缺口。同时,涉非洲的企业还可为涉非洲的法治人才培养提供模拟仿真法律业务案例和实习实训机会,并运用非洲地区的营业场所为高校涉非洲的法律实践训练及实践平台的搭建提供一定的便利条件,从而使涉非洲的法治人才在培养过程中深度参与涉非洲的企业的商业活动。定向培养或培养的方式将培养环节前移至法学院,不仅有助于节约涉非洲的企业的人才培养成本,而且有利于提高涉非洲的法治人才对特定企业商业模式的理解程度,进而更好地维护企业的利益。

(三)创新课程教学模式:传统课堂与"诊所式"法律课堂交互式运作

国内高校运用传统法学课堂教学模式培养涉外法治人才难以达到较为理想的效果。国际上较为成功的培养涉外法治人才的课堂教学模式是偏向实践性的。盛行于欧美的国际"诊所式"法律教学模式,以其实践性导向为首要特征,在培养涉外法治人才上已经取得了颇为理想的效果。澳大利亚的国际法律教育也增加了海外学习项目以提供法律诊所机会。[52] 自 1960 年以来,国际"诊所式"法律教育(Clinical Legal Education, CLE)一直是法律教育的重要组成部分。法律"诊所式"教育可分为三种类型:"模拟诊所"[53]、"内部真实客户

---

[52] See Tim Connor et al., *Becoming Global Citizens and Global Lawyers: Incorporating International Work And Study Experiences Into The Australian Law School Curriculum* 25 CLImCAL. L. Rev. 63, 64 (2018).

[53] 在"模拟诊所"中,学生可以从各种模拟法律实践中学习。模拟法庭是较为常见的"模拟诊所"的形式之一。学生可以在法学院中体验案件解决的全过程环节。譬如,从接受案件委托到协商解决或通过诉讼庭审解决案件等。此类课程可以作为强化课程进行,也可以在整个学年或部分学年的时段进行。其他"模拟诊所"包括谈判练习、客户访谈练习、交易练习等。

诊所”[54]以及“外部真实客户诊所”[55]。相较于其他两种类型的“客户诊所”,“模拟诊所”具备更多的优势,也是法学院实施成本与收益比最佳的“法律诊所式”教学模式。[56] 国际经验表明,国际“诊所式”法律教育通过扩大接触国际法律实践的机会,能够帮助学生在不同的法律体系中获得法律知识和实践经验,提高他们的认知思维、创造力以及跨文化理解力,同时培养他们对全球社会的责任意识,进而提高他们参与全球法律实践所需的关键技能。[57] 我国部分高校于2000年引进并开展了“诊所式”法律教育,已取得了一些成效;但受限于自身资源条件,“诊所式”法律教学模式因未根据我国情况实施本土化而无法得到大力推广,且其未能提升至与传统课堂教学模式等同的地位,因而导致涉外法治人才培养的实践性有所不足。因此,我国有必要构建相应的机制来克服上述困境,从而使“诊所式”法律课堂与传统课堂在涉非洲的法治人才培养中实现交互式运作,进而发挥出应有的实践价值。

“诊所式”法律课堂与传统课堂交互式运作意味着高校可尝试以“多层次导师制”逐步替代“双导师制”,从而加强涉非洲的法治人才的实务与研究能力的培养。这是因为“诊所式”法律教育与传统课堂教育的要求有所不同,相对而言更需要偏向实务型的师资力量参与,从而为学生提供更高质量的辅导。实施多层次导师制的关键是打造一支专业水平高、责任心强的师资队伍。有条件的高校应当聘请具有1年以上海外学习经历且具有“一带一路”沿线非洲地区法律实务经验的专职律师

---

[54] 在“内部真实客户诊所”中,诊所位场景工作地点位于法学院。在这类诊所中,客户需要解决他们的实际问题,因此它被称为真正的“客户诊所”。客户可以从一部分公众中选择。该服务仅以建议或帮助的形式提供。在这种类型的诊所中,客户会接受口头或书面的采访和建议。该诊所可以为律师助理服务或成熟的律师执业奠定基础。

[55] “外部真实客户诊所”是指学生在校外从事法律工作的诊所。这类诊所可能仅在提供法律建议的基础上进行运作,由工会和其他法定机构管理。“外部真实客户诊所”的工作地点也可能在律师办公室。

[56] See Shweta Durge, *Clinical Legal Education*, Accessed March 4, 2022, https://www.lawyersclubindia.com/articles/Clinical-Legal-Education-An-Overview-2332.asp.

[57] See Dutton, Gillian, *International Experiences: A Path to Critical Legal Skills, Values, and Innovation for American Law Students*, Clinical Law Rev. 27, 2020, p. 1-38.

或海外教师参与教学。[58] 自身无条件开展涉非洲的法律实践课堂或"诊所式"法律课堂的高校法学院还可主动尝试与境内外多家知名律师事务所合作,强化涉非洲的法治人才培养的实践性,通过聘请校外兼职导师的形式,让具有丰富涉外实务经验的律师参与"诊所式"法律课堂教学中来。境内外知名律所一般在培养青年律师实践技能方面形成了体系化的课程训练机制。知名律师事务所出于储备后备人才及未来扩大法律业务领域以增强创收能力的考虑,也会愿意参与高校法学院的实践课堂教学。譬如,2021 年 4 月 1 日,中伦律师事务所与中国政法大学就涉外法治高端人才(在职人员)培养达成战略合作就是一条可供借鉴的路径。[59] 因此,境内外知名律所利用自身资源参与高校法学院涉非洲的法治人才培养实践课堂的教学存在一定的现实可行性,可充分利用校友资源牵线合作。高校也可组织更多的高校教师到涉非洲的法治实践部门挂职锻炼,形成涉非洲的法治人才培养的双向交流机制,[60]这需要司法部门、行政部门和立法部门的支持。[61]

(四)强化法律研究课程的中心地位:培养四种核心必备能力

我国高校法学院在培养涉非洲的法治人才时应注重夯实法律基本功,强化法律研究技能培训,提升培养四种核心必备能力的办学水平。为此,我国有必要将法律研究课程置入法学院涉外核心必修课程体系。从国际法律教育的先进经验来看,法律研究技能培训课程实际上在国际

---

[58] See *Statistics South Africa*（*2011*）*Census*, Accessed June 30, 2021, http://www.statssa.gov.za/? page% 20id = 3836, As such maintaining Afrikaans as one of the languagesof record makes sense, especially when one considers the fact that the 2017 Revised Language Policy for Higher Education recognises Afrikaans as one of theindigenous South African languages.

[59] 参见《中伦律师事务所与中国政法大学就涉外法治高端人才培养达成战略合作》,载中伦律师事务所网,http://www.zhonglun.com/Content/2021/04 - 02/1719467476.html。

[60] 参见黄进:《完善法学学科体系,创新涉外法治人才培养机制》,载《国际法研究》2020 年第 3 期。

[61] See Dladla, Thokozani, *Breaking the Language Barrier in Legal Education: A Method for Africanising Legal Education*, Pretoria Student Law Rev. 14, 2020, p. 67.

著名高校法学院的课程设置中占据了相当大的比重。[62] 这是合乎事实逻辑的,从事涉外法律实务的律师在日常的法律工作实践中需要花费1/3以上的时间开展法律研究。[63] 法学院学生将来从事涉外法律实务工作实际上应当具备四种必要的能力,每一种能力均与法律研究技巧息息相关。

第一种核心必备能力是能够掌握母国与东道国实体法、程序法的基本知识,能够准确地理解和解释法律条款的真义。要掌握好母国与东道国的实体法、程序法的基本知识,其前提是涉外律师必须首先找到它们,而这离不开较强的涉外法律检索素养。涉外法律实务中通常既涉及本国法律法规的理解和运用,又涉及东道国相关法律法规的理解和运用。以非洲国家作为东道国为例,由于非洲诸国的法律较为庞杂,仅靠记忆东道国的法条内容十分不现实。同时,非洲诸国仍存在法律法规不健全的现象,频繁出现修改、废止、颁布新法等情形,这常常涉及法律的立、改、废、释等专业知识的理解和运用,导致涉外法律实务工作者原先记忆的法条内容失效。[64] 因此,掌握强大的涉外法律检索技巧及研究能力就成为涉外法治人才能力培养的应有之义,它能够帮助涉外法律工作者快速找到与案件争议相关的法律法规以及具体条款。

第二种核心必备能力是掌握法律分析与推理、跨境法律案件争议解决以及涉外法律背景下的书面和口头表达能力。一般而言,在开始检索东道国法律条文之前,涉外法律工作者对法律案件的分析与推理就已经开始了。涉外法律工作者首先需要研究案件的管辖权、案件的法律性质以及最佳诉讼策略。[65] 法律研究和分析是交织在一起的。因为只有涉外法律工作者知道案件所适用的法律,才能分析法律问题;与此同时,只

---

[62] See Drake and Alyson M. , *The Need for Experiential Legal Research Education*, Law Library Journal 108, 2016, p. 514.

[63] See Steven A. Lastres, *Rebooting Legal Research in a Digital AGE*, Accessed March 4, 2022, https://www. lexisnexis. com/documents/pdf/20130806061418_1arge. pdf.

[64] See McDave, Kujo E. , and Alexander Hackman-Aidoo, *Advancing Africa's Development Through Legal Education: A Ghanaian Insight*, US-China Law Rev. 17, 2020, p. 203 – 216.

[65] See Cathy Glaser et al. , *The Lawyer's Craft: An Introduction to Legal Analysis*, Writing, Research, and Advocacy, 2002, p. 242.

有涉外法律工作者知道法律问题所牵涉的法律关系及其性质，才能准确适用法律。须知法律服务行业是一个需要掌握信息的行业，找到与案件相关的准确法律信息的能力对于法律问题的解决和救济策略的制定而言至关重要。如果没有较强的法律研究能力开展准确的法律分析，涉外法律工作者就很难以书面或口头方式准确、清晰而富有逻辑性地表达出自己的法律观点。

第三种核心必备能力是坚守优先维护当事人合法权益的准则以及法律从业者的职业道德。以律师职业为例，我国《律师法》(2017 年修订)第 2 条第 2 款规定，律师维护当事人合法权益，维护法律正确实施，维护社会公平和正义。该法第 3 条第 1 款规定：“律师执业必须遵守宪法和法律，恪守律师职业道德和执业纪律。”法律研究课程是引导法学院的学生在将来从事法律职业时坚守职业道德的重要途径。毕竟，如果没有开展令当事人满意的法律研究，就很难取得当事人的信任并获得委托代理的资格。律师在为当事人提起法律诉讼的过程中，会被法庭要求提供案件事实与法律依据，并且论证二者之间的法律逻辑关系，这同样需要开展缜密的法律研究。法律研究课程将促使法学院的学生以当事人利益为中心思考他们的专业能力和职业道德，并且使他们认识到只有进行高质量的法律研究才能以最小的成本实现维护当事人最大合法权益的目的，同时有助于实现自身价值和利益的最大化。[66]

第四种核心必备能力是能够获取从事法律职业所需的其他专业技能。根据美国律师协会的规定，这些其他专业技能包括但不限于会见、咨询、谈判、文件起草、审判实践、组织和管理法律工作、协作等。[67] 法律从业者要获取上述技能，同样需要具备较强的法律研究能力。譬如，为了有效地向当事人提供咨询、谈判以及文件起草服务，法律从业者必须首先剖析与案件争议相关的法律法规，判断与案件争议相关的法律关

---

[66] See Deborah K. Hackerson, *Access to Justice Starts in the Library: The Importance of Competent Research Skills and Free/Low-Cost Research Resources*, ME. L. Rev. 62, 2010, p. 473、474.

[67] See *Interpretation 302 - 1 of the ABA standards*, at 16.

系,找准案件争议焦点与证据需求,精准地定位到相应的法条,才能在同当事人的沟通中取得信任。

总之,如果法学院的学生在整个法律教育过程中没有接受过系统、完备的法律研究指导训练,就很难成为优秀的涉非洲的法治人才。

(五)尝试建立科学的涉非洲的法治人才考核评价认证体系

科学的涉非洲的法治人才考核评价认证体系要以合理的课程设置体系和结果导向为基础。在进行课程考核评价时,高校法学院可综合运用多种考试考核方法,注重过程性评价与结果性评价相结合,不仅应以书面测验作为考核手段,还应侧重考察学生分析涉非洲的法律关系、解决实际法律问题的能力,促进学生综合素质的提升。可考察涉非洲的法治人才培养的国际性导向,重点考察涉非洲的法律课程多语种教学特色、课程体系的合理性、创新的教学方法、国际性师资力量占比、涉外实务师资力量实力强弱、海外实习实训考核情况等指标。同时,还需建立以研究型与应用型相结合为导向的涉非洲的学位论文考察机制。学位论文选题要具有可操作性,遵循理论与实践相结合的原则,加强论文内容的应用导向。论文形式可以方案设计、案例分析、研究报告、专项调查等呈现。校内导师和联合培养单位的多位导师深度参与涉非洲的官方外语(如英语、法语、葡萄牙语)论文的写作指导工作。通过构建实践教学和学位论文的完整考察机制,可以对学生综合运用法学理论知识解决具体涉非洲的法律事务问题的能力作出有效的评估。此外,我国还可以尝试将涉非洲的法治人才考核评价认证体系的建设与国家法律职业资格考试紧密结合起来,适当调整涉非洲的法治人才参加国家法律职业资格考试的科目设置,突出涉外法律考察的比重。换言之,涉外尤其是涉非洲的法治人才的考核认证应采取有别于国内法治人才考核认证的办法。

结 语

"一带一路"沿线涉非洲的法律事务的复杂性及特殊性对我国涉外

尤其是涉非洲的法治人才培养模式提出了新的挑战。为了更好地解决涉非洲的法律教育供求矛盾凸显的问题,我国高校应以习近平法治思想为指引,大力培养德法兼修、通晓涉非洲的法理与实务、具有家国情怀、敢于维护国家经济利益的“复合型、应用型、研究型、担当型、创新型”高素质涉非洲的法治人才;可逐步形成“法学+英语+非洲主要小语种+N”与“企政学研”一体化相结合的协同创新培养模式;以实践为导向创新涉非洲的法律课程教学模式;强化法律研究课程的中心地位;尝试建立科学的涉非洲的法治人才考核评价认证体系。由于篇幅所限,本文尚未对一些次要问题加以探讨,如涉非洲的法律实践平台的选择问题、中非高校合作的程序问题、涉非洲的法律实习实训的时间长度问题等,其他学者可对此继续加强研究。

On the Exploration of the Cultivation Model of China-Africa-Related Rule-of-Law Talent in the Background of the "Belt and Road" Initiative

Luo Ying　Zhu Chaoran

Abstract: In the background of the "Belt and Road" Initiative, China-Africa-related legal service market has been expanding. The China-Africa-related rule-of-law talent are facing the harsh challenge of the "unique and complicated" demand on legal risk (prevention). Traditionally speaking, the cultivation model of the Africa-related rule-of-law talent has been simply set to the international education model of the compound talent of "law + foreign languages", which usually causes a series of problems in education: the unclear cultivation objectives, the lack of targets in Africa-related language training, the lack of practicality of Africa-related law teaching, insufficient curriculum system and the lack of platform for practice. In regard of these problems, the universities and colleges in China should take Xi Jinping Thought on the Rule of Law as the guidance to set a clear and practice-oriented cultivation model for Africa-related rule-of-law talent, which can employ the current successful international experience and establish the model like "Law + English + African minorities' language + N" and a collaborative innovation cultivation model that integrate "enterprises, governments, universities and research institutions". Next, in the reform of the legal education, this model should adopt the interactive mechanism between the traditional classroom teaching and "Africa-related clinic" education. Other measures should also be included into the model, such as the strengthening of the center position of legal research courses in the Africa-related curriculum system and the establishing of the examination and assessment system for the teaching of the Africa-related rule-of-law talent.

Key Words: "Belt and Road"; Cultivation of China-Africa-related rule-of-law talent; collaborative innovation education; "clinic" legal education

数字时代人才培养供需适配的法学教育因应[*]

羊海燕[**]　刘　毅[***]

摘　要：数字时代的数智技术强势地改变了人类的生产生活方式，冲击了传统伦理价值和社会秩序，对法律人才的能力素质提出了新要求，使法学教育面临新挑战。法学教育的人才培养与供给应当与数字时代的社会需求相适配，回应性的法学教育应当体现数字时代“数智人文”交叉学科相嵌相融之内涵要求，这与新文科建设理念高度契合。但现行法学教育模式以及培养方案均未蕴含和彰显数智素养的时代之需，其教育教学内容设计亦为肤浅表象地简单植入，未能体现“数智 + 法学”的融通与交互。新文科语境下的法学教育转型改革，应当重塑时代价值理念，打破学科壁垒，创新教学方式和培养模

---

* 基金项目：国家社会科学基金教育学2017年度一般课题“法治中国背景下我国医事法本科教育标准研究”（教育学）课题（项目编号：BIA170183）；四川省省级首批新文科研究与改革实践项目“医科院校医事法专业政产学研协同育人机制创新与实践”；四川医事卫生法治研究中心2021年度一般项目“新文科背景下医事法学专业人才培养质量提升研究”（项目编号：YF21 - Y15）。

** 羊海燕，西南医科大学法学院教授，法学博士。研究方向：法学教育。

*** 刘毅，西南医科大学教授。研究方向：医事法学教育研究，为本文通讯作者。

式,构建新型理论体系和教学体系,建立产学研协同育人机制,满足"数智法治"的人才需求,彰显新文科"质性"。

关键词:新文科　数字时代　数智素养　数智人文　法学教育

一、问题的提出

2017年,美国希拉姆学院率先提出了新文科建设理念,倡导对传统文科进行重组,以适应后工业时代的知识高度综合化、信息化和数字化的时代新需求。人工智能和信息技术强势地改变着社会,万物互联、数据云集的数字时代对法律人才的需求也因时而变,"当今世界殊"的数字化法律人才需求已然不是局限于单一学科某一专业,而是多学科交叉与多种能力和素质的复合。为顺应社会发展新趋势,教育部明确提出大力开展新文科建设,这不仅是中国高等教育"超前识变、积极应变、主动求变"的时代需求,也是2035年建成教育强国目标的重要抓手。① 为了回应法学人才培养的"中国之问""时代之问",克服法律人才培养模式单一的问题,提升法律人才的实践能力,满足法治社会对应用型、复合型法律职业人才的现实需求,《关于实施卓越法律人才教育培养计划的若干意见》(以下简称《卓法意见1.0》)②应运而生,旨在提升多样化法律职业人才的综合素质,促进法学教育与法律职业的深度融合。

《卓法意见1.0》的颁布与实施把法学人才培养的法律实务技能提

① 2020年11月3日,由教育部新文科建设工作组主办的新文科建设工作会议在山东大学(威海)召开,发布《新文科建设宣言》,对新文科建设作出全面部署。会上,教育部高等教育司司长吴岩作题为《积势蓄势谋势　识变应变求变全面推进新文科建设》主题报告。

② 2011年12月,教育部和中央政法委联合颁布了《卓法意见1.0》,计划经过10年左右的努力,形成科学先进、具有中国特色的法学教育理念,形成开放多样、符合中国国情的法律人才培养体制,培养造就一批信念执著、品德优良、知识丰富、本领过硬的高素质法律人才。卓越法律人才教育培养计划应主动适应依法执政、科学立法、依法行政、公正司法、高效高质量法律服务的需求,以全面实施素质教育为主题,以提高法律人才培养质量为核心,深化高等法学教育改革,充分发挥法学教育的基础性、先导性作用,为加快建设社会主义法治国家提供强有力的人才保证和智力支撑。

升摆在了突出位置，但国家治理体系和治理能力现代化的时代新要求，“数字时代”法学人才需求转型的新挑战，需要进一步丰富法律卓越人才培养内涵，以之构建社会主义法治体系，全面实现依法治国方略。2018 年 9 月，上述两部门又在此基础上联合颁布了《关于坚持德法兼修实施卓越法治人才教育培养计划 2.0 的意见》（以下简称《卓法意见 2.0》），要求法治人才培养体系应当凸显时代特征、蕴含社会主义核心价值观，并不断提升法学专业建设与社会法律人才需求的契合度。

2020 年 11 月 3 日，教育部新文科建设工作组发布了《新文科宣言》，旨在以学科交叉融合方式推进文科教育的创新发展。2021 年 10 月 18 日，习近平总书记在十九届中央政治局第三十四次集体学习时指出，面向未来，我们要站在统筹中华民族伟大复兴战略全局和世界百年未有之大变局的高度，统筹国内国际两个大局、发展安全两件大事，充分发挥海量数据和丰富应用场景优势，促进数字技术和实体经济深度融合，赋能传统产业转型升级，催生新产业新业态新模式，不断做强做优做大我国数字经济。③ 在新经济业态、新经济模式层出不穷的数字时代，“互联网 +”和人工智能双重叠加下的法学教育变革，亟须搭建数字技术与法学专业之通途，促进“数字”与“法学”的科际融合，构建二者相通相渗的学科图景，以之满足数字时代“未来已来”的数字法学人才需求。传统法学人才培养与工程技术泾渭分明的割裂与分离，致使数字法律人才培养面临先天不足。因此，应当注重培养和造就适应数字经济和数字社会发展需求的数字法律人才，以期找准专业法律人才供给和数字时代人才需求的结合点，破除专业教育内涵供给和职业素质需求的障碍与壁垒，培养出堪当民族复兴之大任的新时代法学人才。

二、数字时代法学人才需求的时代场域及其困境

数字新时代标志着现代社会发展形态的根本性改变，数字新经济、

③ 参见习近平：《不断做强做优做大我国数字经济》，载《求是》2022 年第 1 期。

数字新产业、数字新技术、数字新模式和数字新业态不断更新迭代,以数字定义一切的趋势重塑整个世界,极大地影响了数字时代的法律。④ 法律规范必将与数字技术相嵌相融,法学与理工科之间的学科界域亦将不断弥合直至相互交融。新文科建设就是以打破学科壁垒为着力点,实现科际之间的交叉融合。法学的新文科建设需要秉持数字时代的新理念,确立新使命、赋予新内容、运用新方法,⑤更需要洞察数字时代“百年未有之大变局”的新问题和新机遇,探索数字时代经济和社会发展的理论逻辑和实践规律,创造具有中国特色、世界意义的新方法和新范式,⑥以数字时代新文科的价值重塑,完成新数字时代构建法治社会的责任和使命。

(一)法学人才数智素养的时代场域需求

现代信息技术的飞速发展必然使社会关系产生革命性变革,这种变革不仅体现在对宏观的法理问题的重新解答上,也会在微观的法律规范的制定和运行过程中全面地展现。⑦ 在日新月异的互联网时代,物联网、云计算、人工智能、区块链等现代信息技术已成为经济社会发展各领域全过程的硬核要素,数字经济辐射范围之广、影响程度之深前所未有,正在成为重组全球要素资源、重塑全球经济结构、改变全球竞争格局的关键力量。⑧ 这些渗透人类全域的新技术已经不仅是简单的生产工具,俨然已经深刻影响到人与社会、人与自然以及人与世界的关系了。数字时代为法律制度变迁构筑了新的时代场域,新经济、新业态和新模式要求法律规范不断适应新的现实需求。不言而喻,技术发展使法律关系、利益结构和社会秩序不断发生重构,价值标准和行为规范亦应随之变化。数字时代的交易秩序和交易规则必然产生新的漏洞和新的盲区,数

---

④ 参见杨学科:《数字时代的“新法学”建设研究》,载《法学教育研究》2021 年第 2 期。

⑤ 参见徐显明:《新文科建设与“新法学”教育的挑战和应对》,载《新文科教育研究》2021 年第 1 期。

⑥ 参见徐飞:《新文科建设:“新”从何而来,通向何方》,载《光明日报》2021 年 3 月 20 日,第 10 版。

⑦ 参见王渊、吴双全:《“互联网 +”时代法学教育变革研究》,载《高教探索》2019 年第 7 期。

⑧ 参见习近平:《不断做强做优做大我国数字经济》,载《求是》2022 年第 1 期。

字经济的市场准入与监管、公平市场秩序维护以及消费者权益保护，均需要法律制度的创新设计与构建优化。传统的法学理论教育在数字时代革命性变革的法治新需求面前已经显得力不从心，作为“社会医生”的法律工作者，无论是从事法学理论研究，还是从事立法、执法、司法等方面的工作，均具有鲜明的政治性、时代性和前瞻性。[9] 因此，数字时代对法学人才的数智素养提出了新的要求，技术革新冲击法学理论创新、倒逼相应制度变革，使法学教育适时跟进成为必须。新科技革命时代的“数字人文”(Digital Humanities)理念要求融入数字手段和数字内容，AI 技术、大数据、区块链、基因工程、5G 等技术催生了以跨界融合为特征的新产业新业态，引发了对知识复合、学科融合、实践能力强的新型人才的迫切需求。[10] “数智人文”(Digital-intelligent Humanities)将数字技术应用于人文学科的新兴领域，为人才培养提供方法学支持，与新文科建设的需求高度契合。[11] “数智人文”的理念与方法倒逼教育教学的范式转型，且无法绕道而行。

(二)智慧法治的“数智人文”法学人才需求

人类正在经历颠覆性的数字革命，各个领域均在广度、深度、速度等方面发生了根本性改变。法学是兼具理论和实践的学科，只有通过理论学习和实践训练才有可能真正形成良好的知识结构和解决实际问题的能力。[12] 全面数字化正以前所未有的方式改变着立法理念、执法手段和司法方式，如数字经济高质量发展法治体系构建的理念创新，大数据、云计算的侵权责任的法理逻辑，智能机器人的法律主体资格界定，网络交易个人信息和数据安全保护，网络空间治理法治化路径选择，“智慧司法”改革平台构建与应用场景的数字技术赋能等方面都体现了这一点。

---

⑨ 参见[美]E. 博登海默:《法理学:法律哲学与法律方法》,邓正来译,中国政法大学出版社 1999 年版,第 507 页。

⑩ 参见樊丽明:《“新文科”:时代需求与建设重点》,载《中国大学教学》2020 年第 5 期。

⑪ 参见王丽华、刘炜:《助力与借力:数字人文与新文科建设》,载《南京社会科学》2021 年第 7 期。

⑫ 参见李宏:《法律变革与法学专业人才需求特征》,载《河南师范大学学报(哲学社会科学版)》2001 年第 5 期。

数字时代的“数据智能”(Digital Intelligence)裹挟和支配着人类法治化进程,使得法学领域无法脱离数据而独立存在和发展,人之禀赋和“人文”意蕴被赋予特定的数智语境,[13]数智化成为法学现实世界转化的路径和介质,法学将在数智的驱动下进行同一坐标中的时空互换和演化,并具有更深的内蕴性、趋向性和复杂性。智慧法治自然与数智须臾不可分离,“数智人文”将是法学学科新文科建设的时代特质和应有内涵,也将映射出法学人才的核心需求。“数智人文”作为人文与数字技术的跨学科结合,同时包含了两个维度的趋向:一是“人文数智化”,即用数字技术解决人文问题;二是“数智技术人文化”,即以人文方式发展数字技术,让数智更人文。[14]

数字时代在提高效率带来便捷的同时,不可避免地改变甚至颠覆了人类的行为模式、社会管理方式,随之产生的新的思想观念、伦理道德以及权益分配方式,必将为日后的法治建设带来新的挑战,产生新的法治建设需求。法律工作者将与数字技术深度“合作”,以“数智人文”素养应对法律新业态,以“数智人文”能力破解立法中的新问题,以“数智人文”方式彰显司法公正,以“数智人文”的内涵重构法理逻辑、丰富法学研究。正如习近平总书记所言,数字经济事关国家发展大局……要提高数字经济思维能力和专业素质,增强发展数字经济本领,强化安全意识,推动数字经济更好服务和融入新发展格局。要提高全民全社会数字素养和技能,夯实我国数字经济发展社会基础。[15] 强大的“数字场域”对未来的法律工作者的内涵素质提出了新要求,为法学教育人才培养提出了新命题。

(三)数字时代法学教育供给与人才需求的失衡

新文科建设是法学人才培养“质量革命”和内涵提升的重要路径和改革方向,须不断探索“法学+”复合型人才培养模式改革,主动适应法

---

[13] 参见徐新建:《“数能时代”的新挑战——数智人文再思考》,载乐黛云、[法]李比雄主编:《跨文化对话》(第41辑),商务印书馆2019年版,第223~239页。

[14] 参见曾军:《数字人文的人文之维》,载中国社会科学网-中国社会科学报网2020年8月28日,ww.cssn.cn/wx/wx_bwyc/202009/t20200901_5177257.shtml。

[15] 参见习近平:《不断做强做优做大我国数字经济》,载《求是》2022年第1期。

学教育新发展、数字时代新需求,紧密对接人工智能和法学教育新理念,大力促进法学与多学科的交叉融通。反观新文科建设理念,则需要赋予人才培养新内容、新内涵,注重社会发展与技术革命相呼应,培养跨界整合的应用、复合、创新人才,实现"数智人文"与新文科的融汇与交互。不言而喻,法学人才培养应当以社会需求为导向,但如果缺乏专业优化、课程提质的数字时代的积极应变,轰轰烈烈的新文科建设倡议则显得空泛和绵软。时至今日,我国尚未构建出与"数智法治"相融相通的法学人才培养方案和培养模式,数智与法学的交叉融合似乎只是一种遥远的美好期待。

1. 法律人才"数智人文"的目标定位内涵不彰。数字中国建设和数字经济发展已经上升到国家战略地位,具有"数智人文"素养的复合型法律人才需求是全面推进法治中国的战略性需求。无论是新文科建设的大力倡导,还是彰显德法兼修时代精神的《卓法意见 2.0》,均只是对法律人才培养作出的一般性要求,其"改革任务和重点举措"中的"鼓励高校开发开设跨学科、跨专业新兴交叉课程"看似具体,实则较为宽泛和虚无。如果仅以此作为法律人才的目标定位,依然无法与数字时代的"数智人文"的内涵需求相适配。高等法学教育肩负着培养未来治理国家、管理社会的中坚力量的重要任务。[16] 法学专业的人才培养和学科建设,应当从学科基础和内涵实力方面克服"法学""数智"分割的"两张皮"现象,弥合法学、工科之间的学科界域,使法律人才培养切实满足数字时代数据安全、权益分配和伦理规范等智慧法治的内生性需求。

数字时代的法律人才不仅需要"法""工"皆晓的专业本领,更需要德业齐修、公平正义的职业素养和价值认同。自然地,《卓法意见 1.0》和《卓法意见 2.0》的目标内涵无可辩驳地成为法律人才培养的核心追求和价值导向。二者看似设计精妙的指导思想和总体目标,在法律人才培养领域可以放之四海而皆准,但并未对数字时代的法律人才培养提出内核性指针。数字时代法律人才培养目标的特殊性和引领性未能实然

---

⑯ 参见夏利明、李恩慈主编:《法学教育论》,中国人民公安大学出版社 2006 年版,第 117 页。

涵盖和凸显,使“数智+”的法学复合型人才培养效果落空,无力担当未来国家治理的时代重任。可见,仅以《卓法意见1.0》中的“培养造就一批信念执着、品德优良、知识丰富、本领过硬的高素质法律人才”的要求照搬一般法学人才的目标定位,明显不能契合“数智人文”法律人才的社会需求。时值当下,数字中国和法治中国的根本要求和实质内涵在现代法学人才培养目标中并未得到体现,德才兼具的应用型、复合型法律人才培养目标难以在实质上达成,数字时代法律人才的需求与供给不可避免地出现错配和失衡。

2.课程改革未能适配“数智法治”时代变革需求。新文科代表一种学科融合的趋势,需要打破专业壁垒和扫除学科障碍。社会越发展,现实问题越复杂,单一专业的知识背景和狭隘的学科思维无法解决纷繁复杂的现实难题。[17] 海量数据与智能算法成为数字时代“数智法治”的“新能源”“新引擎”“新推力”,法学教育应当顺应和满足新发展阶段岗位需求的变化,以新的教育形式培养学生的数智素养、认知维度和社会情感所需要的能力。事实上,大多数高校法学专业的课程改革并未将“数智法学”素养作为一条主线贯穿人才培养全过程,更遑论涵盖法学人才全方位,其培养方案仍然未脱离普通法学专业的课程体系之窠臼,仅仅植入了“人工智能”“数字经济”“智能法学”等一门或几门现代信息技术课程。这种简单粗暴的课程体系设计显然缺乏“数智人文”应有的数智素养,显然不是法律人才培养的应然状态,也不是数字时代法学教育和人才培养应有的路径选择。因为法学专业大学生是未来智慧法治时代的创造者,需要由突破“工具化操作技能”转向“综合化创造能力”,[18]且具有批判性思维以及产生治国理政新思想和新理论的数智素养,而不仅仅是敲击键盘。[19] 教育部高等教育司司长吴岩指出:新文科建设就是推

⑰ 参见冯果:《新理念与法学教育创新》,载《中国大学教学》2019年第10期。

⑱ 参见马星、冯磊:《大学生数字素养教育的价值、目标与策略》,载《江苏高教》2021年第11期。

⑲ See Van Laar et al., *The Relation Between 21st-Century Skills and Comparison of Existing Frameworks and Models*, Accessed April 11, 2021, http://allaboardhe.org/DSFramework2015.pdf.

动文科教育创新发展，是培养知中国、爱中国、堪当民族复兴大任的新时代文科人才，培育新时代社会科学家。[20] 数字技术和人工智能是需要理论和思想创新的时代，反映民族的思维能力和民族精神品格。遗憾的是，法律人才培养的课程设置未能内化于数字时代的“数智法治”内核素养，简单的嵌入式课程改革无力满足数智知识与技能的新要求。

3.“数智法治”能力素养实训与时代需求相去甚远。数字时代的技术进步在提高法治效率的同时也产生了新矛盾和新问题，法学理论学习和“数智人文”素养应当为新时代创新法治中国理论奠定基础，能指导“数智法治”实践，从而最终形成建设数字中国的依法治国实践方案。法学是实践性很强的学科，其理论知识学习的终极目的是在实践中解决复杂多变和不可预测的现实问题。[21]《卓越意见 1.0》特别强调人才培养的实践能力提升，并将其作为需要解决的重要问题，且从人才培养模式、师资队伍建设和教育实践平台三个方面作了具体规定，貌似能在较大程度改变忽视或无视法律的应用价值和学生未来职业定位，[22]试图解决长期以来法学教育只注重理论知识灌输而轻实践能力培养的忧困。大数据、区块链、AI 技术等数字时代的新技术不仅革新了生活方式和社交手段，也迫使法学教育手段进行革新，实践教学也不例外。然而，法学教育不可或缺的实践实训环节，却未能有效植入“数智人文”的实操理念，也无法找到数智元素的踪迹，能构建起数智模拟法庭的高校更为数寥寥。故此，校内实践教学中的法律诊所、案例教学、法庭辩论、法律事务，以及校外实践环节中的社会公益、法律服务以及专业实习等的仿真性和智能化程度极低。[23]“数智法治”应有的教学内容、教学手段和教学方式，因

---

[20] 参见吴岩：《积势蓄势谋势　识变应变求变——全面推进新文科建设》，载搜狐网 2020 年 11 月 3 日，https://www.sohu.com/a/429396050_706199。

[21] 参见孟庆瑜：《应用型、复合型卓越法律人才培养模式改革研究——河北大学法律人才培养模式改革与实践》，法律出版社 2016 年版，第 12 页。

[22] 参见徐立：《美国法学教育及其对我国的启示》，载《法学杂志》2010 年第 12 期。

[23] 参见刘坤轮：《何以固本：法学教育如何回应人工智能时代?》，载《山东社会科学》2020 年第 11 期。

缺乏数字时代所需的独特设计与安排,依然未能跳出传统的实践实训模式。在此意义上,“依葫芦画瓢”的陈旧法学专业实践培养模式无力担负起智能技术新发展阶段法律人才培养的历史重任,以提高法治水平为核心追求的依法治国方略将因数智人才匮乏而受阻。

综上所述,现行法学教育供给与数字时代的法学人才供需产生错位和失衡,高校法学人才培养供给与社会需求未能实现“拟合前置”㉔。易言之,现行的法学教育目标定位、教学内容设计、教学方式与实践环节的平台搭建,均与数智时代法学人才的数智素养内涵要求相去甚远,法学人才供给与社会需求对接欠佳,耦合度低。数字时代使人工智能和信息化与经济社会深度融合,网络已成为人类交互的新空间。因此,契合时代需求的良法善治应当具备“数智人文”的精神内涵和技术内涵,这是大力提升国家治理体系和治理能力现代化效能的应有之义,也无可辩驳地成为数字时代法学人才培养的核心要义。探索“智慧法治”法学人才素质需求的时代性和学科协同性,以新文科建设为抓手,革新传统法学教育模式,探寻“互联网+法学教育”新路径,使人才培养的“小逻辑”服从于数智时代法学人才需求的“大逻辑”,深化法学高等教育的供给侧结构性改革,融入和秉持数智时代新发展理念,提高法学专业人才培养供给端与依法治国方略推进法学人才需求端的适配度,提升数字时代法学教育供给和“数智法治”人才需求的均衡度。

三、数字时代法学人才教育供给与社会需求的调适

数智与法学虽然分属自然科学与人文社会科学两个不同的学科领域,一直有着“楚河汉界”之分明,但提升国家软实力、塑造国家硬形象,系数字中国建设和新文科建设的共同精神价值追求。“一切目的的主体

㉔ 参见鹿立:《中国高校人才供给与产业人才需求拟合研究》,载《中国人口科学》2005年第4期。

都是人”[25]的人本理念是“数智人文”与“智慧法治”高度契合的逻辑起点，二者均以保护民众基本权利和提升国家治理能力为学科发展原点，以谋求社会民众法益为目标。二者不谋而合的共同理念和社会责任，决定了法学教育与“数智法治”之间的共通性，这为二者的融合发展奠定了先天基础。数字时代需要法学为之提供规范和约束，促进其规范运行和高质量发展，以实现数字经济以人为本的发展理念；智慧法治则需要数字技术为之赋能，提升立法、执法和司法效率，以达法律实质公平与正义之永恒追求。

“互联网+”的数字经济使新文科建设进入了“数智人文”时代，需要推进数智与人文的双向互动。人才培养模式是教育质量的首要问题，改革人才培养模式是教学改革的核心内容。[26] 一般而言，影响人才培养的因素大致可分为三个方面：一是培养目标的科学定位。二是教学内容和教学手段的科学设计。三是实践能力培养与社会需求的适配。这三个方面应当紧密相融，缺一不可。具体而言，数字时代的法律人才培养应当以“数智+法学”为核心主线，着力培养法学学生的数智素养，使其能在数据时代具有数字获取和交流能力，以及数字创新能力，以之满足“数智法治”社会的人才需求。

（一）契合“数智法治”需求，科学定位法律人才培养目标

专业培养目标是专业教育所需要达到的目的，规定了从事相关职业和岗位所需达到的知识、素质和能力要求。数字时代的区块链、人工智能、云计算等新兴技术浸透了社会的各个领域，任何专业的研究、学习和工作都无法置身于数字技术场域之外，调整社会关系的法律制度及其环境也相应地发生了变革。欲切实推进良法善治的法治中国战略，必须具有契合新时代社会需求的法学教育目标定位。

法治是人类文明进步的重要标志，是治国理政的基本方式。[27] 道德

---

[25] ［德］伊曼努尔·康德：《道德形而上学原理》，苗力田译，上海人民出版2002年版，第50页。

[26] 参见王伟廉：《人才培养模式：教育质量的首要问题》，载《中国高等教育》2009年第8期。

[27] 参见薛惠：《以道德滋养法治精神》，载《人民日报》2021年3月16日，第9版。

和法律均为具有一定约束性的行为规范,道德以自律的方式通过价值认同崇尚法治精神,并成为法治精神的重要滋养。“国无德不兴,人无德不立。”立德是兴国之道,立身之本,更是法治中国之基。法安天下、德润人心的法治社会是“中国之治”的核心追求,也是社会主义核心价值观中的法治与和谐均衡的内涵诉求。人才培养非一日之功,其长期性属性决定了立德树人的重要性和价值性,因为它对当代大学生人生观、价值观和世界观的形成产生了决定性的影响。正如习近平总书记所言:要把立德树人内化到大学建设和管理各领域、各方面、各环节,做到以树人为核心,以立德为根本。[28]

再者,数字时代的数字新经济、数字新业态、数字新产业成为现代法治的重要场域,为法治社会建设带来了前所未有的机遇和挑战。一方面,数字技术的工具性价值助推了信息技术的广泛深度运用。人工智能算法分析有助于快速智能收集和筛选立法领域中的重点、难点问题,提高立法的科学性和效率。智慧法院能在较大程度上破解司法环节的执行难、公正性和参与度等难题。“数智化”的人机交互也将律师从烦琐的重复劳动中解放出来。[29] 另一方面,数字技术的功能性价值蕴含着风险挑战。例如,数字技术中的算法设计、语音图像识别、统计决策、图像识别等都是对人的意识、思维的信息过程的模拟。究其根本,人工智能蕴含和反映了人的意识、思维和道德导向,其中的风险防控、数据安全、权益保护等诸多法律问题,无不需要道德的前置制约和内含植入。法律工作者承担着数字时代的法律规则和行为规范的制定与实施,其中的“数智德性素养”无疑成为“数字法治”的先在约束。法学教育“数智+法学”交叉学科的融会贯通,数智素养、道德素养与法学素养的交汇融合,是数字国家治理对法学教育的最大诉求,也对法律人才培养目标提出了特色鲜明的要求。因此,法律人才培养目标的定位需要审视和提炼当今社会治理之需、人才素养之需。

---

[28] 参见习近平:《在北京大学师生座谈会上的讲话》,载新华网,http://www.xinhuanet.com/politics/leaders/2018-05/03/c_1122774230.htm。

[29] 参见冯子轩主编:《人工智能与法律》,法律出版社2020年版,第7~8页。

综上，数字时代的法律人才培养目标应当为：坚持立德树人的育人理念，培养具有高尚道德情操和法治精神、数智技术与法学的交叉学科专业知识、"数智人文"素养以及相应的实践能力和创新精神，能在企事业单位、司法行政机关、律师事务所等部门从事立法、执法与司法工作，并具有数字社会法律风险防控和处理能力，适应当代法治需求的专业法律人才。

（二）以"数智人文"理念创新法学教育内容和教学模式

在万物互联的数字时代，大数据、云计算等智能技术不断创新，社会关系、决策方式以及行为模式均面临变革和重构。作为行为规范的法律制度应当主动求变，法学理论创新亦需要与时偕行，回应时代需求，法律规则守正与革新更需要应对时代挑战。构建全链条、全领域的数字社会法律制度体系，提高数字时代治理效能，培养与供给具有"数智人文"和"数智素养"的法学人才，是法学教育人才培养理应担当的历史使命和历史责任。数字时代法学人才培养的内容创新，应当聚焦法治中国和数字中国的时代之需，体现"数字德性"与"法治正义"的高度融合，培养社会责任担当的意识和能力。数字时代的法学人才培养应当以立德树人为宗旨，统筹校内外育人资源，合力推进形成"全员育人、全过程育人、全方位育人"的"三全育人"新格局，提升卓越法律人才的内涵与精神、气质与能力。

1. 以"数智 + 法学"为主线重构法学人才培养方案。数字时代因人工智能的全面渗透已经进入了"万物皆互联、无处不计算"的崭新时代，同时也处在社会问题丛生、安全隐患不断的"最坏时代"。[30] 在这个效率与风险共生、机遇与挑战共存的智能时代，伦理标准、社会秩序、权益分配以及网络数据风险防控等方面均存在法律制度供给不足的缺陷，倒逼现代法学教育走向"数智 + 法学"的改革创新之路。毋庸置疑，数智技术的影响已经强势逆向切入法学教育的全过程之中。因此，因应性的法学教育内容改革应当融合新文科建设理念，构建全域式"数智法学"人

---

[30] 参见吴汉东：《人工智能时代的制度安排与法律规制》，载《法律科学（西北政法大学学报）》2017 年第 5 期。

才培养方案,优化和提升法学教育供给侧结构性改革,从根本上打破“数智”与“法学”的学科壁垒,克服二者相互割裂的“两张皮”现象,真正实现法学人才的“知识更复合”“学科更融合”数字时代新要求。

在课程设置方面,以培养学生的“数智德性”、数智素养和数智法学为主线,贯穿法学教育全过程、全方位。具言之,在法学人才培养方案的通识课程模块中增设或融入“法学数智伦理”等课程或相关内容;专业基础课程模块中嵌入“数据法学”“网络法学”“人工智能法学”等课程或相关内容;在专业必修课模块中植入“数智立法决策分析”“法律大数据分析”“大数据司法实务”等课程或相关内容,亦可开设“数智法学思维”“数智社会的法律规制”等“数智 + 法学”类选修课。此外,以仿真性和智能化为标准设计法学教育实践环节的内容,运用数字经济社会中的真实案例进行案例教学,在法律诊所中开展关于数智案例的“临床法律教育”,定期举办“数智法学热点问题研讨会”。通过嵌入式、融入式、渗透式的法学教育改革和创新,将法学人才培养中的理论知识与实践能力融会贯通,以之增强数字时代法学人才的知识应用能力、解决实际问题的能力,改变文科学生“动手能力差”的传统教育弊端,以回应新文科建设特别提出的“实践能力更强”这一法学人才培养新需求。

2. 借力数智教学模式,适配“数智法学”素质能力需求。新文科建设既对人才培养提出了新要求,也对数字时代的法学人才培养与社会人才需求作出了矫正与调适。人工智能对社会全领域的深度介入,形成了人类智慧的创造力优势与人工智能的操作性优势之间的强强联合,[31]同时为法学教育带来了转型升级的大好机遇。法学教育的职业伦理、专业思维能力以及“数智人文”素养均能借力智能科技,改变传统教学手段,增大教学信息容量,拓展知识传授广度,促使法学生更好更快地适应智能化的社会需求。推进信息技术与教育教学深度融合,利用 VR/AR 虚拟仿真技术建设“智慧教室”,采用全流程仿真案例教学模式,营造“全真”法律实践教学形式,提升案例教学效果。同时运用人工智能、虚拟现

---

[31] 参见钟义信:《人工智能:“热闹”背后的“门道”》,载《科技导报》2016 年第 7 期。

实、数据挖掘等新技术促进法学教育的方法路径改革,运用大数据技术剖析司法案例,培养学生信息抓取、数据分析和统计决策的能力。除此之外,还可以通过打造和建设"智慧模拟法庭",营造"智慧法治"场域,与公安机关、检察院、法院等司法部门进行资源对接和资源整合,开展以庭审直播为主要形式的同步实践教学。同时,探索在线教学、混合式教学有效模式,创建与新文科内涵要求相适应的学习方式、考核方式和教学管理制度。

(三)构建"数智法治+高校+实务部门"人才培养协同育人机制

将新文科理念映射于法学人才培养之中,以学科交叉和实践环节为重点,摒弃简单的法学类和数智类课程的简单叠加,以融入现代新技术为导向,以"智慧法治"课程为主线,形成学科专业与现代技术的互联互通和有机融合。加强与实务部门的密切联系和与有关部委行业、企事业单位等的沟通,找准人才培养与行业需求的结合点,明确法学专业教育和法律职业素养的关联性,提高学生的"数智人文"素养,实现人才培养与社会需求的精准适配。围绕数字时代社会人才需求的核心职业素养、核心知识结构和核心职业能力,解决"为谁培养人"和"培养什么样的人"的现实问题。

教育部高等教育司司长吴岩指出:产教融合是促进校企协同育人的基本手段,是实现产学研用结合的主要方法,是提高人才培养质量的重要途径。深化产教融合,推进协同育人,必须从调结构、促升级,创机制、破壁垒等方面寻求突破,真正提高高等教育质量,助力新工科、新医科、新农科、新文科交织交融、引领发展。[32] 数字时代的法学教育以满足社会法治人才需求为导向,既包括职业伦理的塑造与社会价值的认同,也包括法学理论的传承与创新,还包含实践能力的养成,这也是"数智人文"素养的内在要求,构建政产学研协同育人机制,改革法律人才培养模式,契合新发展阶段,融入新发展理念,结合国家发展战略和相关行业发展的新需求,打破高校与法治实务部门之间的障碍和壁垒,推动育人要

---

[32] 参见吴岩:《融合发展　协同攻坚——以产教融合推进"质量革命"》,载西安培华学院官网2023年3月28日,http://peihua.cn/jwglzx/info/1124/6039.htm。

素和创新资源共享互动。同时,建设法律人才教育培养实践实训基地,探索“学校—实务部门”的联合培养模式,建立健全高校与有关部门、科研院所、行业企业协同培养新时代法学教育人才培养的长效机制。

(四)积极融入“双创”时代,深化数字时代法学教育供给侧结构性改革

数字时代的转型发展需要具有创新能力的人才储备为之提供保障,只有具有家国情怀、责任意识和担当意识,以及多学科交叉背景和创新能力的新时代法学人才,才能真正担当时代大任,成为治理国家的中流砥柱。高等教育作为铸魂育人、培养创新人才的主阵地,应当立足新形势、研判新需求、拓展新方式、赋予新内容、形成新动力,积极融入“大众创业,万众创新”的时代浪潮,以“双创”教育为抓手,以“互联网+”“挑战杯”“创青春”等“双创”赛事为载体,通过“思创融合”“专创融合”的方式,实现以赛促学和以赛促教,推动人才培养范式转型。“双创”赛事能够以全面推进素质教育为目的,激发大学生创造力,切实提高大学生的创新精神、创业意识和创新创业能力,解决法学专业人才培养实践创新能力不足之短板。此外,还可以通过“双创”赛事搭建的法学成果转化平台,对接社会资本和创新创业资源,实现互联网、大数据、人工智能等领域的成果转化和产学研用融合,促进教育链、人才链与产业链、创新链有机衔接,借以提升法学和现代产业的深度融合。再者,“双创”赛事亦可同时引导学生树立问题意识,针对社会难点、痛点问题提出解决方案。这种法学人才培养新模式能够为数字时代的“数智法治”法学人才需求提供新途径,构建法学人才素质教育新格局,深化新文科背景下法学教育人才培养的供给侧结构性改革。

结　语

数字时代的技术发展日新月异,法学即是为未来不确定的科技革命提供国家和社会治理方略,以法制变迁不断重构和谐的社会秩序,并与新技术的发展相随相行。法学教育肩负着构建育人育才新发展格局的历史使命，应当融入时代性、科学性和创新性的新发展理念，实现法律人才的价值性、思想性、知识性和学理性的有机融合与辩证统一。在坚持价值引领的同时，应当坚持不懈挖掘新材料、发现新问题、提出新观点、构建新理论，加强对实践经验的系统总结，形成具有数智时代特色法律人才培养的理论体系、学科体系、教学体系和评价体系。不容忽视的是，数字时代的人才需求倒逼了法学教育人才培养的供给侧结构性改革，新文科背景下法学人才培养的研究范式还应不断创新，以之阐释法学教育的中国精神、中国价值和中国力量。

The Supply-and-Demand Adaptation of Legal Education Response for Talent Cultivation in the Digital Age

Yang Haiyan　Liu yi

Abstract: The "digital-intelligence technology" in the digital era has strongly changed the way of human production and life, impacted the traditional ethical values and social order, put forward new requirements for the ability and quality of legal talent, and made legal education face new challenges. The cultivation and supply of legal education talent should be compatible with the social needs of the digital era, and the responsive legal education should reflect the connotation requirements of the integration of "number, intelligence and humanities" in the digital era, which is highly consistent with the construction concept of new liberal arts. However, neither the current legal education model nor training program contains and demonstrates the need of the "digital literacy" era, and the design of educational and teaching content is implanted superficially which fails to reflect the integration and interaction of "digital intelligence + law". In the context of new liberal arts, the transformation and reform of legal education should reshape the value concept of The Times, break disciplinary barriers among subjects, innovate teaching methods and training models, construct new theoretical system and teaching system, establish the cultivation mechanism of industry-university-research cooperation, meet the talent demand of "digital-intelligence rule of law", and highlight the "quality" of new liberal arts.

Key Words: new liberal arts; digital age; digital literacy; digital-intelligent humanites; legal education

社科法学的现状、特征与趋势
——基于 2001 ~ 2019 年的 376 篇博士学位论文的实证研究*

米传振**

摘　要：社科法学在法学二级学科的分布并不均衡，其各组成部分亦呈现出不均衡的发展态势。以中国知网上运用社科法学研究方法的 376 篇博士论文进行考察发现：从样本容量看，法经济学的学术影响超过了法社会学；法学院培养了大多数有法社会学偏好的博士，社会学专业的博士对法社会学的参与有限；法社会学研究方法的"消费者"形成了"以法学专业为主 + 少部分社会学专业"的局面；法学院培养的博士在法经济学博士论文中占多数，经管类院系培养的博士次之；与法社会学相比，法经济学研究者的专业出身更多样化；从引证数据看，法经济学博士论文的学术影响力大于法社会学博士论文；对学术论文创新性的要求会吸引一部分博士运用法经济学方法；从产出趋势看，运用社科法学方法

* 本文获得了山东大学经济研究院、浙江大学经济学院联合举办的第十九届(2021 年度)中国法经济学论坛优秀论文奖，作者在此特向论坛举办方以及对本文提出修改意见的与会嘉宾致谢。

** 米传振，成都大学法学院讲师，博士。研究方向：法律经济学、民商法学。

的博士论文在2010年左右达到高峰;很难说运用社科法学方法就能帮助学者提高学术产出的质量和数量。

关键词:社科法学　法经济学　法社会学　法教义学　博士论文

一、引言

社科法学自20世纪90年代中期兴起至今已形成了较为稳定的研究群体,在学界也得到了一定认可。苏力曾预测在未来中国法学中起主导作用的是诠释法学和社科法学。[①] 20多年过去了,苏力的预判是否以及在多大程度上实现了?社科法学研究呈现出什么特征,蕴含着什么问题?社科法学在法学二级学科内的实际状况如何?有不少研究对苏力的预判进行了考察,比如成凡发现社会科学仅仅是法学论文的装饰品。[②] 本文以在中国知网检索到的运用社科法学研究方法的376篇博士论文为研究对象对社科法学的现状进行考察,通过归纳这些博士论文的特征把握社科法学的发展状况、特征、问题和前景。本文首先对社科法学研究进行文献综述,其次对博士论文的特征、趋势进行考察并揭示其中所蕴含的社科法学研究的问题,最后是本文结语。

二、社科法学研究的状况

(一)社科法学在法学二级学科内的分布状况并不均衡

较为体系化的民法学、刑法学、民事诉讼法学领域仍以教义学为主,社科法学的影响有限。成凡2005年发现法学已经受到哲学、经济学、社

① 参见苏力:《也许正在发生——中国当代法学发展的一个概览》,载《比较法研究》2001年第3期。

② 参见成凡:《社会科学"包装"法学?——它的社会科学含义》,载《北大法律评论》2005年第2期。

会学的影响，但民法学、国际法学主要是内部引证。[③] 民法学论文仍是80%的解释论加20%的立法论，[④]法经济学方法的适用在民法学论文中处于“荒芜”状态。[⑤] 尽管有学者提出刑法学应引入社会科学方法，[⑥]但刑法教义学已是刑法学的主要知识形态。[⑦] 民事诉讼法学中的社科法学方法不成熟，[⑧]影响了研究方法的科学性和结论的可信性。[⑨] 法律史仍以考据、议论为主，[⑩]社科法学的影响很弱。

社科法学在法理学领域有较大市场，在经济法学、商法学、刑事诉讼法学、宪法学与行政法学、国际法学领域有一定影响。社科法学研究者大部分来自理论法学。[⑪] 同时，“越来越多的部门法学者从事社科法学研究，特别是经济法、诉讼法学者”[⑫]，经济法学和商法学论文对经济学的引证最多，引入社会科学方法验证经济法学命题是研究的重要方向。[⑬] 陈瑞华也认为社科法学主要体现在法理学研究中，经济法学、诉讼法学开始受社科法学影响。[⑭] 魏建和宁静波认为法经济学方法的适

---

③ 参见成凡：《从竞争看引证——对当代中国法学论文引证外部学科知识的调查分析》，载《中国社会科学》2005年第2期。

④ 参见本刊编辑部：《中国民法学科发展评价（2010—2011）基于期刊论文的分析》，载《中外法学》2013年第1期。

⑤ 参见本刊编辑部：《中国民法学发展评价（2012—2013）基于期刊论文的分析》，载《中外法学》2015年第2期。

⑥ 参见齐文远：《中国刑法学该转向教义主义还是实践主义》，载《法学研究》2011年第6期。

⑦ 参见陈兴良：《注释刑法学经由刑法哲学抵达教义刑法学》，载《中外法学》2019年第3期。

⑧ 参见傅郁林：《改革开放四十年中国民事诉讼法学的发展——从研究对象与研究方法相互塑造的角度观察》，载《中外法学》2018年第6期。

⑨ 参见本刊编辑部：《中国民事诉讼法学发展评价（2010—2011）基于期刊论文的分析》，载《中外法学》2013年第3期。

⑩ 参见本刊编辑部：《中国法律史学科发展评价（2010—2011）基于期刊论文的分析》，载《中外法学》2013年第2期。

⑪ 参见陈柏峰：《事理、法理与社科法学》，载《武汉大学学报（哲学社会科学版）》2017年第1期。

⑫ 侯猛：《社科法学的传统与挑战》，载《法商研究》2014年第5期。

⑬ 参见本刊编辑部：《中国经济法学发展评价（2010—2011）基于期刊论文的分析》，载《中外法学》2013年第6期。

⑭ 参见陈瑞华：《法学研究方法的若干反思》，载《中外法学》2015年第1期。

用“主要集中在经济法、商法、合同法等与经济学更为密切的领域”[15]。史晋川和吴晓露认为最重要的四个法经济学领域是财产、合同、侵权和犯罪。[16] 总体上,社科法学在与商法学、经济法学等与经济活动关系密切的领域有一定影响。

在刑事诉讼法学领域,陈瑞华提出在规范法学之外还必须从社会科学视角提出一般性概念和理论。[17] 虽然刑事诉讼法学领域有一些运用社会科学方法的成果,但“整体上看数量较少,也未成为刑事诉讼法学研究的主流方法”[18],实证方法错误、训练不足制约了研究效果。在宪法学与行政法学领域,包万超提出要“发展一种以人类行为理论为中心的社会科学的行政法学”[19],还有研究提出应引入法社会学、法经济学、法人类学把握行政过程。[20] 在宪法学领域,政治哲学、法教义学和法社会学三足鼎立。[21] 国际法学领域的交叉研究很小众,且主要是其他社会科学领域的学者对国际法问题的研究,少见国际法学者跨界研究其他社会科学领域的国际法问题,[22]实际上“法学间跨学科以及与其他领域的横跨在整体上还不够”[23]。

综上,社科法学在法学二级学科的分布状况不均衡,在法理学领域的影响最大,在经济法学、商法学、刑事诉讼法学、宪法学与行政法学、国

---

⑮ 魏建、宁静波:《法经济学在中国:引入与本土化》,载《中国经济问题》2019年第4期。

⑯ 参见史晋川、吴晓露:《法经济学:法学和经济学半个世纪的学科交叉和融合发展》,载《财经研究》2016年第10期。

⑰ 参见陈瑞华:《从经验到理论的法学方法》,载《法学研究》2011年第6期。

⑱ 本刊编辑部:《中国刑事诉讼法学发展评价(2012—2013)基于期刊论文的分析》,载《中外法学》2015年第6期。

⑲ 包万超:《面向社会科学的行政法学》,载《中国法学》2010年第6期。

⑳ 参见本刊编辑部:《中国行政法学发展评价(2010—2011)基于期刊论文的分析》,载《中外法学》2013年第4期。

㉑ 参见本刊编辑部:《中国宪法学发展评价(2012—2013)基于期刊论文的分析》,载《中外法学》2015年第4期。

㉒ 参见本刊编辑部:《中国国际法学发展评价(2010—2011)基于期刊论文的分析》,载《中外法学》2013年第5期。

㉓ 赵磊:《当代中国法学学术生态分布——基于〈中国社会科学(1980—2015)〉法学论文的考察》,载《清华法学》2017年第1期。

际法学领域有一定影响，在法律史学领域的影响十分微弱，而较为体系化的民法学、刑法学、民事诉讼法学领域的研究方法仍以法解释学为主。

（二）社科法学各组成部分之间呈现出不均衡的发展态势

社科法学内部各组成部分之间呈现出不均衡的发展态势。学术界一般将法社会学、法经济学、法人类学、法律心理学、法律与认知科学等归入社科法学。成凡2004年发现法学论文对哲学的引证最多，对经济学的引证最少，关键词"法律社会学"出现最多，"法律经济学"次之。㉔由此可知，法社会学在法学界的影响大于法经济学。在知名法律期刊上发表的法理学交叉研究中，法律与社会学交叉研究论文最多，法学与经济学交叉研究最少，㉕法社会学在风头上盖过了法经济学。㉖ 学界总体认为法社会学在社科法学内部的影响最大。

在社科法学内部，法社会学与法经济学互相竞争。侯猛认为社科法学包含法社会学、法人类学和法经济学；陈柏峰认为社科法学主要是法经济学、法社会学和法人类学，法律认知科学则相对小众。㉗ 法经济学直接推动了认知行为科学，而法律与认知行为科学扩展了社科法学。㉘侯猛认为国内社科法学呈现法律社会学（人类学）、法经济学、法律与认知科学三分格局。㉙ 无论如何排序，法经济学和法社会学在社科法学研究中均占重要位置。

法经济学研究面临来自经济学学者的激烈竞争，而法社会学研究则不存在这种外部挑战。尽管研究社科法学的人大部分还是法学出身，但社科法学研究仍面临来自其他学科的竞争，经济学、社会学、政治学、管

㉔ 参见成凡：《是不是正在发生？外部学科知识对当代中国法学的影响，一个经验调查》，载《中外法学》2004年第5期。

㉕ 参见本刊编辑部：《中国法理法史学发展评价（2012—2013）基于期刊论文的分析》，载《中外法学》2015年第2期。

㉖ 参见侯猛：《社科法学的跨界格局与实证前景》，载《法学》2013年第4期。

㉗ 参见徐涤宇等：《社科法学六人谈》，载《法律和社会科学》2014年第1期。

㉘ 参见葛岩：《法学研究与认知——行为科学》，载《上海交通大学学报（哲学社会科学版）》2013年第4期。

㉙ 参见侯猛：《当代中国法理学的变化与反思——一个局内人的知识社会学观察》，载《北京航空航天大学学报（社会科学版）》2019年第1期。

理学等学科的学者均可发挥各自优势研究法律问题。法社会学研究面临的法学之外的挑战较小，“中国法律社会学的研究基本是法学院做的，社会学没有什么人研究”㉚。相反，法经济学研究正遭遇来自经济学界的严重挑战。2003 年举办的中国法经济学论坛使法经济学研究者从“游击队”成长为“正规军”，㉛成为法经济学交流的重要平台。法经济学被认为是结合较好、影响较大的交叉学科，贺欣预判法经济学可能是社科法学中最具竞争力的。㉜ 法经济学还面临非法学化，研究主体由法学家逐渐转变为经济学家，在 2014 年中国法经济论坛投稿论文中只有 1/3 来自法学学者。法经济学非法学化问题并非我国独有，美国一流的法经济学研究也由经济学家主导。㉝ 社科法学中兴起最早也最突出的是法社会学，㉞可是，法社会学的本土传统还未建立，而法经济学已形成了自己的学术传统。总体上，法学家们认为法社会学的影响比法经济学的影响更大，法社会学正面临法经济学的竞争。

（三）社科法学与法教义学应分工合作

诸多法学分支领域均提倡交叉学科研究。陈兴良认为社科刑法学拓展了刑法学的知识范围，值得提倡。㉟ 王利明和常鹏翱认为法学的发展要加强与其他学科的知识融合。㊱ 吴汉东主张用多学科视野看待知识产权问题。㊲ 具有政法法学理论偏好的冯象认为社会科学的理论方

㉚ 刘思达等：《社科法学三人谈：国际视野与本土经验》，载《交大法学》2016 年第 1 期。

㉛ 参见黄立君：《中国法经济学发展概览》，载《山东社会科学》2018 年第 10 期。

㉜ 参见贺欣：《转型中国背景下的法律与社会科学研究》，载《北大法律评论》2005 年第 2 期。

㉝ 参见沈明：《法学院的生意：美国法律教育困境的制度分析》，载《法律和社会科学》2015 年第 1 期。

㉞ 参见李晟：《实践视角下的社科法学：以法教义学为对照》，载《法商研究》2014 年第 5 期。

㉟ 参见陈兴良：《注释刑法学经由刑法哲学抵达教义刑法学》，载《中外法学》2019 年第 3 期。

㊱ 参见王利明、常鹏翱：《从学科分立到知识融合——我国法学学科 30 年之回顾与展望》，载《法学》2008 年第 12 期。

㊲ 参见熊琦等：《对话吴汉东：在知识产权与法学教育之间》，载《法律和社会科学》2015 年第 1 期。

法有助于法学进行国际交流。[38] 也有研究认为社科法学和法教义学均需充实论证。

学界对社科法学的批评有：社科法学认为从“实然”推出“应然”，[39]却忽视了政治因素；[40]社科法学研究者不清楚其研究方法之间的关系，[41]未提炼出统一适用的方法论，[42]批判有余，创建不足，甚至注定失败。[43]社科法学研究者对社科法学也表达了不满。刘思达批评社科法学将定性研究边缘化。[44] 侯猛批评社科法学研究者缺乏专业训练，不重视实证方法的运用。[45] 熊秉元批评社科法学未能与社会科学对话，[46]简资修甚至认为法经济学走入歧途。[47] 社科法学确实需要更加关注传统的部门法问题、新兴法律问题。

社科法学提倡发挥各自优势，与法教义学进行对话。苏力指出诠释法学和社科法学功能互补，法教义学分析必定且应当在法学教育中占重要地位。[48] 在知识类型上，社科法学与法教义学没有高下之分，二者在常规案件与疑难案件上的分析各有优势。法教义学研究者也同意社科法学对于培养人才有重要作用，社科法学的成果可以为法教义学运用。社科法学与教义法学有合作空间，学界出现了“社科法学的教义化武

---

[38] 参见冯象：《法学三十年：重新出发》，载《读书》2008 年第 9 期。

[39] 参见雷磊：《什么是我们所认同的法教义学》，载《光明日报》2014 年 8 月 13 日，第 16 版。

[40] 参见邵六益：《社科法学的知识反思——以研究方法为核心》，载《法商研究》2015 年第 2 期。

[41] 参见王夏昊：《法学方法论的概念及其地位》，载《清华法学》2008 年第 1 期。

[42] 参见谢海定：《法学研究进路的分化与合作——基于社科法学与法教义学的考察》，载《法商研究》2014 年第 5 期。

[43] 参见陈景辉：《法律与社会科学研究的方法论批判》，载《政法论坛》2013 年第 1 期。

[44] 参见刘思达：《美国“法律与社会运动”的兴起与批判——兼议中国社科法学的未来走向》，载《交大法学》2016 年第 1 期。

[45] 参见侯猛：《社科法学的跨界格局与实证前景》，载《法学》2013 年第 4 期。

[46] 参见熊秉元：《论社科法学与教义法学之争》，载《华东政法大学学报》2014 年第 6 期。

[47] 参见简资修：《华文的法律经济学道路》，载《中国法律评论》2017 年第 3 期。

[48] 参见苏力：《法律人思维?》，载《北大法律评论》2013 年第 2 期。

装"和"法教义学的社会科学化转向",两者应分工合作相互促进,[49]遵循从经验到理论的研究道路。

实证研究、经验研究与社科法学的关系也值得考察。白建军很早就对犯罪、刑罚等展开了定量研究。[50] 苏力指出实证研究方法包括田野调查、个案分析、统计等,社科法学旨在恢复实证传统、经验传统;[51]侯猛认为社科法学就是法律的经验研究的别称;贺欣认为社科法学均强调经验研究。[52] 还有观点认为要以经验研究超越社科法学、法教义学。左卫民认为经验研究偏于定性分析,实证研究强调定量分析。[53] 白建军认为实证研究等于定量研究,他把社科法学等于定性研究,认为实证研究能包容法教义学和社科法学,反之不能。[54] 法律实证研究在实践中经常被视为社科法学的一部分,还有学者认为没有非实证的法经济学。[55] 总体上,社科法学和实证研究具有高度重合性。

(四)尽管社科法学存在一定问题,仍应提倡进行社科法学研究

作为社科法学的领军人物,苏力对社科法学有什么观点呢?苏力在2005年认为社科法学是大势所趋且必须由精英法学院推动。[56] 苏力批评法经济学和法社会学论文只介绍观点,未解决具体问题。[57] 苏力在2019年表示原以为学界会有很多人加入社科法学的研究,但实际并非如此他低估了法学的学科体系"会顽强地再生产与维护着既有的学科格

---

[49] 参见孙海波:《论法教义学作为法学的核心——以法教义学与社科法学之争为主线》,载《北大法律评论》2016年第1期。

[50] 参见陈柏峰:《法律实证研究的兴起与分化》,载《中国法学》2018年第3期。

[51] 参见苏力:《好的研究与实证研究》,载《法学》2013年第4期。

[52] 参见贺欣:《法律与社会科学中的概念与命题》,载《中国法律评论》2020年第1期。

[53] 参见左卫民:《挑战与回应:关于法律实证研究的若干阐述》,载《中国法律评论》2018年第6期。

[54] 参见白建军:《规范、定性、定量三人行》,载《法律和社会科学》2018年第2期。

[55] 参见陈若英:《中国法律经济学的实证研究:路径与挑战》,载《法律和社会科学》2010年第2期。

[56] 参见侯猛等:《"法律的社会科学研究"研讨会观点综述》,载《法学》2005年第10期。

[57] 参见苏力:《当代中国法学教育的挑战与机遇》,载《法学》2006年第2期。

局和范式”的能力[58]。苏力又推断法教义学甚至可能实际变成社科法学,[59]还将学术研究的社会科学导向提升到构建中国特色哲学社会科学学术体系的高度,[60]认为研究者“就应当是问题和知识导向的,而不是所谓学科导向”[61]。可知苏力不回避社科法学现存的问题,仍然提倡进行社科法学研究。

三、以376篇博士论文透视社科法学的发展状况

前文论述以相关研究者的主观判断为主,运用实证方法考察社科法学状况的研究不太多见。为了考察社科法学的发展状况,特别是在法学二级学科中的情况,本部分以在中国知网检索到的运用社科法学研究方法的博士论文为研究对象展开分析。

(一)以博士论文透视社科法学研究的合理性

科斯提出报纸、电视、广播在其构成的言论市场上争奇斗艳,霍姆斯通过言论自由隐喻思想市场,[62]爱波斯坦等把法官看成司法劳动力市场的参与者,[63]认为以市场观点切入学术研究也许会有新收获。社科法学往往认同市场的价值,比如在解决研究生教育数量和质量问题上,苏力更信任研究生教育市场,[64]认为法学教育应满足不同消费市场的需求。社科法学研究者更认同学术市场,认为对社会生活更富有解释力和影响

---

[58] 苏力:《努力创造有更多中国经验的法学》,载《文史哲》2019年第2期。

[59] 参见苏力:《中国法学研究格局的流变》,载《法商研究》2014年第5期。

[60] 参见苏力:《在中西对话中彰显中国特色》,载《中国社会科学评价》2019年第4期。

[61] 苏力、于明:《基于中国经验的学术创造——苏力教授访谈》,载《学术月刊》2020年第3期。

[62] 参见[美]理查德·A.波斯纳:《法律理论的前沿》,武欣、凌斌译,中国政法大学出版社2002年版,第69页。

[63] 参见[美]李·爱波斯坦等:《法官如何行为:理性选择的理论和经验研究》,黄韬译,法律出版社2017年版,第22页。

[64] 参见苏力:《数量与质量——中国研究生教育的问题和回应》,载《北京大学学报(哲学社会科学版)》2010年第1期。

力的理论会胜出,应以学术市场检验学术研究的价值和说服力。法学教育界和学术界并非封闭的完全垄断市场,而是具有竞争性的垄断竞争市场。法学博士研究生是法学教育和学术市场的参与者,是研究方法、学术产品的消费者和生产者,通过实际行动对市场的产品“用脚投票”。博士论文选题更自由,能够展现法学学术现状,因而博士论文是观察中国法学教育市场和学术市场的一个切片,学位论文的主题、研究方法等反映了法学研究的真实面相。

(二)影响博士论文是否运用社科法学研究方法的因素

法学界对博士论文的研究较少,国内法学博士论文缺乏命题、内容偏介绍性,尚未有范式革命的迹象和需求。[65] 个体的效用来源复杂,在微观层面,博士研究生在博士论文中是否使用社科法学研究方法的考虑因素很多。

第一,交叉学科研究更可能产生学术影响力。引证能反映学术影响力,一些单位的科研考核包括了研究被引数量,而跨学科研究有引证优势。论文引用外部学科能传递出作品质量高的信号,引证的外部文献越多,被评价的可能性和学术影响越大。法学需要长时间积累才会形成引证波峰,更注重学术声誉的博士研究生和毕业后希望继续从事学术研究的博士研究生更可能在学位论文中使用社科法学方法。

第二,博士论文的创新性要求可能推动甚至逼迫博士研究生运用社科法学方法。博士论文要求成果有原创性、创造性,博士研究生提交学位论文或答辩时应阐述其创新点,而外审专家也会对学位论文的学术水平、创新性进行评价。由于博士论文的选题一般属于中观或宏观的缘故,中国第二代法学博士出于创新追求而偏好在博士论文中加入交叉学科因素,第三代法学博士在选择博士论文题目时偏好实证。[66] 在研究主题创新的边际成本递增时,研究方法创新更具可行性。本文推测随着研究细化,出于学位论文创新性的要求或追求,入学越晚的博士研究生越

---

[65] 参见白建军:《法学博士论文选题创新性实证分析》,载《北京大学学报(哲学社会科学版)》2007 年第 3 期。

[66] 参见程金华:《当代中国的法律实证研究》,载《中国法学》2015 年第 6 期。

有可能选择社科法学研究，且随着时间推移，运用社科法学研究方法的博士论文数量会出现从增加到回落的过程。

博士研究生可能在学位论文中杂糅各种研究方法，同时使用历史研究法、比较研究法和社会科学研究方法等，未运用比较研究法的民法博士论文会被认为论证体系不完整。[67] 除了创新性要求，在学位论文中使用多种研究方法也有现实原因：学位论文字数最低要求以及将论文出版为学术专著的需求。由于判断博士论文是否具有创新性的信息费用高昂，各培养单位会对博士论文的字数设置一个下限，这会激励博士研究生使用多种研究方法扩充内容；把学位论文作为专著出版也会激励博士研究生想尽办法充实论文，甚至不惜注水。

第三，就读高校自设二级学科、交叉学科专业的博士研究生比就读常规法学二级学科专业的博士研究生更可能选择社科法学方法。法学博士研究生主要来自法学院，法学院的大部分教师出身法学，这使法律人在社科法学研究上缺乏优势。根据教育部2020年《普通高等学校自设交叉学科名单》《普通高等学校自设二级学科名单》，在有法学博士点的高校中自设交叉学科且涉及法学一级学科的有31个，在法学一级学科下自设二级学科的有84个。一些单位在法学之外的一级学科下设置法学交叉学科，比如，河海大学在社会学下自设法律社会学，多所财经类院校和综合性大学在应用经济学和理论经济学下面自设法经济学专业。本文推测以上高校的博士研究生在学位论文中更可能运用社科法学方法。

第四，新兴法律问题吸引博士研究生学术创新，但进行深入研究和创新的难度和风险也大。新兴法律问题处在多个法学学科、法学与其他学科的交叉地带，对博士研究生进行学术创新有吸引力。但新兴法律问题背后的社会热点是短暂的，文献积累少，博士研究生不会仅因为是新兴问题就投入大量精力。安全通过答辩是博士研究生写作学位论文的基本诉求，而创新性研究面临挑战和风险，博士研究生可能为了安全通过答辩而选择写一篇中规中矩、四平八稳的论文。在找教职更看重在高

---

[67] 参见陈甦：《当代中国法学研究的研究》，载《中国社会科学评价》2015年第3期。

级别期刊发表论文的约束下,有学术追求的博士研究生可能在投稿期刊论文时而非在写作学位论文时尝试研究新兴法律问题。与研究常规法律问题相比,社科法学研究对知识储备要求苛刻,这导致社科法学研究进路的博士论文减少。

第五,博士研究生可能因为智识偏好而选择社科法学进路。偏好在学术市场发挥着作用,有人出于智识偏好而选择学术,因为喜欢研究而选择在高校工作。社科法学的发展和研究者的个人偏好直接相关,研究者可能源于智识偏好而从事社科法学研究,如苏力偏好实用主义而批评法教义学不长知识。因此,博士研究生可能单纯因为个人偏好而选择社科法学进路。诉诸社科法学还能帮助青年学者在学术市场上获得话语权。[68]

(三)如何界定社科法学研究者?

社科法学的核心是运用社会科学方法研究法律问题,判断一项研究是否属于社科法学的标准是是否使用社会科学方法研究法律问题。可见,在法学院之外的学者运用社会科学方法进行的法律研究也是社科法学研究,即便其可能未受过法学专业训练。接受过法学专业训练不等于拥有法学知识,对社科法学研究者的界定不宜采用本质主义。学科的边界并非由定义确定,而是由竞争过程决定。法学专业训练并不能保证对法条和理论的理解没有偏差,在强调个人创造性的学术领域更是如此。界定社科法学研究的标准不是学科出身而是研究方法。共同的研究对象是使一群学者凝聚成一个职业群体的决定因素,在法学院之外进行法律研究且未受过法学专业训练的社科学者亦是社科法学研究者。

(四)376篇运用社科法学研究方法的博士论文的特征、趋势

1.从样本容量看,法经济学的学术影响超过了法社会学。2019年12月,笔者在中国知网硕博论文数据库分别以“法律经济学”“法和经济学”“法经济学”“法律的经济分析”为主题检索得到博士论文26篇、104篇、118篇、282篇;以“法律社会学”“法社会学”“法人类学”“法律人类

---

[68] 参见孙少石:《知识生产的另一种可能——对社科法学的述评》,载《交大法学》2016年第1期。

学”“社科法学”“法律和认知科学”为主题检索得到博士论文 53 篇、43 篇、10 篇、5 篇、2 篇、1 篇。从题目、摘要、关键词、研究方法等综合判断共得到运用法经济学研究方法的博士论文 304 篇(以下简称法经济学样本),运用法社会学研究方法的博士论文 74 篇(以下简称法社会学样本,含运用“法人类学”“法律人类学”方法的 4 篇以及运用“法律和认知科学”方法的 1 篇),有 2 篇论文在法社会学和法经济学样本中同时出现。从样本容量看,法经济学的影响超过法社会学。

2. 吉林大学、西南政法大学、中国政法大学培养了最多偏好社科法学研究方法的博士。从培养单位看,法经济学样本中共有 56 个培养单位。图 1 对有 5 位及以上运用了法经济学方法的博士培养单位进行了统计。为便于统计,山东大学法学院(威海)在本文中被统计为山东大学(见图 1、图 2)。

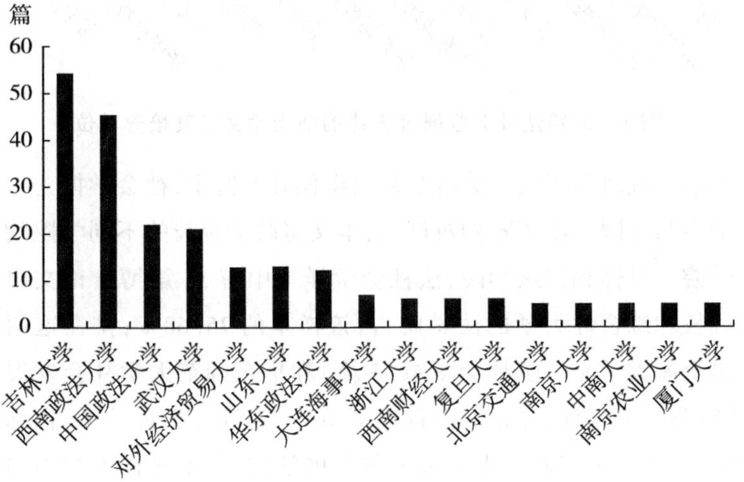

图 1 运用法经济学研究方法的博士论文及其培养单位

社会学样本中共有 25 个培养单位。图 2 对有 2 位及以上运用了法社会学方法的博士培养单位进行了统计。

法经济学样本中吉林大学培养的博士最多,高达 54 篇,西南政法大学以 45 篇排第二位,后面排序依次是中国政法大学(22 篇)、武汉大学(21 篇)、对外经济贸易大学(13 篇)、山东大学(13 篇)。法社会学样本中仍然是吉林大学培养的博士最多(14 篇),后面依次是中国政法大学(10 篇)、西南政法大学(8 篇)、山东大学(5 篇)、上海大学(5 篇)、华东政法大学(4 篇)。吉林大学(68 篇)、西南政法大学(53 篇)、中国政法大学(32 篇)培养了最多偏好社科法学研究方法的博士。

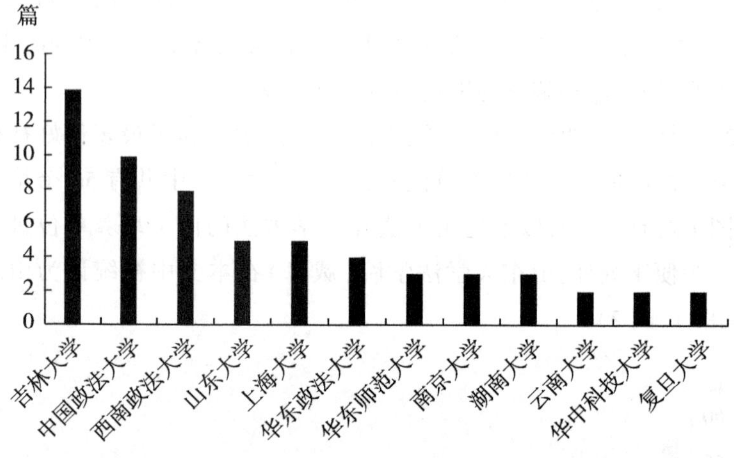

图 2 运用法社会学研究方法的博士论文及其培养单位

3. 法学院培养了大多数有法社会学偏好的博士,社会学博士对法社会学的参与有限。由于甄别难度大,本文将政法院校的不同学院均统计为法学院。具体到二级学院,法社会学样本中有 56 篇博士论文出自政法类院校和综合性大学的法学院,占该样本的 75.68%;排在这两者之后的是上海大学文学院社会学系(5 篇)和华东师范大学社会发展学院(3 篇);剩余 10 篇论文分别出自以下单位:复旦大学哲学系、吉林大学哲学社会学院、中国农业大学人文与发展学院、华中科技大学中国乡村治理研究中心、西北大学马克思主义学院、西南大学教育学院、武汉大学社会学系、西南民族大学民族研究院、华中科技大学教育科学研究院、兰州大学西北少数民族研究中心。可见,法学院系培养了绝大多数有法社会学偏好的博士,社会学专业的博士对法社会学的参与有限,法社会学研究者在知识背景上表现出同质性。

4. 法社会学研究方法的“消费者”形成了“以法学专业为主 + 少部

分社会学专业”的局面。本文考察了样本中博士的专业、研究方向。由于博士论文的专业和研究方向填写不统一，存在只有专业无研究方向、同一法学二级学科既是专业又是研究方向等混乱现象，本文对专业的统计以二级学科为主，对于“专业是一级学科、研究方向是二级学科”的博士，本文以研究方向确定专业。

图3对74篇博士论文作者的专业进行了统计。图3中的“其他专业”包括刑法学、民族法学、人口学、民族学、教育经济与管理、马克思主义哲学、侦查学、比较法学、农村发展与管理、马克思主义中国化、教育学原理11个专业。在法社会学样本中，排名靠前的专业是：法学理论(31.08%)、社会学(13.51%)、法制史(9.46%)、诉讼法学(8.11%)、经济法学(6.76%)、民商法学(6.76%)。在法学二级学科中，法学理论博士研究生更偏好法社会学研究方法，这与文献综述的发现相契合。除了法学理论外，法制史专业博士研究生也偏好法社会学研究方法，这与一贯认为法制史领域以考据或议论为主的印象不符。在法学之外，社会学博士研究生占比最高，这与社会学没什么人研究法社会学的观点稍有出入。总体上，法社会学研究方法的“消费者”形成了“法学专业为主+少部分社会学专业”的局面(见图3)。

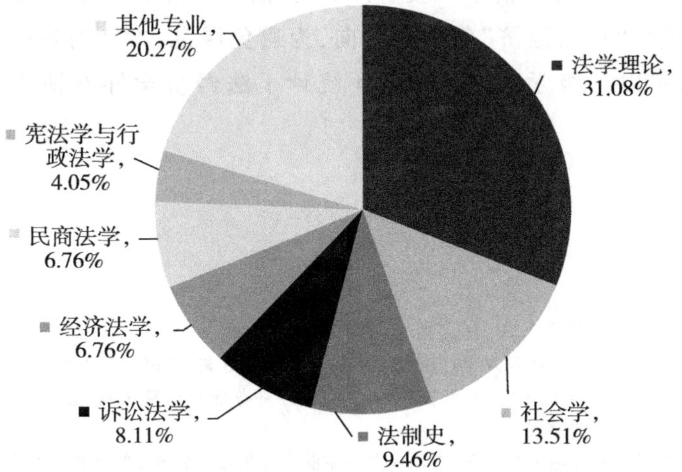

图3　74篇运用法社会学方法的博士研究生的专业情况

5. 法学院培养的博士在法经济学博士论文中占多数,经管类院系培养的博士次之。在二级学院层面,法经济学样本中有184篇出自政法类院校和综合性大学的法学院,占60.53%;有113篇出自经管类院系,[69]占37.17%;有7篇出自法学类和经管类之外的院系,[70]占2.3%。从数量上看,法学院培养的博士在法经济学博士论文中占多数,经管类院系培养的博士次之,这与前文法经济学研究日益非法学化的发现有所不同。博士是学术研究储备力量,法经济学的非法学化问题将有所缓解。

6. 与法社会学相比,法经济学研究者的专业出身更多样化。学位授予单位依授权可自主设置二级学科和交叉学科,法经济学的交叉学科色彩为统计法经济学研究者的专业特征增加了难度。各单位对法经济学的专业名称设置差异很大:吉林大学经济学院在经济学一级学科下设置了"法经济学",厦门大学经济学院、北京理工大学法学院、江西财经大学法学院、西南财经大学法学院设置有"法律经济学",对外经济贸易大学设置了"法与经济学",中国政法大学更是先后设置了"法律与经济""法与经济""法与经济学"专业,本文将以上博士专业统一为"法经济学"。还有单位在西方经济学、产业经济学、政治经济学、经济思想史等经济学二级学科下设"法和经济学""法经济学""法律经济学""法与经济"等研究方向,为避免混乱,本文对这一部分专业的认定以二级学科为准。图4统计了法经济学样本博士的专业出身。

[69] 包括相关高校的经济学院65篇、经济管理学院10篇、管理学院8篇、公共管理学院7篇、国际经济贸易学院5篇、工商管理学院4篇、经济与管理学院3篇、经济研究院3篇。未列出有2篇以下的学院。

[70] 浙江大学建筑工程学院、中国农业科学院农业信息研究所、东北农业大学规划与发展学院、重庆大学建设管理与房地产学院、清华大学土木工程系、中国人民公安大学交通运输学院和中国艺术研究院各1篇。

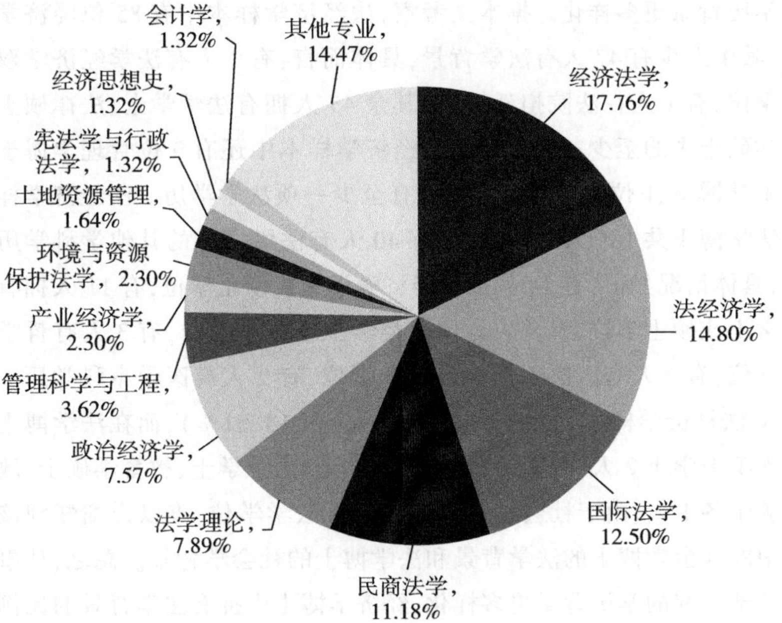

图4　304篇运用法经济学方法的博士生的专业情况

由图4可知，法经济学样本中博士的专业主要来自经济法学(17.76%)、法经济学(14.80%)、国际法学(12.5%)、民商法学(11.18%)、法学理论(7.89%)、政治经济学(7.57%)。图4中"其他专业"按占比从高到低为：技术经济及管理、农业经济管理、诉讼法学、法律史、知识产权法学、金融学、国民经济学、刑法学、世界经济、国际贸易学、警察法学基础理论、比较法学、民族法学、艺术学、税收学、企业管理、公共安全预警与应急管理、中国少数民族经济、经济史、农业遥感与土地利用、财政学、环境科学、少数民族经济、人口学、药事管理、西方经济学、伦理学、保险学、运输与物流、马克思主义基本原理、建筑设计及其理论。与法社会学研究者相比，法经济学研究者的专业出身更多样化。经济法学专业博士研究生在法学二级学科中最偏好法经济学方法，法经济学专业博士研究生在法经济学研究群体中占据了第二大比例，这符合前文预判：就读自设二级学科、交叉学科专业的博士更偏好社科法学研究方法(见图4)。

与法社会学样本相比，从事法经济学研究的博士在本科和硕士阶段的学历背景更多样化。据本文考察,法经济学样本中有85位经济学博士,其中至少有47人有法学背景,具体而言:有1人有法学经济学双博士学位,有1人在法院担任法官,其余45人拥有法学学士、法律硕士或法学硕士中的至少一项学历。法经济学样本中还有9位管理学博士、1位工学博士、1位艺术学博士也拥有至少一项法学学历。法经济学样本中法学博士共185人,其中至少有40人有法学之外的其他学科学历背景,具体情况如下:有14人拥有经济学学士或硕士学位,有11人拥有文学学士或硕士学位,有8人有理工类学士或硕士学位,有3人有哲学学士学位,有2人有历史学学士或硕士学位,有2人有医学本科学历。据图3,法社会学样本有社会学博士10人(占13.51%),而在法学博士中有理工类学士2人,有文学学士、哲学学士、医学学士、教育学硕士、政治学硕士各1人,由于社会学专业同样获得法学学位,难以详细甄别该样本中的社会学博士的法学背景和法学博士的社会学背景。总之,从事法经济学研究的学历背景更多样化,经济学博士中拥有法学背景的比例和数量低于法学博士中拥有法学之外其他学科背景的比例和数量。

7. 对学术创新性的要求或追求会吸引博士生运用法经济学研究方法。法经济学样本中有民商法学博士论文34篇,这与民商法研究以规范法学为主的刻板印象不符。在这34篇论文中,有21篇在章节安排上缺少"论文创新点"等内容,有13篇在章节安排上有"研究创新""论文创新点""论文的主要创新点""本文创新之处"等内容,有9篇明确表示运用法经济学方法是其创新之处。[71] 由于在法学学位论文中阐述研究创新点不是普遍做法,在13篇阐述了创新点的论文中就有9篇认为运用法经济学方法是

---

[71] 参见许可:《论虚拟财产的法理》,对外经济贸易大学2015年博士学位论文,第9~11页;陈冰:《证券私募发行准入制度研究》,武汉大学2013年博士学位论文,第5页;刘宏渭:《连带债务法律制度研究》,山东大学2012年博士学位论文,第19页;张铣:《先合同信息披露法律制度研究》,西南政法大学2012年博士学位论文,第4页;张雅萍:《期待权导论》,黑龙江大学2011年博士学位论文,第22页;余艺:《惩罚性赔偿研究》,西南政法大学2008年博士学位论文,第8页;刘东平:《金融控股公司法律制度研究——以金融效率与金融安全为视角》,西南政法大学2006年博士学位论文,第7页;王煜宇:《中国社会转型期商人法律制度研究》,西南政法大学2005年博士学位论文,第19页;邓小明:《控制股东义务法律制度研究》,清华大学2005年博士学位论文,第201页。

其创新,足以表明对创新性的要求或追求会吸引博士生运用法经济学方法,这在强调法解释学的民商法领域更有其意义。虽有21篇未设置"研究创新"章节,但敢于在民商法中运用法经济学方法已属难能可贵。比如,侯国跃在后记中提到欲以"合同法的经济分析"为题,其导师否定了该想法并说:"经济分析在美国也仅一个小学派……在中国很大影响……其合理性就那么一点,被无限地夸大了……对合同法作经济分析,恐怕不宜。"[72]可见在民商法博士论文中运用法经济学方法需要博士生的勇气。

8. 从引证数据看,法经济学博士论文的学术影响力大于法社会学博士论文。从引证数据看,法社会学样本中被引次数前五名依次为:吉林大学法学院宋明的《人民调解纠纷解决机制的法社会学研究》(59次)、吉林大学法学院张百杰的《转型期中国群体性事件研究——基于法社会学的研究视角》(49次)、中国政法大学法学院田成有的《传统与现代:乡土社会中的民间法》(45次)、中国政法大学法学院田东奎的《中国近代水权纠纷解决机制研究》(45次)、山东大学法学院张利春的《日本民法中的利益衡量论研究》(36次)。法经济学样本被引次数前五名是:西南政法大学经济贸易法学院张涛的《食品安全法律规制研究》(280次)、西北大学经济管理学院魏建的《当代西方法经济学的分析范式研究》(131次)、哈尔滨商业大学经济学院王春雨的《我国民间借贷发展研究》(130次)、西南政法大学民商法学院余艺的《惩罚性赔偿研究》(118次)、中国政法大学法学院王勇的《政府信息公开论》(97次)。

表1对样本的被引次数、下载量等特征进行了统计。在法社会学样本中,被引次数总值为689次,被引次数均值为9.31次,下载量均值为1616.08次;而在法经济学样本中,被引次数总值为4426次,被引次数均值为14.61次,下载量均值为1725.22次。在法社会学样本中,排名第五的博士论文的被引次数是36次,而在法经济学样本中,被引次数36次及以上的博士论文有29篇。从被引次数总值、被引次数均值、下载量均值、高被引博士论文的被引次数以及篇数等数据看,法经济学博士论

[72] 侯国跃:《契约附随义务研究》,西南政法大学2006年博士学位论文,第313页。

文的学术影响力大于法社会学博士论文(见表1)。

表1　2001～2019年376篇运用社科法学方法博士论文的被引量和下载量

样本	被引次数总值/次	被引次数均值/次	被引次数最大值/次	被引次数最小值/次	下载量最大值/次	下载量最小值/次	下载量均值/次
法社会学样本	689	9.31	59	0	7467	20	1616.08
法经济学样本	4426	14.61	280	0	15595	1	1725.22

9.从产出趋势看,运用社科法学研究方法的博士论文在2010年左右达到高峰。图5对样本进行了分年度考察。运用法经济学和法社会学方法的博士论文最早分别出现在2001年、2002年,均为1篇。法经济学博士论文篇数在2001～2019年整体呈抛物线状:在2005～2012年的产出较集中,每年均在21篇以上,在2010年达到峰值30篇,在2010年之后逐年下降,这与魏建和宁静波的研究吻合。与法经济学样本相似,运用法社会学方法的博士论文在2011年达到产出高峰11篇。从年度产出数量可以预判运用社科法学方法的博士论文在2010年左右达到产出高峰,此后无论是法经济学方法还是法社会学方法均对博士生写作学位论文的吸引力下降(见图5)。

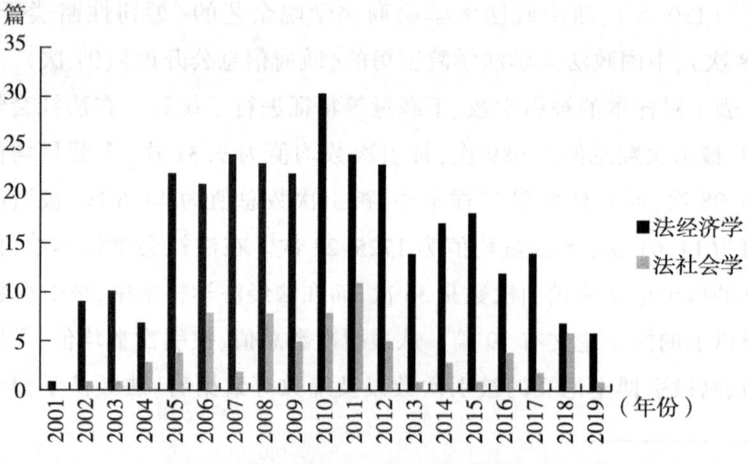

图5　2001～2019年运用法经济学和法社会学方法的博士论文年度产出量

10. 很难说运用社科法学研究方法就能帮助学者提高学术产出质量和数量。有观点认为国内主流期刊越来越看重运用社会科学方法的法学文章,事实是否如此?本文把这376篇运用社科法学研究方法的博士视为"学术研究市场"的"消费者",考察了其在读博期间、博士毕业之后在法学核心期刊发表论文的情况。他们在学位论文中使用了社科法学研究方法,可知应当掌握了社科法学研究方法。如果运用社科法学研究方法的文章更容易发表或更受欢迎,那么,他们应该会比其他未使用社科法学研究方法的博士的学术产量、质量更高;即便这些博士在读博期间可能囿于博士身份不太容易在法学核心期刊发表论文,但在博士毕业之后应该会更容易在法学核心期刊发表论文。准确判断该博士发表的论文是否属于运用社科法学方法的论文有利于验证前述假定是否为真。早期社科法学论文偏好标明"法经济学""法社会学"等标签,现在并非如此,一篇没有社科法学标签的研究可能也是运用了社科法学方法的,这导致判定一篇论文是否属于社科法学研究的信息费用很高。因此本文没有对此进行详细甄别,主要关注该博士是否发表以及发表了几篇法学核心期刊论文。培养单位一般会要求博士在学位论文中列出攻读博士期间发表的科研成果,而博士在致谢和后记中会透露求学经历、工作经历、是否在职攻读等信息。论文的作者简介中会提到籍贯、出生年月、专业、职称等相关信息。一些单位的博士论文还要求提供作者简介(如吉林大学、清华大学)。博士的工作单位官网可能会提供学历背景、工作经历、学术成果等信息。以上均有助于查询本文所需信息。本文统计了这些博士读博期间与毕业之后至2020年6月在CSSCI来源期刊目录(2017~2018年)中法学期刊发表学术论文情况(不含译文、笔谈、会议综述)。

在法社会学样本中,有38人在读博期间与博士毕业之后均没有在法学核心期刊发表论文,占51.35%;有18人在读博期间与博士毕业之后均在法学核心期刊发表了论文,占24.32%;有9人在读博期间没有在法学核心期刊发表论文,但是在博士毕业之后在法学核心期刊至少发表了一篇论文,占12.16%;有9人在读博期间在法学核心期刊至少发表了一篇论文,但是在博士毕业之后没有在法学核心期刊发表论文,占12.16%。在法经济学样本中,有202人在读博期间与博士毕业之后均没有在法学核心期刊发表论文,占66.45%;有37人在读博期间与博士毕业之后均在法学核心期刊发表了论文,占12.17%;有33人在读博期间没有在法学核心期刊发表论文,但是在博士毕业之后在法学核心期刊至少发表了一篇论文,占10.86%;有32人在读博期间在法学核心期刊至少发表了一篇论文,但是在博士毕业之后没有在法学核心期刊发表论文,占10.53%。总体上,在376位博士中,有240位既没有在读博期间也没有在博士毕业之后在法学核心期刊发表论文,占63.83%。表2对376位博士读博期间和毕业之后在法学核心期刊发表论文数的总值、均值、方差特征进行了统计。

表2 376位博士读博期间和毕业之后在法学核心期刊发表论文数量情况

样本	读博期间发表论文篇数总值/篇	读博期间发表论文篇数均值/篇	读博期间发表论文数方差	毕业之后发表论文篇数总值/篇	毕业之后发表论文篇数均值/篇	毕业之后发表论文数方差
法经济学样本	107	0.35	0.81	285	0.94	2.75
法社会学样本	39	0.53	0.76	90	1.22	2.65

由表2可知,无论是总值还是均值,两个样本中的博士在毕业之后在法学核心期刊发表论文的情况均有所提高。这是否意味着运用社科法学方法能提高学术产量呢?两个样本发表论文篇数的方差由读博期间的0.81和0.76分别提高到博士毕业之后的2.75和2.65,这意味着这些博士在读博期间与毕业之后在法学核心期刊发表论文情况的个体差异很大,有少数博士在毕业之后发表的论文数量激增。在法社会学样本中,西南政法大学的张力在博士毕业之后至今在法学核心期刊发表论文18篇,在法经济学样本中上海交通大学的李剑在博士毕业之后在法学核心期刊发表论文26篇,均大大高出均值。这既是因为读博时间短

暂而毕业之后的学术生涯则很长,也说明少数学者更适合社科法学研究。在376位博士中,有42位在读博期间没有但毕业之后在法学核心期刊发表了论文,占11.17%。有41位博士在读博期间在法学核心期刊发表了论文但在博士毕业之后没有,且其中有24位在高校法学院系工作。在这24位博士中只有6位读博期间在法学核心期刊发表的论文是联合署名,另外18位均是独作,然而这些读博期间在法学核心期刊独立发表了论文且仍在高校法学院系工作的博士再也没有在法学核心期刊发表过论文。因此,很难说使用社科法学方法就能普遍地提高研究者的学术产出质量和数量,社科法学方法是否能够提高学术质量和数量因人而异。

为了检验更早进行社科法学研究的博士是否在法学核心期刊发表论文上具有"先发优势",表3分2001~2005年、2006~2009年、2010~2014年、2015~2019年四个阶段对这些博士的发文情况进行了分段考察。

表3 376位博士在法学核心期刊发表论文数量的分阶段情况

情况	法经济学样本的博士读博期间发表论文篇数				法经济学样本的博士毕业后发表论文篇数			
阶段	2001~2005年	2006~2009年	2010~2014年	2015~2019年	2001~2005年	2006~2009年	2010~2014年	2015~2019年
总值	30	27	35	15	160	63	50	12
均值	0.61	0.3	0.32	0.26	3.27	0.7	0.46	0.21
情况	法社会学样本的博士读博期间发表论文篇数				法社会学样本的博士毕业后发表论文篇数			
阶段	2001~2005年	2006~2009年	2010~2014年	2015~2019年	2001~2005年	2006~2009年	2010~2014年	2015~2019年
总值	8	19	11	1	47	30	12	1
均值	0.89	0.83	0.4	0.07	5.22	1.3	0.43	0.07

法经济学样本在四个阶段的博士分别有49人、90人、108人、57人,法社会学样本在四个阶段的博士分别有9人、23人、28人、15人,四阶段

的样本容量差异大,分析均值更具合理性。从表3的均值看,无论是法经济学样本还是法社会学样本,基本上越早运用社科法学研究方法的博士在法学核心期刊发表论文的篇数就越多。这种“先发优势”不仅体现在越早运用社科法学研究方法的博士在读博期间在法学核心期刊发表的论文更多,还体现在他们博士毕业之后在法学核心期刊发表的论文也更多且该优势在毕业之后更明显。

结　语

本文通过运用社科法学研究方法的376篇博士论文考察了社科法学的现状、特征、趋势,但本文存在一定缺陷。一是中国知网博士论文数据库收录的文献不全。中国知网声称其博士论文数据库是国内最完备的,但该数据库收录学位论文的数量不足,比如收录的北京大学的学位论文很少。各培养单位纷纷建立自己的学位论文系统,非该校校园网用户难以使用。因此,本文样本容量必定是不完全的。二是也许由于博士论文的题目、关键词、摘要等未出现相关语词,本文未能检索出有关论文,比如未检出桑本谦和陈柏峰的博士论文。三是研究运用社科法学方法的博士论文只是观察社科法学的一个切片,管中窥豹。笔者期待更多后续研究。

On The Status Quo, Characteristics and Trends of the Socials Sciences and Law

—Based on the Empirical Research of 376 Doctoral Dissertations from 2001 to 2019

Mi Chuanzhen

Abstract: The distribution of social sciences and law in the secondary disciplines of law is not balanced, whose components have also shown an unbalanced development trend. Based on the research of 376 doctoral dissertations using the research method of the social sciences and law on the China National Knowledge Infrastructure, the following characteristics have been found. In terms of the sample size, the academic influence of the legal economics exceeds that of the legal sociology. The law schools train most PhD students with preference for the legal sociology, but the PhD students majoring in sociology have limited academic participation in the research from the perspective of legal sociology. The "consumers" of this research method have formed "the majority of law majors + a few sociology majors". Most of the authors of doctoral dissertations in the legal economics are PhD students trained by law schools, followed by PhD students trained by economics and management schools. Compared with the researchers of legal sociology, the professional background of researchers in the legal economics is more diversified. From the citation data, the doctoral dissertations of the legal economics have more academic influence. Some PhD students are attracted by the requirement of innovation of academic dissertations to use the research methods from the perspective of legal economics. From the perspective of quantitative trend, the number of doctoral dissertations using the method of the law and social sciences reached a peak around 2010; it is not necessarily that the methods of Law and social sciences can help scholars to improve the quality and quantity of academic dissertations.

Key Words: social sciences and law; legal economics; legal sociology; legal dogmatics; doctoral dissertations

教学研究

如何阅读法学经典著作？*

陈景辉**

摘　要：要想理解“如何阅读法学经典”的问题，一方面，需要理解阅读对于大学学习的意义；另一方面，需要掌握几种具体的阅读方法。就前者而言，由于阅读的过程其实就是自我教育的过程，所以阅读其实是大学教育或学习的构成性因素；就后者而言，阅读相当于是对写作或研究过程的回溯，因此掌握以下几种研究方法，并进行逆向操作，就等于是阅读的方法。具体来讲，这包括欧几里得证明法、分析—综合法与思想实验。

关键词：阅读　欧几里得证明法　分析—综合法　思想实验

如何阅读法学经典著作？如果各位读过笔者的文章，大体上会知道，本人只会采取“分析”这一种方式来面对具体话题；也就是说，笔者通常都要对话题本身做一些展开，然后看一看话题里面的各个要素

---

* 2022年8月30日，邱昭继教授邀请我做同名学术讲演，其后经黄子贤（西北政法大学刑事法学院2020级本科生）记录、整理以及我略加修饰而成此文。谨此感谢邀请者邱昭继、记录者黄子贤、两位与谈者于柏华和骆意中，以及听者诸君！

** 陈景辉，中国人民大学法学院教授，法学博士。研究方向：法哲学、道德哲学和政治哲学。

大概都是什么意思，最后再把它们合在一起来澄清最终的想法。

笔者今天所讲的，主要围绕“如何阅读”这几个字展开，至于“法学经典”这几个字，笔者把它放在次要的位置；但我可能会对“法学”多说几句，基本上不太会谈“经典”的问题，那件事情太大，也涉及很多实质的判断，它本身就是个非常独立的讲题。所以今天，笔者大概会主要讲两个问题：第一个，为什么要阅读？第二个，如何有效地阅读？

一、为什么要阅读？

阅读这件事情是很重要的。对大学生来说，笔者基本上会认为，阅读是大学教育的构成性因素；也就是说，是阅读，使大学教育成其为大学教育。在某种意义上说，这是大学教育和职业教育的最大差别。职业教育因为有高度的实践技能要求、紧迫的就业压力，迫使你阅读的时间被尽可能地压缩。如果把阅读划分为兴趣式阅读和专业式阅读，那么职业教育中专业阅读所占的时间会大幅下降，就基本上只剩下个人兴趣式的阅读，并且主要是业余休闲活动的一部分。

阅读为什么这么重要呢？阅读对于笔者来说，它的意义实际上就是自学，这种自学的过程，其实也就是自我教育的过程。阅读得越成功，相当于你的自学和自我教育的过程就越成功，你大学读得也就越成功，这些是连带性的过程。如果你在大学阶段基本没有阅读，你大概就只有大学的文凭，而没有大学的文化。

一旦高中生考上了大学之后，读书立刻就失去了一些很具体的目标，首先失去的就是“考大学”这个目标，这时候读书或者阅读本身就成了目标。可以很容易地看到，自然科学的教育过程，是由“阅读＋实验”这两个部分组成；而非自然科学的大学教育，它主要的学习过程，其实就是阅读。而大学教师的工作，在某种意义上，就是激发起学生的阅读兴趣，让他有阅读的动力和初步的方向。

下面，需要来具体看一看阅读的两种基本类型：第一种我把它叫作兴趣式的阅读，第二种是专业式的阅读。笔者基本上把各位听众的定位，设定为“正在努力从兴趣式阅读往专业式阅读前进”的进程中。打个比喻，如果把阅读这件事情看作篮球运动的话，兴趣式的阅读者相当于一个篮球爱好者，那你的目标是什么？是仅仅靠打篮球“杀时间”的篮球爱好者？但你不是已经是篮球爱好者了吗？通常来说，你肯定要尝试能不能最后变成一个专业的运动员，如变成姚明。

当然，在这个过程中，你首先得是一个篮球爱好者，同时你要有一定的篮球天分，否则你就只是个光看不练的“旁观型”爱好者，像笔者一样。但你的动力，只能来自“你要”变成一个专业式的阅读者或者一个专业的从业人员。如果你具备了爱好，也有了一定的天分；但是你缺乏“你要”这个部分，那么对不起，你就会变成一个中间的样态。

如果“你要”成为一个成功或真正的阅读者，那么一开始你就需要知道兴趣式的阅读和专业式的阅读的区别，然后你才知道需要向哪个方向努力。接下来，笔者列举一些自认为重要的区别。

先来谈谈兴趣式阅读。以下几个特色应该非常明显：第一，兴趣式阅读主要是因为偶然的原因而兴起的，也就是说，这种阅读一般没有事先的规划，兴之所至、阅读就可以展开。第二，兴趣式阅读往往都涉猎很广，尤其是文学、历史这些领域基本没有门槛，并且最容易跟你的感觉、生活经验等感性的东西发生关联，所以阅读的人群也最大。第三，这些涉猎颇广的阅读，你会不会有所心得？笔者认为不太容易，因为一方面，跟你的兴趣、看法差距太大的，你通常不会阅读，更不会形成带有反思性的心得了；另一方面，由于你所读到的，都是你想读到的或你有兴趣读到的，这会形成一种“投喂”关系，你就很容易被读到的东西所统治。比如，我们小的时候读《三国演义》，就很容易形成刘备是好人，曹操是坏人之类的印象。此外，兴趣式阅读还有另外一个非常明显的标志，那就是读者经常采取名人名言、警句式阅读法。比如，法科学生经常会谈到，霍姆斯曾经说“法律的生命不在逻辑而在经验”，亚里士多德讲过的“人在本质上是政治的动物”，等等。尽管引用这些话的人可能从来没有读完相关著作，甚至根本一个字都没读过，但这并不妨碍他们引用这些名言和警句。以上这些,都是兴趣式阅读很明显的特点,各位可以对号入座一下。

真正重要的是,各位要迈过一个巨大的门槛,从兴趣式阅读进入专业式阅读,肯定需要知道专业式阅读的特点。首先,它的兴趣是相当固定的,不会涉猎颇广,大概固定到某一些东西上、某一些传统上、某一些话题上、某一些套路上。其次,你开始发现你的理解或看法有了一些门槛,你不太容易把它变成一个奇闻轶事和饭后谈资,于是你就只能跟同行聊天。为什么?因为你们的阅读范围是重叠的,或者因为你们有了相似的兴趣,所以有一些交流的门槛不见了。最后,你会变得很专。专不等于窄,比如,做川菜和炒土豆丝。川菜作为一个菜系非常专业,可以登堂入室;但炒土豆丝就是很窄的领域了。登堂入室是什么意思?也就是说,你所进行的是一个系统性的、整体式的阅读。

系统性的整体式阅读,正好对应着名人名言、警句式的阅读法。这个时候开始,你就不再受制于名人名言在直观上的吸引力,比如,亚里士多德说"人在本质上是政治的动物",你就不会望文生义来理解,而是会把他的四因论加进来,会把他的目的论加进来。用亚里士多德的话来说,一颗种子的"目的",就是长成一棵大树;作为种子,当它长成一棵大树的时候,那么它就是正义的、是满足正义要求的。所以,种子的目的就是大树,这个过程可以用"Justice"来评价。同理,一个人的目的,就是进入城邦,所以人从自然上或者从本质上讲是"城邦"的动物;不属于城邦的,要么是神、要么是野兽,人要不属于城邦就不能被评价为"正义"。于是,你就不会按照汉语的翻译,把它理解为"人天生就是政治动物"的意思,亚里士多德并没有这个意思。

再如,霍姆斯的名言:法律的生命不在逻辑而在经验。如果你仅做字面理解,认为法律应当植根于(社会)经验,并进一步发挥说,要从书本上的法变成行动中的法,诸如此类。但这样一来,你就无法理解霍姆斯在同一演讲中,紧接着说未来是统计学家的天下。你想一下,统计学家怎么可能不讲逻辑?不讲逻辑的还能是统计学家吗?连统计都算不上吧?!这里的误解来自在霍姆斯的时代,所谓的逻辑指的"只是"演绎，而今天的“逻辑”，除了演绎，至少包括归纳、类比、设证或者叫溯因推理等一些东西。明白了这一点，霍姆斯的那句话的准确意思就成了这个模样：法律的生命不在演绎、而在于归纳之外的那些东西，其中当然也包括归纳、类比、设证这些“广义逻辑”的内容。于是你的理解就会发生关键性的变化，你的理解就变成了系统性整体式的东西，你就无法用名人名言、警句式跟外行来聊天了。为什么？因为当你说到这些东西的时候，你需要解释一堆的东西，告诉他那句话究竟在说什么。那已经不是聊天，那就是上课，聊天是无论如何进行不下去了。说白了，当你在兴趣式阅读里，用名人名言、警句式阅读法的时候，你基本上是在狐假虎威：是你自己实际上想说那句话，只不过从你自己嘴里说出来没分量，找一个名人来强行背书一下，是吧？

这里面就涉及一个非常重要的标志或者一个核心的转变，我们也可以把它叫作阅读的能力，也就是说你要完成一个从兴趣式到专业式阅读的过程，这种转变就是阅读能力的转变，是由个人体验变成一个同行评价；或者是由个人经验式的看法，变成一种公共知识式的方法。个人体验或者个人意见没有对错，但是你要进行专业式的阅读，就要进入同行评价的过程。你们的看法就是知识，具有公共性的知识，是吧？那就会有对有错，就会有客观性。所以我们必须要保障我们的阅读是客观的或者说是科学的、是能够被接受的、是可靠的，我们就需要一定的方式和方法。所以这里会涉及一个非常核心的转变。

在这个转变过程当中，其实涉及教师的态度、教师的选择，我们的工作是什么？对笔者来说，本人是这样做的，笔者在兴趣的阶段里面是完全不干涉的。因为在笔者看来，即使到了你的专业阅读的这个阶段里面，它也应当是以兴趣为支持的。本人大概只在专业的阶段，才会以同行的身份参与或指导学生的阅读。在专业的阶段是什么意思？大概就是要到硕士的高年级或者博士的阶段。笔者以同行的方式来指导的意思，是你的讨论要跟笔者的讨论有关系，或者我仔细想过，或者我至少曾经阅读过，才能够来提供某些指导。指导的意思不是说我要告诉你是错的，而是你是一把刀，我是一块石头，我怎么样让你变得更好？这是我的角色。因为在这个过程当中,我们已经进入一个公共的活动中,我们共同的任务就是促进我们所共同关心的事情被澄清。这是“我们”的任务,而不是“我”的任务或“你”的任务。如果这个转变可以完成的话,我们就有了一些未来从事同一个行业的后来者;这样的话,我们的事业才能接着往前走。

二、如何有效地阅读?

阅读方法,是我刚才讲到的阅读专业性的保障,它可以给各位提供一些阅读方面的能力,能够帮助各位能更好地去自学,能够做到更好的自我教育,能完成由有兴趣的阅读进入专业阅读的过程,然后你就进入同行群体当中来。阅读方法中首先要注意的是,对一个努力的走向专业阅读的人来说,最经常会犯的错误,就是满足于稍微高级或者抽象一点的名人名言、警句式阅读。也就是说,经常有初学者会把阅读等同于找到并记住作者的结论,这是很多人经常干的一件事。他阅读的过程,就是要找到作者的结论并且记住,当然这个作者一定是“大牛”,然后就在应用当中获得了名人名言警句的那种能量。所以,他的阅读任务,就是找到并进入作者的结论。

这个工作有没有困难呢?在很多人的著作中,这是很容易做到的,但在有一些人的著作当中却有明显的困难,比如说你在看我的论文的时候,想找到结论有点困难,因为你要找到的结论也是很抽象的,不太容易从这个结论发挥出一些东西去聊天,所以你就会觉得读我的东西的兴趣、乐趣是很少的,因为找结论的过程很痛苦。但是有一些人的著作不是这样,其中的结论是很容易找到的,所以你就会觉得那些东西的阅读过程很幸福。但这种仅关注结论的阅读,依然是一种名人名言、警句式阅读,虽然是一种高级的形态。如果你是这个样子,各位,你仍然处在一个兴趣式阅读的阶段里面。

那真正的阅读是什么样子的?真正的阅读,大概是对结论的回溯。

你找到了或者你知道了作者的结论是什么，然后你就回溯他的前提和他的理由，你在做一种逆向工作。也就是说，阅读的过程和作者的写作过程正好相反。笔者为什么会说我到了50岁了，才可以大概讲一讲如何阅读，我不太容易认同很多年轻的小朋友给别人提供的阅读建议。为什么？因为你没怎么写过东西，你就没有办法教人如何阅读。道理非常简单：在我看来，阅读和写作是相互逆向的，你在写作上没什么经验，就在阅读上也不会有太多、太好的经验。

写作，是作者对结论的证明过程。笔者要去证明一个结论是对的，所以要给出各种各样的前提和理由，不断批评跟笔者不同的看法为什么是错的。阅读是反过来的，笔者从结论回过去来看作者的那些前提和理由。所以，光记住作者的结论，这比名人名言、警句式的阅读可能好一点，但是好像好不到哪里去，最多是个高端版。因为我们工作，不是围绕结论本身展开的，而是要透过结论找到作者的前提和理论。

在这个真正的阅读里面，它的最初的样态是怎样的？就是逆作者的样子、逆写作的样子，从结论往回走。所以当你把一本书的结论和它的理由之间的关联性都清楚了，你大概就读懂这本书了。你读不懂一本书的原因非常简单：我相信由于你受到兴趣的激发来进入这个领域，你通常对结论有很多直觉上的感受，无论是认同或反对，但是很多的时候你没有办法找到前提和理由。所以第一级的真正的阅读就是完成这个工作，回溯的工作完成，就是你从结论达到他的理由或根据。很多老师上课的时候可能会帮助各位，提供初级的阅读，就是把结论告诉你，然后把理由也告诉你，然后你自己回去读，看看是不是这个样子。

更高级的阅读是个什么过程？这是我这几年经常说的一个事情，它是验算。验算的意思是，我不但知道了作者的结论，找到了作者的前提和理由，而且看到了它们之间的关联，同时我有能力去评估前提、结论、和它们之间的关联本身是不是对的？结论是不是从理由来的？是不是从理由当中的逻辑来推导出来的？那个理由本身是不是成立的？这就叫验算的过程。所以，高级的阅读的方式，就变成了一个验算的过程。这个时候，已经不是一个完全的阅读过程，读者等于跟作者之间进行着有来有往的交流,甚至发生了真正讨论。此时,你在跟作者讨论、交流,虽然他可能已经不在了,但这是一个透过文字的方式来跟他进行的真正交流。但你的同行仍然在,你的同行会出来评估一下,你跟已经去世的作者之间的交流是对的还是错的?是有意义的还是无意义?你的想法是不是有道理?这个时候,你大概就具备了研究的能力。这表明,高级的阅读不纯粹是个阅读的过程,它是一个研究的过程,而初级的阅读并不是个研究的过程。

三、几种具体的阅读方法

总结一下。阅读不是一个找到并记住结论的过程,它是一个逆着作者的写作过程的回溯活动。初级的要求是找到结论赖以成立的前提和理由,高级的状态是要去验算前提本身、验算前提和结论之间的关系。这是一个总的阅读方法,但是笔者相信对各位来说仍然是过于抽象的。所以笔者还是提供了一些相对具体的方法。这些具体的方法,往往是作者在讨论一些东西的时候采取的方法论,笔者只是把它拿出来,逆着来进行。

第一种常见的方法,是欧几里得证明法。欧几里得证明法就是从不证自明的前提出发,通过逻辑的方式或者演绎的方式,来得出一个未知的结论。笔者刚才已经说过,在霍姆斯的那个时代,其实从亚里士多德开始到霍姆斯的时代,逻辑就等于演绎,就是三段论。那时,三段论是唯一的逻辑。今天我们会说它就是必然性推理,前提真,逻辑法则真,结论就必然真。其他的逻辑,在那个时代不被叫作逻辑的原因是什么?因为它们尽管前提真,逻辑法则也真,但结论很可能假。你看到一只天鹅是白的,另一只天鹅是白的,看到100只天鹅都是白的,你归纳出天鹅都是白的。可澳大利亚一旦出现黑天鹅,"天鹅都是白的"的结论就错了,所以归纳就不太被认为是一个合适的逻辑,至少在霍姆斯的时代是这样。

所以,欧几里得的证明法是从不证自明的前提出发,通过逻辑或者演绎的方式来推出一个未知的结论，或者来证明一个未知的结论是对的或错的。有的是积极证明，证明结论是对的；有的是消极证明，证明结论是错的。当我们的阅读是一种专业性的阅读，我们所讨论的是公共性知识的时候，它就是有对错、有真假的，或者说是有客观性的，这时我们第一个采取的方法就是欧几里得证明法。

但是这个方法在比较古老的时代遇到了一些困难，因为不证自明的前提很容易被等同于个体感受。前面已经说了，个体感受有个缺点，它不太容易有真假，不太容易有客观性，更多时候是主观的。所以就遇到这个问题：欧几里得证明法所依赖的那些前提，你怎么证明它是对的呢？所以，这套方式传统上主要适用于逻辑和数学，这类前提的真假，好像我们还可以容易证明。但是如果用它来讨论我们人类的时候，这就很容易变成纯粹的个体感受。所以，在很长久的时间里，我们经常会说，很多的争论其实只是个体感受上的差异，比如说柏拉图的理念论和他的学生亚里士多德的目的论的差异，好像仅仅只是个感受。

随着近代的发展，自然科学解决了部分关于经验的问题。比如，关于地球平的还是个球体，自然科学解决了一些问题，但还是有一些问题，还是有一些东西容易变成个体感受。但是容易变成个体感受，也有它的优点。它的优点是，欧几里得的证明法在今天，通常被我们用来处理价值问题和规范性问题；也就是说，我们往往先从一些不证自明的价值出发。如果你读过中世纪晚期或近代的一些讨论，比如霍布斯的讨论的时候，你就会看得很清楚：他会说自保——人有自我保存(保护)的属性，这是一个不证自明的前提，然后他就推出来了“绝对的主权者”的观念。

所以，欧几里得证明法现在经常会被用于有关于价值或者规范问题的研究。当然，关于价值问题，我们还有一些更复杂的方法论。因为笔者现在面对的听者，是逐步的由个人兴趣走向专业的阶段，所以笔者给各位的都是一些初级版的阅读的方法或者初级版的研究方法。当你看到关于价值讨论的时候，往往都是这样，其实你回头去看看罗尔斯的《正义论》，他大概也是从一些不证自明的前提来进行，因为正义的问题就是价值的问题。

所以各位在阅读的时候,你要回溯的时候,就要回到这个前提本身是不是不证自明的,然后再看结论的得出,有没有满足逻辑或者演绎的要求。当然,笔者要提醒各位,这听起来非常简单,但本人在写作过程中会采取嵌套的结构,非常复杂的多层嵌套结构。各位看诺兰的电影,经常采取多种嵌套。学术工作也经常采取多种欧几里得的嵌套式,也就是说,笔者从一个不证自明的前提,以逻辑的方式推出另外一个不证自明的前提,然后再通过它推出一些不证自明的前提,不断地推出不证自明的前提。这样一来,就变成一个非常复杂的嵌套式结构,所以读起来会变得很辛苦。这个时候你就要有侦探的信心了。所以,我为什么说兴趣是第一动力,就是说,你必须要有充足的兴趣,就像你想去侦破一个案件,你慢慢地、一层一层地把这个结构,追溯到最初那个不证自明的前提,你就发现了真正的凶手。

第二种常见的方法是从自然科学里获得的,叫分析—综合法。它有两个阶段,一个是分析,另一个是综合。在中国,“分析”这个词经常没有严格的定义,经常会被随意地使用。

但严格来说,分析是什么意思?简单来说,分析就相当于把一个研究对象击碎,找到最小组成部分。最小组成部分是什么意思?就是它不能再被分解了。找到最小组成部分,这个最小组成部分有个定义,它被叫作“要素”。当我们说一个事物是另一个事物的最小组成部分的时候,我们简称要素。笔者的研究经常被叫作“分析法学”,分析法学里面的“分析”,指的就是这个意思。其中比较典型的,各位学法理学的经常遇到一个非常难懂的人,他叫霍菲尔德,大家学“权利”的时候都学过这个人吧?他把“权利”分成了四个子类型,然后又把“义务”分成四个子类型,然后它们之间构成相关关系和相反关系。霍菲尔德的工作,其实就是分析性的工作。

当我们研究一个对象的时候,首先要把它击碎,找到最小组成部分,但是这个工作到这里还没有完成。我们要想透彻地掌握到研究对象的所有道理,还有一个工作叫作理性重建,或者叫理性还原。就是我们把被击碎的要素再把它合在一起,把我们击碎的那个东西,给它重建起来。于是,我们做了一来一往两个工作:一方面,把一个对象击碎,找到了一堆要素;另一方面,我们再把这些要素合在一起,再把那个事物重建起来。理性重建又叫综合,它跟我们通常所讲的综合素质中的"综合",明显不是同一个意思。

这是我们从自然科学上学到的方法。我们对于生物的研究,一旦分析到了基因的部分,分析还原就被彻底化了,因为要素真正出现了。我那个时代初中的生物课里,只会谈论细胞如何如何,但细胞并不是生物的要素。那么细胞为什么不是要素?因为它可以再次被击碎、还原为基因,而基因成了一个不可被击碎的东西,所以它才是要素。然后我们就进入了综合的过程,综合的过程是用基因再把那个被击碎的生物重建出来,这个活动就被叫作克隆,也就是综合。你们都知道20世纪90年代的时候,英国的"多利羊"克隆成功,这件事情意味着人类开始彻底掌握了生物的奥秘,为什么呢?因为沃森他们把基因这件事情搞出来了,然后英国人再通过实践克隆出来那只羊。于是,对生物存在这件事情而言,分析还原和理性重建、分析和综合两个活动,同时获得圆满完成。

分析—综合法在非自然科学上的例子,就是社会契约。卢梭、洛克和霍布斯,就是社会契约论的三个典型的代表。他们的方法论上共同采取的,都是最基本的分析—综合。笔者不知道各位有没有看过霍布斯的《利维坦》,相信你们没人看《利维坦》上篇。笔者读研究生的时候,仔细看过上篇。最早看上篇的时候的感受很奇怪,笔者最初很不理解上篇的内容和性质,因为它就是初中低年级物理学的内容。但实际上,物理学整个就是在讲分析还原和理性重建。依照这个方法论下篇就开始讲人类社会了。各位,无论具体的社会契约论是什么样的,它们大概都遵循以下的分析—综合法的基本进程。当我们研究人类的政治共同体的时候,或者研究人类社会的时候,我们采取分析的方法,先把它击碎。击碎之后,剩下的就只是"人"。此时的"人",是处在没有社会、没有国家、没有政治状态之下的人,这就产生出来两个要素:自然状态和天赋人权,因为在自然状态下的个人都是被赋予了自然权利的。所以,自然状态和天赋人权或自然权利这两个要素,立马就迸发出来,它们就成了社会契约的两个要素。

中间有个非常重要的环节,这就是要转向理性重建的动力。这个动力来源于什么?这就是以下这个判断:自然状态是有缺陷的。这个缺陷是什么?非常简单地说,就是在某种意义上会对自然权利造成的损害。某些人认为这个损害是彻底的、严重的,也有可能是比较轻微但关键的。彻底的和严重的,就是霍布斯所讲的,人对人的自然状态就是人对人的战争状态;有可能是轻微但关键的,就是洛克所讲的,自然状态的缺陷就是执行权的缺乏。所以自然状态之下,人类有自然权利或者天赋人权,但是自然状态又使这个天赋权利受到损害,所以人类就有动力进行理性重建。自然状态里面没有保护自然权利的国家或某种政治或公共组织,那么该怎么办?我们可以达成契约,以契约的方式创立政治国家,然后来保护我们的自然权利。它就变成这样的一套逻辑。

十七八世纪所谓的理性自然法,或者说契约论者,他们采取的都是分析—综合法。把一个政治的共同体或者把一个社会击碎,找到最小的组成部分,再把它重建起来。所以霍布斯和洛克之间的差别是什么,是对自然状态的缺陷有多严重的不同判断,就是对自然权利的损害有多大的判断。如果对天赋人权或者自然权利的伤害越大,政治国家的能力越强,反之就越弱。如果是彻底的伤害,政治国家就变成绝对的,这就是霍布斯;如果是比较小的,它就只能是个有限政府,比如说洛克。

第三种常见的研究方法或者说技术,是思想实验,其实前两种方法也都会采取这样的技术。什么叫思想实验?实验,本来是自然科学的用语,它是指在实验室的状态里观察变量和结果之间的关系。实验者通过操纵一个变量,就是说让一个变量发生变化,其他的变量都不动、不改变,然后来观测结果有没有随之发生变化。如果变量发生变化,结果随之发生变化,我们就说二者之间存在因果关系;如果变量发生变化了,但是结果却没发生变化,我们就说没有因果关系。自然科学基本上是以这样的方式进行:我们首先提出一些假说,然后就在实验室里面来证明它,即以通过操纵变量的方式,然后看那个变量和结果之间有没有必然关系。如果我们的假说是关于必然关系的，那么这个假说就成立了；否则它就不过是一个不靠谱的乱猜，尽管它在直觉上是有吸引力的。

但社会科学明显不同于自然科学，它是针对人或者由人所组成的群体的，这就不太容易来做自然科学的实验，因为我们无法操控变量。我曾经写过一篇文章，其实就是来批评这个所谓的社会科学，社会科学其实就是想使用自然科学的方法，但人类当中很多的变量是无法操控的。给各位举个简单的例子，我们经常会说，性别对收入会有影响，但怎么证明这不仅仅是个直觉，而是个可靠的结论呢？可不可以设计一个实验来证明呢？最好的实验肯定是这样的：将“性别”视为变量，然后看它与收入之间是否存在必然关系。例如，将笔者这个人的性别先暂定为男，并且在某单位工作三年，然后看我的收入；然后再把时钟拨回到三年前，再将我的性别设定为女，并在同样的单位从事同样的工作，然后再看我的收入。如果中间有差异，性别就是唯一的变量，性别就与收入之间存在因果关系，否则就无。但对不起，有两个条件无法完成：第一，时间无法回到三年前；第二，我的性别无法任意改变。

正因为如此，只有自然科学才有能力证明因果关系和必然性。因果关系是一种必然关系，不是二者之间有关系就叫因果关系，只有当那个关系是必然的、不以人的意志为转移的，它才是必然的因果关系。由于只有自然科学可以达到必然性的程度，所以他瞧不起其他任何学科。自然科学家会说，只有我们才从事关于必然性的工作，你们讨论的东西都不是必然的，都是可以瞎说的。所以，尽管社会科学家总想向自然科学家靠拢，但仍然是被瞧不起的对象。最典型的，是你们将来会看到孟德斯鸠的《论法的精神》。孟德斯鸠一上来就说，气候、土地、地理等一堆东西，都跟法律有关系。在自然科学看来，这是很有问题的，就像你能考上这个大学，跟你的家庭出身，跟你的背景，跟你遇到的人，跟你的努力的程度，跟你的老师，跟你的学校都有关系。没人能否认跟这些有关系，但也没人能证明跟这些有必然关系。你能否认有人是靠运气好上了这所大学吗？但另外一些人到这里却可能是因为运气差？

尽管如此，但我们仍然可以用这种方式来面对人类，只是不能真正采取一种"自然科学做实验"的方式,而是采取一种非自然科学的实验方式,这个就是思想实验。顾名思义,思想实验是发生在头脑中的实践,也就是我们去假设某种情形,其中只有一个变量发生变化,这将会怎么样。比如说,其实像刚才所说的自然状态,某种程度上就是思想实验,你不能说因为它不是真实存在的,所以那是假的,或是错的。权理论家给出了一个经典的思想实验:他假设一个跟我们完全一样的社群,除了我们拥有权利、而它们却非如此之外,然后看这个社群可能缺失了什么,它所缺失的部分就是权利的重要性。思想实验也是我们经常采取的一个研究方式,所以各位在阅读的时候要小心思想实验,尤其要考虑这个思想实验设计的合不合理,那个要素是否具备理论上改变的可能性,等等。

四、关于"法学"

以上,就是笔者能提供的一些基础性的东西,具体情况当然会更复杂,需要各位的实践。学术阅读的这个部分,大概就讲完了。我接下来处理法学,我说了我不太处理经典问题,经典问题要处理起来更麻烦,那是很实质的讨论。

关于法学,我们大概有两种观念。一种是比较广义的,也是比较古老的,当然我们可以说得好听一点,叫古典。这个广义的法学,也可以由窄到宽。它最窄的含义是"跟法律有关"。但法律本身的定义就很复杂,这里面的法律,有可能仅仅是指今天正在生效的实在法,也有可能同时包括过去有效、但现在失效的法律。并且,由于法律有可能是制度的组成部分,所以紧接着我们就会把法律扩展到制度,于是所有跟制度有关的讨论,很多人都会认为是法学上的讨论。更进一步,各位都知道,法律或者制度往往跟某些特定的价值产生有着高度紧密的关联,最典型的就是正义这个政治领域的核心价值,所以我们甚至有可能会把法学的领域,扩展到关于正义或政治的领域,并且进一步地把法律跟价值直接联系起来。所以,这个最后、最广义的法律概念,它甚至到后来无所不包,这就是一种古典的法律或法学的观念。各位，如果你去看比较古老的“法学”著作时，你会看到它讨论的范围是非常广的，你很难不发出这样的疑问：什么是法学的边界呢？什么不是法学呢？

还有另一种狭义的法学，狭义的法律就是正在生效的实在法，法学就是针对于此的法律科学。大陆法系传统的法律科学的努力，就是从罗马法一直到潘德克顿体系的提出，最终落实为德国民法的法典化。德国的方案一旦完成，法律科学基本就有了，虽然主要是在民法的领域；但剩下的工作其实很简单、很清楚，就是如何将以目前仅限于民法学的法律科学，扩展到法学全领域的问题。所以各位，你就会看到，开始提出了国家法学说，先是行政法，后是宪法开始法律科学化，最后甚至有了凯尔森的那套完全形式化的一般法理论。英美法系的传统里也有类似的进程，由于它们的法律主要是判例，这很难以教学的方式传授，几乎只能是师父带徒弟，所以就开始有了布莱克斯通，他试图把判例法总结成一些基本的东西，虽然这个做法被边沁激烈批判，但还是由兰德尔的“法律几何学”最终完成。法律几何学其实就是欧几里得证明法在法学的具体运用，它将复杂、海量的具体判例归结为少数不证自明的前提，然后在其中建立起逻辑演绎关系，这就成了兰德尔的哈佛法学院继承人霍姆斯的名言批判的对象，也就有前面讲到的名言：“法律的生命不在逻辑而在经验。”

所以，狭义的法学基本上是个法律科学的意思，它成了一个大致上封闭的专业知识体系，外专业的人士开始变得很难理解，甚至根本就无法理解。此时，法学只剩下了一个唯一的对外通道，就是法理学。

这样一来，我们就会出现两种“法学”经典。通常怎样定义为经典呢？笔者认为，可能是说它至少是一种思想性的、理想性的、价值性的著作。那么在广义法学之下的经典，其实就等于经典，也就是说，法学的经典就是其他学科或相近学科的经典，在法学经典和其他学科经典之间，并不存在一个清晰的界限。但狭义法学下的经典，它大概就会分成这样的两大类：第一类就是法律科学的著作，如各类部门法的法学家，如萨维尼、耶林、拉伦茨等私法的著名学者，或者外行不熟悉的其他公法学者或刑法学者；第二类好像看起来比较满足思想性的要求，比较容易是公认的经典,就是法理学里面的经典,如哈特的《法律的概念》,或者说拉兹、德沃金的著作。同时还有一类,就是涉及法律科学的关联讨论,但由于法学的定义已经比较狭义,所以这种关联就不会像前一种那么广义。今天比较代表性的,是罗尔斯的《正义论》。

部门法的著作经常会遇到"它们够经典吗?"的问题,因为那些部门法的经典著作好像看起来流于技术,好像只是教科书而已。我们就会遇到这样的问题:它够有思想性吗?但法理学里面的经典,也经常会被法律科学家质疑说"它够法学吗?"哈特的《法律的概念》更像是哲学吧?更进一步,法律科学和关联学科的部分——比如说罗尔斯的理论,看起来就是政治哲学的著作;如果你说它是法学经典的时候,你是不是要认同于某种广义的法学定义?这些问题是有意义的,但对初学者来说,还没到你们需要反省的程度,你大概要完成一个验算的阶段,你才可能会接触到这个问题,可以去努力找到一个答案。

所以,在这次演讲的最后,笔者给各位提点建议。在完成验算前,就是你找到结论、前提及前提和结论之间的关联,在这个事情没有完成前,最好不要批评作者;否则你就无法前行,你就会把读不懂当成是作者的责任。对不起,读不懂是你的问题。所以,你在完成验算前,一本书无法从头到尾读下来,甚至无法知道前提是什么。结论和前提之间是否有支持关系,或者说是不是满足分析还原和理性重现的全过程之前,请不要批评作者。再说一遍,在完成验算前,读不懂是你的问题。这是第一点。

第二点,完成验算后最好不要盲从,你要重复来检验它的前提可不可靠,它的推导过程顺不顺利,只有这个时候你才能走向研究这个目标,你才开始变成同行。千万不要反过来。初学者最容易在没看懂作者的时候就批评,看懂了之后就崇拜盲从。笔者已经见过太多的人在没看懂的时候疯狂批评,在读懂之后被吓到了。在你没有完成这本书、这个经典著作的验算之前,不要批评作者,你必须认为他是对的,你才能从他身上读到或者学到东西。当你完成验算之后,最好不要盲从,采取怀疑的方式,看看前提可不可靠,推导过程可靠,分析得对不对?综合得对不对?这样的话,有一天你可能突然发现有一点问题,此时你开始有了研究的能力,这个过程是非常缓慢的。笔者自己进入这个专业里面,实际上是看哈特的《法律的概念》。一开始我也看不懂,花了三年的时间才走过了验算这一步,而我的博士论文开始对哈特的想法提出一些检讨,那是在我看懂之后的第四年。

最后一个提醒,可能会跟各位的直觉矛盾:新的著作比老的著作好。学术是一定有进步的,这件事情我就不详细解释了。所以,学术著作和武侠小说里的武功秘籍不一样,武功秘籍可能越老越好,但学术不可能这样,爱因斯坦的理论就是比牛顿的理论好,牛顿的物理学只能在初中课本里找到了。学术必然是进步的,这正是我们努力的意义,我们不可能接受一种学术返祖的现象,拿着火把、砸着石头探索人类的未来,因为那样根本就没有未来!

How to Read the Classics of Law?

Chen Jinghui

Abstract: To understand the problem "how to read the classics of law", on the one hand, we need to understand the significance of reading for university study; on the other hand, we need to master several specific reading methods. As far as the former is concerned, reading is actually a process of self-education, so it is in fact a constituent factor of college education or study. As far as the latter is concerned, reading by chance is equivalent to retracing the process of writing or research, mastering the following research methods and carrying out reverse operation, which is equivalent to reading methods. Specifically, this includes Euclid's proof method, analysis-synthesis method and thought experiment.

Key Words: reading; Euclid's proof method; analysis-synthesis method; thought experiment

法学教育中成果导向理念的运用*

杜健荣**

摘　要：作为一种新兴教育理论，成果导向理念在促进培养要求明晰化、课程体系结构化及教学方式精细化等方面具有积极意义。在法学教育领域，美国律师协会及各法学院较早开展了以学习成果为导向的改革，形成了具有一定参考价值的实践经验。我国法学教育应当综合考量域外经验与本国实际，通过建立最终学习成果、对课程及课程体系进行反向设计、对学习成果开展评价评估，推动法学教育的提质增效及范式转换。

关键词：法学教育　成果导向教育　学习成果

近年来，成果导向教育（outcome based education，OBE）作为一种新兴理念在世界范围内得到广泛地传播与接受，"美国、日本、英国、澳大利亚、加拿大、巴西、墨西哥等国纷纷出台了相应的评估指南、认证标准、学位要求，无一不突出对学生学习成果测量与

---

* 本文系云南大学2021年度"研究生核心课程建设项目——法理学"及云南大学2019年度"东陆中青年骨干教师培养计划"的研究成果。

** 杜健荣，云南大学法学院副教授，法学博士。研究方向：法哲学、法社会学。

评价的要求”。[①] 受此种趋势影响,我国高等教育若干领域——如工程教育、外语教育、教师教育、职业教育等——已经开始积极吸收和实践这一理念,并在一定程度上获得了教育主管部门的认可。[②] 在这样的背景下,我国法学教育界也出现了以成果导向理念指引法学教育教学改革的呼声,[③]但是由于对相关理论基础和实践发展缺乏充分认知,所以尚未能将其转化为系统性举措。有鉴于此,本文试图从成果导向理念的基本原理出发,考察总结国外相关改革经验,并结合我国实际情况探索该理念在法学教育中的有效实施路径。

一、成果导向理念的内涵及意义

从产生背景来看,成果导向教育理念是社会需求转变和教育理论发展的产物。一方面,自20世纪中期以来,西方社会开始从工业化社会向信息化社会转变,随着信息化时代的到来,社会各领域的复杂性、不可预测性以及竞争的激烈性成为新的常态,用人单位对求职者的实践能力、适应能力以及团队协作能力也提出了更高的要求。但此时的教育系统仍然停留于工业社会模式,其所具有的诸如时间上的固化、学习内容的分割、比较式的评价等特征限制了学生发展和进步的空间,使其难以适

---

① 周显鹏、俞佳君、黄翠萍:《成果导向教育的理论渊源与发展应用》,载《高教发展与评估》2021年第3期。

② 参见《教育部办公厅关于实施一流本科专业建设“双万计划”的通知》(教高厅函〔2019〕18号)明确要求所报送的学校和专业要具有“坚持学生中心、产出导向、持续改进的基本理念”。

③ 参见这方面的文献主要有申天恩:《卓越法律人才教育培养计划实施中成果导向教育理念的应用》,载《法学教育研究》2017年第2期;李劲、谭英:《成果导向教育在法科学生核心能力培养中的运用》,载《辽宁工业大学学报(社会科学版)》2017年第3期;李劲、谭英:《法律硕士研究生课程教学改革研究——以成果导向教育为理念》,载《辽宁工业大学学报(社会科学版)》2019年第1期;李劲:《法律硕士专业研究生课程考核问题探究——成果导向教育理念的运用》,载《辽宁工业大学学报(社会科学版)》2019年第3期;隋军、贾承昊:《成果导向教育理念与人文社会科学混合式教学改革实践——以东北大学法学课程教学改革为例》,载《沈阳农业大学学报(社会科学版)》2020年第5期;等等。

应社会需要,因此急需对教育模式进行改造。另一方面,20世纪以来的西方教育学发展迅速,实用主义教育哲学、建构主义学习理论、能力本位教育观等新理论、新观点不断涌现,其相互之间的碰撞交流以及相关实践的逐步积累,使研究者在此基础上进行理论融合和理论创新成为可能。在上述因素的共同作用下,道格拉斯·米歇尔和威廉·斯派蒂等研究者提出了以学习成果为导向的教育理念。

经过数十年的发展,成果导向理念已经形成一套结构完整、内涵丰富的理论体系。在一般意义上,该理论的主要内容可以用斯派蒂教授在1994年所提出的"一个操作范式、两个关键目标、三个关键前提、四个操作原则、五个实践领域"这一金字塔式模型来加以概括。④(见表1)

表1 成果导向理念模型

模型总结	具体内容
一个操作范式	学生是否成功学习以及学到了什么远比何时及如何学习更重要
两个关键目标	1. 确保所有学生在毕业时都能取得成功所必需的知识、能力和素质 2. 对学校进行组织和运作,使学生能够在最大程度上取得这些成果
三个关键前提	1. 所有的学生都可以成功地学习,但时间和方式会有所不同 2. 成功地学习能够促进更成功地学习 3. 学校控制着直接影响学习能否成功的条件
四个操作原则	1. 明确焦点 2. 扩大机会 3. 高度期待 4. 反向设计

④ See William G. Spady, *Outcome-Based Education: Critical Issues and Answers*, American Association of School Administrators, 1994, p. 19 – 25.

续表

模型总结	具体内容
五个实践领域	1. 定义成果 2. 设计课程 3. 实施教学 4. 记录结果 5. 确定进步

从内容上看,成果导向理念具有两方面的鲜明特征。一是“以学生为中心”。成果导向理念认为,教育的终极目的是实现“所有学生的成功”,即所有学习者在毕业时都能够习得并具备满足相应社会和职业需求的知识、能力及素质,只要采取恰当的方式和手段,这一目标完全可以实现。因此,其反对传统上比较式的、仅允许部分学生合格或优秀的评价方式,主张建立一种稳定、公开、透明的评价标准,并鼓励所有学生通过努力达到此种标准。同时,该理念认为学习的成功并没有固定的时间或模式,而在一定程度上取决于学生学习的基础、态度及环境,因此其反对整齐划一的、严格遵循某种时间节点安排的“以时间为中心”模式,也反对完全由教师控制教学内容和教学进度的“以教师为中心”模式,而是主张从学生的实际需要出发,建立更灵活的学制、更个性化的教学方法以及更具综合性的评价标准。二是“以成果为导向”。成果导向理念将学习成果特别是最终成果(exit outcomes)作为整个教育体系的核心要素,认为所有教育教学活动都应当围绕学习成果而展开。因此其反对传统上以教学力量和资源的投入作为工作导向及质量评价标准的“以投入为导向”理念,主张将学习成果的合理制定作为整个教育活动的基本出发点,根据成果内容对课程体系和教学方法进行规划设计,并以多种方式和手段对成果的实现加以保障。

对于传统教育模式来说,成果导向理念不啻为一种深刻的反思和挑战。随着该理念在实践中的不断推广,其在教育教学活动中的进步意义也得到了充分的展现:一是有助于提升人才培养要求的明晰化程度。“明确焦点”原则要求教学活动将“定义成果”作为基本出发点,由于学习成果本身被界定为学生在毕业时所能达到的“行动与表现的清晰系列”,因此其设定必须尽可能明确、具体,具有可操作性和可实现性。这一立场为解决人才培养过程中存在的目标不清、要求不明等问题提供了契机。二是有助于增强课程体系的结构化程度。“反向设计”原则要求教育工作者从意欲实现的最终成果出发,决定哪些关键课程或模块对实现此种成果具有不可或缺的意义,从而在课程规划中加以科学安排,以形成目标明确、分工合理、逻辑严密的课程体系。这种逆向思维方式能够对实践中存在的课程结构不均衡、课程设置不科学等状况起到修正作用。三是有助于加深教育教学的精细化程度。“扩大机会”和“高度期待”原则要求学校和教师根据学生的实际情况,通过有针对性地选择教学方法、对学生的学习情况进行记录、持续开展反馈以实现进步等措施,提高学习成果的实现程度,从而使传统上较为粗放的教学模式得以向精细化方向转变。当然,值得指出的是,虽然成果导向理念具有普遍性,但是受不同专业特性的影响,其发挥作用的路径和效果均有所不同,因此并不存在统一的应用模式,需要结合各专业领域自身的实际情况加以确定。

二、美国法学教育的成果导向改革

(一)改革背景

在过去的十余年中,美国法学教育界一直在尝试将成果导向理念与法学院的教学活动相结合,这种变化是内外因共同作用的结果。就外因而言,美国教育界从 20 世纪 90 年代开始全面接受成果导向理念,1992 年出台的《高等教育法》规定学生学习成果的评估应成为大学认证的重要内容,各州也采取相应措施对此加以推进。由于大多数法学院本身就是大学的组成部分,因此不可避免地受到整体政策环境变化所带来的影响。就内因而言,由于 21 世纪以来律师业务竞争加剧以及法律工作的复杂化程度加深,法律实务界对法学院毕业生的要求不断提高,并因此形成呼吁法学教育进行改革的浪潮。多个法律职业组织和研究机构发布报告,[⑤]对改革提出了一系列有针对性的意见和建议。这些报告的立场和观点虽然不尽相同,但都在一定程度上吸收了成果导向理念的内容,从而共同强化了该理念对法学教育的影响。

为回应上述内外部压力,美国律师协会作为法学院的认证机构,开始着手推动成果导向理念在法学教育中的贯彻落实,其中最重要的举措就是对《法学院认证标准与程序规则》(以下简称《规则》)进行修订。2007 年,美国律师协会法学教育与律师准入分部组建了成果衡量特别委员会,以研究如何将学习成果的衡量应用于法学院认证程序当中,该委员会充分考察了其他专业领域的改革经验,建议审查并重新制定法学院认证标准,以减少既有标准对投入性指标的依赖,转而更广泛地采用成果测量指标。[⑥] 在此基础上,法学教育与律师准入分部下设的标准审查委员会任命了"学生学习成果分委员会",负责正式起草修改报告。该委员会于 2009 年提出第一份草案,经过多方征求意见和反复修改,新的规定最终于 2014 年 8 月获得批准,并确定于 2016～2017 学年开始实施。此番修订的主要成果体现于《规则》第三章《法学教育项目》的若干条文中,主要包括:(1)标准 301 规定,为了使毕业生能够成功成为法律职业的一员,"法学院应当建立并公布为实现上述目标所必需的学习成果"。(2)标准 302 规定,法学教育应实现的基本学习成果包括"(a)对实体法和程序法的认知与理解;(b)法律分析与推理、法律研究、问题解决以及法律语境中的书面和口头交流;(c)对客户和法律系统履行适当的职业和伦理责任;(d)作为法律职业成员合格且道德化参与所需要的其他技能"。(3)标准 303 规定,为实现上述成果,法学院应当开设不少于 2 个学分的职业伦理课程、2 次以上的法律写作课程以及不少于 6 个学分的体验型课程如模拟法庭、法律诊所、现场实习等。

---

⑤ 其中较重要的包括美国律师协会 1992 年发布的《法学教育与职业发展——一种教育上的连续统一体》报告(简称《麦卡特报告》)、美国法律诊所教育实践联合会 2007 年发布的《最好的法学教育实践——前景与路径》(简称《最好实践报告》)以及卡内基基金会 2007 年发布的《教育律师:为法律职业做准备》(简称《卡内基报告》)等。

⑥ See Steven C. Bahls, *Adoption of Student Learning Outcomes: Lessons for Systemic Change in Legal Education*, Journal of Legal Education 67, 2018.

(4)标准 314 和 315 规定,教师应当在教学过程中对学生的学习情况进行评价(assessment)和反馈,同时法学院也应当对课程质量开展评估(evaluation)。[⑦]

许多研究者都认为,通过对学习成果的建立、实施、评估提出一系列要求,实现了《规则》在指导思想上从"投入导向"向"成果导向"的转变。同时,为了减少实施阻力,《规则》在各项改革要求上仅设置了较低的标准,而给法学院根据自身情况进行拓展留下了充足的空间。该规定实施后,虽然也面临一些批评和质疑,但总体上获得了较为积极的反响,各法学院不仅陆续开始落实各项改革措施,而且也主动开展了大量探索性的工作,使这一轮成果导向改革取得了明显的成效。

(二)主要改革内容

第一,成果设定。按照《规则》标准 301 的要求,法学院应当制定关于学习成果的整体计划并通过网站或出版物加以公布。根据研究者的统计,截至 2017 年 1 月,美国律师协会认证的 205 所法学院中有 70 所在网站上公布了学习成果;而到了 2020 年 1 月,这一数量已经增加到了 193 所。[⑧] 相较于标准 302 的规定,大多数法学院确定的成果在内容上更加丰富,在表达上也更为精细。以戴顿大学法学院为例,其学习成果包括了 9 个大项、共计 30 项具体标准。[⑨](见表 2)

⑦ See *Standards and Rules of Procedure for Approval of Law Schools*, Accessed February 10, 2022. https://www.americanbar.org/content/dam/aba/administrative/legal_education_and_admissions_to_the_bar/standards/2021 - 2022/2021 - 2022-aba-standards-and-rules-of-procedure-chapter-3.pdf.

⑧ See Neil Hamilton, *Off-the-Shelf Formative Assessments to Help Each Student Develop toward a Professional Formation/Ethical Professional Identity Learning Outcome of an Internalized Commitment to the Student's Own Professional Development*, Mercer Law Review 68, 2017.

⑨ See *University of Dayton School of Law Learning Outcomes and Performance Criteria*, Accessed February 10, 2022. https://udayton.edu/law/_resources/documents/academics/learning-outcomes-and-performance-criteria.pdf.

表2　戴顿大学法学院学习成果清单

序号	学习成果	具体标准
1	对法律及美国法律体系的认知与理解	(1)识别、描述和解释法律的基本术语、规则和原则；(2)描述美国法律体系的结构、过程及程序
2	发现问题的能力	(1)识别与事实相关的潜在可适用的法律理论；(2)识别与法律理论相关的法律规则；(3)识别与法律规则相关的法律事实
3	分析和解决问题的能力	(1)对可适用的权威性文件进行批判性阅读；(2)将相关法律规则综合成一个逻辑分析框架；(3)在规则冲突的情况下分析法院可能适用哪条规则；(4)将确定的规则应用于事实；(5)将事实与判例进行类比和区分；(6)对解决问题的实际考虑进行阐明
4	与他人的有效沟通	(1)撰写清晰、简洁、理由充分的文件；(2)以专业的方式演讲；(3)积极倾听他人的意见
5	有效地开展研究	(1)设计和实施符合逻辑的研究计划；(2)准确评估权威材料的分量；(3)识别并有效运用法律研究的基本工具
6	良好的法律实践技能	(1)有效地管理法律项目；(2)有效计划和控制项目的时间使用；(3)选择并有效参与恰当的争议解决程序
7	识别并解决伦理及其他职业困境	(1)开列管理律师的法律渊源；(2)识别并解释管理律师的可适用法律；(3)运用相关法律识别伦理及其他职业困境；(4)运用相关法律帮助解决伦理及其他职业困境；(5)运用专业判断帮助解决伦理及其他职业困境
8	持续发展专业技能和专业特性	(1)展示自我导向的学习技能；(2)参加业余活动以增长知识、磨炼技能和传播价值观
9	在服务、社区及包容性方面展现魅力	(1)展现礼貌，尊重他人；(2)展示多样性技能，包括对社会和文化差异的敏感性；(3)促进法律职业履行其社会责任

虽然各法学院学习成果的具体内容不尽相同,但是从总体上看学习成果的增量化和体系化正在成为一种趋势,而支撑这一趋势的基础则是不断完善的成果来源渠道和设定方法。首先,广泛开展的律师职业能力研究为确定学习成果提供了基本的素材。美国法学教育以培养律师为主要目标,而美国律师业本身是一个高度成熟的行业,其对于从业者的职业能力和素质有着十分明确的要求,这些要求中的许多内容都可以直接转化为法学院的学习成果,例如,美国律师协会发布的《法学教育与职业发展——一种教育上的连续统一体》所总结的十项律师技能和四项职业价值观就被众多法学院所援引。同时,一些职业组织和新闻媒体开展的相关专业调查——如汤森路透发起的"成功的21世纪律师需要具备的十大能力是什么"——也为法学院提供了辅助性依据。其次,各法学院也通过开展有针对性的调查研究来帮助确定学习成果,较为常见的做法是面向毕业生雇主、近年来毕业的校友以及向在校师生发放问卷,以了解各类型"利益相关者"的意见和看法。实际上,前述戴顿大学法学院以及诺瓦东南大学法学院、约翰马歇尔法学院等在较早之前就已经开展此类活动,并在《规则》实施之后被更多法学院所借鉴。此种方法能够帮助法学院及时发现并确立那些能够体现自身特色或回应现实需求的学习成果,例如,明尼苏达大学法学院、维拉诺瓦大学查尔斯维杰法学院等在访谈中发现法律实务机构对毕业生在面向客户的服务能力方面存在不满,于是在学习成果中加入了诸如了解客户的背景、业务和创业心态,在不断变化的市场中为客户和雇主服务的能力等内容。⑩ 最后,在研究者的倡导下,越来越多的法学院引入"布鲁姆教育目标分类法"等科学工具对学习成果进行描述和归类,使学习成果的清晰性和体系性得到增强。

第二,课程规划。《规则》标准303规定了法学院为实现学习成果而必须开设的课程,对于大多数法学院来说,由于其设定的学习成果

---

⑩ See Neil Hamilton, *The Gap between the Foundational Competencies Clients and Legal Employers Need and the Learning Outcomes Law Schools are Adopting*, UMKC Law Review 89, 2021.

已经远远超出《规则》的要求,因此在课程上也就不能满足于最低限度的改革,而必须采取更有针对性的措施。在实践中,通过引入“课程规划”(curriculum mapping)这一概念,法学院及其教师在课程成果设定和课程结构调整两个方面开展了一系列创新性的工作。首先,法学教师通过在具体课程中建立学习成果要求,形成对最终成果的支撑。课程成果的来源是多方面的,对部分课程来说,相关研究和教学组织制定的统一要求是首先应当吸收的资源,例如,美国法律图书馆协会发布的《法律研究能力原则与标准》设计了关于法律研究和写作的五项原则、十七项标准以及五十九项具体能力,[11]由于该标准直接对应于“法律研究与写作”课程,因此被众多法学院的相关教学团队所接受。当然,在大多数情况下,教师或教师团队需要独立开发课程成果,以便与本机构的最终成果进行衔接。如约翰马歇尔法学院“律师技能项目”系列课程的教学团队花费一整年的时间,通过大量的准备工作为整个项目及其中每一门具体课程都设计了明确的学习成果。[12] 值得注意的是,此种改革并非只聚焦于实践性课程,在一些理论性课程中,教师也试图通过设置额外的能力和价值观方面的成果目标,来培养学生多维度、多层次的能力和素质。其次,法学院基于最终成果的要求对课程体系进行调整,主要表现为对实践性课程的增加。《规则》标准303仅要求体验型课程“不少于6个学分”,即使加上“不少于2次的法律写作课程”和“不少于2个学分的职业伦理课程”,在总学分中的占比仍然较低。为了匹配最终成果中占主体地位的能力类要求,许多法学院大力提高体验型课程的修习要求,在加利福尼亚州,这一类型课程的学分要求已经普遍升至了15分以上,且还有继续增加的趋势。同时,法律写作课程的课时和学分也在增加,例如,印第安纳理工大学法学院就建立了一个贯穿6个学期、总共13个学

---

⑪ See *Principles and Standards for Legal Research Competency*, Accessed February 10, 2022. https://www.aallnet.org/wp-content/uploads/2020/04/AALL2020-PrinciplesStandardsLegalResearchCompetencyFull.pdf.

⑫ See Anthony Niedwiecki, *Law Schools and Learning Outcomes: Developing a Coherent, Cohesive, and Comprehensive Law School Curriculum*, Cleveland State Law Review 64, 2016.

分的法律写作项目。⑬ 在总学分相对固定的情形下,这些措施使法学院的课程结构发生了较明显的改变。

第三,评价评估。《规则》建立了两套相互关联的机制来保障学习成果的实现,分别是课程层面的“评价”和机构层面的“评估”。首先,就评价而言,标准 314 要求“法学院应在课程设置中同时运用形成性和总结性两种评价方法衡量和改善学生的学习,并为学生提供有意义的反馈”。由于相当一部分法学院长期以来将被称为“不做就死”(do or die)的期末考试作为单一评价工具,被研究者视为“没有任何质量控制”,因此“形成性评价”(formative assessment)概念一经引入就受到了法学教育界的重视,并将其视为成果导向改革的核心环节。大量新出版的法律案例书及其他教育材料将形成性评价选项作为其内容的重要组成部分,许多教师也开始主动探索和实践这一评价方法。为了更有效地开展形成性评价,法学教师致力于建立更加完善的学生学习档案,加强对学生在学习过程中形成的痕迹性资料的收集与整理,同时通过借鉴其他专业领域的经验或通过团队合作开发的方式设计相关教学活动的评价标准,并将档案中所记录的学习情况与评价标准相结合,形成对学生在特定课程中的表现的动态评价。基于这种评价,教师采用书面通知、个别谈话等方式持续地对学生进行个性化反馈,以促使学生对存在的问题及时加以改进。明尼苏达大学法学院等机构开展的实证研究表明,这种评价与反馈相结合的方式不仅有助于学生在本门课程中的成绩提升,而且在其他课程中也具有正面的累积效应。⑭ 其次,就评估而言,标准 315 要求“法学院院长及教职人员应持续对法学院的法学教育项目、学习成果及评价方法进行评估;并使用这一评估结果确定学生学习成果的实现程度,以及通过适当的改变对课程加以改进”。在这一要求指引下,一些学者对法学教育中的机构性评估进行了深入研究并产出了诸多成果,其中

⑬ See Kristen Konrad Tiscione, *A Writing Revolution: Using Legal Writing's Hobble to Solve Education's Problem*, Capital University Law Review 42, 2014.

⑭ See Daniel Schwarcz, Dion Farganis, *The Impact of Individualized Feedback on Law Student Performance*, Journal of Legal Education 67, 2017.

较有代表性是罗瑞·肖和维多利亚·范赞特于2015年出版的著作《学生学习成果与法学院评估——衡量机构效能的实践指南》,该书对为何评估、谁来评估、如何评估等具体问题进行了细致地阐述。⑮ 在这些研究成果的帮助下,各法学院纷纷尝试开发符合自身实际情况的评估方法,例如,佐治亚州立大学法学院建立了一个成果评估的"五步流程",并逐渐形成直接评估和间接评估两种模式。⑯ 其中,直接评估是通过对学生在校表现——诸如考试成绩、实习表现、律师考试通过率——来判断课程是否达到了预期的成果;而间接评估则是根据毕业生的社会评价来对特定学习成果的实现情况进行衡量。法学院会根据通过上述方式所形成的评估结论,对教师提出调整课程成果、改进教学方法等有针对性的建议。

三、我国法学教育如何吸收成果导向理念

随着成果导向理念在我国高等教育中的"嵌入性"不断加深,以及社会对法律人才的要求和对法学教育的期待值不断提高,在法学教育中引入成果导向理念的必要性正在逐渐凸显。法学院系有必要采取积极措施贯彻成果导向理念,以推动我国法学教育的提质增效与范式转换。为达到这一目标,需要综合考量成果导向理念的一般原理、国外相关改革经验以及我国的实际情况,以确定基本的改革路径和具体的操作手段。基于上述认识,笔者认为应当从以下三个方面展开相关工作:

(一)建立明确的最终学习成果

对我国的法学教育来说,建立学习成果并非一项完全陌生的工作,

---

⑮ See Lori E. Shaw and Victoria L. VanZandt, *Student Learning Outcomes and Law School Assessment: A Practical Guide to Measuring Institutional Effectiveness*, Durham, Carolina Academic Press, 2015, p. 2 – 10.

⑯ See Marie Summerlin Hamm et al., *The Rubric Meets the Road in Law Schools: Program Assessment of Student Learning Outcomes as a Fundamental Way for Law Schools to Improve and Fulfill Their Respective Missions*, University of Detroit Mercy Law Review 95, 2018.

从国家层面的《普通高等学校法学类本科专业教学质量国家标准》到各法学院系制定的人才培养方案，都在显著位置上对“培养要求”这一内容进行了规定。从一般意义上说，培养要求指向的是学生在毕业时应当具备的知识和能力，其在本质上与学习成果概念较为接近。但是，由于既有的法律人才培养要求在内容上通常都较为宽泛，在表述上较为抽象笼统，在实践中也常常被虚置，因此难以承载学习成果统合整个法学教育教学过程的功能。这意味着今后在设定学习成果时或许可以在名称上继续沿用培养要求这一称谓，但是需要在内容与表达上对其进行全面的重构：

首先，对学习成果具体内容进行合理设定。根据成果导向理念的一般原理，最终学习成果应当是一套以知识类成果为基础、以能力类成果为核心、以素质类成果为辅助的综合体系。对于法学专业来说，这套体系又可以区分为共通性成果和个性化成果两个部分：共通性成果是指所有法学专业学生面对不同职业需要所必须具备的基础知识和能力，主要包括知识类成果、能力类成果中的智能技能部分和素质类成果中的基本公民素质部分；[⑰]个性化成果则是指法学院系基于自身条件和对人才培养目标的个性化选择而确定的具有差异性的学习成果，主要包括能力类成果中的实务技能部分和素质类成果中的职业素养部分。过去我国法学教育强调培养要求的概括性和共通性，而忽视对个性化成果的开发，所以在培养要求上存在“千人一面且模糊不清”的状况，因此未来在设定学习成果时应当朝着细化共通性成果、强化个性化成果的方向发展。所谓细化共通性成果，是指根据国家标准和学界通说，对已形成共识的知识和能力成果予以细致呈现。大体而言，知识类成果包括法学基础理论知识和对一国法律制度、体系的认知与理解；智能技能成果主要包括法律分析、法律解释、法律推理、法律论证以及法律判断等能力。而所谓强化个性化成果，则是指在学习成果设定中对实务技能和职业素养方面

---

⑰ 法律实践能力可以被区分为“智能技能”与“实务技能”两种类型。“智能技能”主要指运用法律概念、原理和方法进行分析、推理、解释、论证、判断的能力，而“实务技能”主要指根据具体法律职业的惯常行动方式处理技术性、程序性问题的能力。See *Best Practices for Legal Education: A Vision and a Road Map*, Accessed February 10, 2022. https://www.suffolk.edu/documents/Law%20Documents/best_practices-cover.pdf.

的欠缺予以补足增强。值得注意的是,个性化成果通常与特定的职业属性相联系,因此需要先行确定人才培养的职业导向,但与美国不同,我国法学教育整体上并没有明确统一的职业指向,因此需要各法学院系自行确定。由于职业导向对教育教学影响重大,法学院系在开展这一工作时不仅要厘清自身办学条件、特长优势、主要就业去向等关键因素,也要充分听取各利益相关方的意见,通过对用人单位、行业专家、法学教师、毕业生等多元化主体开展问卷调查、座谈讨论、信息统计等工作,形成符合实际的定位。在此基础上,如果确定以法官、检察官、律师等传统法律职业为"理想类型",则在学习成果上应当聚焦于以司法或法律服务为中心的实务技能,包括法律文件的起草审查、对事实进行调查、提供法律咨询以及进行法庭辩论等方面的能力以及相应的职业伦理。如果选择以立法——决策型人才为主要培养目标,则需要在学习成果中凸显运用命令、市场、沟通、共识和架构等工具形成决策,在多种利益间进行利益衡量,以及关注议程设定、政策规划、政策决策、政策执行等方面的能力。⑱

其次,以科学方法对学习成果进行表达。一方面,研究者早已指出,对学习成果的描述不应使用诸如"知道""相信"等概念,而应使用"描述""解释""设计""制作"等"可被观察的行为动词"。⑲ 就此而言,在设定学习成果时要减少使用过去常见的诸如"融会贯通""灵活地综合应用"等不确定概念,借助"布鲁姆分类法"所提出的"记忆、理解、应用、分析、评价和创造"等认知领域分类以及与之相对应的具体操作概念来对成果进行描述,不断提高表达的准确性。另一方面,由于学习成果的内容较为复杂,如果不加归纳地进行罗列,不仅会造成逻辑上的混乱,也会对学习成果的贯彻落实和评价评估构成阻碍。对此,我们可以借鉴国外法学教育中常见的"成果—标准"二级体系或"原则—标准—能力"三级体系,在区分知识、能力、素质等基本成果类型的基础上,对于其中的重要内容(特别是能力类成果)进一步设定二级或三级指标,使学习成果

⑱ 参见刘诚:《面向"制度上游"的法学教育》,载《法学教育研究》2021 年第 3 期。

⑲ See William G. Spady, *Outcome-Based Education: Critical Issues and Answers*, American Association of School Administrators, 1994, p. 13.

成为一个结构完善且层次分明的整体。

(二)对课程及课程体系进行反向设计

根据成果导向理念的要求,在建立最终学习成果之后,就应当按照反向设计的原则对课程进行选择、规划和实施,以支撑成果的实现。在一般意义上,这种针对课程的反向设计主要涉及具体课程和课程体系两个层面:

首先,就具体课程而言,反向设计包括确定课程成果和选择教学方法两项内容。所谓“课程成果”是指学生在特定课程学习结束后应当实现的阶段性成果,其实质是最终学习成果在具体课程中的映射。在过去的实践中,课程大纲中的“课程目标”在一定程度上包含了某些课程成果方面的要求,但是这些要求通常较为抽象概括,且与人才培养目标和培养要求没有必然联系。为了贯彻成果导向理念,需要对法学专业课程的学习成果进行重新设计。在反向设计模式下,课程成果的确定应当从课程的性质和内容出发,从最终学习成果中选取与之相适应的内容并予以具体化。在这一过程中,需要注意避免一种观念和实践上的误区,那就是将理论性课程对应于知识类成果,将实践性课程对应于能力和素质类成果。这种做法的错误之处在于以课程类型限制课程成果,从而割裂了知识、能力及素质之间的内在联系,造成课程成果在知识与能力上的不均衡。因此在设计课程成果的时候,有必要在理论课程中注入法律实践能力和法律职业素养相关成果,特别是在部门法课程中将理论知识与智能技能有机结合起来。此外,课程成果也需要相应的教学方法作为保障,特别是在课程包含能力和素质成果的情况下,不能仅依赖于讲授,而必须综合运用演示、讨论、启发、实操等多样化的方法。

其次,就课程体系而言,反向设计主要指根据学习成果合理安排课程的类型、比例和顺序。过去由于我国法学教育在课程设置上普遍重理论轻实践,与人才培养要求落差较大,因此受到较多批评。[20] 近年来在

---

[20] 参见刘剑文:《供给侧改革下法学本科核心课程的结构调整》,载《政法论丛》2017年第3期;刘坤轮:《我国法学类专业本科课程体系改革的现状与未来——以五大政法院校类院校为例》,载《中国政法大学学报》2017年第4期。

一系列改革推动下,法学专业课程体系有了较大改观,但是与培养目标和要求仍然存在衔接不足,因此需要进一步调整完善。根据前述共通性成果和个性化成果的区分,课程体系的调整也应当从两方面着手进行:一方面,要针对共通性学习成果增加面向智能技能的课程。目前我国法学专业课程安排总体上偏重保障知识类成果,而对智能技能类成果支撑不足。虽然理论性课程本身也可以对智能技能进行一定的训练,但是由于时间和条件的限制,在较大程度上仍需依靠专门性课程,例如,德、法等国法学院所普遍开设的案例研习课以及在英、美等国法学院中常见的讨论课(seminar)和讲习会(workshop)。由于这些类型的课程在大多数法学院系的课程体系中仍付之阙如,因此亟须予以补充。另一方面,要针对个性化成果增加相应的实务技能课程。如果将实务技能类成果定位于司法审判及法律服务领域的能力,则需要在法律诊所和模拟法庭这一"最低配置"的基础上补充开设法律援助、法律咨询等全真型课程和模拟谈判等仿真型课程;如果在学习成果上偏重于立法、执法等方面的能力,则需要增加模拟立法、模拟听证等仿真型课程。在上述改革基础上,部分在学习成果上过度集中或相互雷同的理论课程可适当精简,降低理论课程在整体课程体系中的占比,同时鼓励学生通过慕课等灵活方式对相关知识进行自主学习。

(三)对学习成果开展评价与评估

在成果导向理念看来,学习成果的实现是一个不断实践、不断检验和不断改进的过程,只有准确把握教学情况并及时采取相应措施,才能确保阶段性成果和最终成果的实现。这种持续改进涉及学生学习和课程教学两个层面,分别对应于评价和评估两种操作方法:

首先,在学生学习方面,需要教师进行评价和反馈。在我国法学教育中,由于受长期以来形成的大班授课、讲授式教学、"一锤定音"式期末考试等因素影响,教师对学生阶段性学习成果的实现情况和发展预期缺乏有效把握,对学生较少进行有针对性的帮助和指导,从而造成教学效果的不稳定和不可控。要改变这种粗放化的状况,强化形成性评价与个性化反馈是一个重要的突破口。结合成果导向理念原理和域外经验来看,此项工作的开展主要涉及以下方面:一是设计教学并对学习活动进行记录。形成性评价的对象是学生的日常学习表现,其依据是所有与学习表现相关的数据和资料,如果课程教学仅依赖于讲授,则无法获得相关资料以了解学习状况,因此教师需要构建多元化教学活动如开展课堂讨论、撰写案例分析或研究论文、组织模拟庭审等,并通过持续性收集整理相关资料如课堂表现记录、作业、试卷等,建立学生学习档案。二是任课教师根据课程成果的具体项目设置明确的评价标准,并在授课过程中的若干时间节点上以学习档案中的相关内容对照评价标准从而形成评价意见。三是教师通过书面或口头方式及时向学生反馈评价意见,指出其在具体学习成果实现上存在的不足并提出明确的改进建议,并在后续教学中对相应的改进情况做出新的评价和反馈,以确保学生能够取得实质性进步。

其次,在课程教学方面,需要法学院系从机构层面进行评估和调整。不同于传统意义上侧重于形式性审查的教学评估,基于成果导向理念的评估是对特定课程成果整体实现程度的考察。与前述形成性评价相似,此种评估也可以分为三个阶段:一是由法学院系遴选相关专家组成评估团队,并由评估团队对各项学习成果的具体评估标准进行设定;二是评估团队充分收集待评估课程中所有能够体现学习成果的材料,包括课堂活动记录、各种类型的作业或报告、对学生的访谈问卷等,并将这些材料与评估标准相结合以形成评估结论;三是对于那些未达标课程,由法学院系要求任课教师在教学内容和教学方法等方面予以改进,并通过后续评估确定改进效果,从而保障学习成果的实现。

总体而言,法学教育对成果导向理念的吸收是一项系统性工程,涉及教育教学中的各个重要领域和关键环节,上文所提出的改革建议仅是一些初步观点,未来需要在实践中探索更为具体、更有针对性的措施和手段,使这项工作能够持续向纵深发展。

On the Application of Outcome-based Education in Legal Education

Du Jianrong

Abstract: As a new educational theory, the outcome-based education conception plays a positive role in promoting the clarity of training objectives, the structuralization of curriculum system and the refinement of teaching methods. In the legal education field, the American Bar Association and law schools carried out the learning-outcomes-oriented reform earlier, and formed practical experience with certain reference value. China's legal education should comprehensively consider foreign experience and domestic reality, and promote the quality and efficiency of legal education and paradigm transformation by establishing the final learning outcomes, performing reverse design of the curriculum and curriculum system, and evaluating the learning outcomes.

Key Words: legal education; outcome-based education; learning outcomes

大数据在线案例库教学模式的构建与实施路径研究*

——以法理学课程为例

张玉洁**

摘　要:随着大数据时代的到来,传统法理学课程的案例教学模式正在逐步向大数据在线案例库教学模式转型,以克服其"授而不新、学而不用"倾向、同质化现象、社会适应性不强等弊端。为了进一步提升法学本科生对法理学知识的理解和应用能力,本研究以案例教学法、基于情境认知与建构主义教学观以及大数据分析原理为理论基础,围绕"北大法宝"数据库构建起大数据在线案例库教学模式,并通过课堂实践证明了该模式有助于提升学生对法理学基础知识的深度理解和灵活应用。值得注意的是,大数据在线案例库教学模式并不适宜采用疑难案件作为案例样本,而应当采用具有普遍意义、典型意义的案例,并同时兼顾法律学科的人文关怀,以此提升

* 本文系2020年度广东省高等教育教学改革项目"大数据背景下在线案例库教学模式改革与实践——以广州大学《法理学》课程为例"(粤教高函〔2020〕20号)、2022年度广州市高校质量工程项目"诉讼法学课程群教研室"的阶段性成果。

** 张玉洁,广州大学法学院副教授,法学博士。研究方向:法理学、科技法学。

法理学课程的实践性和价值性。

关键词:大数据　在线案例库　法理学　案例教学

随着我国《国民经济和社会发展第十四个五年规划和2035年远景目标纲要》和《"十四五"数字经济发展规划》的出台,我国高等教育迎来了数字化教育的重大改革。特别是针对当前各法学院系法理学课程教学中"授而不新、学而不用"倾向、同质化现象、社会适应性不强等问题,各高校亟需以法学基础课程改革为突破口,以大数据教学模式来创新性地推动法学本科人才培养综合改革。为此,习近平总书记要求我们用好大数据,增强利用数据推进各项工作的本领,不断提高对大数据发展规律的把握能力,使大数据在各项工作中发挥更大作用①。因此,在各高校法学教育中引入大数据在线案例库教学模式,实则是法学院系顺应时代发展的必然举措。

大数据时代的理论课程教学,已经不能停留在照本宣科、填鸭式灌输等层面,还应当"掌握大数据分析方法与数据可视化应用,使大数据更好地为我们的工作与生活服务"②。因此,本研究以广州大学法理学课程改革为对象,重点阐述理论课程教学中大数据在线案例库教学模式的基础理论、数据库的选择、法理学知识点的遴选以及课堂实践情况,由此揭示"大数据+理论课程教学"的全新模式和建设方向。

一、大数据在线案例库教学模式的理论基础

大数据在线案例库教学模式是在传统案例教学法的基础上,结合情境认知与建构主义教学观与大数据分析方法所形成的全新教学模式。

① 参见习近平:《审时度势精心谋划超前布局力争主动　实施国家大数据战略加快建设数字中国》,载《人民日报》2017年12月10日,第1版。

② 邬贺铨主编:《数据之道:从技术到应用》,中国科学技术出版社2019年版,第119页。

因此,该教学模式的理论基础就包括以下三项。

(一)案例教学法

在经过长期的建设与发展之后,我国的案例教学模式也初见成效,但也出现了"授而不新、学而不用"倾向、同质化现象、社会适应性不强等问题。特别是随着大数据时代的到来,案例教学法正在面临更为严峻的挑战以及更为复杂的要求。首先,MOOC、翻转课堂以及在线课程从线上维度顺应了多样化案例教学的要求,却无法解决案例更新与交互式应用难题。③ 其次,大数据时代的法学教育,开始注重统计思维与法律思维的综合运用,力求获得法律问题的量化依据和价值依据。最后,伴随着智慧司法、数字政府建设的不断发展,法学教育既需要增加数字法治建设的相应内容,又需要开辟出大数据教育、智能教育等全新的教育方法。上述挑战和要求无疑对法学教育、人才培养以及就业等各个方面,提出了更高的要求。因此,以大数据方法推进案例教学法的升级改造,是该教学法在数字化时代自我革新的必然方向。

(二)基于情境认知与建构主义教学观

作为教学工具的大数据在线案例库,深受案例情境和认知建构能力的影响。后者主要"基于情境认知与建构主义教学观"的四要素("4C/ID"模式)开展教学设计,并广泛适用于医学、英语、护理学等领域的教学设计中。④ 随着大数据技术在法学领域中的逐渐普及,"4C/ID"模式同法学教育的结合正在逐步加快、加深。为此,本研究将"4C/ID"模式

③ 参见崔亚娟等:《中国影视产业发展与应用型人才培养创新机制研究》,中国广播影视出版社2020年版,第134页。

④ 基于情境认知与建构主义教学观的四要素教学设计在各个研究领域的展开情况,参见Daniel Michelle et al., *Applying four-component Instructional Design to Develop a Case Presentation Curriculum*, Perspectives on Medical Education 4, 2018, p. 276 – 280。See Lisa Musharyanti et al., "Improving nursing students' medication safety knowledge and skills on using the 4C/ID learning model", *Journal Multidisciplinary Healthcare* 5, 2021, p. 287 – 295. See Mieke Vandewaetere et al., *4C/ID in Medical Education: How to Design an Educational Program Based on Whole-task Learning: AMEE Guide No.* 93, Medical Teacher 1, 2015, p. 4 – 20. 另参见孟超、马庆林:《基于在线语料库的法律英语词汇教学模型实证研究》,载《外语电化教学》2019年第2期;另参见许燕、余晓云、肖焕新:《基于四要素教学设计模式的护理教育学教学设计、应用及评价》,载《护理研究》2022年第12期。

同案例教学法相结合，着重突出四要素的教学架构功能，构建起以大数据在线数据库为核心的法理学情境认知与建构主义教学模式。

其中，"学习任务"要素的设计是对法理学基本理论教学目标的研讨，并将法理学课程的教学目标分解成不同的知识节点，并融合到学生们的任务组和专项练习中去。"分任务练习"要素可以根据法理学课程教学内容的差异，由老师发布不同的小组任务和专项练习任务。小组任务是在老师讲解完基本法理概念和知识点之后，由学生小组当场演练并展示成果的活动；而专项练习任务则是对小组任务的巩固和强化，通常情况下由学生单独完成，并通过小组内部讨论的方式加以完善（必要的情况下，可以向老师请教）。"支持性信息"要素包括"信息"和"程序"两部分。前者强调老师对教科书内容、背景知识、重点难点知识的阐述，并可以通过案例、讨论等方式呈现，以提升学生对知识节点的理解；后者则倾向于大数据平台的运用程序、法理学知识同大数据的交叉比对程序等过程性信息的使用。"信息"和"程序"的叠加，保证了学生动手能力和动脑能力的双向培养，有助于提升学生对知识点的记忆深度。"专项评价"是老师对学生掌握知识点情况的判断。通过"4C/ID"模式四要素的应用可以发现，"4C/ID"模式注重的是"如何应用这些知识解决实际生活中所遇到的问题的能力"⑤。它同案例教学法的结合，有助于改变法理学课程以"讲授方式为主"的不足之处。

（三）大数据分析原理

近年来，各个法学院系不断摸索大数据与法学教育的结合问题，试图从技术引入中实现法学教育的革新。例如，清华大学法学院的"计算法学"专业、中国人民大学法学院针对法学专业学生开设的"大数据分析导论"课程、四川大学法学院开设的"计算法学"课程以及山东大学创设的"计算法学"系列课程。⑥ 上述课程，看重的就是大数据在处理案件

⑤ 曾祥翊、希建华主编：《教育技术与远程教育国际学者访谈录》，中央广播电视大学出版社2011年版，第104页。

⑥ 参见张妮、徐静村：《计算法学：法律与人工智能的交叉研究》，载《现代法学》2019年第6期；另参见邓矜婷、张建悦：《计算法学：作为一种新的法学研究方法》，载《法学》2019年第4期。

信息、分析信息和凝结信息等方面的巨大优势。有研究显示,湖北省部分高校(如中南大学、湖南大学等)法学院系已经在课堂上运用大数据教学的方式“整理案例,进行大数据分析”。其中,80%以上的老师认为大数据案例库“涵盖的案例数量多、地域广、时间跨度大,有利于学生对同类案件的裁判依据、争议点进行比较分析和总结归纳”;26.8%的学生认为“可明显提升学习效果比例”。[⑦] 由此观之,大数据技术的引入,为法学课程变革带来了全新的思维模式和发展方向。

综观上述探索,国内各法学院系在使用大数据教学的方式上主要分为两种:一是将“大数据”作为法理学教学的主要内容,强调从大数据的本体出发,探究这一新兴事物对传统法学理论的影响。[⑧] 它强调大数据本身的载体意义,而非方法论意义。因此,凡是涉及大数据的案例,皆可以成为大数据在线案例教学的内容。二是以既有的“在线案例库”为依托,教师和学生致力于从“在线案件库”的庞大数据中挖掘出某种兼具法律意义和统计意义的价值判断。在该教学模式下,大数据在线案例库实质上是用于传授大数据分析方法以及深化法学理论的工具。但鉴于上述两种教学方式的显著差异,本研究将教学改革的重心置于后一种类型(“法理学问题的大数据分析”)上。

二、基于大数据在线案例库的法理学教学模式构建

在法理学教学中引入大数据在线案例库教学模式,应当关注数据库的选择、教学步骤的设计以及教学评价体系的建构,并“充分利用互联网和数字技术,把法律教学资源电子化、数字化,建立智慧法学教育案例资

---

⑦ 参见李敏、韩晓玥:《大数据对法学教学模式的影响调查——以湖南省十所高校的问卷调查为基础》,载《高等教育研究学报》2019年第2期。

⑧ 关于将大数据案例作为研究对象的相关研究成果,参见张玉洁、胡振吉:《我国大数据法律定位的学说论争、司法立场与立法规范》,载《政治与法律》2018年第10期;曾彩霞、朱雪忠:《欧盟对大数据垄断相关市场的界定及其启示——基于案例的分析》,载《德国研究》2019年第1期。

源库”⑨,为该教学模式的具体实施打下基础。

(一)大数据在线案例库的选择

大数据在线案例库教学模式旨在充分挖掘互联网上的大数据资源,高效利用当前海量的裁判文书、立法文件、执法文书,对有限的教科书内容加以扩展。实际上,大数据在线案例库教学活动可以以北大法宝、中国裁判文书网、中国法律法规数据库、法律门数据库、WestLaw、无讼、元典、法信、律商等平台为数据库支撑,并注重上述平台案例资源的整合与使用方法的传播。这些大数据平台已经为各法学院系引入大数据分析方法打好了基础。例如:“北大法宝”数据库的“关键词”搜索功能,实际上已经做好了非结构化数据、半结构化数据的结构性转化。每一个案件都会被划归到“类案”中加以展示,从而为老师和学生提供全面、可视、量化的数据检索结果。这也使本教学改革活动首选的数据库是“北大法宝”数据库的原因。但鉴于法理学课程的抽象性和庞杂性,开展大数据在线案例库教学还可以引入中国裁判文书网、WestLaw、无讼、元典、法信、律商等数据库,从而让学生获得全面的数据样本。

由于“北大法宝”数据库的全面性优势,大数据在线案例库从概率层面已经跳过了数据库的选择问题,而直指数据库的输出效用。从“北大法宝”数据库的实际操作情况来看,法理学课程教学活动应当从以下三个方面强化大数据在线案例库的输出效用:一是积极引入案例语境,围绕案例语境构建起法理问题的整体社会环境,进而从案例语境的大数据分析下引出法理问题。二是从案例库中词频检索、语词比较以及语词用法的数据变化,明晰法理词汇的发展脉络,洞悉社会经济文化等语境对法理词汇的影响。三是从相近词汇的大数据比较分析,明晰特定法理概念的核心意义。综上,由于当前“北大法宝”数据库、中国裁判文书网等平台的建立,大数据在线案例库教学模式的设计可以化繁为简,直接运用已有的数据库资源即可。只是在数据库的选择和应用上,应当围绕法理学课程教学活动的实际效用展开。

---

⑨ 杨宗科:《论“新法学”的建设理路》,载《法学》2020年第7期。

(二)大数据在线案例库教学模式的步骤设置

现代法理学课程的重要转向就在于大量信息的获取与决策,从而为抽象的法理精神提供全面、客观的证据支撑。其深层逻辑是以"客观所见"代替"主观感受",进而将基于文本主义的法理感性认知提升为基于大量信息获取与决策为驱动的可视性法理认知。因此,基于大数据在线案例库教学模式所带来的"教学模式改革",与其说是大量案例的经验性印证,不如说是法理认知的量化表达。这也意味着,法理学教学需要师生双方通过"挖掘与洞察复杂数据背后存在的联系与规律而实现精准决策"⑩。基于上述教学理念和教学实践,本研究设计出了"大数据在线案例库教学步骤"。

大数据在线案例库教学模式的具体实施步骤如下:(1)按照知识点的讲解进度,明确课程的教学目标,简单介绍本知识点的重点、难点。(2)讲解《法理学》教科书中的知识点,明确该知识点所涉及的相关法理概念、法理精神和法理问题。在学生的头脑中初步建立起知识点的相关知识框架,为后续的小组任务和专项练习任务打下基础。(3)按照法理学课程的预先分组,每组分配相同的任务。各组在"北大法宝"数据库等大数据平台中检索知识点相关的法律概念。检索内容包括(但不限于)词频、用法、语境、近义词、观点等,并做出系统性分析和总结汇报。(4)授课老师对每组学生的汇报进行简要评价,并指明各组继续开展检索、分析的方向。(5)教师根据各组学生的汇报,重点讲解各组学生分歧较大的内容,并结合知识点再次强调、巩固重点难点内容,并布置专项练习任务。(6)各预设小组成员需要在完成专项练习任务的基础上,来进一步完善小组任务,由组长做出总结汇报。(7)由授课老师做出最终评价和总结。

(三)课堂教学评价体系的建构

基于大数据在线案例库教学模式的互动式授课方式,法理学课程的评价机制也必须与之相适应。其评价核心不仅应包括静态、标准化、量

---

⑩ 冯强:《基于数据的多主体协同教学改进循证决策模型建构与应用》,载《上海教育科研》2022年第5期。

化的评价机制，还应当关注学生个体的能力提升与知识扩展，将学生自主发展和方法习得纳入到评价范围中，从而搭建起一套完备的大数据在线案例库教学评价体系。具体如下：

1. 根据案例教学法的过程性特点，建立起大数据在线案例库教学模式的教学评价体系。该体系应当以学习自主性、学习能力以及学习成效三大部分构成，并采用诊断性评价、形成性评价和总结性评价相结合，质性评价与量化评价相统一的评价机制，从而客观、全面地获知学生学习法理学课程的实际成效。同时将大数据在线案例库教学模式的动态适用过程、小组活跃度、学生参与度、理解与创新情况、汇报与出勤率等多方面评价指标以及期末测试评价指标，作为课堂教学评价体系的一级指标。围绕上述一级指标，按照课前准备情况、课堂表现情况以及课后实践情况构建二级指标。值得注意的是，大数据在线案例库教学评价体系的指标权重设计，应当降低期末测试评价指标的权重值，同时提高诊断性评价、形成性评价的相应权重。

2. 建立大数据在线案例库教学质量评价量表。该评价量表以学生为评价对象，对整个教学过程进行评价。其结构框架以教学活动中学生的表现、学习效果为主体，包括案例选取的质量、自主学习能力、小组协作能力、学习态度和学习效果等 5 个维度，并按照 5 个维度各设计 5 个具体条目，用于测算学生的学习成效。在评价量表使用前，要检测该量表的内在一致性，即对评价量表的信度和效度加以检验，以提升该评价量表的客观性和标准性。同时也要注意，评价量表仅仅是课程教学评价体系的工具之一，它具有学科性、领域性和变动性。因此在大数据在线案例库教学过程中，老师需要关注教学实践样本量，适度地调整评价量表，以提升评价量表的科学性。

三、法理学知识点的提炼

大数据在线案例库教学模式的展开，需要同法理学知识网络以及各个知识点之间建立起稳定的联系,从而实现理论与案例(实践)的结合式教学。但法理学知识点的提炼,仍应当遵循下述路径和方法。

(一)建立知识点分层剖析路径

从各法学院系近十年法理学课程的教学情况来看,《法理学》教材的选用集中在两本:一是全国高等学校法学专业核心课程教材的《法理学》;二是马克思主义理论研究和建设工程重点教材《法理学》。但两本教材的内容差异不大。尤其是可以采取案例教学的章节,知识点的差异性更小。因此,法理学课程知识点分层剖析的路径均可以采取下述路径。

第一步,明确知识点和大数据在线案例库的对应节点。目前,《法理学》教材的知识点大体上分为三类:一是介绍性知识点。该类知识点集中在"导论"一章、"法的概念与本质"前三节。二是历史过程性知识点。该类知识点集中在第三章、第九章至十二章。三是基础概念与辨识类知识点。能够同立法例、司法案例以及执法案例相对应的知识点,就集中在第三类知识点。教师应当预先做好每一章节知识点的梳理,并按照知识点的难易程度分派好授课重点、难点知识,从而提高授课效果。这一阶段,可以理解为课前准备阶段。主要由教研室负责该门课程的老师共同完成。

第二步,把知识点从大数据平台中提取出来。老师的任务不仅仅是筛选教材中的知识点,还应当帮助学生区分教学内容和案例大数据中的教学材料。通常情况下,案例大数据中的教学内容可以分为两种区分类型:一是直接摘录。二是归纳概括。⑪ 后者需要经过学生和老师的归纳、概括、整合,才能从海量的案例大数据中提取相应的知识点。其归纳过程能够有效提升学生的归纳、整合能力,有助于学生了解该知识点的内涵和外延。在某些情况下,学生需要在老师的指导下完成大数据案例中的知识点提取。

第三步,推进知识点的细化和延伸。在完成课程教学目标的基础

---

⑪ 参见周越、徐继红:《知识点提取——教学内容的微分析技术》,载《电化教育研究》2015年第10期。

上，法理学教材的知识点可以按照学生的兴趣进一步细化。换句话说，在大数据在线案例库可支持的范围内，老师可以按照学生的学习能力和兴趣开拓出更深一层的知识点。这不仅是对教材内容的充实，更是提升学生“深度学习”能力的重要措施。⑫ 但在教学实践过程中，老师应当关注不同学生对知识点“深度学习”的接受程度，必要时可以指导学生回归到案例大数据的“摘录”“归纳”环节。如此循环往复，适度推进知识点的“深度学习”。

（二）明晰法理学知识点的节点化引入方法

传统的法理学教科书以及课程教学活动，虽然具备内在的知识网络特性，但在课程安排（例如，每周2节课）上，仍是按照知识节点的认知模式来展开教学的。这恰恰同大数据在线案例库教学模式的关键词检索、大数据样本提取以及信息比对不谋而合。试想一下，我们在“北大法宝”数据库检索“盗窃罪”的相关案例时，总是倾向性地输入“盗窃”“入室盗窃”“公开盗窃”“多次盗窃”等词汇。这些词汇就是法理学知识网络中“法律行为”的经典写照。而上述词汇在案例数据库中的多重变化，也同“法律行为”章节的“合法行为与违法行为”以及“广义违法行为和狭义违法行为”两个知识点相互印证。因此，在大数据在线案例库教学模式中，老师可以按照知识节点的差异，引入不同的案例大数据，通过“任务驱动”“问题解决”的方式来设计学习活动的主线。⑬ 即便引入的案例大数据同其他知识节点有所交叉，也恰恰能够证明两个知识节点之间的细微联系。

课题组通过检索“北大法宝”数据库，已经收集到210个知识点。而“知识节点”的收集与对接情况显示，法理学教学活动需要关注的知识节点引入方法，主要包括三种情况：一是涉及司法领域关系密切的知识点，案例数据较多，大数据分析就较为容易。二是涉及历时性知识节点

⑫ 关于深度学习能力的讨论，参见［加］迈克尔·富兰等：《深度学习：参与世界，改变世界》，盛群力、陈伦菊、舒越译，机械工业出版社2020年版，第169页。

⑬ 参见郝伟：《大数据时代下信息化教学的实践与应用》，北京工业大学出版社2018年版，第112页。

的大数据分析难度较大,目前只能以数据库本身的收集时限为界展开分析。三是受到结构化大数据分析方式的影响,大数据在线案例库教学模式无法系统性地体现知识点之间的关系。这导致大数据在线案例库教学模式的教学目标只能是单向性的,即单知识点的即时性、深度化理解。值得庆幸的是,打造全面、整体的知识网络从来都不是大数据在线案例库教学模式的教学目标。而其他教学模式引入,也不会受到大数据在线案例库教学模式的排斥。

(三)围绕法理学知识点的配套建设

大数据同法学教育的结合,主要解决新文科背景下交叉人才如何培养的问题,是当前高校教育改革的重要方向,是推进高素质人才培养的基本方法之一。当下,要实现法理学课程与大数据技术的深度结合,需要做到以下两点:

一是要围绕法理学知识点做好师资训练,培养兼具大数据分析技术和法学理论知识的老师。由于大数据教学是近些年才兴起的新型教学方法,法学院系的老师往往缺乏足够的大数据分析素养。在大数据在线案例库教学模式的引入下,必须预先对法理学课程的授课老师开展大数据分析方法的常规训练。通常情况下,授课老师应当明晰大数据分析的基本原理,掌握"北大法宝"案例库等大数据平台的各项功能。必要的情况下,可以邀请计算机领域的老师,为授课老师进行大数据分析与案例库应用的相关培训。

二是要围绕法理学知识点做好软硬件设施的配套建设。大数据在线案例库教学模式主要依托两种设施:数据库和计算机。前者属于软件设施,可以区分为公用数据库和商用数据库两类。其中,"中国裁判文书网""国家法律法规库"等数据库,属于国家机关建立的公共数据库,仅需注册即可适用。而"北大法宝"数据库、Westlaw 等商用法律数据库的使用,需要购买后才能登录。除此之外,大数据在线案例库教学模式需要学生普遍配置计算机之类的数据库访问设备(也可以用手机替代)。对于一年级新生而言,普遍配置计算机较为艰难。所以,有条件的学校可以结合多个人文学科,共同建立社会科学实验室,共享计算机设备,以解决先进技术设备的需求难题。

四、大数据在线案例库教学模式的教学实践与效果分析

(一)研究对象

本次研究的参与者是广州大学的三名法理学授课老师以及他们所要讲授该课程的三个教学班。上述三名教师,均有博士学位,并有五年以上法理学本科生课程和研究生课程的教学经验,专业知识扎实,能够熟练运用各种大数据平台。而参与两轮教学实验的学生均来自一年级,班级人数分别为42人(对照组1)、42人(对照组2)、42人(实验组)。由于上述三个班均为本科一年级新生,因此对照组和实验组的学生知识储备相近。被试课时均为每周4学时,共计16周课程。在考核机制上,为了保证测试的科学性和公正性,对照组和实验组使用同一套试卷,采用闭卷方式考试。

(二)研究工具

为了推进大数据时代法学教育的革新,课题组选取广州大学《法理学》课程作为研究科目,并依托两种研究工具开展本次教学改革活动:(1)以《法理学》("马克思主义理论研究和建设工程重点教材"2020年版)为主要教材。该教材为国内多数法学院系的通选教材,难度适中,因此符合作为法学本科生开展法学理论学习的材料要求。(2)以"北大法宝"数据库的超大数据量为数据库依托,通过案例数据更新与交互式应用,推动法理学课程教学改革活动。在案例选择上,对照组采用传统的案例授课模式,实验组则采用"北大法宝"数据库。课题组通过比较大数据在线案例库教学模式同传统案例教学模式之间的差异性,着力提升大数据在线案例库教学模式的有效性、适用性,大力推进大数据技术与法理学基础知识的深度结合,发挥大数据技术在法理学教学中的开拓性

作用,“让全国最优质的司法资源第一时间转化为教育资源”⑭。

(三)研究过程

为了进一步保证教学实验的效果,本研究在正式上课之前,先行组织实验组学生开展大数据在线案例库的培训。培训的主要内容是让学生了解案例库的各项功能并调配学生的学习设备,时长为1小时。根据教学活动的安排,整个研究周期划分为三个阶段:第一阶段为2021年7~8月,主要事项是对数据库内容的熟悉以及对教材知识点的梳理。第二阶段为2021年9~12月,主要事项是按照教学安排,依据大数据在线案例库教学模式和既定授课计划,结合三组被试教学班的实际教学情况,了解实验具体进展。第三阶段为2022年1~5月,由三名授课老师总结三组被试教学班的课堂表现和考评结果,得出结论。

(四)研究结果

对照组采用传统的口授式教学模式,强调法理学基础知识的内涵、外延以及历史传承的讲解,让学生更容易理解法理学基础知识的核心意涵(这种教学模式通常也被视为法学教育的典型模式)。同时,对照组的老师也采用“案例教学法”引入法理学经典案例。例如:在“法律权利”章节中引入“洞穴奇案”;在“法律渊源”章节中引入“秋菊打官司”片段;在“法与人权”章节中引入“齐玉苓受教育权案”等。上述对照组的案例教学模式通常以法理问题为出发点,并以案例分析驱动法理认知,最终实现宏观理论的微观化、可视化以及具象化。其优点在于,它能够将宏观的理论假说,通过案例比较、情境带入等方式,实现法学理论的降维传递。由此可以将这种案例教学模式归结为“演绎型教学模式”。⑮值得注意的是,在对照组,授课老师是法学理论与案例之间的媒介或支点。这使对照组的教学活动具有强烈的中心化倾向。学生未能充分培养独立思考、独立使用法学理论的能力。

---

⑭ 郭玉军、李伟:《创建中国法学教育三个“世界一流”的实践与愿景》,载李双元主编:《国际法与比较法论丛》(第25辑),武汉大学出版社2019年版。

⑮ 参见陆建生、高原、陈展编著:《微格教学理论及实践》,科学技术文献出版社2018年版,第155页。

实验组更加强调从大数据在线案例库中总结出法理问题，以实现大量具象化案例的抽象化、共识化转型（在此称为“归纳型教学模式”）。[16]在该模式下，尽管实验组在使用大数据在线案例库过程中，也会将《法理学》教材中的知识点作为出发点。但案例（库）在演绎型教学模式和归纳型教学模式中扮演的角色却有明显差异：对于演绎型教学模式而言，法理知识点往往作为一种先验理论和认识对象，引入案例的目的在于以案例的具象化特点来消除抽象理论的理解难题，其实质是以案例解释理论；而在归纳型教学模式中，法理知识点处于一种待验证的状态，验证的过程不在于“引入案例”，而在于从案例大数据中分析出法理精神的变化，进而抽离出法理知识点。因此在研究过程中，实验组往往以大数据在线案例库为基础，着力对半结构化案例数据和非结构化案例数据开展定量分析和定性分析，[17]以区分法理学的核心知识体系与边缘知识体系，并厘清法理学知识的横向差异，明晰案例内部法理精神的发展脉络。在这一过程中，授课老师居于法理学授课的辅助性地位，学生成为课程开展过程中的主体。而且，通过大数据在线案例库中不同案件的比较分析，不同的学生可以获得不同的数据支撑和案例支持，从而衍生出自己对法理问题的观点，最后由老师来进行验收和点评。可以说，大数据在线案例库是一个可供学生自主开拓的法律宝库。学生从中获得何种价值判断，由其自身的检索方法、案例遴选方法以及数据统计方法来决定。值得注意的是，在大数据在线案例库教学模式中，每个学生开展大数据分析的能力表现出一定的差异性。虽然学生们的综合分析能力在总体上呈现提升态势，但仍有部分学生有待进一步提升自身的归纳分析能力。

---

⑯ 参见边文霞：《本科教学模式与大学生学习能力、就业能力关系研究》，首都经济贸易大学出版社2012年版，第67页。

⑰ 关于半结构化数据、非结构化数据以及结构化数据的讲解，参见李海生：《知识管理技术与应用》，北京邮电大学出版社2012年版，第12～13页。

五、讨论

在大数据时代,高等教育对法理学教学活动提出全新的挑战:从基础理论的抽象化教学转向知识点的实践性运用。尤其在大数据在线案例库的引入下,法理学课程应当在宏观性、体系化教学目标的基础上,明晰法学理论与部门法、理论与实践、法理与社会之间的微观关系,并对法理学知识点开展分层剖析,以大数据在线案例库来深化学生的知识习得能力,“培养他们的法律人才素养,熏陶他们的法治精神”⑱。因此可以说,大数据在线案例库教学模式是传统法理学教学模式转向现代法学教学模式的重要节点。其价值是回应大数据时代法学人才的新需求、新挑战,并将传统的抽象性法理学教学模式逐步推向思辨性、实践性教学模式的桥梁和媒介。

作为大数据时代的“法学+”的重要探索,当前的大数据在线案例库更多的是在已有法律数据库的基础上,培养学生掌握归纳方法、大数据分析方法,“借助法律大数据与人工智能技术的高智能性和强大的科技渗透性赋能传统法学转型、改造与升级”⑲,并推进法理学基础知识的理解深度和运用广度。因此,在大数据在线案例库教学模式改革上,应当兼顾案例库使用的高效性和开放性。这就要求法学院系围绕法理学知识点做好案例库的建设以及案例的遴选。这是因为,法理学课程多是在一年级的第一学期开设,学生们很难理解抽象的法理概念。因此,大数据在线案例库教学模式并不适宜采用疑难案件作为案例样本,⑳而应

---

⑱ 李腊生、赵兴、李卫东主编:《传承与创新:教育教学改革探索》,武汉出版社2011年版,第144页。

⑲ 王禄生、王爽:《大数据与人工智能法学方向研究生人才培养模式探索——基于东南大学的“三元融合”教育实践》,载《法学教育研究》2021年第2期。

⑳ 也有学者认为,疑难案例能够让学生掌握更深层次的法理学基础知识,有助于培养学生的思考能力。参见资琳、刘萍:《论新文科建设背景下法理学课程体系的改革——以疑难案例分析为切入点》,载《法学教育研究》2021年第4期。

当采用具有普遍意义、典型意义的案例。首先,案例大数据的选择,一定要能够反映法理学教材中的核心问题,并能够反映真实生活样态。这是因为,以生活化的案例大数据以及微观案例分析,来提升大一学生对法理学知识点的认知水平,更能够在他们的脑海中引发共鸣。其次,在案例大数据分析过程中要尽量叠加类案分析方法,增进学生对该知识点的记忆,并从类案中抽离出法理知识点。这样既能够给学生带来直观的法理感受,还能够带来微观、动态的知识体验。最后,在案例大数据分析的基础上,辅之以经典案例作为对比。例如,增加美国的里格斯诉帕尔默案(Riggs v. Palmer)㉑,能够让学生感受到法理所积淀的力量。这些经典案例,可以由授课老师预先做出相应的案例集,并提前同法理学知识点进行对接。

然而,大数据在线案例库教学模式的实施,当务之急仍是要解决好大数据分析、在线案例与法理学教材的融合问题。在明确教学目标的前提下,利用高新技术手段来革新法理学教学的整体环境,的确能够在一定程度上解决传统法理学教学"授而不新、学而不用"倾向、高度同质化等问题,并能够运用客观化、实践性的思维方式转变传统理论化、口授式教学方式,进而提升理论课程的教学效果。但大数据在线案例库教学模式落实在具体实施环节时,还需要建立相配套的软硬件设施、案例库与案例集的结合以及完善的课堂教学评价体系等。它们彼此之间的互动配合,才能形成一整套完备的"法学+大数据"教学模式。而且,法理学教学在注重大数据在线案例库教学的同时,还要兼顾法律学科的人文关怀,㉒将社会主义核心价值观等价值观念引入到教学环节。㉓ 要让学生认识到,法理知识的习得,仍要兼顾国家与社会

㉑ 115N. Y. 506, 22N. E. 188(1889).

㉒ 在美国批判法学运动学者对法律现实主义的批判中,就提出了现实主义法理学教育缺乏人文关怀的判断,并认为这种教育模式会导致学生们无法明晰抽象的价值概念。参见徐晨:《在〈法律帝国〉中追问合法性问题》,上海交通大学出版社2018年版,第30~31页以下。

㉓ 参见孙光宁:《社会主义核心价值观的法源地位及其作用提升》,载《中国法学》2022年第2期;另参见张玉洁、张婷婷:《社会主义核心价值观融入党内法规学科体系建设路径研究》,载《黑龙江省政法管理干部学院学报》2021年第3期。

的关系、道德与法治的关系等事项来综合判断。综上所述,虽然当前的大数据在线案例库教学模式仍有许多问题有待解决,但在法理学课程教学中引入大数据技术,已经势在必行。

Study on the Construction and Implementation Path of the Teaching Mode with the Big Data Online Case Database

—Taking Jurisprudence Course as an Example

Zhang Yujie

Abstract: With the arrival of the big data era, the case teaching mode of traditional jurisprudence courses is gradually transforming to the big data online case library teaching mode to overcome its shortcomings of "Teaching but obsolete, learning but nonuse", homogenization, poor social adaptability and so on. In order to further improve the ability of law undergraduates to understand and apply jurisprudence knowledge, this research builds a big data online case library teaching mode around the "PKU Law" database based on the theoretical basis of case teaching method, situational cognition and constructivism teaching concept and big data analysis principle, and proves that this mode is helpful to improve students' deep understanding and flexible application of basic jurisprudence knowledge through classroom practice. It is worth noting that the teaching mode of big data online case base is not suitable to use difficult cases as samples, but should use cases with universal and typical significance, and give consideration to the humanistic care of the legal discipline, so as to improve the practicality and value of the jurisprudence course.

Key Words: big data; online case database; jurisprudence; case method

“知识产权强国”建设背景下高端知识产权人才培养的目标与实践*

黄　汇** 　曾益佳***

摘　要:在深入开展知识产权强国建设的大背景下,高端知识产权人才对我国知识产权事业的发展至关重要。当前,我国高端知识产权人才培养模式存在师资结构单一、课程设置不合理、人才供需不匹配等问题,从而使我国高端知识产权人才难以具备复合型、多元化、职业化、国际化等特征。要积极开展知识产权一级学科的论证工作,推动设立知识产权专业学位,通过建设高水平师资队伍、开发高质量精品课程、打造高标准合作平台,推动高端知识产权人才培养取得成效。同时,也要加强知识产权人才培养反馈机制的构建,及时发现并解决人才培养过程中出现的问题,促进人才培养的制度机制得以有效实施。

关键词:高端知识产权人才培养模式　知识产权一级学科　产教融合　反馈机制

---

* 课题基金:本文系2022年重庆市研究生教育教学改革重点研究项目“知识产权强国建设背景下高端知识产权人才培养研究”(yjg222012)的阶段性成果。

** 黄汇,西南政法大学民商法学院(知识产权学院)教授,新科技法治创新研究中心主任,博士生导师。研究方向:知识产权法学。

*** 曾益佳,西南政法大学民商法学院(知识产权学院)硕士研究生。研究方向:知识产权法学。

近年来,国家先后颁布《知识产权强国建设纲要(2021—2035)》(以下简称《纲要》)、《"十四五"国家知识产权保护和运用规划》和《知识产权人才"十四五"规划》,这既是在顶层设计层面明确了我国未来中长期知识产权事业的发展方向,也为促进知识产权运用、强化知识产权保护、建设知识产权强国等工作的开展提供了科学指南。在我国知识产权强国建设过程中,知识产权人才培养工作是不可或缺的重要一环。《纲要》明确指出,要营造更有活力的知识产权人才发展环境、建立更为完善的知识产权人才激励机制、加强知识产权国际化人才培养。[①]《纲要》的内容既是对"十三五"时期我国知识产权人才培养工作的肯定,即我国走出了一条具有中国特色的知识产权人才培养之路,基本形成了由高校主导、社会辅助的人才培养体系;也是对当下我国知识产权人才培养工作问题的揭示,即我国的知识产权人才培养模式依旧存在"多而不优,大而不强"的局限,呈现出"学难致用,供需脱节"的"瓶颈"。[②] 因此,在我国稳步向创新型现代化国家迈进的时代背景下,亟须培养出一批高端知识产权人才,这不仅是我国占领创新高地、谋取发展先机的重要战略武器,更是落实创新驱动发展战略、建设知识产权强国的重要抓手。本文将在"知识产权强国"建设的大背景下,以高端知识产权人才培养的价值目标、实践运行和反馈机制为视角,探讨我国高端知识产权人才培养的具体实施路径,以期为我国高端知识产权人才培养的战略转型建言献策。

一、高端知识产权人才培养的价值目标

(一)培养动机:为什么要培养高端知识产权人才

习近平总书记曾指出,知识产权保护工作关系国家治理体系和治理

---

① 参见《知识产权强国建设纲要(2021—2035)》第19条。

② 参见陶鑫良、张冬梅:《我国知识产权人才培养与学科建设的沿革回顾与发展建言》,载《中国发明与专利》2018年第4期。

能力现代化,关系高质量发展,关系人民生活幸福,关系国家对外开放大局,关系国家安全。③ 知识产权保护工作能否顺利开展,归根结底得看人才。从创新型国家建设的层面来看,高端知识产权人才系我国从制造大国向创造强国转化的关键力量。如今,知识日益成为国家发展的战略性资源,知识产权作为知识创新成果的保障,系国家掌握发展主动权的关键。越来越多的国家对内激励科技研发与品牌树立,对外加大知识产权诉讼力度,努力为本国企业寻求高效的知识产权保护。在此过程中,高端知识产权人才尤为重要。以日本为例,早在 20 世纪 80 年代,日本就把知识产权课程纳入各大法学院校,进入 21 世纪,其更是把知识产权教育与人才培养提高到与国家命运密切相关的战略高度,将知识产权教育和人才培养与知识产权创造、保护、运用并列,作为其面向 21 世纪知识产权战略的四大支柱之一。④ 我国目前的知识产权创造、管理、运用和保护能力较为贫乏,这不仅体现在我国高精尖技术常遭受"卡脖子"难题,也体现在我国企业在国外常面临知识产权保护困境。要想彻底扭转这种局面,必须要建设一批熟谙知识产权运行、保护规则的高端知识产权人才队伍,充分保障知识产权人的合法权利,为我国创新型国家建设提供强力的人才支撑。从知识产权的行业特点来看,高端知识产权人才系我国知识产权行业发展的内在要求。据统计,截至 2020 年年底,我国从事知识产权服务的机构数量约为 7.3 万家,较 2019 年同比增长 9.3%;同时,我国知识产权服务业从业人员约为 86.5 万人,较 2019 年同比增长 5.6%。⑤ 持续增长的知识产权服务机构与从业人员数量既意味着我国知识产权行业具有巨大的发展空间,也意味着其有着庞大的人才需求。有学者立足国内市场需求,将知识产权人才分为行政管理与执法人员、技术调查官、司法审判人员、企事业单位事务管理人员、知识产

---

③ 参见习近平:《全面加强知识产权保护工作 激发创新活力推动构建新发展格局》,载《求是》2021 年第 3 期。

④ 参见陈美章:《对中国高校知识产权教育和人才培养的研究》,载陶鑫良主编:《中国知识产权人才培养研究》(第 2 辑),上海大学出版社 2010 年版,第 111 页。

⑤ 参见《2021 年全国知识产权服务业统计调查报告》。

权中介服务人员、新兴领域人才、知识产权研究人员七类。⑥ 也有学者聚焦国际组织需求,全面梳理了世界知识产权组织的组织架构,整理统计了该组织87位高级管理者的学历信息及工作履历,详细分析出世界知识产权组织的人才知识结构、部门所需技能及其选用机制。⑦ 不论是国内市场还是国际组织,都需要知识产权人才具备较高的专业素养、较强的实践能力和深厚的职业资质。因此,仅仅学习法学课程和一两门管理学或理工科课程将难以满足知识产权行业的人才需求,通过多学科交叉,培养一专多能的高端知识产权人才才是知识产权行业发展的必由之路。

因此,高端知识产权人才培养工作尤为重要,这事关我国知识产权战略实施。我国自改革开放以来,经过四十多年的探索,逐步走出了一条极具中国特色的知识产权人才培养道路,知识产权人才从无到有,规模愈发壮大。但目前我国的知识产权人才培养工作仍存在一些问题,如在师资队伍方面,我国知识产权师资队伍存在规模较小、地域分布不均、师资结构不合理等问题;⑧在课程设置方面,技术性课程与实务性课程相对较少,课程体系“法学化”严重,难以满足高端知识产权人才复合型培养之需求;⑨在人才供给方面,知识产权供给侧人才培养的单一性与需求侧能力要求的复合型之间存在错位,有效供给失衡;⑩还有不少学者从知识产权的学科属性入手,对其面临的学科困境做出了详细阐述。⑪ 由此

⑥ 参见陶中怡:《知识产权类型化人才培养模式探究——法学学科背景下的思考》,载《中国高校科技》2021年第4期。

⑦ 参见刘夏等:《国际组织视角下的知识产权复合型人才培养路径》,载《科学管理研究》2022年第1期。

⑧ 参见郑辉、苗培:《知识产权人才培养的师资队伍建设研究》,载《知识产权》2012年第11期。

⑨ 参见邓恒、周小祺:《高校知识产权人才培养模式的反思与重构》,载《中国高校科技》2020年第6期。

⑩ 参见何培育、王潇睿:《政校企三位一体知识产权人才培养模式的构想》,载《重庆与世界》2016年第12期。

⑪ 参见朱雪忠、杨静:《制度掣肘与供给不足:中国知识产权学科向何处去》,载《知识产权》2018年第10期;赵勇、单晓光:《我国知识产权一级学科建设现状及发展路径》,载《知识产权》2020年第12期;张怀印:《复合型知识产权人才培养与知识产权交叉学科设置研究》,载《法学教育研究》2021年第3期。

可见,我国目前高端知识产权人才数量严重不足、专业程度不高、国际视野不宽,尚未完全解决的高端知识产权人才供给侧与需求侧之间的矛盾成了我国新发展格局建构的重要掣肘。在我国从制造大国向创造强国转变的新阶段,全力培养高端知识产权人才既是我国落实创新驱动发展战略的必然要求,也能为知识产权强国建设目标的落地提供坚实的人才保障。

(二)目标定位:培养什么样的高端知识产权人才

1.复合型人才是高端知识产权人才培养的基本要求。知识产权作为一门交叉复合型学科,知识内容涵盖法学、管理学、经济学、自然科学等诸多领域,这内在地要求知识产权高端人才的培养不能局限于法学,而应实现跨学科融合。同时,从外在环境来看,知识产权问题绝非单纯的法学问题,它还与技术的运行规则、公司的企业战略、国家的规范差异等密切相关。因此,高端知识产权人才既要熟练掌握法学专业知识,又要具备较强的第二外语应用能力,还要积极同其它学科的人才进行交流,如此方能应对现实中复杂的知识产权纠纷。现阶段我国知识产权人才培养主要以法学院系为主力军,由此导致知识产权人才法学色彩偏重,极度缺乏高端知识产权人才应当具备的理工背景、国际视野、管理能力等综合特征。以知识产权复合型人才为培养目标,培养一支"懂技术、精法律、通管理、具有国际视野和实践能力"的知识产权复合型人才队伍乃是知识产权人才培养工作的迫切需求。

2.多元化人才是高端知识产权人才培养的行业期许。知识产权行业不仅涉及知识产权保护,还涉及知识产权代理、运营、评估等运用领域,故知识产权多元化实务人才对于整个知识产权行业生态而言至关重要。我国知识产权建设已进入高质量发展阶段,日益增长的知识产权实务需要与不平衡不充分的知识产权实务人才培养之间的矛盾,是目前我国知识产权行业发展的主要矛盾之一。⑫《知识产权人才"十四五"规划》明确指出,"要加强知识产权保护人才能力建设,提升知识产权运用

---

⑫ 参见裘晖、朱晓立:《面向粤港澳大湾区高校知识产权实务人才培养的改进措施》,载《中国高校科技》2021年第4期。

人才能力水平”,知识产权产业生态的发展需要在除知识产权保护之外的其他几个方面发力,这对知识产权代理、评估、运营和管理人才的培养提出了新要求。因此,知识产权人才培养要坚持优增量与强存量并重,努力打造一支集知识产权保护、评估、代理、运营、管理能力于一身的知识产权多元化人才队伍。这既是填补我国知识产权多元化实务人才空缺的迫切需要,也是实现知识产权产业持续健康发展的必然选择。

3. 职业化人才是高端知识产权人才培养的应有之义。知识产权人才面对的知识产权问题涉及理论与实践两个维度,涵盖法学、理工、经济、管理等多个领域,这便要求知识产权人才必须具备职业化特征。一支理论扎实、业务精通、作风优良的高水平知识产权职业化人才队伍,既是知识产权强国建设的中坚力量,也能为创新驱动发展战略提供强有力的智力支撑。2022 年 3 月 30 日,在国家知识产权局举行的例行新闻发布会中,相关发言人表示,预计到“十四五”末,全国中级以上(含中级)知识产权师数量将达到 2 万人。[13]《纲要》也明确指出,要构建案件审理专门化的审判体系,加强知识产权公职律师队伍建设。这意味着,我国正在进一步完善知识产权人才评价机制,知识产权职业化人才队伍不断壮大。未来,我们要严格控制知识产权执业人员的准入门槛,持续优化知识产权执业人员的选拔机制,逐步加强知识产权执业人员的职业保障,从而吸引更多人才积极投身于我国的知识产权事业。

4. 国际化人才是高端知识产权人才培养的重点关切。如今,经济贸易全球化的深度拓展为各国企业的跨境交易、技术交流提供了便利条件。随着“一带一路”、“中国—东盟”和“中非合作”等项目的高质量推进,中国企业“走出去”战略不断深入。与此同时,我国企业在海外投资中面临着严重的知识产权安全威胁,涉外知识产权人才的短缺已成为我国企业“走出去”充分参与国际合作与竞争的巨大阻碍。习近平总书记曾指出,市场主体应对海外知识产权纠纷能力明显不足,我国企业在海

---

[13] 参见杨柳:《国家知识产权局举行例行新闻发布会首次围绕知识产权文化建设介绍相关情况》,载国家知识产权局官网,https://www.cnipa.gov.cn/art/2022/4/1/art_53_174360.html。

外的知识产权保护不到位。⑭《纲要》也强调,要加强知识产权国际化人才培养。因此,塑造一支具有国际视野,具备国际事务处理能力的知识产权国际化人才队伍正当其时,这一方面有利于提升我国企业应对海外知识产权纠纷的能力;另一方面有助于我国在知识产权国际谈判、国际治理、国际条约制定、国际争端解决的舞台上发出中国声音、推广中国经验,从而使我国在国际社会上获得更多的话语权。

二、高端知识产权人才培养的实践运行

明确了高端知识产权人才培养的价值目标后,接下来就需要探讨如何进行实践以使上述目标得以落地。笔者认为,要以知识产权强国战略为目标,以学科建设为龙头,以学位建设为抓手,以平台建设为支撑,以课程建设为着力点,以此培养一支"复合型、多元化、职业化、国际化"的高端知识产权人才队伍。

(一)论证设立知识产权一级学科

复合性是知识产权学科区别于其他学科的首要特征,但正是该特征使得知识产权学科长期处于一个尴尬的境地:其无法作为独立的一级学科存在,而只能通过"挂靠"的形式谋求发展。目前,大部分高校均将知识产权作为二级学科设置在法学、管理学等一级学科之下,例如,各大政法类院校的知识产权专业从属于法学学科,南京理工大学知识产权专业从属于管理科学与工程学科,青岛大学知识产权专业从属于公共管理学科。⑮ 如此不仅会淡化知识产权的复合性特征,使其逐步发展为以某一级学科为主导,点缀些许其他学科特征的二级学科;更为严重的后果在于,当前一

---

⑭ 参见习近平:《全面加强知识产权保护工作 激发创新活力推动构建新发展格局》,载《求是》2021 年第 3 期。

⑮ 参见费开智:《关于开设我国知识产权专业硕士学位教育的探讨》,载《知识产权》2020 年第 2 期。

级学科内部存在“学科壁垒”。[16] 这就意味着,知识产权科研人员在从事学术研究时,首先要考虑的是选题是否符合相关一级学科的学术范式,对于那些不符合相关学术范式的选题,即便意义重大,考虑到难以获得业界认可,也鲜有学者涉足。如此一来,我国知识产权事业的发展将大受限制。一言以蔽之,知识产权专业从属于其他一级学科的现状已经严重阻碍了我国高端知识产权人才培养工作的进展,设置知识产权一级学科无疑将成为破除学科壁垒,促进高端知识产权人才培养的一剂良药。[17]

幸运的是,这一问题已得到国家的高度重视。《纲要》明确指出,支持学位授权自主审核高校设立知识产权一级学科。《纲要》立足知识产权的复合型特点,首次直接明确了知识产权学历教育体系的专门化定位,这是国家在政策规划层面就知识产权一级学科设立所作的宏观要求。我们需要采取下列举措将上述要求付诸实践。首先,要加强知识产权学科理论研究,奠定知识产权学科基础。具体而言,要探究知识产权研究对象与其他学科研究对象的区别,寻求知识产权研究对象的独立特征,以明确设立知识产权一级学科的对象基础。同时,要厘清并整合其它学科的研究方法,有选择性地将其运用于知识产权中,以丰富知识产权的学科思维。此外,要特别关注知识产权与其他学科交叉的领域,避免知识产权受到其他学科的同化,以确保知识产权一级学科的主导性地位。其次,要加快知识产权二级学科建设,明晰知识产权学科骨架。如果说学科理论犹如学科之筋脉贯穿一级学科始终的话,那二级学科群便如同学科之骨骼,支撑起一级学科的知识体系架构。有必要将知识产权保护、知识产权管理、知识产权经济、知识产权运营、知识产权服务、知识产权法学等内容独立出来,总结其共有的学科逻辑,形成一套成熟的学科范式,进而完成知识产权二级学科群的建设。在此过程中,应当避免一种名不副实的错误倾向,即虽然名义上属于知识产权二级学科,但其

---

[16] 赵勇、单晓光:《我国知识产权一级学科建设现状及发展路径》,载《知识产权》2020年第12期。

[17] 参见张怀印:《复合型知识产权人才培养与知识产权交叉学科设置研究》,载《法学教育研究》2021年第3期。

内容全是其他一级学科项下的知识,由此形成一个将其他学科知识简单拼接于知识产权学科之上的怪象。正确的做法应当是以知识产权本身所具有的综合性学科特色、社会性人才需求以及实用性职业发展为导向,通过寻求其它学科内容中与知识产权联系密切的部分,并将其与知识产权深度融合,最终形成以知识产权为主的二级学科群。再次,要获得学术界、实务界专家认同,营造知识产权学科氛围。要广泛组织开展知识产权学科讲座论坛,就知识产权的学科特点、学科差异、现实需求、社会价值等方面进行讨论,并诚恳邀请学术界、实务界的专家参与,以寻求学术界、实务界专家的认同。具言之,就是要"以务实姿态获取行政主管部门的支持,通过聚集行业协会、智库、企业等民间机构的力量,形成知识产权一级学科建设的组织场域"。[18] 最后,要持续进行知识产权人才产出,满足社会的人才需求。目前,知识经济的快速发展使社会对知识产权人才的需求存在较大缺口。因此,应将创设知识产权一级学科的出发点与落脚点聚焦于人,即在赋予知识产权一级学科地位后,要确保有稳定的高端知识产权人才输出,以此满足社会各领域的多元化、差异化、规模化人才需求,最终获取广大产业界及社会公众的普遍认同。

(二)加快设置知识产权专业学位

2022年9月,国务院学位委员会与教育部联合印发《研究生教育学科专业目录(2022年)》,与此前的版本相比,新版目录在专业学位的设置上作出了较大调整,新设了一大批博士或硕士专业学位类别,解决了专业学位在以前的目录中地位不够凸显、类别尚需完善的问题。在新版目录新设的硕士专业学位类别中,知识产权专业赫然在列。在此之前,由于知识产权无专业硕士学位的设置,故大部分高校是借鉴学科依附的思路进行专业学位建设,在法律硕士下设置知识产权法方向专业硕士学位,借此来培养知识产权专业实务人才。但法学有其独立的学科体系与学科思维,知识产权方向法律硕士的人才培养模式必定是以法学为主,所培养出的人才也只能称为法治人才,与我国所需的高端知识产权人才

---

⑱ 朱雪忠、杨静:《制度掣肘与供给不足:中国知识产权学科向何处去》,载《知识产权》2018年第10期。

尚存在一定差距。知识产权理论与实践的联系较为紧密,复合性特征极为突出,在知识产权强国建设背景下,高端知识产权实务型人才乃社会亟需。因此,专业学位依附的方案不是长久之计,设置知识产权专业学位才是万全之策,它既能有效解决当前知识产权实务人才紧缺的现实难题,亦符合我国研究生教育的发展方向。如今,我国在政策、制度等层面均为知识产权专业学位的设置铺平了道路,在未来知识产权研究生阶段的培养过程中,各高校应当积极响应《纲要》与新版目录所指,加快设置知识产权专业学位。

知识产权专业学位的人才培养方案在培养课程、培养方式和职业发展等方面均有独特的安排。在培养课程方面,将课程设置为基础课程、复合课程、实践课程三类。基础课程系根据专业学位学生必须具备的理论知识而设置,分为公共必修课与专业必修课。公共必修课包括外语、民法学、政治学等公共课程,专业必修课包括知识产权法学、知识产权管理、知识产权运营、知识产权保护等专业课程。这类课程主要涵盖知识产权二级学科群,通过对这类课程的体系化教学,为学生搭建起知识产权学科框架,让其形成知识产权学科思维,从而破除其心中原有的知识产权隶属于法学、管理学的传统观念,助力实现高端知识产权多元化人才的培养。在学生掌握相关基础知识后,教授复合课程。复合课程系知识产权与国家安全学、传媒学、金融学、体育学、管理学等学科交流融合后形成的进阶课程,可由学生自主选择。该类课程着重关注知识产权的复合性特征,通过促进学科间的交流互动,探求知识产权与其他学科的融合路径,以此提高学生的学科交叉学习能力,培养高端知识产权复合型人才。待上述理论知识体系完备后,通过实务精英双师同堂、实务专题讲座、专业实习等多种形式的实践课程来提升学生的实务操作能力,这也是高端知识产权实务型人才培养的内在要求。该类课程不仅面向国内实践,让学生熟悉我国知识产权面临的现实问题和司法现状;还面向国际实践,让学生了解不同国家知识产权纠纷的处理差异以及中国企业可能遭遇的权利阻碍,以此让学生有针对性地提升自己的理论水平和实践能力,从而实现高端知识产权实务型人才的职业化和国际化培养目标。在培养方式方面,采取校内校外双导师制,既加强理论学习又注重实践教学,形成政校企联合培养,共同育人的良好局面。在职业发展方面,由于设置知识产权专业学位的目的旨在培养复合型、多元化、强应用的高端知识产权实务人才,故需要加强知识产权专业学位教育与知识产权国家职业资格、职称制度之间的有效衔接[19],让知识产权专业硕士具备相应的执业资格。以专利代理师为例,其报考条件之一是需要具备理工科专业背景[20],这就意味着我国绝大多数本科系社科(如法学、管理学)教育背景的知识产权研究生无报考专利代理师的资格,这在一定程度上限制了我国专利代理师队伍的发展。就专利代理师的报考条件而言,笔者认为,可以放宽至具备知识产权专业学位的受教育群体,这样只要获得知识产权专业学位即可报考专利代理师。同理,对于知识产权师等职称制度的考核评选而言亦是如此。

(三)重点建设知识产权师资队伍

人才培养,教师队伍是关键。在知识产权人才培养过程中,教师与学生不仅是学术共同体[21],也是教育共同体,更是知识产权强国建设共同体。作为学生接触、学习和运用知识产权的引路人,唯有理论水平扎实、实践经验丰富、具备国际视野的高素质教师方能培养出高端知识产权人才。目前,我国大部分高校虽然已经组建了一批知识产权专职教师队伍,但由于知识产权专业对法学学科具有强大依附性,由此导致知识产权法学教师系高校知识产权师资队伍中的主力军。除开这些法学教师,具备管理学或经济学学科背景的教师屈指可数,融合法学、理工、经济、管理等多学科背景的师资更是凤毛麟角。[22] 同时,由于师资队伍以

---

⑲ 参见苏平、赵怡琳:《产教融合协同培养企业知识产权复合性应用型人才研究》,载《知识产权》2020 年第 7 期。

⑳ 参见《专利代理条例》第 10 条:具有高等院校理工科专业专科以上学历的中国公民可以参加全国专利代理师资格考试;考试合格的,由国务院专利行政部门颁发专利代理师资格证。

㉑ 参见孙昊亮:《以习近平法治思想为指导培养高素质研究生法治人才》,载《法学教育研究》2021 年第 2 期。

㉒ 参见郝世博:《新工科建设背景下知识产权复合型人才培养研究》,载《工业和信息化教育》2018 年第 2 期。

专职教师为主,大部分教师要么缺乏在实务部门工作的背景,要么缺乏去实务部门实践的机会[23],由此导致知识产权实务教学成了知识产权专职教师的一大短板,进而导致人才培养过程中实践教学环节薄弱,教学实效不明显。因此,为应对我国知识产权师资队伍学科背景单一、实践能力不足、跨界交流欠缺等问题,有必要对现行师资结构进行优化改进,对内进行学科融合,对外进行实务合作,力求让理论基础扎实、实践能力突出、国际视野广阔、知识结构多元的优秀教师与高端知识产权人才实现良性匹配。

具体而言,首先要在部分高校建立高端知识产权人才培养试点实验区,鼓励这些高校协同校内外力量,扩充知识产权师资队伍。高端知识产权人才既需要掌握法学、管理、经济、技术等多学科的理论知识,也需要具备诉讼、代理、尽调等实务经验,这不仅要求其具备较强的学习能力,更重要的是离不开一批复合型、实务型、多元化师资队伍的支持。鼓励高校一方面跨院系、跨学校聘请经济金融、商务管理、国际贸易、知识产权法学等学科的教师组成一支多学科交叉的专业师资队伍,解决现有师资来源有限、结构单一的问题;另一方面聘请知识产权法官、律师、法务等实务精英担任职业导师,向学生介绍目前的知识产权运用与保护现状,为学生开展实务培训,分享实务经验,弥补现有师资实践经历不足的短板。其次,创设校内外互通的师资队伍培训机制,提升专职教师的专业理论水平和实务操作能力。[24] 上述聘请实务精英担任职业导师的方式固然能在一定程度上解决实务师资不足的问题,但囿于上述主体的时间精力不足,难以持续性地为学生提供实务帮助。因此,这就要求知识产权专职教师自身具备一定的实务经验,并能将其与理论教学有机结合,以满足学生的实务教学需求。高校既要联合政府部门、企业律所、行业协会等单位的力量,定期邀请实务专家来学校为专职教师开展实务培训,又要鼓励知识产权专职教师到与知识产权相关的行政主管部门、律

㉓ 参见曾德国、薛笑梅:《知识产权研究生跨学科培养的难点及对策探讨》,载《西南政法大学学报》2014年第1期。

㉔ 参见何培育等:《新文科建设背景下知识产权管理交叉学科研究生培养模式探析》,载《研究生教育研究》2021年第1期。

师事务所、评估与鉴定机构、代理公司等单位进行挂职、培训、交流，以提升其实务水平，加强其知识结构的综合性。最后，优化知识产权专职教师的职称评定机制，加大交叉学科研究、实务成果在教师职称评定中的比重。目前，知识产权专职教师的职称评定多以其发表的知识产权学术文章为主要参考指标，这就导致其不断在知识产权理论领域内深耕，而缺少对知识产权交叉学科、实务操作的关注。既然要求知识产权专职教师需要具备多学科的理论知识和丰富的实践经验，就要设置配套的激励措施，让知识产权专职教师开展学科融合研究后形成的学术成果，在实务过程中办理的成功且重大的优秀案例以及其研发出来的专利技术都能够作为其职称评定的参考因素，给予其相应的学术认可。如此方能极大调动其交叉研究、开展实务的积极性，进而促进复合型、实务型、多元化知识产权师资队伍的建设。

（四）创新开发知识产权精品课程

人才培养，课程建设是根本。创新开发一系列高质量知识产权精品课程有利于开拓知识产权人才的视野，促进知识产权人才培养工作取得新成效。目前，我国大部分高校的知识产权课程体系仍不完善，存在以下问题：第一，研究生阶段的课程仅是本科阶段的简单延续。在开设知识产权本科教学的高校中，学生需要学习的课程包括“知识产权法总论”“知识产权法分论”“企业知识产权管理”“文书撰写”等，在研究生阶段，上述课程仍然是学生学习的重点，除了在理论深度上稍有延伸外，二者没有实质性区别。第二，目前我国大部分高校开设的知识产权课程多聚焦于知识产权基础理论，少有甚至没有涉足知识产权实务课程。知识产权实务课程的缺失会导致培养出的知识产权人才“重理论而轻实务”，对知识产权实务一知半解。更严重的是，由于缺乏与实务的有效衔接，知识产权专业学生毕业进入实务部门后仍需要花费大量时间去提升相关的实务技能，如此一来不仅将高校的教育负担转嫁给了社会，还无故增加了学生的学习成本和人力资源的社会转化成本。第三，知识产权课程体系安排与目前的新科技、新业态发展不同步。知识产权的一个重要特征在于其前沿性[25],这也就意味着知识产权的课程设计需要紧跟时代步伐,围绕大数据、区块链、人工智能、生物科技等新兴领域,实时反映知识产权的新动态,及时体现知识产权的科技前沿性。[26] 但现有的知识产权课程仍然主要聚焦于传统知识产权领域,教学内容稍显陈旧,与新兴技术、新兴产业的融合不全面、不深入、不系统,未能与高新技术产业的发展步调一致。

基于上述原因,为了培养技术应用型和专业复合型的高端知识产权人才,我们要响应《纲要》中"开发一批知识产权精品课程"的号召,从课程设置和教学方式入手寻求突破点。一方面,要鼓励各大高校充分发挥自身的学科优势,在知识产权课程领域守正创新。高校既要紧跟高新技术发展潮流,打造一系列诸如人工智能与知识产权保护、区块链与知识产权保护、医药产业与知识产权保护、生物遗传资源知识产权保护等新兴课程,以充分展现知识产权学科的时代前沿性;也要立足传统产业发展现状,完善传统中医药知识产权保护、传统知识与民间艺术知识产权保护、知识产权安全、知识产权合规和企业风险管理、知识产权跨境诉讼与许可等涉及知识产权保护、管理、运用、服务领域的传统课程,以深入挖掘知识产权学科的基础性价值。另一方面,各大高校除了要加强线下课堂教学模式创新外,也要顺应数字化发展趋势,克服传统线下教学方式的局限性,推动知识产权网络远程平台课程体系的建设。高校需要逐步完成相关硬件准备工作,将上述新兴、传统课程中能够代表其学科特色、院校特点的精品课程录制后上传至大学生慕课等线上课程平台。也鼓励高校探索建立区域线上课程联盟,组织一批优秀教师自行设计并上线一系列知识产权网络精品课程、仿真虚拟课程,建设开放、共享的网络课程资源库。同国外知名知识产权院校建立线上课程合作关系亦是一条道路选择,这样能让学生及时了解知识产权相关问题的国际趋势,与

[25] 参见孙山:《知识产权前沿问题在课堂教学中的应用》,载《法学教育研究》2016 年第 1 期。

[26] 参见陈永强等:《新文科背景下高校知识产权人才培养模式的实践与创新——以中国计量大学为例》,载《南宁师范大学学报(哲学社会科学版)》2022 年第 1 期。

高端知识产权国际化人才培养目标不谋而合。如此一来,高校不仅能整合国内外的优质知识产权课程资源,完成知识的互联互通,使学生足不出户便能享受到国内外一流的知识产权课程服务,促进知识产权人才培养水平得到整体提高;也可以借此机会适时开展知识产权学科宣传,通过一些基础性、通识性的知识产权课程让社会公众充分了解这门与其生活密切相关的“高大上”专业。

(五)布局打造知识产权合作平台

人才培养,平台搭建是重点,在高层次知识产权人才集中的区域建设合作平台能够整合各类资源,提高人才培养质量。目前,本科、研究生教育是我国知识产权人才培养的主要途径,经过高校的系统培养,能够使知识产权人才具备深厚的知识产权理论基础。不过囿于高校的环境限制,其培养的知识产权人才往往在知识产权实务方面的能力有所欠缺,难以为社会和企业的知识产权事业提供强力支撑。因此,仅凭高校一方的力量无法充分承担高端知识产权人才培养的任务。相较于高校丰厚的教育资源,用人单位在知识产权人才培养过程中有其独特的优势,即丰富的实务经验,二者在知识产权人才培养方面能相辅相成。将用人单位的知识产权实务工作流程引入高校现有的知识产权人才培养模式中,对于提升知识产权人才培养质量、形成知识产权人才培养良好格局具有重要意义。有鉴于此,可以充分利用社会资源,将高端知识产权人才培养的任务扩至用人单位,积极探索建立由高校、企业、政府部门共同参与的知识产权人才培养合作平台,以此整合资源互补优势,连接理论人才培养阵地与实践人才培养阵地,形成政、校、企共同育人的良好局面。具体而言,笔者提出如下设想:

1.“高校—高校”:具有不同学科背景的高校各自发挥学科优势进行人才的联合培养,是对我国高端知识产权人才培养模式的有益探索。当前我国高校的建设现状决定了大部分高校难以独自培养复合型、多元化、职业化、国际化的高端知识产权人才,故高校间的协同合作势在必行。应当在不同学术氛围的院校间开展人才培养的交流与合作,打造知识产权网络课程平台、知识产权信息互通平台,通过专业教师相互交流、部分学生交换培养、课程互选和学分互认等方式,进一步整合高校资源,使高校之间形成优势互补,培养高端知识产权复合型人才。

2."高校—企业":校企合作、产教融合代表着高端知识产权人才培养的总体方向。从企业的实际需求来看,具备知识产权管理、知识产权评估等技能的人才弥足珍贵,高端知识产权人才供不应求。因此,有必要在坚持高校培养主体地位的前提下,协同打造知识产权实务操作平台、知识产权技术协作平台,将企业运营方式融入相关课程,模拟真实的企业环境,以需求为导向着力培养知识产权代理、管理、评估、运营等专业学生解决知识产权相关实务问题的能力。同时,在研究生培养中采用"双导师制",邀请实务精英担任研究生的实务导师,在研究生的培养过程中对其进行实务指导,弥补专职教师在实务经验上的不足,使知识产权人才培养师资队伍"专兼并存"[27],以培养具有综合实践能力的高端知识产权应用型人才。

3."高校—政府部门":随着国家经济的发展和国际形势的变化,我国政府部门、司法机关在国家安全、经济分析、公共政策、国际诉讼等方面对高端知识产权人才的需求也越发迫切,政府部门凭借其政策制定者的身份在知识产权人才的培养中发挥着重要的推动作用。然而,当前我国高校的人才培养与政府部门之间的联系存在一定程度的脱节。因此,高校要协同政府部门着力打造知识产权智慧服务平台、知识产权诉讼模拟平台,先由有关部门依据区域经济、社会发展规划、诉讼专业能力等方面确定人才需求,与高校联合制定知识产权人才培养计划;再由高校结合自身具体情况依照该人才需求标准进行师资匹配和课程设计,合理安排教学内容,最终形成高校与有关政府部门、司法部门之间的知识产权订单化人才培养模式。

---

[27] 李杨:《知识产权专业的"双师协同"教学团队建设》,载《安徽电子信息职业技术学院学报》2018年第1期。

三、高端知识产权人才培养的反馈机制

如上文所述，目前我国高端知识产权人才的培养尚存在学科定位不清晰、师资结构不多元、课程设置不合理、人才培养与社会需求不匹配等问题，这些问题均可能导致我国高端知识产权人才的培养成效无法达成预期目标。为了使上述措施能够稳步落地，需要从不同利益主体的角度出发，建立一个完备的人才培养质量反馈机制，对高端知识产权人才之具体情况进行实时动态考察，及时发现人才培养过程中出现的各种问题并予以纠正。（反馈机制运行流程参见图1）

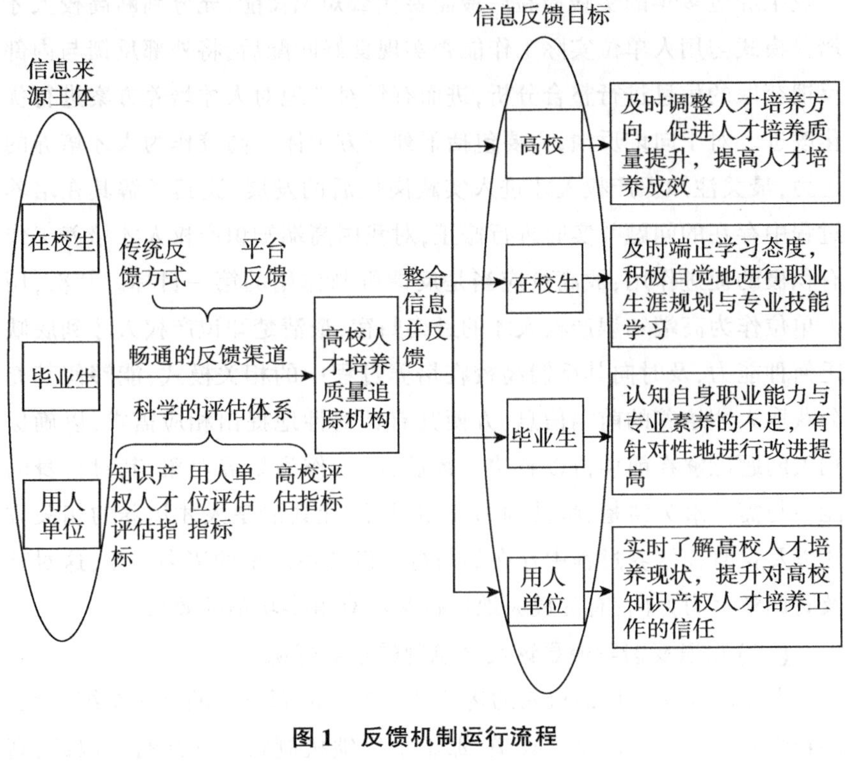

图1　反馈机制运行流程

(一)明确参与主体是该反馈机制的首要要求

构建高端知识产权人才培养质量的反馈机制,首先需要明确该机制的参与主体,即由谁反馈与向谁反馈,前者主要关注人才培养质量反馈的来源,后者重点聚焦人才培养质量反馈的目标。对于由谁反馈,需要着重解决来源主体单一的问题。目前,大部分高校对人才培养质量成效的掌握主要源于在校学生的反馈,同时,出于对就业指标的关注,高校也会对应届毕业生进行跟踪调查,以了解其是否掌握了相关就业技能与专业本领。通过这种内部反馈,高校获取的信息往往较为局限,对于知识产权人才究竟需要具备何种能力才能有效应对复杂的市场环境往往不得而知。因此,应当变单一的内部反馈为内部反馈与外部反馈并重,将反馈的来源主体扩张至往届毕业生与用人单位。这样在充分了解往届毕业生经过多年的实践检验后最需要什么知识技能,充分判断高校人才培养模式与用人单位实际工作能否实现良好匹配后,将外部反馈与内部反馈获取的信息进行整合分析,进而有针对性地对人才培养方案进行优化改进。对于向谁反馈,主要包括下列三方主体。高校作为人才培养的主力,最关注知识产权人才进入实践岗位后的发展,让其了解其在培养过程中存在的问题并实时进行修正,对我国高端知识产权人才培养工作有积极的促进作用,故高校应当是反馈机制作用的第一目标。其次,用人单位作为高端知识产权人才的最终归宿,最清楚知识产权人才到底缺乏何种能力,及时向其反馈高校在培养过程中的相关模式,能够使其充分获取人才培养的前端信息,方便其有针对性地提出相应需求,以确保相关问题能够在前期得以解决。最后,学生作为培养对象,其对自身的能力与需求最为清楚,将其列为反馈目标,让其清楚人才培养的相关方式以及自身在培养过程中存在的与行业发展不匹配的诸多不足,这对其及时调整努力方向,有的放矢地进行学习有事半功倍的效果。

(二)畅通反馈渠道是该反馈机制的重要保障

人才培养质量反馈机制的构建是一个牵涉面较广的庞大系统工程,倘若没有一个畅通的反馈渠道,那整个反馈机制将无法运行。因此,高校首先要设置人才培养质量追踪的专门机构,配备专职工作人员负责组织、协调人才培养质量管理工作，制定详细规章制度以明确各工作人员在人才培养质量跟踪反馈工作中的职责，分层级、分部门地与其他机构形成多方联动机制，共同推动人才培养质量反馈工作的开展。其次，高校要创新开拓反馈信息收集的手段，除了利用传统的问卷调查、实地走访、座谈会反馈等方式外，还要充分利用互联网、大数据等现代信息技术手段，开发人才培养质量信息数据收集系统，在高校与用人单位、毕业生之间搭建起一个智能化、便捷化、常态化的人才培养质量反馈沟通平台。该平台主要由人才培养质量追踪的专门机构进行运营与管理。在该平台中，反馈机制的参与主体都具有一个专门的账号，他们不仅可以通过平台设计的不同质量反馈模块，凭借不同的评价指标体系进行相关人才培养质量成效信息的反馈，也能在高校对人才培养方案进行优化改进后及时接收反馈结果。通过这样的方式，一方面能克服传统信息收集手段周期长、难度大、信息不准确等弊端，更重要的是能够实现反馈数据在多个主体之间的实时共享，进而有效提高反馈信息收集与利用的效率。最后，保证反馈信息能够得到有效采纳也是重要一环。人才培养质量追踪部门除了要在质量反馈平台中及时将相关反馈信息进行汇总整合，还要定期通过反馈信息分析、就业工作总结、行业组织评价、社会综合评价等方式将获取的反馈信息进行及时消化，并实时将相应问题反馈到课堂教学、职业规划、实习指导、培养体系建设等人才培养环节当中去，以实现人才培养质量反馈工作的有效闭环。

（三）设置科学指标是该反馈机制的有利工具

人才培养质量反馈是一个多方面评判的过程，不能一概而论。因此，有必要根据知识产权人才、用人单位、高校等多方主体在知识产权高端人才培养过程中的角色特征，设置一个科学合理的人才培养质量成效评估指标体系。具体而言，该质量评估指标体系应包含以下内容：一是知识产权人才评估指标体系。该指标重点关注高端知识产权人才的理论知识水平与实务操作能力两大个人素质，前者如专业知识基础、文书写作水平、分析概括能力等，后者如案例检索能力、人际沟通能力、团队协作能力等。通过对上述两大素质的考察，有助于用人单位更好地评价知识产权人才实际工作中的个人能力,以检验高端知识产权人才培养成效。二是用人单位评估指标体系。该指标重点关注用人单位不同岗位的工作性质、工资薪酬、业绩评价、职位晋升、职业规格、发展前景等职业发展情况。通过对上述指标的考察,判断不同岗位与不同类型知识产权人才之间的契合度,以此为基础明确人才培养工作的重心,以便完成相关领域知识产权人才的订单化培养。三是高校评估指标体系。该指标着眼于高校自身的培养模式,通过学生评价、同行评价、第三方评估等方式,归纳总结出高校在学科体系、课程设置、教学水平、职业规划、实习指导等方面的判断标准。根据这些标准,在校生、毕业生、用人单位等主体能够结合当下的知识产权发展趋势与高端知识产权人才的市场需求,对高校的人才培养模式作出准确评估,助力高校改进其人才培养模式。通过对上述三个指标的具体落实,高校能建立起一套完整科学且易于实施的人才培养质量成效评估指标体系,以求人才培养质量信息的收集与反馈更具针对性和可操作性。

(四)明晰反馈结果是该反馈机制的最终依归

人才培养质量反馈机制作为高端知识产权人才培养的最后一个环节,不仅是检验人才培养质量的终点,更是调整人才培养方向的起点。[28]因此,该反馈机制应立足于反馈,着眼于改进,[29]以便人才培养过程中暴露出来的问题能得到及时有效的解决。就高校而言,其应当定时汇总在校生、毕业生、用人单位等主体的反馈信息,将之分类整合后及时分发给各部门、各学院,并督促他们根据反馈的相关结果对标现存问题,适时在培养理念、培养目标、培养方案、培养模式等各个方面做出相应的调整与改进,进而促进知识产权人才培养质量的提升,提高人才培养的成效;就用人单位而言,其需要不定时地查看高校返回的反馈结果,实时了解高校知识产权人才培养的现状,合理认知高校知识产权人才培养的规模、

㉘ 参见李爱彬等:《一流学科群视域下研究生跨学科培养模式研究》,载《研究生教育研究》2022年第3期。

㉙ 参见胡庆喜等:《多元评价主体参与的人才培养质量跟踪反馈机制构建》,载《大学(研究版)》2019年第4期。

数量、质量等动态情况,及时向高校传达就业市场的需求,帮助高校调整人才培养方向的同时也能确保其能进一步提升对高校人才培养工作的信任度,为高校毕业生就业创业营造良好的社会条件和整体接纳环境;就在校生而言,其需要时刻关注知识产权专业的市场需求与发展前景,并将之与高校的人才培养模式相结合,以便其充分了解自己与社会亟须的高端知识产权人才之间的差距,促使其及时端正学习态度,更加积极自觉的投入到职业生涯规划与专业技能学习上来;就毕业生而言,要利用好这一职业再教育的机会,一方面要通过反馈结果认知自身职业能力与专业素养的不足,有针对性地进行改进提高;另一方面要充分了解母校的人才培养工作新情况新发展,进一步增强对母校认同感,成为母校人才培养成果宣传的重要力量。

结　语

在我国不断推进知识产权强国建设的过程中,高校作为高端知识产权人才培养的主阵地,应当勇于发现人才培养过程中存在的诸多顽疾,并持续进行人才培养教育改革,为我国知识产权事业发展源源不断地输送复合型、多元化、职业化、国际化的高端知识产权人才。因此,首先,高校要继续推动知识产权一级学科的设立,为复合型知识产权人才培养提供学科支撑,形成复合型、交叉型、综合型学科高端人才培养模式;其次,要继续完善教师队伍培养机制,吸纳理工科、管理学、经济学等学科背景的教师,引入具有实务工作经验的一线人员承担部分教学工作,进而形成跨学科、多元化的知识产权教师队伍;再次,要革新以法学为主导的传统知识产权人才培养模式,创新课程体系和教学方式,完成课程建设与实践能力培养之间的机制衔接;最后,要构建科学的高端知识产权人才评价机制和反馈机制,畅通培养端与需求端的交流沟通渠道,对以高校为主导、多元主体联合参与的知识产权人才培养模式进行适时评价,及时调整培养方式与手段,以促进我国高端知识产权人才培养取得成效。

In the Context of "Intellectual Property Power" Construction the Goal and Practice of Cultivating High-end Intellectual Property Talents

Huang Hui　Zeng Yijia

Abstract: In the context of deepening the construction of a strong IPR country, high-end IPR talents are crucial to the development of China's IPR career. At present, the cultivation mode of high-end IP talents in China has problems such as single teacher structure, unreasonable curriculum and mismatch between supply and demand of talents, thus making it difficult for high-end IP talents in China to have characteristics such as composite, diversified, professional and international. We should actively carry out the demonstration of the first-level discipline of IPR, promote the establishment of IPR professional degree, and promote the effectiveness of high-end IPR talents cultivation by building a high-level faculty, developing high-quality high-quality courses and creating a high-standard cooperation platform. At the same time, we should also strengthen the construction of the feedback mechanism for the cultivation of intellectual property talents, timely identify and solve the problems that arise in the process of talent cultivation, and promote the effective implementation of the institutional mechanism for talent cultivation.

Key Words: high-end intellectual property talents cultivation mode; intellectual property first-level discipline; integration of industry and education; feedback mechanism

法律硕士教育与法律职业资格考试有效衔接机制研究

茹克娅·霍加[*]　金子璐[**]

摘　要：法律硕士教育的发展关乎国家法治建设健康运行及行稳致远。我国法律硕士教育已成为培养高层次法律人才的重要途径，但是教学内容过于偏向理论而缺乏实践能力的培养模式，无法满足新时代法治人才需求。只有形成“法律职业共同体”精英化，才能适应新时代法治人才的需要，特别是在提高国家治理体系和治理能力现代化的发展趋势下，国家、社会对于法律人才的需求可谓是求贤若渴。故将“法律职业资格考试”与法律硕士教育有效衔接，找到契合的最优路径，则事倍功半，不仅提高法律工作者的理论素养，又提升处理法律问题的实践能力，形成多元有效衔接机制，从而为国家培养真正优秀的法律人才。

关键词：法律硕士教育　法律职业资格考试　有效改革

---

[*] 茹克娅·霍加，新疆师范大学政法学院副教授。研究方向：民商法，法治教育。

[**] 金子璐，新疆师范大学政法学院2022级法律硕士研究生。研究方向：民商法，法治教育。

引　言

2023 年 2 月,中共中央办公厅和国务院办公厅联合下发《关于加强新时代法学教育和法学理论研究的意见》(以下简称《意见》)。《意见》共有 6 个部分、17 个方面,对于法律硕士教育的研究以及法律职业资格的衔接机制有深远的影响。法学专业连年扩招,甚至成为就业的“红牌”专业,但在西部边疆地区和基层司法系统中却仍旧存在“案多人少”、人员学历不高的窘境,原因之一就是当前的法律硕士教育与新时代的法律职业之间产生了脱节。如何做好法律硕士教育与法律职业资格有效衔接,成为亟待研究的课题。

1996 年我国设置法律硕士学位,2002 年开始实行国家司法统一考试(现在国家统一法律职业资格考试的前身),多年以来,关于二者的衔接机制问题一直为学者们所关注:有学者认为,我国的法律硕士教育重“学理”而轻“术业”,缺乏法律职业部门的引导和规范①;有学者认为,当时的司法考试注重记忆性内容,轻视法学思维的考察,并且报考门槛过低②;有学者认为,我国法律硕士教育存在与学术型硕士培养模式趋同的问题,法律硕士研究生招生考试效率偏低③;有学者认为,法律硕士专业实习效果不佳,阻碍了学生法律职业能力的提升④;还有学者认为现在的法律职业资格考试已经不再是单纯的机械性记忆,而是综合性、实践性较强的技术型考试,更加侧重处理问题和分析问题的能力,形成学校教育理论与实践不相适应模式等诸多观点。

---

① 参见王健:《构建以法律职业为目标导向的法律人才培养模式——中国法律教育改革与发展研究报告》,载《法学家》2010 年第 5 期。

② 参见孙笑侠:《法学教育的制度困境与突破——关于法学教育与司法考试等法律职业制度相衔接的研究报告》,载《法学》2012 年第 9 期。

③ 参见袁钢:《法学教育与法律职业资格考试衔接路径研究》,载《中国高教研究》2018 年第 10 期。

④ 参见胡永平:《提高法律硕士专业实习质量的路径分析》,载《高教学刊》2020 年第 36 期。

本文旨在法学界专家、学者研究的基础之上,结合我国实情,以习近平法治思想为指引,在中国式法治现代化大发展趋势下,探究将法律硕士教育与法律职业资格考试有效衔接,形成可行性意见或建议,加快推进我国的法治化进程,探索新时代法治人才培养路径。

一、法律硕士教育与法律职业资格考试有效衔接的价值意蕴

纵观中国法学教育的发展,从民清时期的“远学德国、近学日本”的学术思想,演变到今天已构建中国特色的社会主义法律体系,走符合中国国情的马克思主义法学道路,新中国法学从无到有,再到成熟,经历了多次波折,在中国共产党的正确领导下,在全党和全体人民群众共同努力探索下,经历了一代代法律人的不懈奋斗。这些来之不易的成果成就了中国从“法制”到“法治”的高质量发展。随着我国经济综合实力的不断提升,法治建设的不断完善,造就了法治社会人民至上的理念,成就了国家治理体系和治理能力现代化不断完善。但是其中不乏问题,尤其是理论教育与实践没有形成有效衔接。例如,(法律)硕士、博士虽然学历高,但没有通过国家法律职业资格考试的大有人在,这些对法学教育、就业、心理等方面产生巨大压力。让法学理论教育和法律资格考试紧密衔接、形成体系,培养理论实践知行合一的高素质法律人才,是当下法学教育研究的重要课题。

(一)回应国家治理现代化的需要

从历史发展来看,国家治理模式先后经历了“人治”与“法治”两个时期。现代国家的立法者将“良法”这一根本价值观念引入以法治为基本方式的国家治理中,并为其提供了一种创新的善治机制。从这一角度来看,想要实现国家治理的现代化,就必须将“良法”与“善治”相结合,使二者在治理体系与治理能力上得到充分的体现。从国家治理现代化的角度来说,法治是治理国家最基本且合乎正义的方式,法学教育是国家治理的前沿指向与坚实后盾。

我国高校法学教育的首要目的应当是培养出未来法律行业的从业者,使其为人民群众提供更好的法律服务,净化法治环境,增强法治理想信念和提升职业技能。从就业及职业技能训练方面分析,法律硕士教育与法律职业资格的衔接,直接关系到法学毕业生的就业问题。目前,法学专业"就业难"已经成为不争的事实。学生想要将所学付诸实践,没有就业无从谈起;国家的适龄青年就业率低下,会拖累消费和投资,进而阻碍经济增长,无益于社会稳定。法律硕士教育不是法学生推迟就业的"避风港",其实践性极强的专业底色与各学科背景"兼收并蓄"的包容特点,决定了它的目的是向法律行业输送法律实务人才,为法治国家的建设提供后备力量。法律职业资格是法律实践的起点,健全法律硕士教育与法律职业资格的衔接机制,不仅能够充分发挥法律硕士教育优势作用,也能为国家治理现代化保驾护航。

但是之所以出现理论与实践部分脱节的问题,原因在于法律硕士教育忽略了实践经验和处理问题的实际能力等方面的有效衔接,在法律硕士研究生培养阶段,参加法律职业资格考试只是学生的自愿选择,而并非定性在教育大纲中,没有对学生形成内在动力。换句话说,即便是法律硕士毕业,首当其冲就是看是否具有法律职业资格证,这一点在国企、央企、公务员(部分相关法律专业)、公司法务等行业领域表现尤为明显。

(二)构建法律职业共同体的需要

习近平法治思想的核心要义之一是:"坚持建设德才兼备的高素质法治工作队伍",必须打造"法律职业共同体"。究竟哪些职业可以被划入"法律职业共同体"?法官、检察官、律师是最常见也最典型的"法律职业"。但是在普通大众的心目中,一些对于法律职业资格考试并没有强制要求的职业,也算是"法律职业",如此范围便扩大至行政执法人员、立法工作者等。这些职业的从业者之所以能聚合在一起,是因为他们共同分享着对法律的信仰,对秩序、公平、自由等法的价值的认可,共同承担着建设法治中国的历史责任,对维护社会公平正义的社会期待,也共同遵守着法律职业伦理的要求。这并不是一个可以轻易达成的目标。如2009年7月10日发生的“法官铐律师”事件,[5]暴露出的问题是不容忽视的。律师与法官虽然存在不同的职责分工,但二者均是“法律职业共同体”的成员。实践中,因为律师特殊的职业性质,有些普通民众仅仅将其视为追求经济利益的自由职业者,甚至法官之中抱有这种偏见的也不在少数,导致部分律师与法官之间关系紧张,以致影响日常工作的开展。

只有诸法律职业之间保持着健康和谐的职业互动,才能共同维护社会公平正义,让当事人在具体的个案之中体会到法律的威严。为了培养“法律职业共同体”健康的内部关系,许多地方司法机关已经开始主动做出尝试。比如,2022年11月,河南省高级人民法院与河南省司法厅曾实施多项举措,采用双向反馈的方法促进法律职业共同体的建设,不仅邀请律师代表座谈,还向全省律师发放调查问卷,成立工作组在河南各地的律师事务所走访。[6] 诚然,这些都是令人欣喜的进步,但在已然“定型”的法律职业人之中协调改善,实际效果不如从培养的源头做好衔接,在迈入法律行业大门前,树立起学生作为“法律职业共同体”成员的自觉。

在当前高校法律硕士教育中,重理论、轻实践的风气仍然存在,不注重培养学生“法律职业共同体”意识,也使学生在走出校门从事法律实务时忽视相关的职业伦理,缺乏处理法律问题的能力。其实,法学专业的学生接受了三年至四年的法学教育,了解并熟悉了中国特色的法律体系。而法律职业资格考试也为法律职业划定了统一的准入标准,为未来的法律从业者提供了共同的法律思维训练。做好二者之间的连接与过渡,健全法学教育与法律职业资格的衔接机制,实际上也就为构建“法律职业共同体”打好了坚实的基础。

(三)完善我国法学教育体系的需要

法学专业的毕业生,无论是本科生、硕士研究生还是博士研究生,都

---

⑤ 参见胡洪江:《法官律师 别隔膜也别勾兑》,载《人民日报》2009年8月6日,第10版。

⑥ 参见赵红旗:《河南全面推动法律职业共同体建设》,载《法治日报》2022年11月21日,第3版。

必须通过法律职业资格考试,才能真正参与到法律实务中,学以致用。从这个角度上来看,法律硕士教育能否将社会真正需要的人才输入我国的法治建设队伍,满足社会的需要,都绕不开学生的法律资格考试通过率。

从域外来看,各国的法律硕士教育与法律职业资格衔接机制都充分适应了所在国的国情,深深植根于所在国的法律文化传统与社会现实。比如,美国法律硕士教育的社会认可度很高,这是因为只有获得律师协会承认的法学院的 J. D 学位,才能取得法律职业资格考试的报名资格。⑦ 律师协会对于法学教育发展享有很大的话语权,但这显然不符合我国的国情。又如,德国与日本的法律职业资格考试分为两场,在两场之间还包含为期一年或一年半的法律实习,而这显然不适应我国的就业环境。我国法学生的专业实习穿插在教学期间完成,无论是高校学生还是就业市场,都希望应届毕业生直接参加工作。

在这个问题上,若一味地追求"制度移植"则难见成效,加快建立起符合新时代符合中国国情、具有中国特色的法律硕士教育与法律职业资格衔接机制,对于最终构建中国特色法学学科体系、学术体系、话语体系,则至关重要。因此将法律硕士教育与法律职业资格考试有效衔接不但具有十分重要的意义也非常具有可行性。

二、法律硕士教育与法律职业资格考试有效衔接的可行性

(一)法律职业资格考试的局限性与改革方向

法律职业资格考试共有 8 门科目,分别是刑法、刑诉法、民法、民诉法、行政法、商经法(商法与经济法)、理论法、三国法(国际公法、国际私法、国际经济法)。由于法律职业资格考试是一场通过性考试,通过率在全国仅 10% ~15% ,但又非等级性考试,大部分学生在备考时都将"达

⑦ 参见付子堂、李燕:《论法律硕士教育与职业资格考试衔接机制》,载《西南政法大学学报》2014 年第 5 期。

标”“通过”作为第一要务,力求在有限的几个月备考期内,最大化程度地利用时间。学生将8门法律职业资格考试的科目分为“大科目”与“小科目”,专注“大科目”,轻视甚至完全放弃“小科目”的现象屡见不鲜。不巧的是,理论法(主要包括法治思想、法理学、宪法和法律职业道德等内容)便被归类为“小科目”。许多学生从备考法律职业资格考试的第一天起就没有学习过理论法的内容,由于法考的通过标准是只考察各科目的总分,仅凭借对“大科目”的学习便拿到法律职业资格证书的人也是大有人在。

2018年4月,司法部发布《国家统一法律职业资格考试实施办法》(以下简称《办法》),作为我国法律职业资格制度的第一部规章,明确了法律职业资格考试的报名条件。在《办法》中,将“具备全日制普通高等学校法学类本科学历并获得学士及以上学位;全日制普通高等学校非法学类本科及以上学历,并获得法律硕士、法学硕士及以上学位;全日制普通高等学校非法学类本科及以上学历并获得相应学位且从事法律工作满三年”,作为法考报名必备的条件。根据《办法》的规定,非法学专业的本科生想要参加法律职业资格考试,要么需要继续求学,获得法律或法学硕士学位,要么需要从事法律工作满三年。⑧ 实践中,通过法考往往是高校毕业生从事法律工作的敲门砖,对于2018年之后入学的非法学本科生而言,便只剩下读研一条路,可以通向法律人的生涯。法学专业并不能像从前一样无条件差异地参加考试,从事法学专业,可以说专业性门槛越来越高,再不是外行领导内行,已逐步形成“专业的人干专业的事”,这也是大势所趋。

(二)法律硕士教育在我国法学教育体系中的特殊地位

我国目前的法学教育体系是“法学本科+学术型法学硕士学位/专业型法律硕士学位+法学博士学位”的三层次体系。法律硕士教育是为培养德才兼备的高层次应用型法治人才而设置,其中非法学专业毕业生

⑧ 参见丁相顺:《国家统一法律职业资格考试的理念创新、制度创新与模式创新》,载《中国司法》2022年第10期。

强调复合型,法学专业毕业生强调专门型。⑨ 而"法律硕士教育"则更近似于一种法学本科与法学博士之间的"过渡型学位"。在与法律职业资格考试的衔接中,法律硕士无疑应当走在前列,这是介于理论研究与实践应用中过渡,提高法律操纵者的学术涵养。

法律职业资格考试的重点在于对现行实体法进行教义学上的考察,这也是一个法律职业从业者走向专业化的必由之路,但这绝非意味着它的封闭和隔阂。以上文提到的理论法在法律职业资格考试中"事实上隐身"现象为例,作为一个成熟的法律从业者,应当做到将法理学与部门法学的知识融会贯通,形成部门法学的理论学科体系。从学生学习的角度,法理学与部门法学的关系至少体现在两个方面:其一,抽象与反哺,即由部门法学提供理论原型,再由法学理论进行抽象归纳并反哺于各部门法学。其二,输入与运用,即由法理学输入法学外的其他学科的观点或方法,进而运用于部门法学。⑩

法律硕士教育正契合了理论配合实践,部门法与法理学双向促进的理念。它的培养方案中包含较大比例的法律实务训练,并且没有进行方向细分。这不同于本科阶段以理论学习为主的培养模式,也不同于法学硕士和法学博士专门研究某一特定部门法的培养模式。从这个意义上说,法律硕士教育成果是最接近法律职业资格考试所希望的筛选出"理想的法律人才"。

(三)新时代复合型法治人才培养和法律硕士教育与法律职业资格考试的有效衔接

作为一门社会学科,法学在其诞生之日起,就具有鲜明的社会属性,法律就是围绕人民群众的生产行为逐步发展产生的,能够规制人们行为的规则模式。法律存在的价值就在于通过调整人与人之间的社会关系来规范人们在社会交往中的行为。这种调整既能帮助形成稳定的社会秩序,又能解决人们在社会生活中所遇到的各种矛盾和纠纷,从而使整

---

⑨ 参见袁钢:《法学教育与法律职业资格考试衔接路径研究》,载《中国高教研究》2018 年第 10 期。

⑩ 参见雷磊:《法理学与部门法学的三重关系》,载《河北法学》2020 年第 2 期。

个社会走上法治轨道。

如果没有接受过系统的法学教育,只是机械地学习了各部门法的法律规定,只求通过法律职业资格考试,便有如只有血肉而无根骨,缺乏统筹为一体的“灵魂”,这就是所谓的“法律素养”。在每年最高人民法院发布的指导性案例中,少有因为不通法条而无法判案乃至引起纠纷与争议的,更多的案例都聚焦于法官行使自由裁量权时进行的价值判断与价值选择。这足以证明,仅凭法律职业资格考试无法筛选出法律职业所需要的人才,更妄论“精英化”法律人才队伍。这就迫切需要新时代复合型人才培养模式的有效改革,即在有限的时间内培养出法律人应有的法律素养,塑造出既有法治思维,又有其他学科背景知识的“复合型”法律人才。

三、法律硕士教育与法律职业资格考试有效衔接机制的建议

法律硕士教育能够为学生提供社会科学学术训练与职业教育技能训练的双重教育,但在与法律职业资格考试的衔接中仍然存在不足。应从三个层次,推动构建我国法律硕士教育与法律职业资格衔接机制。

(一)建立健全法律硕士的管理指导体制

《意见》明确了要建立健全法学教育的管理指导体制。法律人才,尤其是法律实务人才,具有培养上的双重属性。这种双重属性源于法律行业极强的实践性,导致它既是一门社会科学,需要遵守人才培养的普遍规律和总体原则;又是调整社会关系、配置权利义务的社会法则,必须由中央直接统筹管理,定锚指向。

在这种双重属性的影响之下,除了教育主管部门之外,培养法律实务人才也离不开行业管理部门。法律人才的培养和法学院校的发展从根本上取决于是否建立起制度保障,落实好责任分配,在教育和司法部门之间形成高效、清晰、合理的分工机制。

这一点,在我国法治建设的历史中从未改变过。追溯至清末修律时

期,中国法律现代化之父沈家本便早已注意到这个问题。作为修律大臣,他曾经提出“京师法学堂”和“学府学权之争”,也就是法律作为一种国家强制力的具象化体现,在不同部门之间因为利益冲突而导致权力的对立问题。如果行业管理部门所建立的分工合作机制失效,那么教育主管部门就会无所适从。

新中国成立后,我国曾一度实行过“四所政法学院归中央司法部领导”[11]的管理体制。但是,司法部对于法学教育的管理职能因2000年高校管理体制改革而丧失。历史的经验告诉我们,由中央对政法院校实行统一的管理,对于提高法律人才培养质量有百利而无一害。

(二)加快完善我国法律硕士教育体系

《意见》中提道:“到2035年,与法治国家、法治政府、法治社会基本建成相适应,建成一批中国特色、世界一流法学院校,造就一批具有国际影响力的法学专家学者,持续培养大批德才兼备的高素质法治人才,构建起具有鲜明中国特色的法学学科体系、学术体系、话语体系,形成内容科学、结构合理、系统完备、协同高效的法学教育体系和法学理论研究体系。”[12]因此优化法律硕士学科体系,使其适应院校发展,服务国家发展大局、适应区域法治人才需求已是大势所趋,故根据《意见》要求,建立法学教育质量评估制度,完善评估指标体系,在现有法律硕士学科评估工作基础上,优化法律硕士学科建设和专业布局。建议鼓励法学院校突出特色,形成差异化发展格局。可以将法律职业资格考试的部分内容与法律硕士教育相结合,不是一味地追求理论教学,而是实践与理论相结合,提升法学生处理问题的能力。

在高校中,许多学生会自费参加法考培训机构的补课,以应对法律职业资格考试的压力。碍于培训费用高昂的限制,也有不少学生选择购买网课,接受线上培训。培训机构在毕业生的法考准备工作中起着举足

---

⑪ 王健:《新时代法学教育和法学研究向何处去?》,载微信公众号“法学学术前沿”,2023年3月7日。

⑫ 《中办国办印发〈关于加强新时代法学教育和法学理论研究的意见〉》,载《人民日报》2023年2月27日,第1版。

轻重的作用。高校学生对于培训机构产生较强依赖的现象并不是一味盲目跟风，而是因为培训机构提供的内容确实更具“应考导向性”。故而应针对优化法学学科体系、安全法学教学体系和加强教师队伍等系列问题，提出相应对策。

1. 优化招生考试内容。要促进法律硕士教育教学工作的顺利进行，就必须完善法律硕士教育招生工作，突出法律硕士的专业性特点。针对这个问题，可以从扩大法律硕士招生考试的考察内容着手。除了法律硕士（法学）专业学生的本科专业学习内容之外，应当更突出实践经验能力和学术科研能力的考察，例如，将法律职业资格考试的内容融进研究生教学学科体系中，形成结合模式。并且，这种考察不必拘泥于学生的本科专业，对于法律硕士（非法学）专业的考生，其本科专业的实习经验和科研经历同样可以反映出进入法学领域后的提升空间。扩大考察面，有利于招生单位在较短时间内形成对于考生的立体认识，从而筛选出拥有更强实践潜能的法律人才。

2. 健全法学教学体系，调整课堂教学内容。法律职业资格考试更加注重实体法和程序法、不同法律体系之间的结合考察，有些试题的答案本身就不具有唯一性。针对同一个问题，不同的人可能会给出不同的答案和看法，答案更具有开放性，“言之有理即可得分”。

当前法律硕士教育的课堂教育重视理论水平的培养，对于实践中的运用极为欠缺，很多法律专业研究生经常会是理论功底较强，但是实践处理能力较为薄弱，无法更好地利用法律帮助更有需要的人。

从学生参加法律职业资格考试的角度来看，法律硕士教育的课堂内容中应当包含完整的法律知识体系。常规的专题式学习往往只涉及某几个具体的法律条文，教材内容和体系过于单一，不能全面系统涵盖到具体法务案件中，不利于学生做到融会贯通，对于法律体系内各知识点之间的关系，难以形成框架式、成体系、通盘总览的把握，因此教材的适当改革，将实践（法律职业资格考试的内容）与教材理论相结合，教师在进行教学内容设计时，既要将重点放在一个具体的、细小的知识点上，也要将与这个知识点相关联的其他知识点和案例相互联系或综合起来，从而构成一个比较完善的知识组,进一步提高训练的难度⑬,真正做到与法律职业资格考试接轨。

3.加强教师队伍建设,改进教学方式。国家统一法律职业资格考试是一种应用性很强的考试,其主要内容是对司法实践的考察和法律知识的具体运用。所以,虽然题目的类型多种多样,但万变不离其宗,其核心目的都是考察考生对基本法律规则的运用和掌握,故而以案例为题材是绕不开的考察方法。

目前,法律硕士教育过程中,教师常常将法学界的前沿热点问题和当前的典型性较强的案例作为授课的"活教材"加以巧用,采取案例法引导学生自主分析。这不仅能直接提升学生在面对国家统一法律职业资格考试时的能力,对于加深学生对现实社会问题的理解和法律技巧的体悟也是大有裨益。

但是单纯的案例分析常常囿于教室内的师生清谈,参与群体往往仅限于教师和十几名学生。在参与人数过少的情况下,很容易陷入内部循环论证。应当充分利用现代网络信息技术手段,扩大参与范围,拓展讨论深度。比如,建立校际线上交流平台,针对当年当季的特定热点案例,鼓励不同高校的法律硕士研究生实时参与讨论,由不同高校的教师轮流主持话题并引导;又如,在条件允许的情况下将典型案例的法院庭审直播接入法学院⑭,学生在观摩学习直播"教材"的基础上,从各角度思考改进方法,再针对同一案例进行"模拟法庭"演练。如此教学不仅有利于提升"模拟法庭"这一传统教学模式的质量,更能引导学生关注实务细节,对案例进行深入学习,同时关注实践中,在法律职业资格考试中,针对此类案例,如何处置以及所使用的法条及依据,从而做出正确的判断和分析,进一步通过改变教学模式,提高教学质量,提升教师业务素质水平和能力,更好地为学生授业解惑。

---

⑬ 参见杨会、魏建新:《国家统一法律职业资格考试背景下法学本科教育改革研究》,载《社会科学家》2018 年第 2 期。

⑭ 参见杨雅妮:《新文科建设背景下法学教育的变革》,载《新文科教育研究》2021 年第 2 期。

4. 健全培养评价标准体系。法律硕士培养的每一个阶段都应当以一个核心目的为起点而展开,即培育出高层次复合型和应用型法律人才,以满足中国特色社会主义新时代经济、法律各行业发展所需。尤其是在面对新能源、人工智能等战略性新兴产业的蓬勃发展时,作为"软设施"的行政、司法、立法,甚至民间法律服务也应与时俱进,为国民经济的发展保驾护航。在当下的法律人才市场,无论是立志于进入法院、检察院,还是成为执业律师提供法律服务,越来越多的用人单位将通过法律职业资格考试作为准入门槛。对于法律职业的从业者而言,没有通过法律职业资格考试,连"入行"都无从谈起,再高的职业素养也没有用武之地。

但是,即使是在这样的现实情况下,高校培养的法硕毕业生与社会所期望的毕业生之间依然还有很大的距离,就业形势并不明朗。究其原因,是因为我国的绝大多数高校并没有引入第三方的评价机制,因而针对法硕的大部分评价工作都是由学校的自主完成。要为法律硕士教育量身打造一套适宜的评价机制:一是将法律职业资格考试的内容引入到法律硕士教育大纲中,从而形成实践与理论相结合模式。二是增加实践类课程的评价权重,适当延长实习时间,或将实习单位的评价作为是否通过实习的标准。三是改进法硕学位论文标准与评价规范,提倡论文多元化。在不打破全国统一招生体制的前提下,试点高校对于招生考试的模式拥有更多的选择权,以招募不仅成绩出色,并且综合素质优异的学生为目标,多方考察并做出探索性的尝试。这种探索与尝试可以进一步扩展到招生环节之后的培养教育阶段。在教育阶段,试点高校亦不必拘泥于旧有的培养模式,为了提高学生实践能力,可以引入第三方参与教学过程。就法硕的培养而言,与法院、律师事务所进行合作办学,推进产学研一体发展。只有丰富的实践经验才能产生深刻的实践体会,促进学生的学术成果产出。以西南某大学为例,该校制定并实施了法硕学位论文的标准与规范,包括建立独立评价方式。针对法硕培养需求制定专业学位研究生学位论文评阅参考标准,要求以法律实务研究为主要内容,采用研究报告、案例分析、专项调查、应用型专题、基础理论研究等多种形式撰写学位论文。[15] 这样不但有利于摆脱目前法硕培养模式单一的窘境,更重要的是,在锻炼学生实践能力的过程中,为其日后从事法律实务工作打下坚实的基础。

(三)推动中国自主法学知识体系的构建与创新

法律硕士教育培养过程,要结合马克思主义中国化道路的发展方向,将理论与实践相结合。党的二十大报告曾提出:"加强基础研究,突出原创,鼓励自由探索。"根据《意见》要求,体会其精神内涵:"发挥好法学基础理论对法治中国建设的支撑作用,坚持从我国国情和实际出发,围绕走好中国特色社会主义法治道路进行深入研究。加强中国特色社会主义法治理论研究,深入推进习近平法治思想学理化阐释、学术化表达、体系化构建,推动理论研究成果向课程体系、教材体系、教学体系转化"。整合法学课程与法律职业资格考试的内容,增强研究力量和整合资源,积极推出高质量研究成果及教材,深入研究阐释习近平法治思想的重大原创性贡献,推动中国特色社会主义法治理论不断丰富发展,逐步形成内容科学、结构合理、系统完备、协同高效的法学理论研究体系,汲取法治实践丰厚滋养。实践是理论之源。新时代全面依法治国向纵深推进,为法学理论研究创新发展开辟了广阔空间,推动法学理论研究高质量发展。我们始终要坚持立足实践、面向实践,服务中国式现代化,服务国家发展大局,服务全面依法治国。坚持把马克思主义法治理论同中国具体实际相结合、同中华优秀传统法律文化相结合,汲取人类法治文明有益成果,紧紧围绕新时代全面依法治国实践,切实加强扎根中国文化、立足中国国情、解决中国问题的法学理论研究,总结提炼中国特色社会主义法治具有主体性、原创性、标识性的概念、观点、理论,总结中国特色社会主义法治实践规律,推动中国自主法学知识体系的构建与创新。[16]

---

[15] 参见付子堂,李燕:《论法律硕士教育与职业资格考试衔接机制》,载《西南政法大学学报》2014年第5期。

[16] 参见《中办国办印发〈关于加强新时代法学教育和法学理论研究的意见〉》,载《人民日报》2023年2月27日,第1版。

结 语

虽然法律职业资格考试不能成为衡量法律硕士教育的唯一标准，但是若将通过法律职业资格考试或将该考试的内容纳入法律硕士教育中，则事半功倍。法律硕士教育与法律职业资格考试相结合，形成联动协调促进机制，不仅有助于培养理论功底扎实的高素质法律人才，还能培养出具有实践能力和经验的优秀法务工作者。《意见》中明确指出，新时代法学教育的指导思想是习近平法治思想。要深入学习贯彻习近平法治思想，坚定不移地走习近平新时代中国特色社会主义道路，坚持社会主义办学方向，就要明确建立健全法律硕士教育与法律职业资格衔接机制。将理论与实践相结合，符合马克思主义中国化的法学思想，更符合《意见》内涵。

新时代中国特色社会主义法治建设要做到良法善治，就不能忽视公平正义、社会治安、劳动保护等系列问题对法治的影响。故在新时代背景下，建立健全法律硕士人才培养与法律职业资格的良好衔接机制，已是大势所趋。只有在习近平法治思想的指导下，才能逐步实现这一目标，培养出高素质的法治人才。

Research on the Effective Connection Mechanism between the Education of Master of Laws and Legal Professional Qualification Examination

Rukya　Jin Zilu

Abstract: The development of the Education of Master of Laws is highly related to the healthy operation and stability of the construction of the rule of law. The education of Master of Laws in China has become an important way to cultivate high-level legal talent, but the teaching content is too theoretical and lacks the cultivation model of promoting practical ability, which cannot meet the needs of the rule-of-law talent in the new era. Only by forming an "elite community of legal professionals" can we meet the needs of rule-of-law talent in the new era, especially in the trend of improving the modernization of the national governance system and governance capabilities. The demand for rule-of-law talent by the nation and society can be described as a "thirst for talent". Therefore, effectively linking the "Legal Professional Qualification Examination" with the education of Master of Laws, and finding the best path to match the situation, we will get double of the result with half the effort, not only improving the theoretical capabilities of legal profession, but also improving the practical capabilities to handle legal disputes, forming a diversified and effective connection mechanism, so as to cultivate outstanding the rule-of-law talent for the nation.

Key Words: education of the Master of Laws; Legal Professional Qualification Examination; effective reform

新文科背景下证据法学课程的范式革新*

步洋洋**

摘　要：作为《法学专业国标》课程分类模式下的核心课程之一，证据法学具有典型的知识性、方法性、开放性与跨学科性特征。此一课程不仅在课程目标方面与“新文科”内涵下的“实践”“认知”逻辑相因应，而且在学科属性方面同“新文科”内涵下的“交叉”“融合”要义相契合。立足于“新文科”改革的时代背景，从消解证据法学课程本身所外化出的课程设置“依附性”明显、课程内容情景性不足等问题的现实出发，基于“新文科”内涵与证据法学课程的因应关系，以及此一课程本身的学科定位、学科特征等多重考量，“新文科”背景下证据法学课程的范式革新应当统筹以“传承”“创新”为核心的知识逻辑与以“实践”“认知”为核心的社会逻辑，构建“规

* 基金项目：2020年国家社科基金西部项目“认罪案件中庭审证据调查方式的特殊性研究”（项目编号：20XFX010）。西北政法大学本科教育教学改革研究项目“‘新文科’背景下本科《证据法学》课程教学的范式革新”，项目编号：XJYB202303。陕西高校青年创新团队：“大数据时代西北地区社会治理中的刑事法治”的阶段成果。

** 步洋洋，西北政法大学刑事法学院、西北政法大学刑事法律科学研究中心副教授，法学博士。研究方向：刑事诉讼法、证据法。

范——理论——案例”的递进式课程体系,并以教义学分析方法和比较分析方法的适度引入革新证据法学理论教学体系的方式、方法,以“共同体”学习模式的确立优化证据法学实践教学体系的运行,进而有效地塑造学生的证据分析思维和法治思维,最大限度地实现课程本身所承载的知识传授、能力培养、价值塑造的三位一体式目标,为复合型、应用型、创新型法学专业人才的培养作出支撑性贡献。

关键词:新文科　证据法学　跨学科　范式革新　法治思维

近年来,随着现代信息技术与哲学、文学、语言、法学等传统型哲学社会科学领域的渐进式融入,以学科需求为导向,专业融合为内容,既体现人文社会科学本身具有的特征,又兼具战略性、创新性、发展性、融合性等多元特征的“新文科”应运而生。而作为传统型哲学社会科学的关键一环,中国法学教育历来强调适应司法改革之需要,将提供严格的一体化的法律职业教育,培训终身化的法律继续教育,努力为立法、司法、法律服务、法律监督等法律职业部门培养出掌握法律知识,具有家国情怀、国际视野的高素质法律人才,发挥哲学社会科学之应有作用作为其学科项下的时代使命之一。立足于“新文科”改革的时代语境,法学教育理应因势而为、因时而变。这不仅是对教育本身所系属的时代性、全局性、前瞻性的战略要求,更是实现21世纪中国法学教育现实使命的依托之所在。①

一、证据法学的学科定位及应然属性

(一)证据法学的学科定位

作为法学学科项下的特定一种,证据法学兴起于18世纪的英国,并于19世纪取得发展,以赛耶的《普通法证据导论》出版为标志,证据法学

① 参见杨学科:《数字时代的“新法学”建设研究》,载《法学教育研究》2021年第2期。

确立了相对独立的学科地位。[②]从历史发展的角度来看，早在威格摩尔[③]之前，证据法学的学科定位与学科属性已经成为英美法系众多证据法学家思考的一个重要问题。由于在证据理论发展的早期阶段，证据法学与证据学之间的界限模糊不清，导致了人们对于证据法学的独立学科地位产生疑问。[④]受制于大陆法系传统的理念影响，我国法学学科建制体系在很长一段时间均将证据法学视为诉讼法学的一部分。[⑤]近年来，因应证据法学研究对象的独特性，司法实践防止冤假错案的现实需要，以及三大诉讼证据规定的制定，证据法学逐渐从诉讼法学中独立出来。2018年4月，教育部高等学校法学类专业教学指导委员会发布了《普通高等学校法学类本科专业教学质量国家标准》（以下简称《法学专业国标》），其中要求法学专业核心课程需采用新的分类设置模式，证据法学课程因此进入法学专业必修课的"第二梯度"，自此成为我国各大法学院校依自身办学特色开设的其他专业必修课课程选项之一。诚然，在法学的众多二级学科之中，证据法学实属一个相对年轻的学科。然而，在笔者看来，作为社会科学的一种，证据法学既不同于作为"实质逻辑"的证据学，也有别于作为法律程序的诉讼法学，其本身系一门独立于实体法和程序法的"中间"法学学科。

一方面，尽管三大诉讼法下均有证据的相关规范内容，但此种立法体例实则源于我国尚未形成统一的证据法典的立法现实，不能据此得出证据法学教学可以附属于诉讼法学教学之中的应然结论。诚如陈光中教授所言："判断证据法学能否作为一门独立的学科，关键是看其是否具有独立的研究对象和完整的理论体系……就研究对象和理论体系而言，

---

② 参见吴丹红：《面对中国的证据法学——兼评易延友〈证据学是一门法学吗〉》，载《政法论坛》2006年第2期。

③ 约翰·亨利·威格摩尔（John Henry Wigmore，1863—1943），美国著名证据法学家，被称为"美国证据法"之父。参见张保生、满运龙、龙卫球：《美国证据法的价值基础——以〈联邦证据规则〉为例的分析》，载《中国政法大学学报》2009年第6期。

④ 参见张中：《论证据法学的科学性及其学科地位》，载《中国法学教育研究》2015年第3期。

⑤ 参见陈界融：《制定统一证据法：现实所需，理论所趋》，载何家弘主编：《证据法学论坛》（第8卷），中国检察出版社2004年版。

证据法学尽管与诉讼法学和民法等实体法学在部分内容上存在交叉,但是没有哪一个部门法学能完全包容证据法学的全部研究内容。"⑥加之证据法学的核心内容——可采性规则也具有不同于程序法和实体法的性质,因此,证据法学不应该依附于程序法或实体法,而是应该成为一门相对独立的法学二级学科。另一方面,本科证据法学课程在教学内容层面实则涵摄民事证据、刑事证据与行政证据三个部分的分支内容,证据法学的课程教学不仅需要适时关注三大诉讼证据的共同性智识,同时需要关注证据法学之特定知识、规范、理论于三种诉讼中的实质差异性。从这个意义上来讲,无论是将证据法学的教学内容依附于诉讼法学课程的讲授之中,还是单纯侧重讲授证据法学课程项下以"民事证据、刑事证据、行政证据"为整体内容的一部分,都是对此一学科本身该当的独立于实体法和程序法的"中间"法学学科定位的偏离。更为重要的是,经过数十年的发展,证据法学已经形成了足以支撑法律人才培养目标的知识体系,层次鲜明的位阶型培养目标体系,以证据法学为核心的自成体系的课程板块,量质齐升、日益繁荣的证据法学研究成果体系,能够支持证据法学课程理论研究与实践探索的高水平师资队伍,以及常态化高水准的前沿性国内外交流体系。证据法学课程项下以教义学为切入的规范分析视角,注重阐释和批判的研究方法,以及聚焦于司法实践现实案例的课程视野,都在一定程度上促进了此一学科的独立化,并最终促使传统的证据法学成为一门和其他部门法学并驾齐驱的重要法律部门及法学核心课程。⑦

(二)证据法学的应然属性

第一,证据法学具有知识性、方法性特征。一方面,证据法学作为研究诉讼证据与证据运用的专门学科,其本身是理论化、系统化的知识体

---

⑥ 陈光中主编:《证据法学》,法律出版社2011年版,第8~9页。

⑦ 从国外的情况来看,英美大学的法学院一般都会将证据法学作为其法学学科的必修课程之一。以哈佛大学和耶鲁大学法学院为例,证据法学作为必须课程,均要讲授40学时,占3个学分。斯坦福大学法学院的证据法学作为必修课程,要讲授56学时,占4个学分。参见张中:《论证据法学的科学性及其学科地位》,载《中国法学教育研究》2015年第3期。

系。此一学科不仅研究有关证据和证据运用的法律规范和司法解释,同时研判证据运用的共性和特异性规律,在司法证据与证明问题领域的横向分布上形成"规范"和"规律"的两个部分。其中,"规范"主要涉及证据法本身、程序法与实体法对司法证据与证明的法律规制问题,包括证据制度、证据规则、证明原则、与事实认定相关的程序法规则和实体法规则等;而"规律"则主要涉及心理学、逻辑学、叙事学、法医学等研究的司法证据与事实认定规律。需要明确的是,证据法学的知识体系并非诸要素的简单相加,而是按照一定的逻辑关系排列组合的有机整体。此一学科的知识体系亦会随着研究的纵深、法律政策的变化而发生变化。更为重要的是,证据法学本身是一门实践性极强的学科,此一课程体系项下的知识需要立足于本土司法实践,从实践中总结、提炼,并于实践中得到校验,进而上升为逻辑与经验法则。另一方面,相较于传统的诉讼法学学科,"证据法学"所欲解决的规制事项更为复杂,规制事项甚至在一定程度上会与法律规范产生紧张关系,形成"反规范性"特征。为了更好地揭示案件事实形成机理,更多的社会科学、认知科学被引入"证据法"的学科范畴。自20世纪中期伊始,西方哲学的"语言转向"、叙事学的后现代转型和证据科学的跨学科发展共同催生了新兴的证据叙述研究场域,具有不同专业背景的专家学者们从叙事结构、心理认知、概率计算和人工智能等视角出发相继探究司法证明的基本原理、基本原则及其运行机理,在此研究过程中凝练出了故事建构、故事模型、故事图示和锚定叙事等多种证据分析的研判方法,建构出一个全新的证据法学知识领域。贝叶斯主义者尝试以概率论方法来为司法裁判提供指引;图表推理论者借助符号和图表来实现证据推理过程的可视化;故事模型论者力图揭示事实审理者的心证形成规律;人工智能研究者致力于运用计算机技术来模拟司法证明的复杂推理;修辞学研究者深耕于法律语言的规范表达与规范运用。从某种意义上来说,证据法学作为一种典型的"地方性知识",已然不再是一个纯粹的独立自治的学科领域。

第二,证据法学具有开放性、跨学科性特征。证据法学本身就是跨学科研究的天然领域。证据法学所内生和外化出的跨学科特征其实与证据法本身的学科特性具有或明或暗、或隐或显的逻辑关系。司法证明实属一种涉及自然科学、人文科学和社会科学等多领域知识的社会现象和社会活动。其本身实属涵摄多学科领域的复杂问题,不可能单独凭借某一学科的知识来寻求解答。一方面,证据法学本身具有理性维度。证据法关注的是司法证明过程中证据的采纳、应用问题,而司法证明过程本身即为认知案件事实的过程。这一证明过程本质上可归结为人类认知活动,符合人类认知活动的基本规律,即边沁所说的"证据的领域不仅是知识的领域"。⑧另一方面,证据法学本身呈现较为明显的规范性。证明机制发生作用的场域即为事实与价值相互依存、交锋的领域,这就要求我们在设定证据法学的研究对象时需兼顾求真和求善两个维度,法律规则与认识规则可以共存,其便是证据法相较于其他法律规范最为显著的特征之一,也是证据法教学的基本任务与时代使命。⑨相应地,如果我们将研究视野拓宽,便会察觉证据法学在发展过程中其实从未完全摆脱其他学科的影响。证据法学的跨学科研究其实正是证据法教义学之外若隐若现的另一条发展主线。自 20 世纪 60 年代以来,英美证据法学的教学和研究趋向于将其触角从"证据规则"扩展到"证明过程",研究方法突破"学科自治"的藩篱,走向了"学科交叉"。早在 1908 年,美国心理学家闵斯特伯格即将司法证明同心理学结合,创立司法心理学,从心理学的角度探讨分析记忆歪曲、证言准确性、供述、易受暗示、目击证人辨认等问题。伴随波斯纳的《证据法的经济分析》一文的发表,证据法学开始同经济学交叉,以准确性、效率最优和成本最低为目标,使用理性决策、成本分析、收益最大化分析等微观经济分析方法推导出最优化的制度构造,并将其与其他国家和地区所实行的现实制度进行比较,着力探讨美国证据制度与规则之中所隐含的内在经济逻辑。⑩从 20 世纪 90

⑧ [英]威廉·特文宁:《证据理论:边沁与威格摩尔》,吴洪淇、杜国栋译,中国人民大学出版社 2015 年版,扉页。

⑨ 参见吴洪淇:《证据法中的跨学科研究:挑战与回应》,载《北大法律评论》2016 年第 1 期。

⑩ 参见秦策:《我们研究什么样的证据法学——英美证据法学的转向与启示》,载《中国刑事法杂志》2010 年第 4 期。

年代开始，越来越多的证据法学研究基于女权主义之视角对证据法规范作出新的审视和解读，不仅建构出如“强奸盾牌条款”等与女性相关的特别证据法规范，同时推动确立一些基于女性特殊性的差异化证据审查的处理规则。

在笔者看来，与一般意义上的法学跨学科相比，证据法学因其本身的学科特性而呈现出更为明显、彻底和开放的跨学科特征。从跨学科的广度来看，证据法学不但和其他法学学科一样受到经济学、心理学、语言学等学科的深刻影响，而且与统计学、数学、法庭科学、认知科学等自然学科产生深入的关联；而从跨学科的深度来看，证据法学不但积极地就证据法的规范问题展开交叉研究，而且在与其他学科交叉融合的过程中开始迈向一个不同于单纯法学学科的、具有全新知识框架的证据科学。[11]从研究对象和研究范围来看，证据法学的研究远远超出传统的证据法规范本身，此一学科之研究范围涵盖了整个司法证明的过程，注重测度规范的实际运行效果，关注司法证明过程中主体本身以及主体之间的交涉、互动；而就研究方法和研究视角而言，证据法学的跨学科研究需要借助如心理学、经济学、概率论及语言学、叙事学等多学科方法，其所依赖的研究材料亦不限于成文规范、判例和立法记录，而是更多地依赖于其他学科所提供的学科研究成果，尤其是实证研究成果。

二、证据法学课程的实然教学现状

作为《法学专业国标》课程分类模式下的核心课程之一，证据法学的教学活动不仅承载着本科教学所应然涵摄的知识传递、能力培养与价值塑造的三重课程目标，同时需以适时外化出时代语境下法学学科之特定部门法于教学内容和教学理念层面上的融合、创新、发展及跨学科特征。然而，颇为遗憾的是，从我国当下本科证据法学课程的教学现状来

---

⑪ 参见吴洪淇：《证据法中的跨学科研究：挑战与回应》，载《北大法律评论》2016 年第 1 期。

看,证据法学附属于诉讼法课程教学的现象依然较为突出,核心课程所要求的教学内容与教学理念层面的系统性、层次性、全面性、开放性和包容性转型在很大程度上趋于形式化。证据法学课程设置与课程教学在实然和应然层面存有现实差距,而此一差距却有意无意地被我们所忽略。

其一,证据法学课程设置的依附性明显。既受制于证据法学课程教学对于专业型授课教师的刚性需求同教师稀缺现实之间的矛盾镜像,也有核心课程设置要求下相较于传统选修课程设置于教学方式、方法所需要的几何倍工作投入,以及证据法学之规范、理论、案例之外化呈现同课程本身之外部吸引的难度系数等多个方面的现实制约,所以从全国范围的本科证据法学课程设置来看,此一课程依附于诉讼法学教学的现象依然较为突出。一方面,据笔者调研发现,当下仍有部分高校尚未为法学专业的本科生开设证据法学课程,证据法学的教学内容从属于二级学科诉讼法学的课程教学,且呈现较为明显的割裂样态,充其量只能称其为民事证据内容、刑事证据内容与行政证据内容的简单整合,与《法学专业国标》课程分类模式下对于核心课程教学所提出的整体性、全面性要求差距明显。另一方面,现有的证据法学课程的授课教师多为诉讼法学博士,即具有民事诉讼、刑事诉讼或行政诉讼的学缘结构,鲜有专司证据法学教学与科研工作的专业教师,由此带来全国高校范围内较为普遍的本科证据法学课程之教学内容的片面化、选择化和侧重化,进而不得不借由单独开设刑事证据法、民事证据法等选修课程进行补足的现实问题。诚然,专司证据法学教学与科研工作的专业教师之阙如并非证据法学课程所必然内生出的现实问题,但确实属本科证据法学课程教学所外化出的现实样态之一。在笔者看来,此一问题之长期存在不仅加剧了证据法学课程依附于诉讼法学的教学观念,同时割裂了证据法学课程教学的整体性与全面性,造成学生对于证据法学知识体系的“断层化”、课后反馈的“模糊化”问题。

其二,证据法学课程内容的体系性与实践情景性不足。证据法学课程涵摄三大诉讼法,其课程项下的知识庞杂、体系交错,往往伴随着课程教学内容之体系性、情景性不足的现实问题。一方面,从全国范围来看,我国当前通行的证据法学教学基本上沿用学者所开创的“二分法”,即将“证据论”与“证明论”并列为证据法学理论教学体系的两大部分。例如,当下的证据法学课程教学普遍将证明主体与证明客体(证明对象)作为“证明论”的组成部分,却将证明手段(证据)归入“证据论”。在此一绝对“二分”的理论课程体系之下,证据法学的相关规范、理论被人为地割裂开来。具体而言:在有关证据的研究中,证据被置于证明活动之外,成为一种纯客观的、静态的、确定无疑的东西,忽视了证明活动中证据的主观性、动态性和多变性;而在有关证明的研究中,证明成了单纯的分析、归纳、推理和判断活动,忽视了证明活动受制于诉讼法定程序的典型特征,诉讼证明几乎被等同于纯粹的认知活动而失去其规范属性,证据法学本身所内生的跨学科特征在我国当下的证据法学课程中已然被有意无意地忽略,外化呈现明显的阙如特征。另一方面,现有的证据法学课程教学普遍更为重视理论教学,有意无意地忽视了此一学科的实践性特征。从当下证据法学课程的讲授内容来看,各法学院校基本形成了较为一致的以“总论—证据论—证明论”的理论教学体系,却鲜有对于类似“整合—规制—认知”等实践教学内容的课时安排。尽管在理论讲授的过程中,授课教师亦会适当引入案例教学,但此时被引入理论教学之中的案例往往系授课教师为举例释明某一或某些知识点而适时植入,其目的在于通过这些案例使具体知识点得以形象化、具体化、故事化从而达到具体规范、理论的阐释目的。以案例为代表的实践教学在证据法学课堂教学中的比重和形式几乎并不固定,未能在理念上、制度上、方案上形成一种长效的、规范化的运作机制。而现有的证据法学课程之下此种“辅助性”的案例教学,或曰实践性教学模块的缺失不仅会因案情的目的性简化而消解了学生对于证据细节之质疑与分析的可能,而且会因此种形式意义上的“实践教学”而背离了实践本身应当呈现出的“情景化”要义。⑫不仅如此,尽管有些院校已经开设案例教学课程,但学生面

---

⑫ 参见祁亚平:《〈证据法学〉课程建设与有效教学问题研究》,载《西部法学评论》2017年第6期。

对的是已经成型即整理过的案件事实,要求回答的问题大多是实体或程序上的问题,并没有专门讲授由证据到事实的整个过程性知识内容。有些院校虽然亦设有法律实务课程,要求学生从给定的证据材料中概括出案件事实,但由于缺乏理论性和系统性的知识支撑,加之证据法学所涉知识范围广泛且体系交错,受学科特殊性决定而实操性较强的多重影响,证据法学的实际课程教学难以达到应有的教学目的,客观上呈现出"云里雾里"的现实状况。现实种种,使大多数法学毕业生即使通过了法律职业资格考试,在面对多层面、多内容、多变化的证据材料时,仍根本无法全面、完整、系统地归纳出案件事实。

其三,证据法学课程同法律职业的衔接性受限。法学教育应当是通识教育还是职业教育,争论一直较大。纵观目前全国各大法学院校法学课程的开设情况以及教学实践,将我国当今的法学本科教学理解为通识教育似乎更为适恰。作为本科教学课程的项下一环,证据法学的课程教学亦较为侧重证据论与证明论等基础理论问题的通识教育,课程教学同法律职业能力的培养衔接有限。长久以来,我国法学教育未明确设置严格意义上的法律职业教育阶段,由此导致既往的法学本科教学过程中过于侧重以法律规范为核心的知识讲授,有意无意地弱化了法学本科教育的现实关切与法律职业能力的培养。具体到本科证据法学的课程教学之上,一方面,此一课程侧重于证据论与证明论等基础理论的通识教育,课程教学多聚焦于规范、理论层面的讲授,忽视了本科教学于能力培养方面的教学目的,背离了"新文科"背景下以知识传授、能力培养以及价值塑造为内容的"三位一体"的教学目标体系;另一方面,既有的证据法学教学同法律职业能力的培养有所脱节。当下的法律职业资格考试已然改革成主客观考试相分离的"二次"模式,因而在主观题考试阶段十分强调考查学生对于司法案例之分析、研判、解决的职业能力。从近四年法律职业资格考试主观题考试阶段的试题来看,几乎从未轮空对于证据法学知识的考查,其内容涉及证据收集、审查、判断的多个环节,分布在民事诉讼法与刑事诉讼法的多个学科的主观案例试题之中。而以比较法的视角审视之,域外法治国家和地区的法学教育则往往较为关注职业能力的培养,属于典型的职业教育模式。如美国学者博西格诺教授所言一般:“法学院的目的是改变人,通过在法学院的经历使人们变成另一种样子——将他们从法律的外行转化为法律人的新锐。法学院为他们提供了运用法律规则解释法律问题的能力,使他们对自己有一种全新的作为法律专业人士的概念,忠诚于法律职业的价值观,取得一种费解而神秘的被称为‘法律人思维方式’的推理方法。”⑬更为重要的是,我国当下的证据法学课程之教学方法亦呈现较为明显的单一性和趋同性。笔者经过访谈发现,从全国范围的法学院校来看,本科证据法学的课程教授多以“讲授式教学法”为主,“提问式教学法”为少数,更遑论证据叙事方法、概论分析方法以及图示理论分析法等。片面适用单一的“讲授式教学法”极易因偏重理论基础的讲授而忽视对于学生实践能力与思维能力的培养,割裂了理论传递与能力塑造之间的联结关系,致使教与学、学与用之间出现实然断层的可能。

三、“新文科”内涵与证据法学课程的因应关系

“文科”称谓作为“人文社会科学”或曰“哲学社会科学”的总称早已有之,2018 年 8 月兴起的“新文科”却实属新鲜事物。作为一种学科建设的发展理念,“新文科”最早源于美国希拉姆学院,系为应对知识经济时代实用主义日益兴盛而带来的全球性文科危机而提出。就国内而言,“新文科”首次出现在 2018 年全国教育大会的文件里,即将推进新工科、新医科、新农科、新文科建设作为引领中国高等教育改革创新的标志性举措。2020 年 11 月 3 日教育部发布《新文科建设宣言》,明确了新文科建设需要立足国情、守正创新,致力于构建世界水平、中国特色的文科人才培养体系,培养新时代建设需要的拔尖文科人才的愿景与目标,标志着我国新文科建设工作的深化。新文科建设的核心在于“新”,而“新”

⑬ [美]博西格诺等:《法律之门》,邓子滨译,华夏出版社 2002 年版,第 416 页。

指称"创新"与"变革"。尽管不能一蹴而就,却为我国传统文科教育的发展指明了可行性的改革方向。立足于传统文科亟待转型升级的现实语境,"新文科"相对于传统文科而提出,此一改革并不否定传统文科的价值功能与社会贡献,只是更为关注不同文科专业之间因融通而形成的哲学社会科学之内在张力,强调在传统文科专业的各自内涵基础上,适应现代科学技术和社会统筹发展的新需求,不断地更新、改进、改革其教学内容与教学模式,用以保证专业自身之应然的核心能力与核心素养。

而作为《法学专业国标》采取的新分类课程模式中的核心课程之一,证据法学本应基于其自身的学科定位及应然属性在课程体系、师资团队、课程导向等方面适时革新。然而,如前所述,我国当下的本科证据法学课程其教学效果实然不彰。基于应然与实然之间的现实差距、问题成因及对应解决的角度展开分析,笔者认为,证据法学当以基于其学科定位与应然属性,积极走出原有的依附于诉讼法教学的选修课程语义下的"非独立"模式,着力实现其全面性、系统性、层次性、开放性和包容性转型,进而符合基础性与继发性、前沿性与交叉性以及社会需要性等专业必修课程的相关教学标准,发挥出证据法学教学范式改革在"新文科"背景下的价值所在,昭示出"新文科"的属性特征,再借由理论教学体系和实践教学体系的划分,以其理论知识与实践技能的培养,为复合型、应用型、创新型本科法学专业人才的培养目标作出支撑性贡献。

(一)"新文科"下的"实践""认知"导向同证据法学的课程目标相因应

从人才培养模式上来看,传统的人文社科人才培养模式是以学科为具体导向的,此一模式项下的知识传递带有"守城"式特征⑭,不同学科之间存在明显的学科壁垒,因较为注重学科内部的固有知识体系而欠缺对社会问题的回应。"新文科"建设的提出是基于新时代的要求和大学文科内在发展逻辑之双重需要,重点任务在于以问题为导向改造传统的文科人才培养模式。"新文科"要求法学课程的知识讲授立足于中国,

⑭ 参见吴岩:《"守城"到"攻城":新文科建设的时代转向》,载《探索与争鸣》2020年第1期。

回应现实。⑮在具体的教学研究路径上,“新文科”内涵下的法学教育侧重法学教学研究的本土化和交叉化,即以“中国问题”为研究对象,以“学科交叉”为研究方法,强调法学学科的教学研究同我国法律实践的有机结合,既要把握住法学教育的不变本质,又要把握住其不断变化的时代精神,以变和不变相互结合的方式实现“中国特色社会主义法治体系建设”“法学理论研究实践化”的目标。⑯长久以来,我国的法学教育过于重视理论知识传授,一定程度上忽视了法学本身的实践特质。作为一门实践性极强的学科,法学教育势必应当处理好理论教学同实践教学的关系。而在法学教育的具体导向层面,“新文科”更为强调法学教育的职业化、技术化,强调培养专业化的思维方式和行为模式,强调思维方式、价值观念、职业伦理在课程教学中的作用,用以改变传统文科知识因由特定的学术共同体之学术兴趣主导而带来的社会脱节现状,在关注社会需求的同时,承担更多的社会责任。即“新文科”的时代内涵不仅包含了以“传承”和“创新”的知识逻辑,同时也包含了以“实践”和“认知”为核心的社会逻辑。⑰

具体到证据法学的课程之下。一方面,自2018年以来,法律职业资格考试划分为客观和主观两轮考试,其主观题考试的案例分析中强化了对于证据适用、证据推演和事实认定的考查。诚然,本科必修课程的教学方式和教学内容不应全然迎合法律职业资格考试,失去本科教育的独立价值与目标定位。但不可否认的是,法学本科生的就业形势极为严峻,法学本科生就业率低亦成为摆在当前各所高校面前的共性问题。而基于适度衔接法律职业资格考试制度与法学本科教学制度的现实考量,全国范围内的证据法学课程教学或多或少地提高了以案例为切入的证据分析在课程体系下的教学比重。在笔者看来,案例分析中的证据分析

⑮ 参见资琳、刘萍:《论新文科建设背景下法理学课程体系的改革——以疑难案例分析为切入点》,载《法学教育研究》2021年第4期。

⑯ 参见宋菲:《新法学建设背景下的法律逻辑教学改革》,载《法学教育研究》2021年第2期。

⑰ 参见黄锡生、王中政:《新文科与法学教育的现代化转型》,载《法学教育研究》2022年第1期。

本就具有多元向度,理性不能解释证明中的所有问题,故应重新省察课堂教学中呈现给学生的证据分析方法。为使学生能够直观地提出常识性、直觉性、逻辑性、科学性和因果性等质疑及不同证据分析方法使用的场域和利弊得失,证据法学的课程教学需要系统、全面地将以图示分析法、概率法、故事叙事理论、似真推理法、印证法、人工智能法等为具体内容的多重证据分析方法结合特定的教学案例进行讲授,并适时依托互联网、数据分析等平台或技术,提升课程教学的职业化、技术化,回应本土司法实践中已然发生的现实案例。

另一方面,证据法学作为一种兼具认识论与价值性的法学二级学科,其课程目标应当是“三位一体”的,即第一个层次:知识传授;第二个层次:能力培养;第三个层次:价值塑造。证据法学的课程教学以证据为始点,以证明为路径,以事实认定为终点。此一过程强调事实认定的准确性,追求真与善。就价值取向而言,证据法学的最高价值追求当属真和善。真,是对案件事实的追求;善,是对程序正义的追求。证据法学的课程教学改革需要传递出这样的一种价值理念,即法科学生必须合理而正当地求真,即实现求真与求善的辩证统一。[18] 证据法学的课程始终需要牢记“立德树人”的根本任务和“德法兼修”的培养方向,将社会主义核心价值观贯穿于授课全程,充分挖掘证据法学中的思政元素,教育法学本科生无论在社会生活中从事何种活动,一旦需要其作出事实认定,作为理性的人都要合理运用证据法学的思维逻辑和方式方法,形成审慎客观的证据法学思辨逻辑,用妥善恰当的方法探求事实真相。进而借由证据法学课程体系项下的思维训练与案例演练,培养学生获得一种注重言说根据,强调在事实判断上有充分支撑的逻辑思想与客观精神,即我们所推崇的“实事求是”“实证求是”精神[19],发挥证据法学课程于思维方式、价值观念,以及职业伦理等认知形成层面的积极作用。

---

[18] 参见张继钢:《证据法学教学改革的“四个面向”》,载《长春教育学院学报》2021年第5期。

[19] 参见龙宗智:《“大证据学”的建构及其学理》,载《法学研究》2006年第5期。

(二)"新文科"下的"交叉""融合"要义同证据法学的跨学科属性相因应

尽管传统的法学教育也存在跨学科研究,但此种跨学科主要是人文社会科学内部的"跨",跨的幅度、跨的类别往往具有局限性。人文社会科学领域的问题本就具有较大程度的不确定性,不仅问题层出不穷,而且没有较为固定的问题解决模式,因而并非人文学科的"跨"所能完全应对,需要不断地在实践过程中予以优化、调整,特别是要同自然科学相结合。而在新一轮科技革命与复杂性社会需求的双重驱动下,文理交叉、文工交叉、文医交叉等新兴领域日渐兴起,"技术"与"人文"大范畴的知识融合已成必然趋势。此一背景之下,数字时代的一些新问题可能已然不再仅仅是一个法律问题,可能还是一个技术问题,甚至技术也有演变为规则的趋势,学术研究可做实验验证。[20]据此,"新文科"强调因时而异,着力突破传统文科于人才培养方面的学科专业限制,突破传统法学知识固有的局限,借由学科与学科之间的交叉、融合、协同、共存,利用学科体系之外在张力所凝练出的跨学科思维打破学科壁垒,寻求文科人才培养模式上的跨学科专业突破,在更大范围内实现文理、文医以及文科专业之间的交叉、融合,推动法学与自然科学的进一步交叉融合与协调发展,促进当代教育在文科人才培养之基本理念、目标定位、组织形式、课程体系等方面的重新认知与结构重塑,着力不让学科边界成为法学教学研究的边界。[21]质言之,"新文科"背景下的新法科建设强调文理贯通、学科重组与学科交融,既要实现法学学科内各部门法之间的"小交叉",又要促进法学学科与其他学科之间的"大学科"共融。[22]

具体到证据法学的课程之下。一方面,如前所述,证据法学课程项下的司法证明实属一种涉及自然科学、人文科学和社会科学等多领域知识的社会现象和社会活动。其本身涵摄多学科领域的复杂问题,不可能

---

⑳ 参见杨学科:《数字时代的"新法学"建设研究》,载《法学教育研究》2021 年第 2 期。

㉑ 参见周毅、李卓卓:《新文科建设的理路与设计》,载《中国大学教学》2019 年第 6 期。

㉒ 参见刘艳红:《从学科交叉到交叉学科:法学教育的新文科发展之路》,载《中国高教研究》2022 年第 10 期。

单独凭借某一学科的知识来寻求解答,而是需要授课教师基于不同学科在原理和方法上的相通性,或曰不同学科之间的“逻辑同型性”,适时引入社会心理学、经济学、概率学、逻辑学等多重学科方法。作为近些年兴起的证据法学之教学、研究方法的一种,“大证据学”的教学研究地位不断凸显。“大证据学”下的证据法学教学研究主张将证明方法进行系统分类,不仅包括经验方法、逻辑方法以及直觉、渐悟等认识方法,也包括英美证据法中较为流行的图示法等证据构造分析方法、证据链条方法等。㉓“大证据学”将证据学与证据法规范结合开来,不仅围绕事实证明的核心议题,探讨和分析事实认定和事实发现的基础知识,论证其存续的基本原理,注重分析事实发现的基本方法——“证据之镜”,同时关涉证据与证明的核心议题,如证明机制——证实和证伪、证明标准等,契合了证据法学本身所内生出的跨学科属性。另一方面,就证据法学的实践教学而言,以人文社会科学为其理论基础的科技证据客观存在,如文物鉴定、价格鉴定、大数据证据等,这就决定了证据法学的教学研究需要适时在人文社会科学内部打破学科壁垒,寻求跨学科式发展。而伴随现代科学的文理交叉、文理渗透,自然科学与社会科学的分界日渐模糊,自然科学与人文科学的联合应用日益广泛,物证技术学、法医学等以揭示事实认定规律为主要内容的法庭科学在部分高校应运而生。从开设法庭科学的高校实践来看,物证技术学、法医学等法庭科学已然借由“跨学科”之间的“交叉”“融合”,以法学辅助学科之地位为证据法学的教学研究提供出更多的基础知识,助力提高事实认定的准确性,并有效指导我国当下的司法实践。㉔

文科课堂作为教育活动的主阵地,体现的是知识、时空、人和资源等诸多要素的关系机制。立足于当下知识、思想和技术快速流动的时代背景,“新文科”强调文科课堂的开放、融合和变通理念。不仅需要借由跨学科研究“突破知识的边界”,还需要同时“突破时空的边界”,将课外实

㉓ 参见杨继文:《“大证据学”的证明原理研究》,载《证据科学》2017 年第 6 期。

㉔ 参见郑飞:《证据科学的研究现状及未来走向》,载《环球法律评论》2015 年第 4 期。

践、日常交流、阅读省思拓展为课堂教学的空间延伸。㉕而基于前述“新文科”内涵与证据法学课程之因应关系的论理分析，笔者认为，“新文科”理念的产生与发展不仅为证据法学课程之革新提供了新的时代契机，其内涵之下的新理念、新视角、跨学科、全方位更与证据法学本源的学科定位、学科属性及方法要义形成联结，进而为证据法学课程的改革提供了可以参考的路径与可能空间。

四、“新文科”背景下证据法学范式革新的具体路径

“新文科”背景之下，证据法学课程在知识体系建构、讲授方式方法、证据分析判断、思政内容融入以及同法律职业适度衔接的多个方面适逢机遇与挑战。为保证证据法学课程本身所应然具有的知识性、方法性、开放性与跨学科性，最大限度地实现知识传授、能力培养、价值塑造的三位一体式改革目标，进而昭示出此一课程之学科定位及属性特征，笔者认为，“新文科”背景下证据法学课程的范式革新需要基于“新文科”内涵同证据法学课程的因应之意，统筹以“传承”“创新”为核心的知识逻辑与以“实践”“认知”为核心的社会逻辑，构建“规范——理论——案例”的递进式课程体系，并以教义学分析方法与比较分析方法之适度引入革新证据法学理论教学体系的方式、方法，以“共同体”学习模式的确立优化证据法学实践教学体系的运行，进而有效塑造学生的证据分析思维和法治思维。

（一）构建“规范——理论——案例”的递进式授课模块体系

我国传统的法学教育关注到教学内容应该具有的多面性，却往往忽视了不同学科面向之间的关联性，削弱了法学教育自身该有的有机性和整体性，不仅通识教育与专业教育难以有效衔接，而且理论教育与实践教育难以形成有效互动。为有效走出现有证据法学课程设置的“依附

㉕ 参见吕林海：《中国大学“新文科教育”建设：价值蕴意、核心内涵与实践路径》，载《大学教育科学》2021年第5期。

性”明显、课程内容的体系性与实践情景性不足、课程结构的衔接性有限的现实困境,助力证据法学课程实现对于传统教学模式之单一知识传授的时代转型,基于证据法学教学效果不彰的成因分析,笔者主张适度调整现行证据法学课程的授课内容体系,坚持理论与实践相结合、应然与实然相结合、中国与世界相结合的理念,不仅在深度上对证据法学的教学研究范围加以限定,用以区别于其他法学二级学科,同时在广度上适当扩充证据法学的教学研究内容,用以建构更为完善的学科模块体系。可以考虑的具体路径是:坚持理论教学体系与实践教学体系相结合的双重授课模式,于总体上形成更为清晰的“规范——理论——案例”的递进式授课模块体系。

长久以来,我国法学院校的证据法学课程,其理论教学体系主要涵括总论、事实论、证据论、证明论和关系论五部分。总论包括证据法学的学科定位、研究对象、历史发展和基础理论等;事实论包括事实的解读、事实的抽取、事实的判断和事实的认定;证据论包括证据的特征、证据的种类、证据的分类和证据规则;证明论包括证明主体、证明对象、证明责任、证明标准和证明程序;关系论包括其与实体法、程序法、特别程序之关系等。实践教学体系则主要由证据的收集与保全、举证与质证、审查与判断、认定与定案等内容构成。

任何一个学科的范围都存在核心和边缘地带。每一学科本身都应当具有一个明确的研究对象或曰逻辑起点,其全部理论都应当围绕着此一起点,按照自身内在的逻辑关系而展开。证据法学的课程内容涵摄证据取得、证据筛选、证据鉴别、证据推理、证据评价与事实认定多个环节,涉及理念、技术、规范的三个维度,关注证据与证据之间的串联关系、并联关系、重合关系以及交叉关系。[26]为明晰证据法学课程教学的层次性与逻辑性,笔者认为,证据法学课程的理论教学设计应当涵摄“规范”“理论”两个层面的内容,将常规的总论、事实论、证据论、证明论和关系论分布于“以一条逻辑主线(相关性),两个证明端口(证明责任和证明

㉖ 参见封利强:《司法证明过程论——以系统科学为视角》,法律出版社2012年版,第191页。

标准),三个法定阶段(举证、质证和认证),四个价值支柱(准确、公正、效率与和谐)”为内容的全新理论教学体系的模块当中。

而为提升实践教学体系的有效性,并与法律职业相衔接,一方面,笔者主张在证据法学的考查形式上变非案例考试为案例考核,变知识识记考试为知识运用考核。将证据法学知识点以小案例形式呈现,并开发以法考真题为主、模拟题为辅的证据法学试题库,考查、训练学生的证据法律思维、法律方法以及运用专业知识认定事实的能力和水平,积极引导学生去找法、用法和释法。另一方面,证据法学的实践教学应当在传统的模拟法庭、模拟调解之外,鼓励学生参与到法院、检察院、律师事务所等实务部门典型案件的旁听学习之中,将具备丰富实践经验的法官、检察官、律师引入授课师资队伍之中,同时适度鼓励授课教师走出高校,积极到实务部门进行挂职锻炼或合作开展课题研究,真正践行“请进来”和“走出去”相结合。[27]亦即,借由证据实验、基础实训、法务实践等递进式的实践教学培养学生的法律技能和实践能力,并以另外设置1~3门,如逻辑法、法医学、心理学、司法文书等与证据法学具有逻辑延伸、延展、延续关系的选修课程,组成证据法学课程组或曰课程模块,以此实现理论教学与实践教学的融贯互动与交叉互补,建构出证据法学课程项下更为清晰的“规范——理论——案例”的递进式授课模块体系,从而在统筹以“传承”“创新”为核心的知识逻辑的同时,契合“新文科”所要求的本土“实践”逻辑。

(二)革新理论教学的方式、方法,纵深课程知识体系的深度、广度

立足于知识、思想和技术快速流动的时代背景,“新文科”强调文科课堂的开放、融合和变通理念。不仅强调借由跨学科研究“突破知识的边界”,借由课外实践、日常交流、阅读省思等课堂教学空间的延伸“突破时空的边界”;而且强调课堂教学对于“教学方法的突破”,用以适应加速流动的现实语境下,当代大学生对于“更深更细”“更宽更广”的知

㉗ 参见黄锡生、王中政:《新文科与法学教育的现代化转型》,载《法学教育研究》2022年第1期。

识汲取要求。[28]为提高证据法学理论知识体系的深度、广度,基于前述理论教学体系涵摄“规范”“理论”的两个层面的教学体系设计,笔者主张在传统的讲授法之外,适时于证据法学的“规范”内容层面引入教义学方法,在“理论”内容层面引入比较分析方法。

首先,证据法学课程教学改革应当在“规范”内容层面引入法教义学的分析方法。现代法学教育与法学研究主要涵摄社会法学、哲理法学、法规范学的三重“向度”。如果说跨学科研究方法旨在证据法学的范式改革过程中强化其社会法学向度,证据分析方法的深度讲授旨在强化其哲理法学向度,那么法教义学方法的秉持坚守则旨在实现其学科项下的法规范学向度。法教义学聚焦于对现行有效法律的描述、对法律概念体系的研究、提出对法律案件的建议三个方面,或可概括为:描述——经验的维度;逻辑——分析的维度;规范——实践的维度。证据法学所要求的事实认定、证据分析普遍建立在对于法规范本身意涵、目的的理解和把握之上,据此,具有高度的理论性和学术性,不存在理论与实践的分野问题,可以直接应用于实践的法教义学方法实为证据法学课程之规范教学所无法回避的基本方法之一。例如,在庭外调查核实制度[29]的讲授中,授课教师可以从1996年《刑事诉讼法》与2012年《刑事诉讼法》的条文本身入手,基于规范本身的修改与立法目的之考量,引发学生对于为何2012年《刑事诉讼法》修改时增加“查封”这一调查核实手段,庭外调查核实手段是否仅限于“勘验、检查、查封、扣押、鉴定和查询、冻结”,法官在庭外调查核实时能否采取“讯问被告人、询问证人、鉴定人”等条文规定以外的措施等问题的思考。同时,从庭外调查核实的本质、属性以及“法无授权即禁止”的基本法理角度,回应学生对于前述问题思考、研判、讨论的不同意见,强化学生对于规范本身之演变逻辑与价值映像的掌握。

---

[28] 参见吕林海:《中国大学“新文科教育”建设:价值蕴意、核心内涵与实践路径》,载《大学教育科学》2021年第5期。

[29] 现行《刑事诉讼法》第196条规定:“法庭审理过程中,合议庭对证据有疑问的,可以宣布休庭,对证据进行调查核实。人民法院调查核实证据,可以进行勘验、检查、查封、扣押、鉴定和查询、冻结。”理论上称之为“庭外调查核实制度”。

其次,证据法学课程教学改革应当在“理论”内容层面适时运用比较分析方法。每种科学本身,代表的不过是向知识全域行进的一个片段。为更好地理解和明晰自身的学科特征,观察、分析其与其他学科之同时性趋势间的联系实为必不可少。基于证据法学课程的教学内容涵摄三大诉讼法,其课程项下的知识庞杂、体系交错的课程特征,证据法学课程项下对于证据理论的讲授当以适时引入比较分析的方法。一方面,在纵向比较方面,比较分析方法的运用在适时关注三大诉讼证据的共同性智识的基础上,助力学生形成证据法学之特定知识、规范、理论于三种诉讼之实质差异性的清晰认知。例如,在证据法定种类的讲授中,授课讲师既可以基于历史发展的角度,分析不同时期民事、刑事与行政证据的种类变化,引导学生进一步探究证据种类立法流变背后所折射出的深层价值映像;也可以通过展示现行三大诉讼法对于证据法定种类之列举性规范,引发学生对于不同诉讼场域下证据种类本身、证据种类排序以及司法适用可能的现实差异。另一方面,在横向比较方面,比较分析方法的运用强调将我国当下的特定证据规范与证据理论同域外法治国家和地区的相关规范、理论进行比照,促进学生形成对于我国本土化或曰中国特色之证据规范与证据理论的较为明确的感知和认同。例如,在无罪推定原则的讲授中,授课教师即可以将现行《刑事诉讼法》第 12 条与《公民权利和政治权利国际公约》第 14 条[30]作以规范本身的对比分析,引发学生对中国特色之无罪推定表达在规范出发点与规范落脚点方面同其他法治国家和地区,特别是联合国刑事司法准则规范异同的比较性思考,借由域外智识拓展理论教学、研判的逻辑路径,深化课程讲授的论理依据。

(三)确立“共同体”式的实践教学模式,有效塑造学生的证据思维、法治思维

“新文科”内涵下的学与教的方法强调走向知识贯通,凸显跨越学

[30] 现行《刑事诉讼法》第 12 条规定:“未经人民法院依法判决,对任何人都不得确定有罪。”《公民权利和政治权利国际公约》第 14 条第 2 款规定:“凡受刑事控告者,在未依法证实有罪之前,应有权被视为无罪。”

科边界的学习;也强调走进现实世界,凸显实践情景的学习;强调走进日常的细微生活,凸显超越信息碎片的建构性学习;强调走入人际的深度交流,凸显“意义交互”的共同学习。[31] 如前文所述一般,证据法学课程具有明显的知识性、方法性、开放性和跨学科性特征,此一课程的学与教不仅需要适时突破知识和空间的边界,用以纵深理论知识体系的深度、广度;而且需要提升学与教之间的实践情景性与交互性,保障此一课程能够切实有效地塑造学生的证据思维和法治思维,用以呼应“新文科”理念所倡导的“认知”逻辑。基于此种目的考量,笔者主张在证据法学的实践教学体系之下确立“共同体”式的学与教模式,即通过组织相邻学科的教师形成跨学科教师之间的“教师教学共同体”,实现证据法学实践教学之学科融通的目标;通过组织学生分组研讨、读书会,以及特定案例中法官、检察官、辩护律师、证人、被告人等角色扮演的情境创设形成“学生学习共同体”,借由共同主体之牵引,在阅读、讨论、探讨、分享和展示的过程中增进学生彼此之间的交流、沟通,让学生更为深入且直观地感受到逻辑规则、推理方法、证据思维与法治思维在司法案例中所具有的实践魅力。

作为《法学专业国标》课程分类模式下的核心课程之一,证据法学课程设置的目标之一是建立知识传授与能力培养基础之上的价值塑造,即通过讲授证据法学知识,使学生养成一种注重逻辑根据进行判断的内在思想与客观精神,同时借由证据法学教学实践,培养学生形成一种更为审慎、合理、客观的思维方式与行为方式。换句话来说,证据法学课程项下的证据运用其核心要旨即在于还原或重构已然发生的“社会事实”,并通过事实审理者之裁量、评价或判断,赋予社会事实以证据规范构成上的特定资格,使之与证据规范产生关系,进而成为“案件事实”与“裁判事实”。就这点而言,证据法学课程体系下普遍适用的学理与方法需基于证据思维与法治思维培养的课程目标,教导法学本科生确立科学系统的证据法学知识谱系,采用合理的证据法学实践方法,进而形成

[31] 参见吕林海:《中国大学“新文科教育”建设:价值蕴意、核心内涵与实践路径》,载《大学教育科学》2021 年第 5 期。

审慎客观的证据法学思辨逻辑,用妥善恰当的方法探求事实真相。而为根植法科学生应有的证据思维与法治思维,授课教师在讲授证据推演的课程内容中,可以从社会心理学的视角入手,基于"虎毒不食子"和"无毒不丈夫"的两种不同认知心理或曰认知逻辑,引导学生展开在同一案件事实的前提下何以形成与作出两种不同裁判结果的深度讨论,进而引申学生思考在刑事司法实践中可能作为事实裁判者的我们应当树立何种认知与裁判逻辑,两种不同的认知逻辑所带来的司法效果究竟有何不同。此外,为激发学生对于证据法学之法治思维、法治逻辑的兴趣,授课教师在课程伊始即可以适时引入"蓝色汽车难题"[32],引导学生围绕使用标准概率逻辑认定案件事实、作出事实裁断的合理性与可行性展开讨论,进而阐明在此种取舍两难的事实样态下,证据法学所倡导的证据思维和法治思维会作出怎样的心证回应。

而就证据思维与法治思维的塑造功能而言,证据法学不同于其他法学二级学科的优势即在于,课程之中的案例教学不仅可以强化学生证据思维的养成与如何实现司法公正的价值评判,而且刑事证据法下的案例往往可以揭示人性中最残酷的一面,具有显著的警示性作用。需要指出的是,尽管证据法学课程项下之具体案例的学与教必须将马克思主义的世界观、方法论,以及历史唯物主义与辩证唯物主义作为理论指导,但在具体案例研习方法上,"共同体"式的实践教学模式绝不能仅仅停留在宏观层面的唯物辩证法上,而是应在充分考虑各种证据现象及其规律和证据法自身属性的基础之上,适时选取和运用包括分析、比较、思辨、实证等在内的多重研究方法。以案件事实的认定过程为例,授课教师应当充分引导学生递进式思考"何以认定案件事实A——证据B缘何可以证明案件事实A——证据B是否符合证据的客观性、关联性、合法性……"

---

[32] 所谓"蓝色汽车难题"是指:"假设原告被一辆蓝色汽车过失撞伤,但却无法确定这辆汽车属于哪一家汽车公司。还假设已知在事故发生的路线上,A公司有51辆蓝色汽车沿着该路线行驶,而B公司有49辆蓝色汽车沿着该路线行驶。如果用于证明原告为被告A公司的汽车而不是其他公司的汽车所撞伤的唯一证据是镇里的蓝色汽车51%都属于被告,那么我们可否使用标准概率逻辑认定案件事实,并据此判定A公司就是该肇事公司的取舍难题。"

更为重要的是,证据思维与法治思维的融入并非简单地丰富证据法学实践教学的内容,而是真正地从学生的角度出发,旨在激发学习兴趣,增强证据法学课程思政的针对性、实效性、有效性。例如,在讲授如何防范刑事错案形成的内容中,授课教师需要格外注重培养和提升学生脑海中的证据思维,强调并训练在案件待证事实的审查和认定过程中的"解构"或者"质疑"思维,树立和强化学生对于防止刑讯逼供和冤假错案发生的理念和意识,引导学生在"错罚"与"错放"之两难选择下能够作出正确的价值选择。

结　语

正所谓"当我们观察事物的角度有所移动时——无论是多么轻微的移动,我们都会看到此前未曾看过的事物"㉝。"新文科"背景下的教育时代是改革、创新与发展的时代,是充满竞争且不进则退的更迭时代。立足于"新文科"背景下的教育变革要义,法学教育理应因势而为、因时而变似乎已经成为一个不争或曰箭在弦上的既定事实。时下所需思考的当是如何有所"为",如何寻其"变"。立足于证据法学课程已然成为法学本科专业必修课课程选项之一的现实语境,从消解此一课程本身所外化出的多重现实问题出发,本文基于证据法学课程所呈现的知识性、方法性、开放性与跨学科性等多维特征同"新文科"内涵的联结要义,建言证据法学课程的革新路径,助力实现"新文科"时代背景下本科证据法学课程教学的范式转型。

"道在迩而求诸远"(《孟子·离娄上》),是为不智,证据法学课程的范式革新或许亦如是。

㉝ 参见[美]伊安·克莱伯:《当代社会理论:从派深思到哈伯玛斯》,廖立文译,桂冠图书股份有限公司1986年版,第332页。

On the Paradigm Transformation of the Course of "Evidence Law" in the Background of Building the "New Liberal Arts"

Bu Yangyang

Abstract: As one of the core courses under the course classification mode of *The National Standards for Teaching Quality of Law Major* in China, "Evidence Law" has typical characteristics of knowledge, method, openness and interdisciplinarity. This course not only corresponds to the logic of "practice" and "cognition" under the connotation of the "new liberal arts" in terms of curriculum objectives, but also conforms to the essence of "interdisciplinarity" and "integration" under the connotation of the "new liberal arts" in terms of discipline attributes. Based on the historical background of the reform of the "new liberal arts" and the reality of the obvious "dependence" of the curriculum and the insufficient situational content of the curriculum, based on the relationship between the connotation of the "new liberal arts" and the curriculum of "Evidence Law", as well as multiple considerations on the subject orientation and characteristics of this course, the paradigm transformation of "Evidence Law" should integrate the knowledge logic with "inheritance" and "innovation" as the core and the social logic with "practice" and "cognition" as the core, build a progressive curriculum system of "norm—theory—case", and with the appropriate introduction of dogmatic analysis and comparative analysis method to reform the theoretical teaching system of "Evidence Law", optimize the operation of the practical teaching system of "Evidence Law" by establishing the academic "community" learning model, and then effectively shape students' thinking of evidence analysis and thought of rule of law, maximize the realization of knowledge, ability and value of trinity reform goals, for compound, applied, innovative undergraduate law professionals training goals to make supporting contribution.

Key Words: new liberal arts; evidence law; interdisciplinarity; paradigm transformation; thought on the rule of law

新文科建设背景下法学实验室建设的若干思考*

陈海嵩**　郑玉芝***

摘　要:在新文科发展背景下,为更好服务于法学实践教学模式的变革创新,新一轮的法学实验室特色化、智能化、信息化建设正在蓬勃发展。本文以武汉大学法学实验教学实践为例,从其发展脉络和现状出发,提炼出法学实验室的一般特征,指出我国当前法学实验室建设可能存在的片面认识和创新误区,尚不能满足新文科建设的需要。今后,我国法学实验室建设应进一步明确自身的价值定位,并遵循分步实施、共建共享和系统优化的基本原则,从教学体系、管理体系和评价体系三方面不断寻求完善。

关键词:新文科建设　法学教育　实践教学　法学实验室　信息化

---

* 基金项目:本文系国家社科基金重大项目"新时代生态文明建设目标评价考核制度优化研究"(22&ZD138)、武汉大学2020年度教育教学改革建设引导专项"环境伦理及其法律问题的教学改革问题研究"的阶段性成果。

** 陈海嵩,法学博士,武汉大学法学院教授,博士生导师。研究方向:环境资源法、法学教育。

*** 郑玉芝,工学博士,武汉大学法学实验教学中心实验师。研究方向:计算机信息系统。

当前,我国高等教育创新发展势在必行,“新工科、新医科、新农科、新文科”建设已经全面启动。法学作为文科教育的重要组成部分,需遵循“新文科”的理念宗旨和任务要求,从多个方面实现法学教育的创新发展。2018 年由教育部、中央政法委联合印发的《关于坚持德法兼修实施卓越法治人才教育培养计划 2.0 的意见》明确提出:要深化高等法学教育教学改革,强化法学实践教育,发展“互联网 + 法学教育”,建立覆盖线上线下、课前课中课后、教学辅学的多维度智慧学习环境。在此基础上,“新法学”建设的关键点和着眼点之一是改革创新法学实践教学新模式,即以培养学生综合素质和职业技能为目标,以深度运用虚拟仿真、人工智能等信息技术为手段,以法学实验室为基本载体,直面和补足传统法学理论和实践教学中的诸多短板。

目前,我国的法学实验室建设及实践总体上看仍处于起步发展阶段,在条件较为优秀的国内部分高校开展“先试先行”工作,业已积累了不少经验,取得了阶段性成果,但尚未体系化和全面普及。本文试以武汉大学法学实验室建设及实践教学为例,结合其发展现状和探索实践,以期深化我国法学教育实验室在新时期的进一步发展。

一、我国法学教育实验室建设的现状与内在特征

我国自开展新文科建设以来,法学教育实验室建设坚持秉持新理念、确立新使命、赋予新内容、贯彻运用新方法的整体思路,而新理念、新思想、新战略就必然会产生新法学。[①] 新文科建设强调传统文科与理工科的交叉融合发展,需要体现在文科各个相关专业的建设之中。当前我国的法学实验室建设便是对理工科研究教学方法的一种借鉴与融合,最为贴切地体现新文科建设的要求。一直以来,对于“实验室”的认知基本上都是和理工科专业紧密联系。新文科建设强调,文科发展应当不断

① 参见徐显明:《新文科建设与“新法学”教育的挑战和应对》,载《新文科教育研究》2021 年第 1 期。

丰富社会科学的研究范式,一般而言,实验或是为了发现某一自然现象,或是为了验证某一规律定理的客观性、正确性,实验的基本特点是可重复性、可再现性和稳定性,而对于自然规律的探索与验证方式在法学研究与教育上具有重要的借鉴意义。以物理实验为例,在相同的实验环境下,无论何人何时何地按特定程序均能得出完全相同、可靠的结论。通过实验研究不仅能极大锻炼和提高学生的科学素养和研究能力,并且一个显著趋势是,不同于过去几个世纪民间科学家和手工艺人研究成果的大量涌现,如今越是前沿、重大的理论发现和技术创新对高水平实验室的依赖程度越高。因此有观点认为,高水平自然科学实验室承担着实验教学和科研创新的双重任务,是评价一所高校质量的关键指标,也是我国迈向现代化教育强国的重要标志。②

在法学领域,我国法学教育实验室建设虽早于新文科建设理念的提出,但实际上也和自然科学领域息息相关。例如,20 世纪 80 年代我国恢复法学教育招生后,部分综合性高校和政法学院先后成立了一批涉及犯罪刑侦、物证鉴定、法医检验等内容的技术实验室。③ 2006 年,中国人民公安大学成立了公安执法实验教学中心,主要整合了治安、侦查、刑事和法学等学科以及犯罪学系、警体战训教研部的有关技术、实验和实训教学资源。④ 2008 年,经教育部和财政部批准,华东政法大学、辽宁大学、西北政法大学、中国人民公安大学和中南财经政法大学五所高校正式成立了国内首批(法学类)国家级实验教学示范中心。从各示范高校法学实验室的名称不难看出,法学实验室承担的功能主要包括实验和实训两部分,其体现了新文科建设对于教学改革与人才培养的内在要求。课程安排上则增加了案例分析、法律文书写作、主题辩论、模拟法庭和法律诊所等内容。2020 年,在“互联网 + 法学”背景下,七门法学课程入选

---

② 参见郭洁、路军:《法学实验室建设与实验教学的研究》,载《实验技术与管理》2008 年第 9 期。

③ 参见郭洁、王英明:《理工科实验室对法学实验教学的借鉴作用》,载《辽宁大学学报(哲学社会科学版)》2008 年第 2 期。

④ 参见吴育生、郑玉芝、方堃:《新文科背景下法学实验教学云平台建设》,载《实验技术与管理》2021 年第 12 期。

了首批国家级虚拟仿真实验教学项目认定计划,在内容上涵盖了知识产权、警察学、监狱学、信用风险管理、国际经贸规则和社区矫正等诸多领域,实验环境和方式上都进一步呈现智能化、多样化。[5] 在虚拟环境下,无论是教师或学生都能从自身需求出发最大程度地整合学习资源,创新实验项目,其不仅实现了信息技术、人工智能与实践教学的深度融合,也填补了我国法学类虚拟仿真实验教学的一块空白。[6]

武汉大学法学实验室(实验教学中心)自2002年成立以来,其发展脉络和建设方向与前述各知名高校法学实验室大体相同,先后成立了模拟法庭、法律援助中心、法律诊所和校外实训基地等传统类型实验室,基本建成了实验教学资源管理、课程管理和评估管理三位一体的线上综合实验教学平台。以智能化程度为标准,本实验室的建设可以划分为“2003~2017年”和“2017年至今”前后两个阶段,第一阶段的工作落脚点是“从无到有”:进行集中化、规模化的实验室建设;打造一支专业齐备、结构合理的教学团队;建立实验室人员、设备、耗材管理和运行安全规范等基本制度。第二阶段的建设重点是“从有到精品化、特色化”,即一方面推进教学改革,贯彻新文科建设对于科教深度融合的要求,促进法学和信息技术深度融合,创新、丰富法学实验教学手段和方法,率先开展国内法学信息化、智能化教学体系和教学环境建设,构建包括智慧教室、虚拟仿真实验室、混合现实实验室等在内的法学智能实验室,多门法学专业核心课程初步实现了教学条件和手段的多元化、信息化和智能化;另一方面强调“价值重塑”,注重法学教育对于学生思想引导与价值选择的作用,秉持“大实验观”理念,将“实训、实践和实务”有机整合纳入法学本科生培养方案。

基于当前的建设实践,笔者认为,法学实验室与自然科学实验室的根本区别在于:法学实验并非以发现或验证某一社会现象、规律为目标,

⑤ 参见冯瑞琳、王至宇、周子璇:《“互联网+”高校法学实践教学平台的建设与应用》,载《河北工程大学学报(社会科学版)》2021年第4期。

⑥ 参见朱贺:《法学实验教学新模式的探索与实践——以“基于多角色扮演交互社区矫正虚拟仿真实验教学”为例》,载《河南司法警官职业学院学报》2021年第2期。

也不强调对"循因求果"实验程序和标准的严苛遵循;而是以"师生互动"、"情景模拟"和"实践技能训练"等创新教学方式作为依托,实现新文科建设背景下对法学学科教育的新要求。可以说,新文科建设背景下的法学实验室建设围绕"情境模拟"为核心被赋予了诸多新的特征:(1)提高学生应用跨学科交叉融合知识解决实际问题的能力。通过模拟职业情境和社会场景,如要求学生扮演法官、律师和仲裁员等职业,又如模拟商务谈判、社区调解等环境。(2)着重模拟空间所具有的中国深层文化法律环境,强调运用中国话语体系和理论体系引导法学实践。拓展模拟空间自由度,法学实验既可以在校内,也可以在校外开展。(3)突出法学实验的价值选择与思想引导。通过将实验对象的具象化和人格化,一方面帮助学生贴近生活、走进社会,还原一个丰富多样的真实世界;另一方面通过树立正确的价值观与思想,培养学生的社会实践能力。在现代信息社会中,这些特征成为衡量一所法学实验室建设水平的重要标准,也构成新文科建设背景下法学实验室的内在特征。

二、法学实验室当前建设的主要问题与误区

新文科建设强调信息技术对于法学教育研究的赋能潜力,这使各类教学技术不断受到学界的关注。一方面,近年来人工智能、虚拟仿真、元宇宙等新兴技术引发了国内外社会各界的广泛关注和热烈讨论;另一方面,随着2018年教育部《关于开展国家虚拟仿真实验教学项目建设工作的通知》(教高函〔2018〕5号)发布实施,在社会舆论和国家政策的双重加持下,一批智能实验室、智慧教室建设项目在各大院校内纷纷上马。武汉大学自2017年以来,学院逐步建设"法学多维度智慧实验室"(实验教学中心),建设水平在国内法科院校中起步较早,取得较大成效;以团队成员为核心的武汉大学法学院实验教学团队长期活跃在教学一线,针对传统教学模式的弊端,积极探索信息化、智能化法学实验教学手段,努力弥合法学理论、实践、实验、实训教学之间的鸿沟,通过硬件购置、软

件自主研发,不断推进新文科背景下法学实验教学改革与创新。不可否认,信息技术和人工智能在推进高等教育实验室发展上具有很大价值,但是和法学实验教学的融合效果如何,笔者认为目前盖棺定论为时尚早,对此应加以理性审视、辩证看待。

结合本中心近年来的授课效果及评估情况,笔者提出当前我国的法学实验室建设或存在以下两点片面认识和创新误区,以期促进相关讨论:

第一,一定程度上夸大了信息技术和人工智能在法学实践教学中的地位和作用。以目前法学实践教学中常见通用的技术手段看,武汉大学法学实验教学中心增置的虚拟仿真、混合现实实验室,一方面中心教师团队密切配合,不断学习新知新术,改进课堂教学和实务教学,配备完善的虚拟现实硬件和不断完善的软件,拓展法学实验教学手段和方法更新。以虚拟现实软件为例,通过虚拟现实软件能够模拟刑事案件的案发现场训练学生对于刑事案件的事件还原能力,也能够通过虚拟现实软件模拟枪支认定等在现实中难以完成的技能训练。这在一定程度上弥补了校内法学实践教学资源不足的缺口,使更多学生足不出校便可自主训练专业技能,激发了学生的兴趣和创造力。另一方面,法学实验所运用的软、硬件智能化水平整体上仍处于初级阶段,难以完整模拟法律职业、案件中全部情况,无法支持人机间的互动试错,致使实验条件和结果在操作中都客观远离了社会复杂性,趋于理想化。事实上,从传统的模拟法庭、仲裁到如今的虚拟仿真、混合现实课程,实践教学流于形式主义的问题并未随着新兴技术的引入得到根本解决。"情景模拟"的本质是对现实世界的无限贴近与还原,而当下实践教学无论采何技术手段,"模拟""虚拟"都更近似成为一种"表演"⑦:学生选定角色,尔后根据自行检索或软件给定的证据、法律文书和卷宗等材料进行各自角色行为、陈述的顺序演练。随机性、偶然性影响因素和学生的灵活应变能力,无论是"人人互动"还是"人机互动"均难以充分体现。

---

⑦ 参见康雷闪、任天一:《高等院校法学实验室建设研究》,载《教育教学论坛》2019 年第 11 期。

第二,过于偏重学生自主学习、自由发挥导致教学管理和课堂组织松散化,课程焦点在一定程度上偏离法学教学目标和主题。从法学实践教学的授课过程和效果角度考察,虚拟仿真、混合现实实验室给广大师生提供了一个多感官刺激的三维空间,用视频、3D影像等方式来呈现表达教科书上的“枯燥”理论,但是丰富的画面、声音和软件功能也更容易造成学生关注点的偏移和专注力的分散。而站在课堂引导、管理者的身份立场上,教师们也面临着相同困境:在备课前需要花费相当精力熟悉、掌握各类设备、平台和软件的操作,而非对重难点问题的深入讲解;在授课中也会因疲于应对不同学生的操作困难和突发情况而带来教学计划的延误。武汉大学法学院通过多年的师资引进工作,教师结构目前较为合理,但个别专业老龄化趋势凸显。随着近几年招生规模逐渐扩大,总师生比仍然接近1∶20,绝大多数院校的法学实践课堂基本上是由四五十名学生(甚至更多)和一名教师共同组成的。提倡学生自行探索、交流互动必然带来教学组织、课堂管理的松散化,教师根本无法在同一时间内统筹兼顾全部学生、小组或行列的不同情况并一一回应。因此当法学实验室试图以新功能、新技术来“赋能”参与实践教学的广大师生同时,也客观上提高了使用者的技术准入门槛和教学的组织管理难度。应当看到,“激发学生学习兴趣”“鼓励学生自主探索”固然重要,但任何事物都包含着对立统一的两个方面,如果不符合现实条件而一味硬上,反而达不到预期的效果,对课堂教学应有的内涵形成冲击,应辩证地分析和适应当前教学改革创新中的问题、思路和工具。

基于法学实验室教学实践中的实际问题可以看出,当前法学实验室建设虽然受新文科建设影响而采用了新的教学设备与教学方法,但一定程度上仍然停留在“本学科+新技术应用”层面。从思想认识角度来看,新文科建设中所强调的融合发展,既包含了研究范式的融合,也包含了研究论域的扩展与综合应用,而法学实验室建设仍停留在表层的结合上,难以实现培养具有综合实践能力的优秀学生的目标。除此之外,通过教学方法上的革新,贯彻新文科建设对于“话语主导”与“价值重塑”的要求仍需要在教学内容上和形式上取得平衡。从底层教学资源配置来看,法学实验室教学方式的改变倒逼法学院人力资源配置重塑,不论是信息技术的应用抑或社会实践的广泛交流,都对技术资源、人力资源和社会资源提出了新的要求,如何在现有条件下实现教学效果的最大化仍有待进一步实践探索。

三、法学实验室建设的目标定位与基本原则

新文科建设中对于学科融合发展的要求对我国法学学科发展不断专业细分的趋势具有一定的修正作用。自我国学科专业的组织形式体制化以来,学科分化的过程从未停止,并在专业划分和知识管理方面日益深化,表现为不同的法学二级学科。但是,学科教育知识结构同社会实际需要的脱节使学生进入社会后无法迅速适应法律实践的要求。围绕传统"学科专业目录"建构的思维方式和知识结构正使越来越多法科学生面临着职业危机,特别是在强调多学科交叉和综合运用的现代社会中,"泾渭分明"的法律知识体系并不利于学生综合运用知识直面纷繁复杂的社会问题。为了解决这一法律教育中的问题,以社会问题及法律职业技能为中心,重构当前法学教育知识结构成为一种趋势。但是也应当看到,传统的法学知识体系具有其内在的理论逻辑,当前的教学知识结构有着便于体系化、普及化的优势,不能简单加以否定。为协调两者关系,通过增加法学实验室建设开展以法律职业技能导向的教学方式成为一种较为现实的解决方案。

正是在此种迫切需求下,法学实验室应将自身建设的目标定位于"帮助学生打通学科边界,以情境化问题的解决为实验室提高学生的综合素养和实践能力"。同时还必须清楚认识到,无论是否增添虚拟仿真、人工智能等技术手段,法学实验室的工具性存在都不会得到改变,其发展不得游离于"补充、辅助和服务于法治人才培养和法律思维塑造"这一主题之外。法治人才的培养应当以立德树人为核心,强调育人过程中的能力、知识与人格塑造的统一,在现代人文及科技与法律科学的有机

结合中,突出人才培养目标的综合性和社会适应性。[⑧]

基于此认识,武汉大学法学实验室从三方面开展了建设探索。从教学内容方面来看,武汉大学法学实验室注重推动校内相关教学、学习和技术等资源整合,积极促进人文社科内部、人文社科与理工科之间的交叉融合。从教学资源配置来看,武汉大学法学实验室已将模拟法庭、法律诊所、虚拟仿真实验室和混合现实实验室等教学资源模块化分设,并纳入统一管理平台;已建立教学实施、教学管理、教学对象评估、案例素材编辑、校友资源应用等相应数据库,并将各系统端口统一接入武汉大学法学实验室门户。[⑨] 从教学实践来看,武汉大学法学实验室根据学生法律实务能力培养的一般规律进行多层次、分阶段和有针对性地组合使用,逐步形成从理论教学(文书写作、案例分析)到模拟训练(模拟法庭、虚拟仿真),再到社会实践(法律诊所、调研实习)的递进式实践课程体系,改革和调适原先由"专业目录"主导的课程安排。具体措施包括:(1)鼓励和引导学生走进社会、深入社区,以法律咨询、法律援助和社会调研等形式将校内教授的知识技能直接应用于社会,在实际生活中检验和发展理论。例如,武汉大学法学实验室定期组织教师带队赴湖北、河南、江西、湖南等省市地方开展社会调研,志愿者服务等活动。(2)积极寻求社会支持,与实务部门建立合作关系,定期邀请法律职业者开展讲座培训,指导实践教学等。目前武汉大学法学实验室已建成校外实训基地54个,类型包括法院、检察院、仲裁机构、公司、律所和银行法务部门等,涵盖法律职业所涉的各行各业。(3)适时考虑与法律实务部门合作办学,联合培养应用型法律人才。

从武汉大学法学实验室建设的具体实践可以看出:首先,法学实验室建设是一个需要多主体、跨部门、长周期协同参与的系统性工程,更是一个螺旋式上升的发展过程,可以概括为:方案规划(思路拟定)—试验探索(建设实施)—评估反馈(思路验证)—发展调整(建设实施)。其

---

⑧ 参见冯果:《新理念与法学教育创新》,载《中国大学教学》2019年第10期。

⑨ 参见吴育生、郑玉芝、方堃:《新文科背景下法学实验教学云平台建设》,载《实验技术与管理》2021年第12期。

次,法学实验室的建设具有开放性和外溢性,社会实践中所利用的公共社会资源并非实验室所独享,随着走进社会、深入社区等实践形式的开展,高效地利用了公共社会资源。而构成法学实验室社会实践的渠道也可以在不同学校的法学实验室间交流互动,从而证明了法学实验室教学质量的提高离不开与高质量的社会主体互动。最后,融合发展通过跨学科交叉研究的方式,完善了法学知识结构的体系性,通过系统化的学习,实现了法学理论与社会实践应用的衔接,有助于克服理论学习与职业技能的脱节。基于以上分析,笔者从实际工作中提炼和归纳出了如下原则,为我国今后法学实验室建设提供参考:

一是分步实施原则。法学实验室在规划发展中,建设经费应当分阶段投入,设施设备应当分步骤引进,师资培养应当分批次展开,课程开展应当从主干到辅修逐步增设,教学制度体系应当从局部完善到整体建立健全。分步实施的内在逻辑在于,法学理论知识的数字更新、教育模式的复合探索与法学人才市场的供需重组发展具有交互性,法学实验室的规划发展需在前一阶段建设的探索反馈中不断修正知识体系、教学方式和人才技能需要。⑩

二是共建共享原则。法学实验室离不开人、财、物的长期投入,学生社会技能的培养和反馈有赖于同社会各界的交流与实践。为此学校应主动与地方政府部门、司法机关、检察机关和企事业单位达成合作,"校地结合"实现(校外实训基地)共建。在满足校内教学需求的前提下,可适时开设面向合作主体需求的综合能力培训班、专题技能提高班等,建立长效的资源共享机制。此外,因法学实验室在发展进程中需要有机融合其他学科方向和师资力量,故实验室应面向非法学专业学生、学生社团等开设选修、体验类课程,实现校内学习资源共建共享。

三是系统优化原则。法学理论与实践教学应在课程体系中互相结合,相得益彰,不得偏废。实践教学是以理论为前提的,学生只有在低年级阶段扎实掌握完备的理论知识,才能更好地在中高年级阶段开设实践

⑩ 参见危红波:《数字社会的法学教育因应——基于新文科建设视角的理论考察》,载《华东政法大学学报》2022 年第 3 期。

课程。与此同时,实践教学又是有现实需求导向的,实践教学的改革创新应充分尊重和兼顾现有法学学科类型和教学传统,同时不断优化其内部不同层次实践课程的衔接协调。

四、推进我国法学实验室建设的主要路径与建议

在现有基础上,我国法学实验室无疑需要在新的背景下进一步深化建设,和国内一流自然科学实验室相比,法学实验室的“高标准”“高质量”并不是简单指实验条件环境的不断改善,抑或技术设备投入层面的不断突破,而是从“本我”出发尊重法学特色,回应新文科建设的时代要求,探索出真正属于法学学科所蕴含的原创性内容。具体而言:

(一)建立贯彻新文科理念的交叉融合型法学实践教学体系

虚拟仿真、人工智能等信息技术给法学教育带来了不少新的改观,我国已明确将交叉融合学科作为一项新的学科门类,这既说明学科交叉已成大势所趋,也反映出国家对交叉学科的高度重视。为此,各高校应当有意识地丰富拓展相关理论和实践教学来推动和促进交叉融合型法学教育体系的改革。

一是教学团队建设的深化。在新文科背景下复合型法治人才的培养中,专任教师扮演着举足轻重的角色。实验室教学团队的深化发展本质上是专职教师的支持和投入,特别要强化多学科交叉的背景。例如,武汉大学实验室自2021年起开始吸收信息与计算科学、计算机科学方向博士作为实验员,并鼓励新入职实验员走上讲台,为本科生开设法学实验信息化理论和虚拟现实实验技能操作的专业课程,为今后中心实验员从“实验教辅”向“实验教学”职能的转变奠定基础。信息技术在法学教学中的应用普及,不仅要求教师及时增加自身的专业知识储备,还要求其主动关注前沿的科技动态,在课程中熟练运用相关信息技术,更要求教师特别是一线讲师具有引领技术和教育深度变革融合的意识。从根本上说,只有深入一线课堂的广大师生才能有效反馈、客观评价一项

技术应用的优劣乃至教育改革方向道路的对错。未来,在线上教学、智慧教室的授课中灵活驾驭相关技术设备已愈来愈成为一名法学教师科学素养的重要体现;一位"技术盲"教师将很难成为一名合格的法学教师,更不可能成为一名高校名师。

二是课程内容建设的深化。有必要重新有机整合传统的法学学科、专业分类体系。近年来,国外知名高校如哈佛大学、斯坦福大学、宾夕法尼亚大学和麻省理工学院等已先后设立"信息法学"、"计算法学"或"人工智能法学"等学科方向。⑪ 课程内容包括法律文件检索(legal document management)、法律基础设施(legal infrastructure)、法律信息学(legal information)、人工智能的历史与哲学(the history and philosophy of artificial intelligence)、法科技术与信息科学(legal technology & information class)、编程和法律(code and law)、计算机与法律(computer and law)等。⑫ 笔者建议,在交叉融合型法学学科的初期阶段,有资质和条件的高校可以适时开设一门1~2学分的《信息技术与人工智能概论》(导论)课程,邀请相关专家(包括多个学科)拟定教学大纲,编写教材并作为必修课程进行讲授。该课程属于初步的介绍性课程,其所涉及和介绍的每一项技术都有自己解决社会问题的思想路线和主干逻辑,作为法学学生只需要从认识论和方法论维度加以了解和把握(而非技术的具体设计和操作细节)便能有效参与到法学的交叉融合发展中来,为今后进一步参与信息化、智能化的法律实践打好基础。

三是教学形式的拓展。除了继续完善传统的模拟法庭、仲裁、法律诊所和法律援助等实践教学形式,不断丰富案例教学、研讨教学和诊所教学等教学方法以外,还需充分运用好开放式网络课程和虚拟仿真实验两种新兴手段。目前,前者可以提供高质量的视频演示步骤,而后者则可以提供贴近真实的模拟场景,但彼此之间尚未得到良好的有机融合。

---

⑪ 参见苏宇:《"信息技术+法学"的教学、研究与平台建设:一个整体性的观察与反思》,载《中国法律评论》2021年第6期。

⑫ 参见邹卫中、李萍萍:《人工智能与法学教育融合发展研究》,载《南宁师范大学学报(哲学社会科学版)》2020年第2期。

因此,今后或可考虑将二者置于同一平台上形成一个有机的整体,即在开放式虚拟仿真实践课程上学生可以基本脱离线下辅导,直接在开放式网络的视频讲授、文字说明、网友交流、线上答疑和虚拟仿真实践多者间灵活自由切换。[13] 建立起全方位的网络理论学习和虚拟仿真实验交互、实体和虚拟实践并行的混合实践教学模式。另外还需注意到,2020 年以来,大量远程教育、线上教学系统的实用化普及,如 ZOOM、腾讯会议、腾讯课堂、网易云课堂、超星学习通等软件已得到了广泛认可。今后各院校还可进一步开发、开放线上教学资源,鼓励校内外学生主动学习各类感兴趣的课程,利用 bilibili、网易慕课、微课等网络平台整合名师名课资源,辅助和扩大多学科的交叉融合面向。

(二)适当借鉴自然科学实验室规范要求,完善法学实验室管理体系

伴随各学科专业间的相互交叉、渗透,法学越来越注重实证主义研究,如注重采用社会学、经济学等领域的量化分析、绩效分析、动态分析等方法,尝试"用数据和模型说话"等,使法学实验室逐渐增置了不少传统法学实验室所不具备的其他学科实验室的功能设施。另外,新添置的虚拟仿真、混合现实实验室在技术设备的采购、运行和维护等方面也有诸多不同以往的注意事项和管理要求。因此充分参考自然科学实验室的管理制度,选择性借鉴文理科实验室共同适用的规范要求,无疑是必要的。

总体而言,我国高校自然科学实验室的管理主要有校级管理、院系管理和教研室管理三种基本的管理组织模式。[14] 不同模式各有特点:校级管理模式的管理机构更加完善,建设资金投入更有保证,能有效"打破院际壁垒",举全校之力发展跨学科、大平台实验室;院系管理模式则适合用以规划、指导专业性强的实验室发展;教研室管理模式多用于公共课、基础课开设的实验室管理。上述三种管理模式各有优劣,就法学实验室建设而言,笔者认为首先在管理体制上应保持相对独立,实行学校、

---

⑬ 参见叶飞、廖成竹、章剑波等:《慕课与虚拟仿真深度融合的实验教学》,载《北京科技大学学报(社会科学版)》2022 年第 1 期。

⑭ 参见马建荣:《校院两级管理模式下实验室共享机制的探索与实践》,载《浙江万里学院学报》2009 年第 5 期。

院系(中心)两级管理的模式。学校层面从总体布局出发,根据复合型人才培养的要求整合现有教学资源,强化各二级学院实验室的大平台属性,避免因学院本位带来的教学资源孤立、分割和浪费;而院系(中心)则主要负责日常的专业教学和实验室管理工作,如设施设备的维护更新,完善运行、人事、财务和安全等方面的具体管理制度,确保管理要求实施的科学化、规范化和制度化。

同时,应加快完善以实践项目为基本单位的实验室动态运行管理机制。和自然科学实验的操作机理相同,法学实验不同的法学实践项目间、同一项目的不同阶段间通常也存在一定的顺序、层次和等级。从课程体系设计,到实验方案制定,再到教材编写、实践教学,直至最后对教学对象的评估反馈,针对实践项目中每一环节实施监督管理,能有效保证该步骤的扎实落地和对所发现问题的及时整改,进而避免法学实验室运行中可能出现的安全和设备风险。

(三)加快构建内容合理、指标科学的法学实验室建设评价体系

法学实验室建设评价是对实验室是否满足高校教学和社会需求的分析判断过程,是对其现状和发展潜力进行综合考察和评估的活动。只有通过对各高校法学实验室的设施条件、教学质量、规范管理和特色重点等方面进行全面的综合评估,挖掘各自的优势和创新点,在反馈结论中给予必要的建议和指导,才能不断地增强建设成效。概言之,建立健全内容合理、指标科学的法学实验室建设评价体系是实现其可持续发展的关键保障。[15] 可以从如下三个方面展开:

其一,从系统论的角度来看,法学实验室是一个开放的复杂系统,涉及技术设备、师资队伍、教学成果、服务管理和环境氛围等诸多要素。为了全面反映法学实验室的基本情况,必须从整体出发将各项要素指标分层次排列,使评价要素指标结构清晰、层级分明。[16] 评价要素要覆盖实

---

[15] 参见刘丹平、王萍:《高校实验室建设项目管理与后评估的探索》,载《实验技术与管理》2005年第4期。

[16] 参见马如停、徐石海、李琰:《高校实验室建设项目绩效评价体系构建和实践》,载《实验室研究与探索》2020年第10期。

验室运行的全周期,评价指标的权重分配要尽量还原其在评价体系中的地位,而采用的评价模型方法如层次分析法、模糊综合评价法、非线性加权综合法等,相应的评价要素指标体系也不尽相同,各有其适用情形,需要结合评价反馈的实践,不断验证、补充和修改,逐步构建起相对科学、合理的法学实验室建设评价体系。

其二,为了强化法学实验室"情景模拟"的特色功能与实现,应通过实地考察、问卷调查、专家访谈等渠道形式,尽可能降低或剔除不适合法学专业实验室的建设考核指标,如要求大规模建设数据库、信息港,增加物化投入、技术设备等。同时丰富完善评价法学实践教学效果的指标要求,如校地共建的实训基地数量、运行效果和资金绩效等。

其三,健全多层次、多类型的法学实验室建设评价规范。我国现已建立了国家级法学实验教学示范中心的指标考核体系,但考虑到不同地区、不同类型和院校的法学实验室条件各不相同,采用统一标准进行"一刀切"式的评定并不可取。因此应充分发挥评价类规范的指引、引导功能,对于未纳入国家层面评价体系的部分院校的法学实验室,各地方教育主管部门应充分尊重并结合各地区、各校的工作实际加快制定相应的标准体系和评价方案,通过鼓励竞争、树立模范积极实现以评促建。

Thoughts on the Construction of "Law Laboratory" in the Background of the Construction of the New Liberal Arts

Chen Haisong　Zheng Yuzhi

Abstract: In the background of the new liberal arts development, a new round of characteristic, intelligent, and informatized construction of legal laboratory is booming, in order to better serve the reform and innovation of legal practice teaching mode. Taking the law experimental teaching center of

Wuhan University as the example, this paper abstracts the general characteristics of the law laboratory from its development context and current situation, and points out the possible innovation misunderstanding and one-sided understanding in the current construction of legal laboratory which cannot meet the needs of new liberal arts construction. The construction of law laboratory should further find its own value orientation, and it should be constantly improved from three aspects: teaching system, management system and evaluation system in accordance with the general principles of step-by-step implementation, co-construction and sharing and system optimization.

Key Words: construction of the new liberal arts; legal education; practical teaching; law laboratory; informatizatio

比较研究

美国法律博士跨学科培养的基本路径及特征研究

——以哈佛大学法学院为例*

邵宏润** 裴兆斌***

摘 要:当今法律问题呈现复杂化特征。法学教育跨学科化既是应对挑战又是遵循学科发展规律之举。哈佛大学法学院法律博士跨学科系列项目经过十几年的发展,形成了比较成熟的培养模式。在具体实施过程中,哈佛大学法学院法律博士跨学科项目表现出以下鲜明特征:跨学科教育理念成为法律人才培养的主导;协同性资源共享成为法律人才培养过程的载体;联合组织管理协调不同主体的利益。这对我国法治人才跨学科培养有着重要启示意义:一是注重回应社会需求,找准跨学科法治人才培

* 本文系2021年度辽宁省新文科建设项目"文农交叉融合视角下卓越海洋法治人才培养创新与实践"(辽教办〔2021〕133号)、2021年度辽宁省哲学社会科学青年人才培养对象委托课题"海洋经济背景下海洋人才培养体系创新与实践研究"(项目编号:2022lslwtkt-015)的研究成果、2021年辽宁省经济社会发展合作课题"基于职业发展的翻译硕士培养关键因素实证研究(项目编号:20211s1hzqn-09)。

** 邵宏润,大连海洋大学海洋法律与人文学院副教授,教育学博士。研究方向:法学教育、比较法。

*** 裴兆斌,大连海洋大学海洋法律与人文学院教授、法学博士,通讯作者。研究方向:行政法、海洋法、法学人才培养。

养定位;二是重视跨学科思维,拓宽法治人才培养路径;三是应当变革管理体制,增设跨学科法治人才培养组织机构。

关键词:哈佛大学　法学院　跨学科培养　法律博士　跨学院

跨学科教育旨在运用跨学科方法,培养学生形成跨学科知识结构、跨学科思维能力和跨学科素养。① 正如美国科学、工程和政策委员会在其编写的《促进跨学科研究》中所指出的:"跨学科研究与教育是受复杂问题的解决需求驱动而产生的。"②近年来,许多欧美发达国家将跨学科教育上升到战略高度,在国家层面推出了一系列重要政策和报告。美国被称作"学科互涉研究的黄金国度"。③ 目前美国拥有多个跨学科研究中心,高校设立多个跨学科教育项目。20 世纪 60 年代至今,哈佛大学先后推出了 17 个跨学科学位项目,形成了较为成熟的跨学科人才培养模式。其中,哈佛大学法学院联合商学院等开设的法律博士跨学科研究生项目,在培养模式和实施路径上具有典型的跨学科特点,可以为我国法律硕士跨学科教育提供借鉴与思考。

一、哈佛大学法律博士跨学科学位项目产生的缘由

(一)现实之需:日益综合化和复杂化的法律问题

当今法律问题呈现复杂化特征,如国际化与全球化交融,人工智能法律问题、经济全球化等,哈佛大学法学院传统的法律博士培养模式不能更好地应对现实的挑战。

首先,随着国际化与全球化的不断发展,国家之间的交流日益频繁,

---

① 参见韩大元等:《跨学科教育与研究:新时代法学学科建设的实现路径》,载《中国大学教学》2018 年第 4 期。

② Committee on Science Engineering and Public Policy, *Facilitating Interdisciplinary Research*, Accessed July 20, 2020. http:// www. nap. edu/catalog. php/record－id＝11153.

③ 参见[美]朱丽·汤普森·克莱恩:《跨越边界:知识、学科、学科互涉》,南京大学出版社 2005 年版,第 51 页。

不同领域的合作也不断加深，这就促使了复杂问题的产生。正如安东尼·吉登斯所说，“我们今天生活于其中的世界是一个可怕而危险的世界”④。在面对风险社会带来的综合复杂化问题时，法律绝不应当缺席，对待复杂问题也不应当束手无策，转型应对才是可取的态度。⑤ 哈佛大学法学院顺应全球局势，打破学科界限，开设了法律博士跨学科学位项目，为提高法律职业人才就业能力打下了坚实基础。

其次，工业4.0时代即人工智能化时代。人工智能的发展引发大量的法律问题，如人工智能安全与可控、人工智能伦理等。要应对这些未知的挑战，必须从跨学科的视角探索法律规则的可能性解决方案。

最后，经济全球化所带来的一些问题，也需要具有跨学科背景的法律人才。美国在20世纪90年代以后，经济持续稳定发展，与各国贸易往来频繁。由此而产生的复杂经济问题，需要一大批跨学科法律人才。美国各大法学院回应经济发展现实之需，打破学科的规制，融合经济学、国际关系及国际政治、社会学等更多的学科，不断创新法律规则，提供更好的法律综合服务以降低全球化进程中的法律经济风险，从而不断地支持经济全球化的国家发展战略。

(二)发展之要:知识生产模式的冲击

法学是一套系统的知识体系。伴随知识体系由模式Ⅰ向模式Ⅱ的转型变化，法学学科也经历着分化、交叉及融合。英国学者吉本斯指出：“真实的社会应用情景是知识生产模式Ⅱ的最根本特征，应用情景是指社会实践赋予知识生产的动力。”⑥同时，他认为“知识生产模式Ⅱ是打破知识学科界限，跨学科地解决现实场景总的问题”⑦。由于知识生产模式的转变，法学学科知识也毋庸置疑地出现了综合化、为现实问题服

---

④ [英]安东尼·吉登斯:《现代性的后果》，田禾译，译林出版社2011年版，第9页。

⑤ 参见贝克:《风险社会与中国——与德国社会学家乌尔里希·贝克的对话》，载《社会学研究》2010年第5期。

⑥ [英]迈克尔·吉本斯:《知识生产的新模式:当代社会科学与研究的动力学》，北京大学出版社2011年版，第6页。

⑦ Gibbons M. , *The New Production of Knowledge. The Dynamics of Science and Research in Contemporary Societies*, Accessed Higher Education Policy 10, 1997, p. 94 –97.

务的特征。这在一定程度上加速了法律人才培养模式的转型。哈佛大学法学院跨学科的法律博士培养系列项目的产生也是知识生产模式转型的必然结果。

综上所述,无论是法律实践领域的变化,还是知识生产模式转型带来的影响,各方都顺势做出了积极回应。美国律师协会(American Bar Association,ABA)、美国法学院协会(Association of American Library Schools,AALS)都提出了关于加强复合型法律人才培养的要求。1997年,美国科学基金会(National Science Foundation,NSF)启动了“研究生教育与科研一体化”(Integrative Graduate Education and Research Traineeship,IGERT)项目,该项目强调在跨学科合作研究过程中进行科研训练,培养具备跨学科素质的高层次人才,以解决复杂的科技和社会问题。⑧ 于是从20世纪90年代开始,美国多所大学法学院探索法律博士与其他学科的融合,以期培养具有跨学科能力的法律职业人才,如哈佛大学、耶鲁大学、斯坦福大学等。21世纪,美国国家科学院和美国大学协会又发布《促进跨学科研究》《跨学科专题报告》等,进一步鼓励与促进大学开展跨学科教育与研究。⑨

二、哈佛大学法学院法律博士跨学科教育概况

2007年,为应对法律领域的变革,哈佛大学法学院开启了法律博士跨学科教育。法律博士跨学科系列项目的宗旨是为学生提供法律专业学习的基础上,提供其他领域的学习,最终培养具有法律与其他领域综合知识的高级法律人才。系列项目包括法律/工商管理(Juris Doctor and Master in Business Administration, JD/MBA)、法律/公共政策(Juris

---

⑧ See The National Science Foundation, *The Integrative Graduate Education and Research Traineeship Program*, Accessed February 13, 2022. http://www.igert.org/public/about.html.

⑨ 参见包水梅:《美国博士生跨学科培养的基本路径及其特征研究——以哈佛大学教育研究生院为例》,载《中国高教研究》2015年第5期。

Doctor and Master in Public Policy, JD/MPP)、法律/公共管理与国际发展(Juris Doctor and Master in Public Administration in International Development, JD/MPA – ID)、法律/公共卫生(Juris Doctor/Master of Public Health, JD/MPH)、法律/城市规划(Juris Doctor and Master in Urban Planning, JD/MUP)、法律/哲学博士(Coordinated Juris Doctor and PhD Program, JD/PhD)。

(一)跨学科硕士学位项目

哈佛大学法学院实践性法律博士跨学科项目(Joint JD and Master Degree Programs)主要依托法律博士项目和其他硕士学位项目联合进行跨学科法律人才培养,包括 JD/MBA、JD/MPP 或 MPA-ID、JD/MPH、JD/MUP。[⑩] 它们由哈佛大学法学院分别和哈佛大学商学院、肯尼迪学院、公共卫生学院、设计研究生院联合提供。跨学科硕士学位项目要求学生全日制学习,学制为 3 ~ 4 年。项目的培养总目标是为学生提供工商管理、公共管理、公共卫生、城市规划等跨学科前沿学习,将法律、其他人文学科、自然科学中的专业知识应用到解决复杂的法律政策、法律实践问题上,培养卓越的法律职业人才和美国领袖。学生毕业后,不但可以在法律实践领域就业,也可以在工商、公共管理、公共卫生部门、城市规划等部门进行综合性法律服务工作。

(二)跨学科哲学博士学位项目

跨学科哲学博士学位项目(Coordinated Juris Doctor and PhD Program, JD/PhD)旨在培养学生多学科领域的综合素养,培养法律领域的高素质学者和综合型研究人员。学生毕业时可获得由哈佛大学法学院和文理研究生院联合授予的博士学位。选择该项目的学生不但要在法学院进行学习,而且还需在文理研究生院选择任何一个专业进行学习。在学位论文撰写上,不仅要求其内容是法律领域的,而且对于学位论文的各个环节也提出了严格的要求,如在开题时需至少提供三位教授

---

⑩ See *Joint JD and Master Degree Programs*, Accessed February 14, 2022. https://hls.harvard.edu/dept/academics/degree-programs/special-programs/joint-jd-master-degree-programs/.

的同意书。⑪

三、哈佛大学法学院法律博士跨学科培养的基本模式

(一)跨学科设置专业方向

目前,哈佛大学法学院所开设的跨学科项目共有 5 个,其中硕士学位项目 4 个,博士学位项目 1 个。所有跨学科项目均采用双结构设计,既涵盖广义的跨学科内容,又聚焦法学专业领域的重点知识,所跨学科均为法律复杂问题所涉领域相关的学科,基本涉及人文科学、社会科学、自然科学。这些项目跨学科设置专业方向,对毕业生未来职业选择和学术职业发展均有很大帮助,社会对相关人才的需求量也非常大。正如哈佛大学法学院教师苏珊 · 克劳福德(Susan Crawford)所指出,法学跨学科学习是重点,比如"公益技术"新学科领域,需要为学生提供跨学科的课程,甚至是法律与技术的跨学科学习。⑫

1. 跨学科硕士学位项目的专业方向设置。跨学科硕士学位项目主要由商学院、肯尼迪学院、公共卫生学院、设计研究生院与法学院联合提供。其专业方向主要由法学院教师与其他各学院教师共同商定论证,旨在为社会提供具有跨学科素养的法律职业人才。具体见表 1。

---

⑪ See *Coordinated JD/PhD Program*, Accessed February 14, 2022. https://hls.harvard.edu/dept/academics/degree-programs/special-programs/jdphd-program/.

⑫ See Susan Crawford, *Why Universities Need "Public Interest Technology" Courses*, Accessed February14, 2022. https://www.wired.com/story/universities-public-interest-technology-courses-programs/? tdsourcetag = s_pcqq_aiomsg.

表1　哈佛大学法学院跨学科硕士学位项目专业方向

项目名称	学院专业	专业方向设置目的	教学计划	年限方式
JD/MBA 法律/工商管理项目	商学院 工商管理	探讨法律和工商管理的相互作用,如企业管理的法律风险、电子商务中的法律问题等,以此培养法商复合型的人才	第一、二学年:法学院、商学院;第三、四学年:两个学院	4年 全日制
JD/MPP 或 JD/MPAID 法律/公共政策项目或法律/公共管理与国际发展项目	肯尼迪学院 公共政策/公共管理与国际发展	支持并鼓励学生进行政府、公共政策及法律方面的跨学科学习,并为他们在公共服务中担任领导职位做好准备	第一、二学年:法学院、肯尼迪学院;第三、四学年:两个学院	4年 全日制
JD/MPH 法律/公共卫生项目	公共卫生学院 公共卫生	旨在侧重训练学生从法律的视角研究公共卫生问题,综合运用经济学、法律、政治学等的理论和方法,去分析、设计、实施和评估美国或其他国家的卫生保健和公共卫生政策	第一学年:法学院;第二、三学年:法学院和公共卫生学院	3年 全日制
JD/MUP 法律/城市规划项目	设计研究生院 城市规划	旨在为学生提供法律和城市规划两个专业的跨学科学习资源,提高他们在这两个领域的交叉地带的就业能力	第一、二学年:法学院、设计研究生院;第三、四学年:两个学院	4年 全日制

资料来源:harvard Law School. Joint Degrees and Special Programs, https://hls. harvard. edu/dept/academics/degree-programs/special-programs/。

2. 跨学科哲学博士学位项目的专业方向设置。跨学科哲学博士学位项目(JD/PhD)是由法学院和文理研究生院联合开设的。项目采用了跨学科的教育模式,充分整合文理研究生院各专业的资源,为未来学生可进行法学与其他专业跨学科研究做准备。该项目学制5~6年,文理研究生院要求学生至少2年进行全日制学习。跨学科哲学博士学位项目通过对经济学、政治学、人文科学等跨学科的前沿研究,将不同学科体系的专业知识应用到解决复杂的法学研究和实践问题上。经过该项目培养的学生未来就业机会多元化,如教师、人文科学和自然科学跨学科研究人员、非法律类职业从业者。

(二)跨学院配备师资

"师资队伍的质量和参与程度是跨学科教育成功的关键要素。"⑬高质量的教师队伍不仅可以在教学中把握前沿学术动态,还对学生的跨学科思维、学术能力培养有重要影响。哈佛大学法学院的跨学科学位项目不仅凝聚了法学院优质的师资力量,而且积极与其他学院开展教学合作。

在跨学科硕士学位项目中,负责人均是具有跨学科背景的教师。如JD/MBA项目的负责人古汉(Guhan),既是哈佛大学商学院的终身教授,也是法学院的终身教授。据统计,目前有近100名来自商学院、肯尼迪学院、公共卫生学院及设计研究生院的教师参与到4个跨学科硕士学位项目中:(1)在JD/MBA项目中,共有教师21位,其中法学院11位、商学院8位、肯尼迪学院1位、麻省理工商学院1位;⑭(2)在JD/MPP & JD/MPAID项目中,共有教师17位,其中法学院10位、肯尼迪学院7位,且他们成立了专门负责此项目的教师委员会;⑮(3)在JD/MPH项目

⑬ AUU, *Report of the Interdisciplinarity Task Force*, New York, AUU, 2005, p. 1 - 11.

⑭ See *Programs of Study: Law and Business Advising Faculty*, Accessed February14, 2022. https://hls.harvard.edu/dept/academics/programs-of-study/law-and-business/advising-faculty-law-and-business/.

⑮ See *Programs of Study: Law and Government Advising Faculty*, Accessed February14, 2022. https://hls.harvard.edu/dept/academics/programs-of-study/law-and-government/advising-faculty-law-and-government/.

中,共有教师18位,其中法学院9位、公共卫生学院9位;[16](4)在JD/MUP项目中,哈佛法学院教授杰拉尔德·弗鲁格(Gerald Frug)和设计研究生院教授洛辛·卡登(Jerold Kayden)组成的教师委员会监督联合学位项目。[17]

在跨学科哲学博士学位项目中,主要由哈佛大学法学院学术办公室的埃普丽尔·派蒂(April Pettit)和法学院学生办公室的谢尔比·约翰逊(Shelby Johnson)共同负责具体工作。该项目将从法学院和文理研究生院分别为每位博士研究生配一位学业导师,负责课程、论文等方面。另外,课程、学位论文及实习实践由法学院和文理研究生院的教师共同执教和指导。学生将分别跟随两个学院的教师进行学习,教师会根据学生的情况为学生制定5~6年的跨学科学习和选修课程计划。关于论文撰写部分,每位学生的论文将由3名导师共同负责,其中2名导师来自文理研究生院的学术委员会,1名导师来自法学院。[18]

(三)跨学科设置多样课程

跨学科教育的关键在于课程的多元化和跨学科性。在培养具有跨学科综合素质法律人才的目标下,每个跨学科项目都非常重视课程的多样性和跨学科性。跨学科项目经过与合作学院专业教师团队的研讨后,从课程目的、课程设置、课程形式、课程内容等方面精心制订课程计划。学生可以结合自身的专业、兴趣及职业生涯规划进行选课。

(1)JD/MBA项目的课程设置分为必修课和选修课两大类,包括案例研讨会、职业能力训练课程、写作与法律诊所课程、专业选修课程及跨学科选修课程五个模块。该项目要求学生在法学院必须修满不少于52学分,其中课堂学习不少于36学分,第一学年必须获得不少于18学分。

---

⑯ See *Dual/Joint Degrees*: *Joint JD/MPH Program with Harvard Law School*, Accessed February14, 2022. https://www.hsph.harvard.edu/admissions/degree-programs/dual-degrees/.

⑰ See *Joint Program in Law and Urban Planning*, Accessed February14, 2022. https://hls.harvard.edu/dept/academics/degree-programs/special-programs/joint-jd-master-degree-programs/joint-program-in-law-and-urban-planning/.

⑱ See *Coordinated JD/PhD Program*, Accessed February14, 2022. https://hls.harvard.edu/dept/academics/degree-programs/special-programs/jdphd-program/.

课堂学习学分不包括写作和法律诊所课程的学分。同时,学生在商学院必须修满不少于24学分,其中课堂学习不少于18学分,每学期大约有4.5~7.5学分的学习任务。

(2)JD/MPP或JD/MPA-ID项目要求在法学院学生必须修满不少于52学分,其中课堂学习不少于18学分,鼓励学生在第三学年至少完成18学分。在肯尼迪学院,攻读JD/MPP项目的学生需要在第一学年至少完成36学分;攻读JD/MPA-ID项目的学生需要在第一学年至少完成40学分。在第三、四学年,攻读JD/MPP和JD/MPA-ID项目的学生至少修读12学分。除了完成课堂学习外,学生还需要参加跨学科课程研讨会、综合写作课程、体验式学习及50个小时公共服务。

(3)JD/MPH项目需要学生在法学院至少修满52学分,包括职业责任、国际法/比较法两门必修课;其中课堂学习不少于36学分,包括法律博士(J. D.)提供的课程、研讨会和阅读课程,但不包括法律诊所和综合写作。学生在公共卫生学院需要至少修满45学分,包括公共卫生(MPH)的所有核心课程。除了课堂学习外,学生还需要完成一个综合书面项目(integrated written project)或者暑期实习(job experience for the summer)。

(4)JD/MUP项目的课程分为必修课和选修课。在第一、二学年,学生需要完成法学院和设计研究生院所提供的必修课程和部分选修课程。如民事诉讼、国际法/比较法、立法和法规等;核心城市规划工作室;城市规划方法;城市干预的历史和理论等。在第三、四学年,学生需要交叉在两个学院进行学习,法学院要求至少修读52学分,其中课堂学习不少于36学分;设计研究生院要求至少修读40学分,其中学生必须修读至少60%的MUP课程。

(5)跨学科哲学博士学位项目(JD/PhD)要求学生应于第一学年在法学院进行必修课程学习,高年级必须修满52学分,其中课堂学习不少于36学分,剩余16学分中的10学分可以在文理研究生院通过论文写作获得。在文理研究生院至少完成16门课程才能获得博士学位。该项目的理论课程主要分为五类,分别是专业核心课、研讨课、研究方法课、阅读课、选修课。实践课程主要分为三类,分别是实习、法律诊所、无偿性法律服务。在文理研究生院的课程学习是在学生选择感兴趣的专业后进行的,文理研究生院会为学生配一名课程学习指导教师,负责给学生选择课程提供合理科学建议。

(四)跨学院联合授予学位

在跨学科硕士学位项目中,学生在达到学习要求后,可获得双学位,即法律博士与工商管理硕士学位、法律博士与公共管理或公共管理与国际发展学位、法律博士与公共卫生硕士学位、法律博士与城市规划硕士学位。

法学跨学科哲学博士学位项目的学位授予工作是由法学院和文理研究生院分别完成,法学院授予法律博士学位,文理研究生院授予哲学博士学位。文理研究生院为该项目的学生提供学习指导教师和学术顾问。在所有课程考核合格后,学生可以独立进行论文研究工作。论文完成且达标后,可授予其相应的学位。

四、哈佛大学法学院跨学科人才培养的特征

克拉克·克尔(Clark Kerr)曾指出:"一千年以来,大学的生命是和它周围社会中被认可专门行业联系在一起的,而且他将继续对新出现的专门行业做出反应。"⑲哈佛大学开展的跨学院培养硕博士模式也受到社会发展复杂性的影响,主要体现在跨学科研究生项目的培养理念、培养过程、组织管理上。

(一)跨学科教育理念成为法律人才培养的主导

跨学科研究生项目的培养理念指导着项目的目标、过程及评价方式。与传统的研究生培养模式相比,跨学科的研究生培养理念更突出解决复杂性问题能力的培养,强调学生的跨学科素养,最终要培养复合型

⑲ [美]克拉克·克尔:《大学的功用》,陈学飞等译,江西教育出版社1993年版,第78页。

人才。因此,解决当今的复杂法律问题成为跨学科教育理念的主要特征。从哈佛大学法学院的5个跨学科项目中可以看出,哈佛大学法学院研究生跨学科项目的设置均与社会发展、法律实践密切相关,其无论是硕士还是博士的跨学科培养模式都有着以社会需求与复杂问题解决为本的跨学科培养理念。JD/MBA项目旨在培养具有综合素质的法商复合型人才,提高学生跨领域就业的能力。

在跨学科教育理念下,跨学科项目的培养目标都是培养具有复合型知识结构,能够解决复杂法律问题的创新人才。跨学科项目不再遵循传统的学科培养制度,跨越学科边界,将各类学科方法、理论等应用于对当今现实复杂法律问题进行跨学科研究。[20] 在培养目标制定上,立足于培养具备整合不同学科知识并应用于解决法律领域复杂问题的人才;在招生选拔上,注重研究生是否具备跨学科研究的潜力或学科背景;在课程设置上,注重联合其他学院进行综合性的课程计划,为每位学生配备课程指导教师,且围绕跨学科领域的法律问题进行案例研讨教学,帮助学生理解运用综合化知识;在实践教学上,开展法律诊所、无偿性法律服务、实习、职业训练等课程,推进不同学科教师与法律博士之间跨学科交流;在质量评价上,通过制定跨学科项目的评价方式与内容来考察法律博士运用多学科研究方法跨学科解决问题的能力。

(二)协同性资源共享成为法律人才培养过程的载体

跨学科培养过程是人力资源、物质资源及各种联系相互融合协同的过程。美国学者冯克鲁夫指出:"协同往往涉及不可预知的结果,各主体之间的信任以及对诚实与公平价值观的共同承诺。与合作不同,协同方要尽可能估计对方的利益,就像对自己利益的考虑一样。"[21]在哈佛大学法学院跨学科项目实施的过程中,有多个主体参与,包括不同学院的教师、学生、管理者;有多种资源共享,包括课程、实验室、学术交流平台、实

---

[20] See Lanneau R., *Interdisciplinarity in Law, Its Necessity and Challenges*, GNLU Journal of Law & Economics 1, 2018, p.105－121.

[21] Krogh G. V., *Enabling Knowledge Creation : How to Unlock the Mystery of Tacit Knowledge and Release the Power of Innovation*, Oxford University Press, 2000.

习单位等。各个主体之间逐渐建立了多元化参与机制，各种资源的跨学科综合体系也逐渐建立。

在课程教学方面，哈佛大学法学院设置的跨学科课程体系遵循“强基础—重交叉”的原则，整合专业必修课，增加选修课程，强化跨学科职业训练课程的交叉融合。第一，每个跨学科学位项目的前两个学年要完成学科基础课程和跨学科专业基础课程的学习，并且有明确学分要求。第二，选修课程主要涉及除法律之外的专业领域，如工商管理、公共管理、公共卫生等。这类课程设置帮助法律博士解决在处理交叉领域法律问题过程中缺乏相关学科基础知识的问题。第三，跨学科方法类课程使法律博士掌握与法律交叉领域的必要专业方法能力。

在职业与科研训练上，哈佛大学法学院注重平台建设与资源共享整合。跨学科硕士学位项目旨在使毕业后的学生能在多领域进行法律等相关工作。哈佛大学法学院与多个学院联合，整合了多个实训平台，供学生进行实习实训。在科研训练上，法学跨学科哲学博士项目更是整合文理研究生院的科研平台、教师资源。两个学院的教师一起设计跨学科科研训练课程，且由多学院联合制定实施，保证学生能够多学科进行法律问题研究，形成跨学科的思维能力与知识体系。哈佛大学法学院以学院联合培养的形式整合了各个学院的实验室、学术交流、项目实践等资源，且由来自不同学科背景的教师进行协同指导。

在师资队伍建设上，哈佛大学法学院通过联合聘任或专项聘任组建了跨学科的教师队伍，每个项目的师资均横跨几个学科，从而为跨学科培养法律博士提供了师资保障。在导师方面，哈佛大学法学院和联合学院分别为学生安排 1 名课程指导教师和学术导师，2 名教师将协同为学生进行选课指导和学术指导，并且监督学生的学习过程。在专业教师方面，多数跨学科项目建立了教师委员会，专门负责跨学科项目实施与监督管理。

(三)联合组织管理成为法律人才培养的保障

学院联合组织管理是哈佛大学法学院开展跨学科学位项目必不可少的环节，学院之间合作共建的培养方案和联合组织管理对推动各个项目起着积极作用。同时,联合组织管理能够有效调动各学院各司其职,形成科学合理的协作机制。可以说,哈佛大学法学院协同式的组织管理能够将各学院、各部门的事务统筹安排,形成固定的模式,有利于跨学科项目顺利开展,从而保障跨学科法律人才培养质量。

哈佛大学联合组织管理主要体现在学位授予制度、联合授课制度及学生管理制度上。哈佛大学跨学科项目学位授予方式主要有如下几种方式:一是由两个学院一起授予学位,最终学生获得一个学位;二是由其中一个学院授予学位,学生也将获得一个学位;三是由两个学院联合授予学位,学生毕业获得两个学位,如 JD/MBA 项目。在联合授课制度上,主要是以合作学院一起制订学习计划,各学院教师联合授课为主。学生管理工作主要安排专人负责跨学科项目的各方面事务,一般每个学院有 1 名教师负责。以法学跨学科哲学博士学位项目为例,该项目创设于 2007 年,经过 15 年的发展,已经形成了多方面的协作机制,如学院联合授课机制、跨学院协作指导学位论文机制等。

五、对我国法治人才跨学科培养的反思与启示

(一)回应社会需求,找准跨学科法治人才定位

随着科学技术的日益发展,法律与科技的碰撞,带来了前所未有的复杂难题。法律与各个学科之间的界限变得越来越模糊,社会对法律职业能力要求也更加多元化。面对这些变化,法学的传统教育方式也应做出相应的调整。正如美国著名跨学科研究者克莱因(Klein J. T.)所指出,对交叉学科兴趣浓厚的原因在于,“交叉学科”一词会使人“联想到知识的突飞猛进、紧迫社会问题的解决方案、技术革新的前夜以及多学科的教育经历”[22]。为了应对经济全球化、法律国际化、文化多元化,跨学科法学教育是一种必然趋势。

---

[22] 参见[美]艾伦·雷普克:《如何进行跨学科研究》,傅存良译,北京大学出版社 2016 年版,第 221 页。

在跨学科教育理念的指导下，找准跨学科法治人才定位是首要环节。有学者指出，法学跨学科研究是指使用社会科学的研究方法来研究法律问题。[23] 但法学跨学科教育有不同之处，即注重培养目标、培养模式、招生方式、质量评价等。跨学科法治人才定位取决于未来法律职业的要求。如哈佛大学法学院 JD/MUP 项目的定位是培养既熟练掌握法律相关知识，又懂得城市规划实践的综合素质复合型人才。因此，我国法学院校应该及时回应对法律人才多元化职业能力的需求，加强学科交叉融合的意识。一定意义上说，培养卓越的跨学科研究能力，兼具多维度的法律职业能力就是跨学科法律人才培养的基本定位。

（二）重视跨学科思维，拓宽法治人才培养路径

卓越法治人才培养计划指出要培养应用型复合型创新型法治人才。跨学科思维是复合型法律人才需要具备的要素之一。2018 年发布的《关于坚持德法兼修实施卓越法治人才教育培养计划 2.0 的意见》中指出："鼓励高校组建跨专业、跨学科、跨学院教学团队，整合教学资源，积极探索新型教学模式……实现跨专业的师资交叉、资源共享、协同创新。"这为新时代跨学科培养法治人才提供了政策上的支持，同时也指明了方向。

目前，我国部分高校尝试了法律硕士跨学科培养模式。东南大学依托学校多学科协调发展的特殊优势，形成了工程法、交通法、医事法、大数据司法等四大交叉学科，使法学科研与司法实务紧密相连，有效服务社会经济发展。[24] 大连海洋大学结合学校蓝色人才培养的理念，也开展了法律硕士的跨学科培养工作，主要设置了海洋法、海洋安全与执法两个方向。各个学校法律硕士跨学科培养模式经过几年发展，虽然取得一定成效，但仍存在一些问题。例如，只强调生源专业多样化，但在培养过程中没有为学生提供跨专业学习经历；在跨学科课程知识传授上本科性

---

[23] 参见谢文俊：《学科交融：法学教育变革的必由之路》，载《广西政法管理干部学院学报》2021 年第 1 期。

[24] 参见孙劲松：《周强点赞东大法学跨学科科研》，载东南大学网，https://www.seu.edu.cn/2018/0314/c124a209522/page.htm。

质突出,考虑研究生教育特性较少;多学科导师协同性不高,造成学生学习无法深入等。

面对国内法学跨学科法治人才培养的困境,首先,要完善跨学科法学教育的课程体系。哈佛大学法学院的跨学科研究生项目课程不仅有两个专业的基础性课程,还有教师团队共同研发的交叉性课程,如 JD/MUP 项目的交叉性课程"城市规划中的法律问题"。其次,要深度协作地进行跨学科职业训练。哈佛大学法学院的每个跨学科项目都成立了教师委员会,负责学生的课程学习指导、实践指导及论文指导。最后,要改革师资制度,整合师资力量。跨学科法学教育的师资队伍应具有多元化的知识结构。跨学科的师资制度可为学生提供了多学科的交流平台。

(三)变革管理体制,增设跨学科法治人才组织机构

目前我国法治人才跨学科培养的桎梏主要体现在管理体制上,表现为学院之间、专业之间及学校之间的协作不够。哈佛大学法学院建立了以该学院为主导的管理协调机制,统筹管理跨学科学位项目,包括政策制定、财政支持、质量保障、学位授予等事务。如跨学科哲学博士学位项目中,哈佛大学法学院与文理研究生院联合培养,制定跨学科课程体系,组建跨学科师资队伍,颁发行政条例以消除制度束缚。当前跨学科复合型法治人才培养多是由法学院独立办学,只是安排其他学科导师与选修其他学院部分课程。因此,我国高校要增强交流合作,更深层次实现学科教学之间的有机融合。

为了使交叉培养的成效更加显著,还需要规避学科壁垒的组织架构。可以借鉴 JD/MBA,设立我国研究生阶段双学位教育模式,由教育部门和高校进行调研论证,以培养"法 + X"复合型人才为目标,开发当前法律硕士与"X"两个独立专业学位的联合培养项目,这样可以使学生更好地将法学知识与其他学科知识融会贯通,提升学生应对未来职业中复杂问题的解决能力。

Study on the Path and Characteristics of Interdisciplinary Programs of Juris Doctor in the United States

—Taking Harvard Law School as an Example

Shao Hongrun　Pei Zhaobin

Abstract: As the issues of law are more complicated than before, interdisciplinary legal education is not only to meet challenges, but also to follow the discipline of law development. After more than ten years of development, the series of interdisciplinary doctoral programs in Harvard Law School have formed a relatively mature cultivation mode. In the specific process, the interdisciplinary programs in Harvard Law School have showed distinctive characteristics: The concept of interdisciplinary education has become the leading factor in the legal talent cultivation; collaborative resource sharing has achieved the goal of legal talent cultivation; joint organization management coordinates the interests of different subjects. This has important revelation significance for the interdisciplinary cultivation of legal talent in China. At present, the academic world should respond to social needs and find the orientation of interdisciplinary legal talent cultivation, pay attention to interdisciplinary thinking and broaden the cultivation path of legal talent, reform the management system and add interdisciplinary legal talent cultivation organizations, which are realistic choices of LLM interdisciplinary education in China.

Key Words: Harvard University; Law School; interdisciplinary cultivation; Juris Doctor; cross-college

教育法治

我国教育法典总则的编纂逻辑及内容构造的理论研判*

孙　天**

摘　要:我国未来的教育法典应当采取法典编纂的形式,并采纳先完备教育单行法,再制定教育法典总则,最后出台教育法典的步骤。因此,教育法典总则之于法典编纂具有承上启下的作用,其对于维系教育法典的体系性与稳定性,推动法典施行亦意义重大。教育法典总则的编纂应当以法律关系而非法律权利作为逻辑主线。在编纂途径方面,教育法典总则应从《中华人民共和国教育法》以及各教育单行法中"提取公因式",从而确保总则的统领地位。在内容构造方面,借鉴《中华人民共和国民法典》的经验以及教育法律关系理论,教育法典总则应包括教育基本规定、教育主体、教育权利与权力、教育法律行为、教育类型以及教育法律责任六章。

关键词:教育法典　总则　法律关系　教育单行法　提取公因式

---

*　基金项目:2020 年度国家社科基金重大项目"中华法系与中华法律文化问题研究"(项目编号:20@ZH038)。

**　孙天,南京师范大学法学院博士研究生,中国法治现代化研究院研究人员。研究方向:教育法学。

《中华人民共和国民法典》(以下简称《民法典》)的颁行"为其他领域的立法的法典化提供了示范"①。2020年11月,习近平总书记在中央全面依法治国工作会议上就提出了在总结《民法典》编纂经验基础上,适时推动条件成熟的立法领域法典编纂工作的要求;②2021年4月,全国人大常委会进而将"研究启动环境法典、教育法典、行政基本法典等条件成熟的行政立法领域的法典编纂工作"列入本年度的立法工作计划;③同年,教育部政策法规司亦表示要"研究启动教育法典编纂工作"④。党和国家的上述计划表明,我国教育法典的编纂工作已经拉开了序幕。

教育法典的编纂对于推动我国教育法的体系化,提升教育立法的科学性,实现教育事业的现代化发展至关重要。必须明确的是,鉴于我国教育立法的"杂糅性",以及因局部教育领域发展状态未充分稳定而导致的部分教育单行法过于单薄的事实,一步到位地编纂出一部统一的教育法典过于理想化。实际上,《民法典》的编纂就采取了先完备民事单行法,再制定《中华人民共和国民法总则》(以下简称《民法总则》),最后出台统一的《民法典》的步骤。⑤ 借鉴上述编纂经验,我国教育法典亦可采用"三步走"的编纂策略,即首先完善相关教育单行法,实现教育法的体系化,确保主要教育领域及问题的有法可依,然后再出台教育法典总则,最后形成统一的教育法典。这种分步实施的方式充分照顾到我国教育单行法成熟程度不一的现实,内含切实的可操作性。可见,明晰教育法典总则的逻辑与内容意义重大——总则统领分则,只有确保教育法典

---

① 湛中乐:《论教育法典的地位与形态》,载《东方法学》2021年第6期。

② 参见习近平:《坚定不移走中国特色社会主义法治道路 为全面建设社会主义现代化国家提供有力法治保障》,载《求是》2021年第5期。

③ 参见《全国人大常委会2021年度立法工作计划》,载中国人大网,http://www.npc.gov.cn/npc/c30834/202104/1968af4c85c246069ef3e8ab36f58d0c.shtml,最后访问日期:2022年4月26日。

④ 《教育部政策法规司2021年工作要点》,载中华人民共和国教育部网,https://www.moe.gov.cn/s78/A02/tongzhi/202103/t20210324522325.html。

⑤ 参见杨登峰:《从〈民法典〉的编纂看行政法典的编纂——对"单行法先行"模式的一种考察与展望》,载《行政法学研究》2021年第3期。

具备体系性、简洁性与科学性,才能从根本上维系法典整体质量。因此,在未来教育法典的编纂进程中,根据教育法的普遍性要求,结合各教育单行法的具体内容,进而厘定教育法典总则的基本框架与内容条文,是理论界与实务界需要共同应对的时代命题。

一、我国教育法典总则的必要性及功能分析

我国教育法典显然应采用法典编纂的进路,这意味着立法者需要对既有教育法律体系展开统筹规划,删繁就简,查漏补缺,进而展开体系化的立法重述。编纂总则在这一进程中居于核心地位,其关系到法典的体系性与科学性,立法价值不言而喻。

(一)法典编纂进路的必然性研判

法典具备两种编纂进路,即法律汇编与法典编纂。二者名称类似,但内涵差异却较大。一方面,法律汇编意指立法文件的简单拼凑,即不改变特定领域既有立法的任何内容,单纯根据一定逻辑而将该部分立法简单地汇编成册。法律汇编本身没有立法技术可言,普通私人主体亦可展开这一活动。另一方面,法典编纂则是一项专属于立法机关的严肃的立法工作。它是指立法机关对特定领域的立法文件展开全面的修补,废除过时的立法条款,创设全新的立法条文,从而创制出一部体系全面、逻辑清晰、结构合理的新法典。因此,法典编纂不是简单地拼凑既有立法文件,而是对相关立法展开系统的、逻辑的、富有创新的"重述"。[⑥] 例如,《民法典》就不是对当前已经被废止的诸多民事单行法的简单汇编,而是立法机关对我国民事单行法展开大量删改(如废除了公证遗嘱优先的效力规则),并设置了诸多新规定(如"离婚冷静期")的基础上形成的全新民事法典。

当前,学术界近乎达成共识的是,我国教育法典显然应当采用法典

⑥ 参见刘兆兴:《比较法视野下的法典编纂与解法典化》,载《环球法律评论》2008 年第 1 期。

编纂而非法律汇编的路径。首先,法律汇编式的教育法典不具备任何实质进步意涵,无非是方便读者查阅特定的教育立法条文。其次,法典编纂有助于实现我国教育法的体系化。当前,我国教育立法存在分散化、碎片化特质,⑦如若采用法律汇编路径,则上述立法缺陷仍旧无法得到克服,教育立法之间的矛盾冲突依旧会长期存在。反之,如若采用法典编纂路径,则可以借助立法契机理顺教育单行法之间的逻辑关系,消除立法矛盾,填补立法空白,让立法发展得更为协调与科学。⑧ 最后,法典编纂还内含显著的政治文化意蕴。⑨ 习近平总书记指出,全面依法治国是一个系统工程,要整体谋划,更加注重系统性、整体性、协同性,⑩教育立法领域的法典编纂能够通过实现教育立法的体系化与逻辑化,进而促进国家在教育领域治理能力的有效提升,这是全面依法治国的有机组成部分。

(二)教育法典的"三步走"编纂策略

法典编纂需要立法机关对全部教育立法文件展开统筹擘画,显然无法毕其功于一役。正如上文所述,教育法典借鉴《民法典》的编纂经验,采用分步骤的编纂策略正是最具可操作性的现实选择。由此,我国教育法典应采用如下步骤展开系统编纂:

第一,实现教育法的类法典化。所谓类法典化,是指实现特定领域单行法规的充实完备,确保该领域的基本法制化。⑪ 当前,诸如考试、学校、终身学习等领域都尚未出台正式的立法,导致了实践中这些领域的相关矛盾纠纷的频发化与持续化。编纂教育法典的首要步骤就是实现主要教育领域的有法可依。当然,针对已经出台的教育单行法,立法机关仍应结合时代发展而对其展开更新或删减,从而为将来教育法典分则

---

⑦ 参见刘旭东:《教育法法典化:规范意涵、时代诉求及编纂路径》,载《湖南师范大学教育科学学报》2021 年第 6 期。

⑧ 参见朱明哲:《法典化模式选择的法理辨析》,载《法制与社会发展》2021 年第 1 期。

⑨ 参见杨伟东:《基本行政法典的确立、定位与架构》,载《法学研究》2021 年第 6 期。

⑩ 参见习近平:《以科学理论指导全面依法治国各项工作》,载习近平:《论坚持全面依法治国》,中央文献出版社 2020 年版。

⑪ 参见杨立新:《我国民法典对类法典化立法的规则创新》,载《中外法学》2020 年第 4 期。

的制定奠定基础。

第二,出台《教育法典总则》。《民法典》总则编的前身即为专门的《民法总则》(《民法总则》的前身为《中华人民共和国民法通则》)。借鉴该经验,未来全国人大可以《中华人民共和国教育法》(以下简称《教育法》)以及各教育单行法的共通性内容为基础,运用统一的概念和逻辑对上述内容展开整合,率先出台教育法典总则,从而为分则各编提供宏观的基础指引。

第三,形成《教育法典》。在上述基础上,立法机关可对各教育单行法以及教育法总则展开统筹整饬。例如,在教育法典分则中加入考试、学校、高中教育、终身学习等章节内容,这类内容在当下恰恰缺乏专门的教育单行法予以规制,处于立法空白状态;又如,在教育法典总则中明确公办高校教师的法律地位,这亦是当前立法空白的内容。

(三)教育法典总则的价值意涵

首先,总则有助于提升教育法典的体系性。⑫ 体系性是法典的生命与灵魂,⑬是立法科学性的重要保障。⑭ 总则集中并统一体现了整部法典的立法目的、基本原则以及价值取向,“对分则诸编甚至整个教育法典有着统辖遵从的效力”⑮,维系了法典的价值统一与逻辑一致。因此,编纂教育法典总则,施行总分结构,有助于提升教育法典的形式合理性,达到“系统化精神与抽象的倾向”⑯,这是任何一部实质性法典都必须拥有的立法品格。

其次,总则可以维系教育法典的稳定性。同分则相比,总则的立法规范更为宏观、原则与概括,抽象性特质更强。这种特质决定了总则在面对新兴问题时能够“以不变应万变”,得以通过其开放性的立法品质

---

⑫ 参见王万华:《我国行政法法典编纂的程序主义进路选择》,载《中国法学》2021 年第 4 期。

⑬ 参见王利明:《体系创新:中国民法典的特色与贡献》,载《比较法研究》2020 年第 4 期。

⑭ 参见马荣春:《刑法典分则体系性的类型化强化》,载《法治研究》2020 年第 4 期。

⑮ 任海涛:《教育法典总则编的体系构造》,载《东方法学》2021 年第 6 期。

⑯ [法]勒内·达维德:《当代主要法律体系》,漆竹生译,上海译文出版社 1984 年版,第 84 页。

将新兴问题纳入其规制范畴,避免立法的频繁修改,有助于维系法典的稳定性。实际上,欧洲国家的诸多民法典在其公布后都遇到了发生新兴问题无法解决,因而立法机关重新出台新的民事单行法,并由此冲击了原民法典地位的现象,是为"解法典化"(decodification)。为了结束这一现象,立法机关又不断地将民事单行法并入民法典,是为"再法典化"(recodification)。但是,再法典化后依旧会遇到民法典无法解决新兴问题的情况,于是,新的解法典化再次发生。总则的设定就可以尽可能地减少教育法典在二者之间展开循环往复的频率或可能。毕竟,频繁地修改立法必然会冲击法典的权威性。

最后,总则亦有助于教育法典的推动与适用。总则将共通性的立法规范集于一身,避免了法典的重复立法,确保了法典整体上的简明性,并通过统一的概念以及规范逻辑,帮助法律职业者从纷繁复杂的教育单行法中解脱出来,继而准确地理解、掌握并运用相关立法规范,大量减少了找法过程中的搜寻、比较、权衡、记录成本。[17] 这无疑将会有效推动教育法典的普及性与可适用性。

二、教育法典总则编纂的逻辑主线

统一的逻辑是法典的内在要求。教育法典的编纂必须有一个统一的逻辑贯穿始终,进而方能确保总则的有关规范得以围绕这一逻辑有序排开,维系法典的体系性与科学性。针对教育法典总则编纂的逻辑主线,学理上出现了两种观点:其一,主张以法律关系为主线编纂教育法典总则。历史上,上述潘德克顿体系就是采用这一方法,即通过法律关系这一主线将民法的共通性内容汇聚到民法典总则,这一方式对欧洲各国民法典的编纂都产生了重要影响。其二,主张以法律权利为主线编纂教育法典总则。该种主张源于自然法学派,认为法学体系的建构基石就是

⑰ 参见苏永钦:《体系为纲,总分相宜——从民法典理论看大陆新制定的〈民法总则〉》,载《中国法律评论》2017年第3期。

法律权利。此前,在《民法典》的编纂进程中即有学者主张,《民法典》的总则应当按照权利主体、权利客体、权利变动等逻辑划分具体的章节。[18]

笔者认为,以法律关系为主线编纂教育法典总则更为稳妥,不仅可以充分照顾到受教育权这一核心命题,而且可以周全地顾及权利的相关概念,确保教育法典总则的完整性与严密性。

一方面,在规范法学的研究视域下,法律关系是比法律权利更为基础性的法律概念范畴。在法律关系的学术范式下,法律关系容纳了主体、内容、客体等多项要素,而权利则属于法律关系的内容要素,因此,法律关系的概念内涵显然要比法律权利更为丰富,是权利的上位概念。[19]以法律关系为逻辑主线,可以充分地将涉及教育主体、教育内容以及教育客体的因素纳入法典总则,确保法典总则之于分则的统领地位,同时能够充分维护公民的受教育权。

另一方面,就法律体系的属性而言,教育法属于"领域法",其横跨了公、私法律规范,因而私权利与公权力都是教育法的重要规制对象,单一的权利主线难以驾驭较为复杂的教育法律关系。具体来说,与作为单纯私法的民法典不同,教育法的法律规范较为复杂,教育法律关系既涉及平等主体之间的私法关系,也涉及不平等主体之间的公法关系。如若说民法是"作为权利的体系而被构建起来的"[20],那么,教育法就是作为权利与权力的体系而被构造的。例如,现行《中华人民共和国教师法》(以下简称《教师法》)第7条具体列举了教师所享有的各项权利;2021年11月,教育部发布的《中华人民共和国教师法(修订草案)(征求意见稿)》[以下简称《教师法(修订草案)》]则率先明确了公办中小学教师"国家特殊公职人员"的法律地位,其第13条规定:"公办中小学教师是国家公职人员,依据规范公职人员的相关法律规定,享有相应权利,履行相应义务。各级人民政府及其有关部门应当依法加强对公办中小学教

---

⑱ 参见李建华:《权利本位下的民法典形式结构》,载《政治与法律》2019年第8期。

⑲ 参见庞正:《法律关系基础理论问题论辩》,载《法治研究》2010年第6期。

⑳ [日]大村敦志:《民法总论》,江溯、张立艳译,北京大学出版社2004年版,第34页。

师的保障和管理。”所以,教师在享有权利的同时,也具备特定的惩戒权力。这意味着教育法典总则必须在公、私法律规范之间作出平衡。此时,唯有法律关系能够对二者展开统摄。因为按照霍菲尔德的法律关系理论,在内容方面,法律关系除了包含权利、义务内容之外,还会包含权力、责任关系。片面地以权利作为教育法典总则编纂的落脚点无法公私兼顾,难免失之偏颇。

根据上述法律关系的三要素,第一,在主体方面,教育法律关系的主体相对固定,在我国包含教育行政机关、各级学校及其他教育机构、教师、受教育者、家长等。第二,在内容方面,教育法律关系的内容既包括私法维度的教育权利与义务,也包括公法维度的教育权力与责任。例如,过去立法中未曾界定的教师教育惩戒的权力与职责,未来必然是教育法典的新内容。第三,在客体方面,法律关系的客体通常包括物、行为、智力成果等,就教育领域而言,该部分内容主要规制教育法律行为。当然,明确以法律关系为主线的编纂逻辑仅是编纂教育法典总则的基础性工作,教育法典总则的具体内容还需要借助于对既有教育单行法的发展态势及潜在不足展开归纳总结,对未来亟须实现立法化的教育领域展开研判,并在考虑维系法典稳定性的基础上予以综合确定。

三、教育法典总则“提取公因式”的具体路径

在我国教育立法体系中,《教育法》处于核心地位,[21]相当于事实上的“总则”,其他单行法属于“分则”。由此,在教育法类法典化工作完成后,教育法典总则应从《教育法》中提取教育立法的立法目的、基本原则等内容;同时,还要从各单行法中提取具体教育事务的共通性概念、原理。

---

[21] 参见龚向和、李安琪:《教育法法典化的国际实践与启示》,载《湖南师范大学教育科学学报》2022年第2期。

(一)提取《教育法》中的教育“公因式”

其一,《教育法》的总则。教育法典总则可以整体提取《教育法》的“总则”一章。不过,当前《教育法》的总则仍存在表述过于笼统等问题,导致其有关教育法的立法目的、基本原则等内容还需要展开后续修改。例如,每一部法典都应当具备富有本法律部门特色的基本原则。《民法典》就规定了平等原则、自愿原则、公平原则、诚信原则、公序良俗原则以及绿色原则等基本原则,这些原则显然极富民法特色,是平等民事主体之间开展民事行为必须遵循的基础要求。但《教育法》目前并没有设置富有教育特色的基本原则,其第 3 条仅规定要“遵循宪法确定的基本原则”。然而,任何部门法都需要遵循宪法确定的基本原则,这是不言而喻的,但教育类的特色原则却在《教育法》中无从追寻。

其二,《教育法》的主体要素。《教育法》第三章至第五章规范了主要的教育法律主体,包括学校及其他教育机构、教师和其他教育工作者、受教育者。不过,伴随教育事业的发展,新的教育主体将会不断产生,至少在《中华人民共和国家庭教育促进法》(以下简称《家庭教育促进法》)颁布后,《教育法》的上述主体规定已然无法全部涵盖实践中的所有教育法律主体。

其三,《教育法》中的内容要素。上文已述,“权利—义务”与“权力—责任”构成了法律关系内容要素的完整风貌。《教育法》第 9 条第 1 款即规定了公民享有接受教育的权利与义务,第 29 ~ 30 条规定了学校及其他教育机构的权利与义务,第 43 ~ 44 条则规定了受教育者的权利和义务。它们都可以直接作为教育法典总则的内容要素。同时,《教育法》第九章还规定了教育法律责任,它们亦是未来教育法典的重要组成部分。当然,《教育法》所规定的权力内容较少,教育法典总则对此应进行补充。

其四,《教育法》中的客体要素。教育法律行为是教育法律关系客体要素的核心内容,《教育法》第七章就规定了教育投入与条件保障的内容,实际上这就是政府的教育行政投资行为。当然,教育法律行为种类较多,这都有赖于教育法典总则的后续填补。

(二)提取教育单行法中的“公因式”

由上可知,《教育法》本身无法单独承担充实教育法典总则的重任。

待未来教育法类法典化工作完成后,完备的教育单行法同样会为教育法典总则贡献详实的“公因式”,教育法典总则需要对各教育单行法中的贯通性内容展开归纳总结,进而确保其统摄分则的功能地位。由此产生的重要问题就是,教育法类法典化的工作究竟是实现主要且重要的教育领域的类法典化,还是实现全部教育领域的类法典化,不同的方式显然会直接影响教育法典总则的内容框架。

笔者主张,鉴于我国教育立法现状以及教育事业的发展态势,让教育法典仅容纳本领域重要法律关系的进路更具有现实性。原因在于,2010 年公布的《国家中长期教育改革和发展规划纲要(2010—2020年)》提出了“六修五立”的立法计划:修订《教育法》、《中华人民共和国职业教育法》、《中华人民共和国高等教育法》(以下简称《高等教育法》)、《学位条例》、《教师法》、《中华人民共和国民办教育促进法》(以下简称《民办教育促进法》),制定有关考试、学校、终身学习、学前教育、家庭教育五方面的法律。目前,在“六修”方面,《教育法》《高等教育法》《民办教育促进法》已完成修改,《中华人民共和国职业教育法(修订草案)》《中华人民共和国学位法草案(征求意见稿)》《教师法(修订草案)》)已出台;在“五立”方面,《家庭教育促进法》已出台,《学前教育法草案(送审稿)》已报国务院审议,考试、学校、终身学习三大领域尚未立法。由此可知,即便在最为重要、核心的教育领域,我国目前都尚未实现切实的类法典化,部分重要教育领域仍存在显著的立法空白。因此,如若编纂能够容纳全部教育法律关系的教育法典,则面临的困难必然更大。况且,目前部分非核心的教育领域仍处于新兴发展态势,未来的前景走向尚不明朗,此时教育法典也不宜过早对之展开规定,否则后期必然面临因情势变更而引发的频繁修法问题。

按照上述要求,我国教育法类法典化的范围主要包括学前教育、义务教育、高中教育、高等教育、家庭教育、民办教育、职业教育、终身教育等不同的教育阶段,学位、教师、考试、学校等不同的教育主体或现象。也就是说,教育法典总则将来主要是从规范上述领域的单行法中“提取公因式”。上述领域既涵盖我国主要或重要的教育阶段,也包含上述教育阶段不可或缺的内容，如此能极大地确保教育法典总则的针对性与实用性。

四、我国教育法典总则的内容构造设想

借鉴《民法典》总则编的体例构造，并结合教育法律关系理论，教育法典总则应包括教育基本规定、教育主体、教育权利与权力、教育法律行为、教育类型以及教育法律责任。综合来看，教育法典总则的上述内容将呈现"守成式创新"的立法品质：一方面，上述内容拥有扎实的教育单行法基础，这确保了教育法典总则的编纂不是"另起炉灶"，而是在既有立法基础上的"百尺竿头，更进一步"；另一方面，未来《教育法典》总则编中将必然专章规定的学校、高中教育、终身学习等内容，在当前教育立法体系中则缺乏单行法的专门规定，同时，既有教育单行法与上述内容关联密切，这亦确保了这部分新增内容具备丰富的前期立法经验的积累。至于网络教育、超常儿童培养体系等内容则由于发展态势不明朗、可塑性较大，因而暂不纳入教育法典总则。总之，教育法典上述内容既因充分考虑了既有立法而具备了扎实的可操作性，也因适当地对部分重要领域的立法空白展开填补而具备了前瞻性，同时还避免了对部分新兴领域事务的一概纳入而可能呈现的冒进性。

（一）教育基本规定

《民法典》总则编第一章即为"基本规定"，规定了《民法典》的立法目的、基本原则、法律效力等内容。借鉴这一体例构造，教育法典总则的首章"教育基本规定"应包含如下内容：

第一，立法目的。立法目的形塑了法典的价值指向与使命追求，是法典的精神核心。结合《教育法》第1条的规定，教育法典总则第1条立法目的条款可表述为："为保障教育主体的权利，规范教育行为，发展教育事业，提高全民族的文化素质，促进中国特色社会主义现代化发展，根据宪法，制定本法。"

第二,基本原则。原则是规则必须遵守的理念、标准,在法典总则中规定原则是法典立法的普遍性现象。上文已述,《教育法》中目前尚未有专门的教育基本原则,教育法典总则可以《教育法》第3~12条的内容为基础,创设立德树人、教育平等、尊师重教、服务社会、文化传承等原则。

第三,法律效力。法律效力意指法律的拘束力,包括时间效力、空间效力以及对人效力。借鉴《民法典》,教育法典总则的法律效力条款可表述为:"中华人民共和国领域内的教育活动,适用本法。法律另有规定的,依照其规定。"

(二)教育主体

作为教育法律关系的组成部分,教育主体规定了教育法律关系中享受权利、履行义务,以及掌握权力、承担责任的主体。教育法典总则应从如下五方面规范教育主体:

首先,明确学生的法律地位。在立法上,学生属于受教育者的地位是非常明确的,"而该地位于实践中能够达到何种程度的效果展现,则主要取决于'受教育权'能够得到何种程度的实现与保护"㉒。易言之,教育法典总则及分则应为学生构建细致的权利、义务规定,确保学生得以真正享受到公平、优质的教育环境。

其次,明确教师的法律地位。目前,我国公办中小学教师"国家特殊公职人员"的法律地位已经明朗,上文所述的《教师法(修订草案)》第13条就对此作出了规定。但是,公办高校教师的法律地位至今未有定论,学理上还产生了公务员说、劳动者说、特殊劳动者说、专业人员说等不同的学术主张,教育法典总则对此须予以明确。同时,《民办教育促进法》第28条规定:"民办学校的教师、受教育者与公办学校的教师、受教育者具有同等的法律地位。"但在公办中小学教师被界定为"国家特殊公职人员"的当下,让民办中小学教师也拥有这一地位显然不切实际,这亦需要教育法典总则作出明确规定。

㉒ 任海涛:《论学生的法律地位》,载《东方法学》2020年第1期。

再次，规定未成年人父母或其他监护人的法律地位。《家庭教育促进法》第2条规定："本法所称家庭教育，是指父母或者其他监护人为促进未成年人全面健康成长，对其实施的道德品质、身体素质、生活技能、文化修养、行为习惯等方面的培育、引导和影响。"据此，未成年人的父母或其他监护人对其健康成长负有不可推卸的责任，有义务对其展开道德品质、身体素质、生活技能、文化修养、行为习惯等方面的培育。

复次，规定学校（包括其他教育机构）的法律地位。目前，我国仍未有专门的单行法就学校的地位及其运行展开系统规定，出台学校法必然是后续教育法类法典化的核心工作。我国学校主要分为民办学校、公办中小学以及公办高校。其中，民办学校属于私主体即民事主体，法律地位较为明确；公办中小学与公办高校属于事业单位，法律地位亦较为明确。但是，高校同时还具备"法律、法规授权组织"的法律地位，这一地位已经获得法学界的普遍认可，最高人民法院的指导性案例（第38号、第39号）亦持相同观点，只是该观点尚未获得立法认可，教育法典总则应有所回应。

最后，明确教育行政部门的法律地位。不过，教育行政部门的法律地位并不存在争议，教育法典总则对此无须创新。

（三）教育权利与权力

一方面，权利是法律关系内容要素的核心之一，"现代法律体系体现出鲜明的权利本位特征"[23]。教育领域的权利集中体现为公民的受教育权，即受教育者在教育事务上所能够享受的利益，故此，"确认和保障受教育权是现代教育法的目的和中心内容"[24]。教育法典总则可以从就学机会、竞争机会、教育条件、师资力量、权利救济等方面，具体确保受教育者可以公平地享受教育权利，并在利益受损时拥有制度化的纠纷解决渠道。

另一方面，法律关系内容要素的另一核心概念是权力，这主要包含

---

[23] 祁占勇、王书琴：《家庭教育立法：逻辑起点、基本宗旨与核心内容》，载《教育学报》2021年第6期。

[24] 申素平：《教育立法与受教育权的体系化保障》，载《教育研究》2021年第8期。

国家教育权、学校教育权、家庭教育权以及社会教育权。

其一,国家教育权是国家依法对教育事业展开管理,推动教育事业规范发展的国家权力。[25] 国家教育权的重要使命就在于推动教育的公平正义,公平正义是法律的最高价值,教育领域亦不例外。由此,教育法典总则应通过制度化设计,确保各级教育行政部门得以在中央的统筹下,实现不同地区、不同学校、不同学生间教育资源的公平分配,甚至可以合理地让教育资源往经济落后地区倾斜,以矫正实践中教育资源分配不公的现象。

其二,学校教育权。国家显然难以对具体的教育事务展开事必躬亲的处理,专业的教育事务需要交给专业的学校予以承担,这就衍生出了学校的教育权。学校的教育权主要包括:自主制定本校章程制度的权力;招生的权力;对学生实施学籍及其他必要管理的权力;颁发毕业、结业或者肄业证书的权力;等等。当然,学校的教育权主要依赖教师予以行使,故此,教师对学生的管理权也属于学校的教育权。

其三,家庭教育权。家庭教育权是未成年人父母或其他监护人对其展开家庭内部教育并参与学校教育的权利,《家庭教育促进法》的出台提升了人们对于家庭教育的重视,对家庭教育权的规定显然是教育法典总则的亮点之一。一方面,家庭教育权强调父母或监护人在家庭内部须展开的生命教育、责任教育、情感教育等教育内容,其目的在于令未成年人在未接受学校教育之前,就能够在健全人格、培养情感等方面获得率先教育。另一方面,教育法典总则亦应保障家长及监护人参与学校教育的权利,即在不影响学校正常管理的基础上,确保家长及监护人的知情权、监督权等权利得到切实保障。

其四,社会教育权。社会教育权是包括社会组织在内的各类社会主体享有的从事教育活动的权利。应当说,教育越发达的国家,其社会主体参与教育的热情度与广度就越深,即教育市场化的程度越高。目前,我国社会主体参与教育事业的普遍性仍有待提升,除了社会力量较为薄

---

[25] 参见刘大洪、苏丽芳:《人权视野下的国家教育权理论探析》,载《武汉大学学报(哲学社会科学版)》2012 年第 3 期。

弱之外,立法规范的欠缺亦是重要原因。对此,教育法典总则需要为各类社会教育资源(如博物馆、图书馆)构建联系纽带,实现社会教育力量的规模化发展;同时,为教育主体参与教育活动提供各类优惠或其他便利措施,提升社会主体参与教育事业的积极性。

(四)教育法律行为

第一,学校的教育管理行为。学校的教育管理行为主要包括学籍管理、学位授予以及必要的校内秩序管理行为,教育法典总则应当从宏观上为上述三类行为设置合法性或合理性标准,避免学校不当地侵犯学生权益。特别是当前中小学教育惩戒行为已经获得立法规范,但高校教育惩戒的规范问题仍处于立法空白,教育法典总则须展开宏观填补。

第二,各级政府的教育管理行为。各级政府的教育管理行为主要包括贯彻教育立法、政策,制订本地区教育发展计划,管理本地区教育干部与经费,规范各级学校的教育行为,等等。由于行政权天然具备"扩张性"特质,教育法典总则需要为政府的管理行为设定必要的原则,如合法性原则、合理性原则、权责统一原则,从而为后续的责任规定奠定基础。

第三,国家的教育管理监督行为。国家的教育管理监督行为主要分为两个面向。一方面,教育法典总则应对国家针对各级教育行政部门的监管行为进行职责划定,尤其是可以借助权力清单制度来实现这一目标。毕竟"作为政府权力清单制度建设的重要组成部分,教育行政权力清单制度对于限制和规范教育行政部门权力、监督教育行政部门合法合理用权、保障教育行政相对人合法权益同样具有重要价值"㉖。另一方面,当前我国教育经费在国民经济中的分配占比较低,影响了教育事业的长足发展,教育法典总则应率先对教育经费在国民经济中的占比及后续使用等问题展开规定,弥补这一不足。

(五)教育类型

上文指出,当前应当编入教育法典的教育类型主要包括学前教育、义务教育、高中教育、高等教育、家庭教育、民办教育、职业教育、终身教

㉖ 李从浩:《省级教育行政部门权力清单的规范化改进》,载《高等教育研究》2020年第6期。

育等不同的教育阶段,教育法典总则应归纳总结这类教育类型中的贯通性内容。基于当前《教育法》存在的立法空白,并结合当下的教育实践,教育法典总则应格外重视对学前教育以及高等教育的规定。一方面,《学前教育法草案(送审稿)》仍有部分内容值得进一步完善,如"《草案》将0~3岁婴幼儿排除在立法调整范围之外,不仅与日本等发达国家学前教育经验背道而驰,更与我国北京、上海等诸多省市当下开展的将0~3岁婴幼儿纳入学前教育服务体系之探索不相契合"[27],教育法典总则应完善该类不足。另一方面,随着当前职业大学的兴起,职业本科这一新型的高等教育层次出现。对于职业本科究竟应当如何定位,以及其学历价值为何,如若教育法典总则不展开合理规定,则职业本科难逃被歧视的命运。

(六)教育法律责任

有权力必有责任是现代法治的必然追求。[28]"就实践维度而言,教育法律责任是教育立法的必要单元,是教育执法、教育司法的规范依据,它能保障法律义务的切实履行,有效维护法律的权威和尊严。"[29]责任条款的存在对权力主体形成了有效的制约,避免了教育权力的"任性",切实地维护了受教育者的利益。

首先,在责任主体方面,教育法律责任主要包括教育行政部门及其工作人员的责任、学校及其他教学机构的责任、家长或监护人的责任,以及相关社会组织和个人的责任。其次,在责任客体方面,教育法律责任客体主要是以受教育权为核心的教育类权利(权力),如惩戒权、申诉权等。再次,在责任形式方面,教育法律责任属于复合型责任形式,包括民事、行政与刑事责任。教育民事责任是指有关教育主体对相关人员造成人身或财产损失时需要承担的责任,如学校对未成年人学生在校受到的侵害所承担的赔偿责任;教育行政责任是指教育行政主体及教育行政相

---

[27] 湛中乐:《〈学前教育法(草案)〉的立法特点与完善建议》,载《湖南师范大学教育科学学报》2020年第6期。

[28] 参见张坤世:《论行政法律责任的理论基础》,载《行政论坛》2006年第5期。

[29] 程雁雷:《论教育法律责任的基本范畴》,载《东方法学》2021年第1期。

对人违反行政法规定时应当承担的责任,如教育行政机关决策错误,学校违法向学生收费等;教育刑事责任是指相关主体侵犯了刑法保护的法益而应承担的责任,如教育行政部门存在侵占教育经费的,相关责任人员将有可能构成贪污罪并被追究刑事责任。最后,在责任监督方面,教育法律责任监督可以包括国家机关及各政党、社会团体和人民群众的监督,即国家权力机关的监督、司法监督、行政监督和社会监督,从而形成多维、严密的监督机制。

On the Theoretical Judgement of the Compiling Logic and Content Structure of the General Provisions of China's Education Code

Sun Tian

Abstract: China's education code in the future should take the form of codification and follow the step of first completing the separate education law, then formulating the general provisions of the education code, and finally issuing a unified code. Therefore, the education code always plays a connecting role for the codification, and it is of great significance to maintain the system and stability of the code and promote the implementation of the code. The compilation of the general provisions of the education code should take the legal relationship as the logical main line rather than the rights. In the context of codification approach, the general provisions of the education code should "extract common factor" from the education law of the People's Republic of China and other separate education laws to ensure the leading position of the general provisions. In the context of content construction, the general provisions should include the basic provisions of education, educational subjects, educational rights and powers, educational legal acts, types of education and educational legal responsibilities based on the experience of the Civil Code of the People's Republic of China and the theory of educational legal relationship.

Key Words: education code; general provisions; legal relations; separate education law; extract common factor

法务反哺

回应社会需求的法官知识配置[*]

钱大军[**]　岳　陆[***]

摘　要：为了缓解司法判决与社会需求之间的疏离感，在恪守司法的规律与内在逻辑的前提下，司法判决也不能全然不顾其社会效果。目前从司法审判改革入手也许能够有所改变。法官作为司法审判人员，其知识结构，尤其是社会知识就需要重新配置以使司法判决能够在坚持法律逻辑的基础上得到社会的认可。在法学教育、法官职业教育培训的知识配置上要逐步将社会知识纳入其中。

关键词：法学教育　知识配置　司法审判

新近中国的司法改革峰回路转，司法机关和法学研究人员依据民众的反映与需求开始反思与检讨专业化的司法审判模式。为了缓解民众渴求实质正义的心理需求与单纯追求形式指向的法律审判之间的紧张关系，最高人民法院倡导与坚持司法审判应同时追求社会效果与法律效果。"坚持办案的法律

---

* 基金项目：教育部高校人文社会科学重点研究基地重大项目"以中国实践为基础的法律体系理论研究"（17JJD820003）；吉林大学劳动关系专项研究课题（2016LD012）。

** 钱大军，教授，博士生导师，法学博士。研究方向：法理学。

*** 岳陆，博士研究生。研究方向：法理学。

效果与社会效果的统一,是中国特色的审判工作的基本要求,是人民法院讲政治的集中体现,是衡量办案质量好坏的重要标准。""一个良好的裁判既应有良好的法律效果,同时也应有完美的社会效果。"①在这种紧张关系成为一种矛盾现象并影响司法改革的进程与社会秩序时,学界也开始研究单纯追求法律效果的司法审判与社会民众难以接受之间的疏离现象,并提出应该关注司法审判的社会接受程度以及司法审判中非法律知识的社会常识与知识的地位问题。②

的确,即使司法审判应该恪守司法的规律与内在逻辑,按照法律规范涵摄法律事实进行法律推理、法律论证进而作出判决,司法判决也不能全然不顾其社会效果。毕竟无论司法如何恪守逻辑,也必须以获得社会的接受与认可为根本进而获得正当性。目前从司法审判入手以期能够有所改变。那么,法官作为司法审判人员,其知识结构,尤其是社会知识就需要重新配置以使司法判决能够在坚持法律逻辑的基础上得到社会的认可。具体而言,社会知识应该包括体现在法律中的社会知识、社会学知识、国情、司法政策以及作为地方性知识的习惯以及习惯法。也就是说,在法学教育、法官职业教育培训的知识配置上要逐步将社会知识纳入其中,深入法官的内心成为其判决的准则。

一、恰当理解法律

鉴于法律立基于社会这一法理,为了使司法判决能够得到社会的承认,法学教育、法官职业教育培训应该注重配置关于"法律与社会"的知识,即包括法律与社会之间的关系理论以及在具体法律规则中蕴含的或者法律规则存在所依赖的社会因素特质。通过法律知识的教授与配置,

① 李国光:《坚持办案的法律效果与社会效果相统一》,载《党建研究》1999 年第 12 期。

② 参见方乐:《司法知识及其形态变迁的社会逻辑——从"难办案件"处理切入》,载《法律科学》2011 年第 2 期。

可以确立法律人对法律与社会关系、法律知识的恰当理解，在法律思维方式中，能够掺入道德与经济因素，缓和法律思维方式的强硬，进而使法官在具体的司法审判中，能够在坚持法律至上的基础上考虑判决对社会的影响。

在法学教育中，通过法律与社会理论的讲授与分析使法律人对法律与社会的一般关系能够正确理解和内化。法律是社会生活的反映，或者说法律是社会生活的一面镜子已经成为人们认可的法理，并成为判断或者评判相对于社会而言的法律无效的主要理由。换言之，社会是法律的生命力之源、存在基础和理由。质言之，“法律既不完全是‘镜子’，也不完全是‘剪刀’。法律是一个以各种形式深深嵌在社会之中的‘镜子’与‘剪刀’的混合体——法律受到人们的欢迎、赞成、认可，或者遭遇着社会以各种各样的方式漠视、歪曲、抵制、反抗、规避着，或者沉睡于社会之中……这就是法律深嵌于社会的方式”③。它要求法律必须以社会为基础而不能立基于一己或一团体之意志和恣意，尤其是在现代民主社会中。法律的实现从根本上说必须依赖于民众的认可与接受而不能仅靠强制性的暴力。

接下来要使法官能够恰当理解体现在法律中的社会知识。“一切法律本来是从风俗与舆论而不是从法理学形成的；也就是说，从不知不觉的活动力量而不是从立法者武断意志形成的。”④“法律制度是经验性很强的知识，它的产生和存在并不是一个人、几个人在书桌上设计出来的，它是在社会实践中形成并在社会实践中发展、变化的。”⑤因此，凡是具有理性判断能力的立法者以及构成立法者的人民代表或者立法议员都会恪守这条法理，避免形成“法律愈多，社会秩序愈加混乱”的景象，而将社会中的风俗习惯、习惯法等社会知识与规则通过立法程序而纳入法律之中。“法律虽然是通过国家特定的立法程序制定的，但它并不能被

---

③ 王启梁：《迈向深嵌在社会与文化中的法律》，中国法制出版社年2010年版，第25页。

④ ［德］萨维尼：《论当代的立法和法理学的使命》，许章润译，中国法制出版社2001年版，第11页。

⑤ 陈卫东：《司法改革十年检讨》，载《人民检察》2002年第3期。

随心所欲地制定,而必须根植于现实社会,反映普遍的观念意识,承载浓厚的人伦道德,符合社会生活的规律。”⑥不但如此,在法律的发展过程中,也要不断从社会中汲取生命力,获取社会的认可。“法律并非存在于社会中的孤立规范,法律与社会生活息息相关,需要不断从社会中汲取新的生命和活力。”⑦具体方式表现为立法机关不断根据社会需要和民意制定、修改和废止法律,最高人民法院根据审判中的实际情况和民众反映对法律进行解释,发布司法政策等。

虽然说,法律文本只是冰山一角,其精神与内涵更多地依赖于社会这个基础,但是也可以通过法律这个能够反映社会需求的角度来理解和感悟社会。具体而言,在法律中的社会知识主要体现在哈耶克所言的“内部规则”上。“所谓内部规则,乃是指社会在长期的文化进化过程中自发形成的规则,亦即哈耶克所谓的严格意义上的法律……”⑧按照哈耶克的思路,对于“内部规则”的“制定”,必须尊重社会中的既有规范,将这些规则经过加工予以法律化“显示出来”,因此对于“内部规则”的“制定”,理性的作用有限,应谨慎地应用人类理性。因此,如果理解了反映社会生活的内部规则,也就在一定程度上理解了社会,理解了人情世故,理解了社会的需求。这也就是在法律解释中,针对“内部规则”这类法律规范的解释,不仅要立基于法律的文字表达,而且要考虑作为其存在基础和形象本源的社会规范的真实意涵。

因此,法律人(法官)为了正确地运用法律,缓和法律与社会之间的张力,解决司法审判与社会秩序需求之间的抵牾,首先就必须认真、恰当地理解法律、理解法律所依据的社会基础,这是司法审判的基本前提。这种知识的配置是法学教育、法官职业教育培训的核心内容。虽然目前这种割裂式的具体法律知识也反映了社会的结构与行为规范、习惯等社会知识,但是更要加强对法律的一种整体性观察和理解。也就是说,在

---

⑥ 王晨光:《法官的职业化、精英化及其局限》,载《法学》2002年第6期。

⑦ 邓正来:《现代:法律与立法》,载《现代性与中国》,广东教育出版社2000年版,第21页。

⑧ 邓正来:《现代:法律与立法》,载《现代性与中国》,广东教育出版社2000年版,第21页。

目前法学教育课程和法官培训课程配置的基础上,着重加强法律社会学等理论性课程。

二、掌握社会(学)知识和国情

在现代社会,法律人仅仅通过法律来理解社会是无法充分理解社会的,毕竟社会只有一部分的映像经过民主立法程序的过滤而成为人们行为准则的法律。[9] 为了正确地理解法律的意涵,把握法律思维规律,恰当地运用法律解决社会纠纷,必须能够正确理解和把握法律存在所依赖的社会知识、社会学知识甚至国情。

正如西方现代法哲学家卢曼所分析:随着社会功能的不断分化,特别是在法律功能系统分化的同时,社会的其他功能系统,如经济、文化、政治、观念等系统也都在逐步形成中。这些系统间构成了互为环境的一部分。如对法律系统而言,经济、文化、政治等都构成了它环境的一部分,同样对于政治系统来说,经济、文化、法律也构成了它环境的一部分。因而这需要我们从一种相互关联的角度出发去看待它们之间的关系。[10] 通过对社会学知识的学习,可以增加对整个社会结构与功能、社会不平等、社会发展与变迁的认识,也就能从社会的整体结构上分析法律的功能与价值,从社会的整体结构等宏观角度出发来分析和解释法律适用问题。否则,单单从法律出发,凭借对法律的忠诚而适用法律,解决社会纠纷,不但无法定分止争,而且可能破坏社会秩序,造成社会混乱。故有学者言:“一个法律工作者如果不研究经济学与社会学,那么他就极容易成

---

⑨ “法律是如此重要的社会现象,因而人们不能离开社会的其他方面孤立地分析法律,如果孤立地研究法律,就不可能理解法律的特征,法律与其他社会现象的关系和法律的复杂性;也不可能理解法律是社会生活的一部分,而不只是专业性业务的一门技术的这种‘实在性’。”[英]科特威尔:《法律社会学导论》,潘大松等译,华夏出版社 1989 年版,第 2 页。

⑩ See Niklas Luhmann, *A Sociological Theory of Law*, Beijing, China Social Sciences Publishing House, 1999, p. 1.

为一个社会的公敌。”⑪

法官可以通过阅读书籍了解中国社会,通过自身的生活来感悟生存于其间的中国社会。只有把握中国法律所立基于的中国社会,才能够了解中国法律的特质与特色;进而才能够体悟法律对社会生活可能带来的冲击与回应,审慎地去运用法律解决纠纷。换言之,法官只有置身于现实生活,才能体察现实生活中的法律以及其存在的价值与意义,也才能具有适用法律解决社会生活纠纷的资格。正如霍宪丹教授所言:“法律知识不是脱离社会而存在的。从常识而言,法律工作也离不开历史、逻辑、经济、政治、文化、宗教、道德、环境等社会领域的知识。一个人只有具备了自身的生活能力,才可能为他人排解纠纷。一个人不了解历史和社会,不了解本国政治文化和政治制度,自身的生存都可能存在问题。”⑫当然,没有社会知识的法律人只是单纯利用法律来解决社会问题,往往会导致法律与社会的疏离愈加严重。“假使我们能于社会上发生的种种问题,加以详细的研究,得有相当的经历,那么当然对于是非的批评,曲直的判断,比较的可以清楚些,周到些;将来于运用法律的时候,不至一知半解,专顾学理而不顾事实。”⑬现时段,我国存在的几种难以处理的案件——婚姻继承、农村土地纠纷等,困扰着人民法院和法官。之所以案件难以处理,不在于法律不清、空白或事实不清,而在于法官没有对社会中的人情世故、社会关系有恰当的体悟,简单地按照法律进行判决。

社会知识主要是从个体的社会生活角度进行的分析,而国情更多的是从宏观的角度来观察中国。国情不仅包括目前中国的实际情况,而且包括中国的历史,尤其是新中国成立以来的历史。至于目前中国的实际情况,无外乎城乡二元体制、中央与地方的关系、经济发展与政治体制改革等问题。同社会知识对于理解法律和运用法律解决问题一样,只有在

---

⑪ [美]博登海默:《法理学 法哲学与法律方法》,邓正来译,中国政法大学出版社1999年版,第506页。

⑫ 霍宪丹:《中国法律硕士教育研究》,载《清华法学》2006年第3期。

⑬ 孙晓楼等:《法律教育》,中国政法大学出版社1997年版,第13页。

中国国情的框架内来理解法律和运用法律，才能周全地考虑问题并周延地解决问题。至于历史，法律人（法官）就更不能予以忽视。不理解历史也就不能理解当下；如果想理解当下，就必须理解历史。其正当理由正如有学者所言："研读法律的学生如果对其本国的历史相当陌生，那么他就不可能理解该国法律制度的演变过程，也不可能理解该国法律制度对周遭的历史条件的依赖关系。"⑭对于中国而言，如果法律人不了解中国传统，尤其是新中国的社会主义政法新传统，就不可能懂得现在中国法律的来源与发展，也就不能知道为什么法律会以今日的面目呈现，也就无法理解法律的价值与目标，当然在运用法律时就可能产生误会与偏差。

也就是说，法官了解了社会学知识，把握了具体的社会知识，理解了中国的国情，就能较为全面地掌握法律的内涵与精神，理解法律知识的具体意义与目标，体察纠纷所产生的社会背景，也就可能审慎地运用法律，恰当地解决社会问题。方能达致霍姆斯大法官对于法官之期许："伟大到足以赢得赞誉的有识之士，除了成功尚需其他食粮。法律较为边际的方面和较为一般的方面，恰是人们应当普遍关注的。正是通过这些方面，你不仅会成为你职业中的大师，而且还能把你的论题同大千世界联系起来，得到空间和时间上的共鸣、洞见到它那深不可测的变化过程、领悟到普世性的规律。"⑮因此，在法学课程设置中应该增加了解社会（学）知识和国情的课程，这样才能达到上述目标，回应社会所蕴含的司法需求。

三、内化司法政策

司法审判为了回应社会需求，法律人（法官）一定要正确理解法律

⑭ 邓正来：《现代：法律与立法》，载《现代性与中国》，广东教育出版社2000年版，第21页。

⑮ [美]博登海默：《法理学 法哲学与法律方法》，邓正来译，中国政法大学出版社1999年版，第506页。

的精神与内涵,深刻感悟法律与社会之间的关系,正确看待生活于其中的社会和国情。但是在一般的情况下,作为法律人的法官应该以法律为裁判的准则,而不能直接将社会知识或者规范引入司法判决中。最高人民法院和最高人民检察院的司法解释中展现出来的司法政策作为回应社会司法需求的公共产品,恰恰能够起到将没有法律化、制度化的社会司法需求转化为司法审判规则的作用,或者将与社会司法需求抵牾的司法审判依据进行技术处理,软化法律、司法判决与社会需求之间的对抗,使司法判决能够恰当地回应社会需要。所以,在法学知识配置中,应着重加强"司法政策"的分量。这样既能够为因应社会发展的司法审判提供规则,又能够为法律人(法官)体察社会生活展示又一窗口。

司法政策产生、变化和发展的基础是社会生活环境的变化和公共政策对司法提出的新要求。一部分的司法政策是最高人民法院和最高人民检察院主动或被动地对于地方法院实际审判工作中存在的问题而给出的解决策略和方法;而另一部分是党和国家政策的司法确认和执行。"司法政策是司法机关为了回应社会发展对于司法的新需求,而在司法实践中贯彻落实党和国家方针政策的手段和措施。"⑯前者如最高人民法院印发的《关于加强司法建议工作的意见》(2012 年)、《关于人民调解协议司法确认程序的若干规定》(2011 年);后者如最高人民法院印发的《关于大力推广巡回审判方便人民群众诉讼的意见》(2010 年)、《关于为加快经济发展方式转变提供司法保障和服务的若干意见》(2010 年)。当然,党和国家的政策也是为了回应社会需求而提出的治理策略。因此,从整体上来看,司法政策就是法律回应司法社会需求的渠道,它将司法与社会之间紧密联系起来,使司法根据社会发展变化作出相应的反应,因而获得社会的认可。

司法政策在回应社会需要的过程中,也起到了弥补法律漏洞和空白,为法律人(法官)提供裁判规则的作用。由于法律的特性——稳定性、滞后性,使法律与社会之间始终都存在难以弥合的张力。相对社会

---

⑯ 张大海:《新时期司法政策实证研究》,中国政法大学出版社 2014 年版,第 73 页。

的随时变动而言，法律不可避免地存在滞后与遗漏的问题。而司法政策能够因应社会发展与变化而改变，其灵活性和策略性恰恰能够解决上述问题。"法院在解决各种纠纷时，当遇到立法与行政所未涉及或涉及甚少的事宜时，显然不能拒绝判决。相反，基于法律与事实考虑，作出自己的判断，应是法院职责。由此，法院事实上可以而且应该通过审判案件包括新类型案件，形成判断，参与公共决策。"⑰在中国目前的体制中，最高人民法院和最高人民检察院具有权力和能力，来制定司法解释，形成司法政策。"在具体司法实践中司法政策具有弥补法律空白、化解法律规范滞后以及有利于具体操作的作用。"⑱

作为社会生活需求在司法上反映的司法政策，不论在提高司法技能的层次上，还是在满足社会需求和认识社会的角度上，都是法律人知识结构中不可缺少的一环。因此，司法政策也是法学教育中应予以重视的知识——不仅是解决具体法律问题的司法政策，而且包括回应社会需求的抽象性司法政策。

四、通过培训了解作为地方性知识的习惯、习惯法

前三个方面都是在正规的法学教育中就应该设置的课程和配置的知识，当然也是法律人任职后培训的当然内容。但是，为了能够切实保证司法满足社会，尤其是具体的社会情境的司法需求，各个地方高级人民法院对辖区内的法官培训时应该着重增强本地的社会知识的课程设置。这样才能使满足社会需求的司法能够落到实处去满足社会需求。课程的主要内容是当地的作为地方性知识的习惯和习惯法。

本文所指的习惯与习惯法主要是指产生、发展与变化于社会生活中，为人们所认可和遵守的，对人们应该做什么、不得做什么予以规范的行为模式。与法律的不同之处在于，习惯和习惯法并不是由国家立法机

⑰ 左为民：《法院制度现代化与法院制度改革》，载《学习与探索》2002年第1期。

⑱ 张大海：《新时期司法政策实证研究》，中国政法大学出版社2014年版，第73页。

关或者最高司法机关制定与认可,其权威来源于人们的内在认可。“生活于其间的人们自小就熟悉它,眼见它被实践,也参与对它的改造,并逐步产生了对此种‘地方性知识’的信赖与尊重。”“由此,习惯法也获得了‘法’的确信与力量,成为不得不遵守的行为规则。”⑲具体表现为在习惯与习惯法统摄的区域内,人们会自然而然地按照其预设的行为模式行为,并以此为标准来评价其他人的行为是否符合规范要求,给出肯定性或者否定性的评判。

习惯、习惯法与国家的制定法并不是完全对立冲突的,甚至习惯、习惯法可以成为制定法的基本素材。“在大多数发达的社会中,一般的或广为流行的习惯一直经常是法律的重要的历史渊源,因为一般习惯性做法已经得到如此公认,以致通过司法上的接受、采纳并在其后适用于其他案件而已经成为习惯法,或者已经被教科书的作者阐述为具有法律效力,或者已经在立法中得到采用或认可。”⑳由于我国幅员辽阔,产生于小地域范围内的风俗习惯、习惯法不能被吸收纳入具有全国效力的法律中。但在地方性立法,尤其是少数民族的地方性立法中,习惯、习惯法往往可能进入其中。除此之外,法律与习惯、习惯法之间存在行为模式的差别甚至冲突。具有国家权力性质的司法权,并不能全然按照法律和司法解释来解决问题而置习惯、习惯法于不顾,尤其是在少数民族自治地区,这已经为我国法律制度(立法制度与司法制度)所认可并被司法审判认真执行。此种习惯、习惯法得到司法的认可与应用不仅在民事司法中如此,在刑事司法中也是如此。㉑ 否则就可能造成法律法规在司法适用中与地方的习惯、习惯法尖锐对立,进而降低司法和法律的权威,阻碍当地民众对于此种情况下的司法判决的接受程度。

除了被地方性立法确认之外,这种习惯、习惯法往往都是由具体的应用者——法官来了解和认定,很可能造成法制不统一的负面效果。具

⑲ 杜宇:《重拾一种被放逐的知识传统——刑法视域中“习惯法”的初步考察》,北京大学出版社2005年版,第9页。

⑳ [英]沃克:《牛津法律大辞典》,李双元等译,法律出版社2003年版,第295页。

㉑ 参见杜宇:《重拾一种被放逐的知识传统——刑法视域中“习惯法”的初步考察》,北京大学出版社2005年版,第9页。

体的认定程序和标准也没有相应的规定。卡多佐法官的追问——“当我决定一个案件时,我到底做了些什么?……如果我寻求的是逻辑上的前后一致,寻求法律结构的对称,这种寻求又应该走多远?在哪一点上,这种追求应当在某些与之不一致的习惯的面前,在某些关于社会福利和道德的标准面前止步。”[22]——应当引起思考。此种情况下,既是为了法制统一,也是为了减轻法官的负担,对于作为地方性知识的习惯、习惯法应当由法官职业教育培训为法官提供。可是,目前法官职业教育培训主要是围绕新出台、修改的法律、司法政策等内容展开,而没有考虑习惯与习惯法的收集整理规范化以及司法应用问题。实际上,已经有法院对当地的习惯、习惯法进行收集、整理和加工,将其规范化并公布在本辖区内统一使用。例如,江苏姜堰人民法院就对本辖区内的善良风俗等习惯、习惯法内容进行制度化的工作。姜堰人民法院动员全院的工作人员对辖区内的习惯进行收集、分类、整理、加工并向当地公民、组织征询意见,向上级机关(上级法院、同级党委和人大)汇报和备案,最后公布适用。[23]该院总结认为,所发布的一系列以习惯、习惯法为内容的裁判指导性意

[22] [美]卡多佐:《司法过程的性质》,苏力译,商务印书馆2000年版,第87页。

[23] 公布的裁判指导性意见包括:《关于将善良风俗引入民事审判的指导意见一[婚约返还彩礼]》《关于将善良风俗引入民事审判的指导意见二[赡养]》《关于将善良风俗引入民事审判的指导意见三[分割家庭共有财产]》《关于将善良风俗引入民事审判的指导意见(试行)[总则]》《关于将善良风俗引入民事审判的指导意见四[商事]》《关于将善良风俗引入民事审判的指导意见五[执行]》《关于将善良风俗引入民事审判的指导意见六[保密]》等。每个指导性意见都以当地的风俗习惯为内容。例如,在《关于将善良风俗引入民事审判的指导意见一[婚约返还彩礼]》中规定:“婚约的礼物和礼金价值在人民币2000元以下的,一般不返还;超过人民币2000元以上的,酌情返还。接受彩礼方提出解除婚约的,彩礼价值在2000元以上至1万元以下的,按照80%返还;价值在1万元以上至2万元以下的按照90%返还;价值在2万元以上的则全额返还。给付彩礼方提出解除婚约的,彩礼价值在2000元以上至1万元以下的,按照60%返还;价值在1万元以上至2万元以下的,按照70%返还;价值在2万元以上的则全额返还等。”具体参见汤建国:《姜堰法院将善良风俗引入司法审判的报告》,http://www.dffyw.com/sifashijian/sw/200703/20070315073843.htm。

见使司法判决与调解获得了社会的广泛认可和支持,取得了良好的效果。[24] 这是习惯、习惯法的收集、整理和加工,甚至是备案的具有"立法性质"的行为。其本身是否具有合法性就是必须考虑的前提性问题。考虑到中国的国情,建议由省级地方人大进行习惯、习惯法的"立法"工作,由国家法官学院省级分院来完成习惯、习惯法知识配备的任务。具体包括两部分:第一,将本区域内的地方性法规中所蕴含的习惯、习惯法向培训对象予以普及。第二,收集整理本区域内的已经或者可能被司法接受的习惯、习惯法,并教授给培训对象。

结　语

本文并不是反对司法的职业化,也不是反对法官按照法律的逻辑适用法律解决问题,因为这是我国法治建设的不二选择,只是在司法的职业化进程中,应当关注司法的社会化问题,将司法的社会化作为职业化的补充和修正,避免"陷入法官越专业就越自以为是、民众就越不懂越不信任司法的困境,司法的专业性越高,社会的疏离感越强"[25]。同时在一定的程度上,也只有具有社会化特征的法官才能恰当地适用法律。"法官应具有社会化的特点,了解真实的生活和民情,洞察并把握社会发展的方向,把法理规范置于社会的大框架中,从而更准确地理解和适用法律。"[26]因此在法官的知识配置上,应该丰富相应的社会知识。在法学教育和法官职业培训教育中应关注社会因素、设置相应课程,让法官在司法中不脱离社会这块坚实的沃土而凌空飞翔。

㉔ "民俗习惯司法运用产生了积极的司法、社会和文化效果。"例如,"统一裁判尺度,实现服判息诉"、"弥补法律漏洞,及时定分止争"、"提高司法效率,降低司法成本"和"拓宽裁判思路,提高审判水平"等。并举例予以说明。具体参见汤建国:《姜堰法院将善良风俗引入司法审判的报告》,载道客巴巴网2016年12月13日,http://www.doc88.com/p-3107488416705.html。

㉕ 苏永钦:《漂移在两种司法理念间的司法改革》,载《环球法律评论》2002年第1期。

㉖ 王晨光:《法官的职业化、精英化及其局限》,载《法学》2002年第6期。

On Judges' Knowledge Configuration that Responds to the Social Needs

Qian Dajun Yuelu

Abstract: In order to alleviate the separation between adjudications and social needs, and under the premise of adhering to the laws and internal logic of justice, judicial decisions cannot be made disregarding of their social effects absolutely. Given that the current judicial reform cannot be accomplished overnight, it may make a difference to try to start it from the reform of adjudication. As the carrier of adjudication, judges and their knowledge structure, especially the knowledge on society needs to be reconfigured so that judicial decisions can be accepted by the society on the basis of adherence to legal logic. Judges' knowledge on society should be established based on legal education and professional training, where the knowledge can be transferred and learned at all levels.

Key Words: legal education; knowledge configuration; adjudication

书　评

法理中心引领多元规范叙事融通的社科法学表达

——陈柏峰主编《法理学》读后感*

姜明坤**　党玉勤***

摘　要：中国法理学理论研究与人才培养再出发需要系统化提炼不足、凸显成就的载体，型构理想的法理学教材属于入口之一。因应法学教育需求、立足学术研究前沿、接续学科经典教材、融入团队研究特色，陈柏峰教授主编的《法理学》适时推出，并在理论与实务界引发较大反响。蕴于内容中的编写理念：包括但不限于秉持法理中心，摹多维法理学风景；强调多元规范，肯定制定法的地位；力图找回国家，讲述大国治理智慧；融通三分方案，立足通识彰显学理；考量学生需求，尊重知识选择权利。依托此书在内的法理学教材展开研究、教育、学习，坚持从“我注六经”到“六经注我”，即从思考为何是他与它

* 基金项目：2022 年研究阐释党的十九届六中全会精神国家社科基金重大项目“发挥人民代表大会制度的根本政治制度作用研究”（22ZD068）；2022 年新疆大学研究生教育教学改革项目“产学研相结合的地方立法人才培养模式研究”（项目号 XJDX2022YJG04）。

** 姜明坤，东南大学法学院博士研究生。研究方向：立法学、宪法学与行政法学。

*** 党玉勤，中南财经政法大学湖北地方立法研究中心助理研究员。研究方向：法理学、社会保障法学。

走向不仅阅读他与它的进阶之路有利于实现“知识传授·能力培养·人格塑造”的多维目标,应予重视。

关键词:法治之理　多元规范　法学教材　社科法学　法学阅读

当代中国法理学逐渐成熟的道路上,不同考量与定位的法理学教材纷纷涌现并在主体内容保持同一性的同时呈现着各自的特色。语言平实者如周安平教授所著的《常识法理学》,锤炼扎实者如张文显教授主编的《法理学》,受众鲜明者如付子堂教授主编的“法理学三部曲”即《法理学初阶》《法理学进阶》《法理学高阶》,篇幅简精者如李红勃教授所著的《简明法理学》。法理学教材之编撰取向与定位,体现着编著者对法理学教材、教学、教法的思考。法理学教材不仅承载着法理学研究成果汇总后的体系化呈现之任务,亦奠定着培育理论与实务人才之基础,属于中国法理学“再出发”所需的系统化提炼不足、凸显成就的适恰载体之一。目前,基于研究与教学双重视角以法理学教材为研究对象取得了不少成果,基本厘清了教材的编写目的、[①]教材的定位与功能、[②]研究与教材的关系、[③]教材与教学的关系、[④]理论与实务的关系、[⑤]教材与时代的关系[⑥]等问题,但兼顾“研究、教育、学习”面向并经由教材编写者与教材运用者关系切入之分析尚不多见。当选择一本或多本法理学教材作为研读、评判对象时,无法否认教材使用者的角色扮演正在发生。因应法学教育需求、立足学术研究前沿、接续学科经典教材,陈柏峰教授组织研究团队于2021年又推出一新作——《法理学》(以下简称陈编《法理

---

① 参见胡玉鸿:《试论法学教材的编写目的》,载《华东政法学院学报》2004年第3期。

② 参见朱振:《法理学教材的体系变革与理想定位——以中西法理学教材的比较分析为基础》,载《法学教育研究》2017年第3期。

③ 参见郭晔:《兼容并蓄　打开法理学学问新境界——评第五版〈法理学〉教材》,载《当代法学》2018年第4期。

④ 参见丰霏:《以学习为中心　打造教学相长新格局——如何用好〈法理学〉〉第五版教材》,载《中国大学教学》2018年第7期。

⑤ 参见徐清:《新时代法理学教材的转型升级——〈法理学〉(第五版)教材修订纪实》,载《法制与社会发展》2018年第4期。

⑥ 参见王奇才:《法理学教材的新时代定位》,载《中国大学教学》2018年第5期。

学》)。陈编《法理学》篇章体例安排方面分设五编即导论、法的本体、法的运行、法与国家、法与社会,具体章节写作方面力图将基本原理还原为容易理解的法治经验、现象,以社科法学底色铺设《法理学》教材的撰写方案。此书出版后,在理论界与实务界引发了极大反响。那么与既有法理学教材相比,为何是他与它?又何需他与它?他如何作成它?如何用他的它?因应此类追问,作为读者之一,下文拟按特色内容评述—编撰立场分析—阅读方法推演,展开阐述并就教方家。

一、秉持法理中心,摹多维法理学风景

编撰教材于应然层面存在集群性"问题意识",且于多项问题意识之中必有一个统率各具体问题意识的核心。从陈编《法理学》内容来看,核心问题即回应"法教义学与社科法学争论"。法理学研究范式流变过程中社科法学与法教义学之论争,陈柏峰教授及其团队置身其中。相应交锋回应了法理学分化的困境,同时使得二者之间的"可接触缝隙"显性化。站在不同的视角能够看到法学知识的不同面相或维度,法学不再是一个自给自足的学科但仍是一门有其独特性的独立学科。社科法学研究范式与法教义学研究范式的论争实际上涉及法学知识论的问题,国内法学研究由较早的政法法学向社科法学、法教义学的承接和递进基本呈现了法学知识的演变过程,而法学知识的性质在较大程度上取决于研究对象与研究方法两个要素,故社科法学与法教义学的关系应当定位为法学知识的两个不同面向而非截然对立的相反面。⑦

研究中的争论乃至误识不仅体现在研究中,亦投射在教材中,使《法理学》教材呈现不同景象。从为法治建设育才的角度分析,"只有创造性法学人才,才能及时提出对法律按规律指令的修补要求;只有多元化的法理学,才能给人才培养以多视角参照,才能使创造性人才在创造性

⑦ 参见陈兴良:《法学知识的演进与分化——以社科法学与法教义学为视角》,载《中国法律评论》2021 年第 4 期。

法理的熏陶下成长”[⑧]。问题在于,过于“多元化”乃至“伪多元”的《法理学》教材投入法学教育实践,可能带来一种难以消化的后果,即使用不同教材的、作为法学理论与实务后备生力军的研习者只知道所用教材之内的风景而忽略所用教材之外的风景。实际上,千篇一律与各说各话之间,存在“度”的把握问题。何以找寻一个工具在法理学知识源流、中国法理学成果、中国的法治经验等之间“穿针引线”,属于把握“度”的问题之关键。张文显教授积数年研究积累之功,在提出“权利本位论”后倡导“法理中心论”。法理中心范式强调形成理论作业的智识合力需要部门法学与法理学共同正视“法理”、关注“法理”、研究“法理”,[⑨]可在问题意识、研究重心、发展驱动三个方面助力中国法理学由“法之理学”向“法理之学”转型升级。[⑩]

法理中心范式不仅是针对法理学研究作业给出的药方,更是一个弥合不同法学教育取向的基点。在面向法学教育尤其是法学教材编撰时,为践行“法理中心范式”,《法理学》(第5版)作出了较佳印证,大篇幅叙述了“法理”何益、何是、何来、何去的问题。[⑪] 陈编《法理学》在编写说明中,明确点出编写过程中认真学习了国内法理学教材建设的经验,尤其是深度学习了张文显教授主编的《法理学》(第5版)。此种拾遗补缺的态度,极值肯定。就内容来看,最为鲜明的经验继受为讲述“法理学的研究对象”时指出法理学要“看见”法律现象背后的普遍性、一般性规律即“法理”。与该教材有所不同的是,陈编《法理学》立场鲜明地强调“看见”需要透过法律现象并在法的观念、存在和运行的“表象”中去“看见”,更加关注“由法律现象或法律经验中提炼法理”,[⑫]择取典型事例导入“法理”叙事[⑬],从而融入了编写团队的研究特色即“法律的经验研

---

⑧ 谢晖:《创建多元化的法理学》,载《法律科学(西北政法学院学报)》1995年第3期。

⑨ 参见张文显:《法理:法理学的中心主题和法学的共同关注》,载《清华法学》2017年第4期。

⑩ 参见郭栋:《从权利本位到法理中心:中国法理学的变革之路(1978—2018)》,载《法治现代化研究》2019年第5期。

⑪ 参见张文显主编:《法理学》(第5版),高等教育出版社2018年版,第28~36页。

⑫ 参见杨子潇:《经验研究可能提炼法理吗?》,载《法制与社会发展》2020年第3期。

⑬ 参见陈柏峰主编:《法理学》,法律出版社2021年版,第17~19页。

究”。如此,不仅展现了“法律之理”亦兼顾了“法治之理”,益于推动返回法理的实践之本。⑭

陈编《法理学》秉持的立场与编写团队的社科法学底色有关。社科法学较为关注“法”外的风景,拥抱社会中的“法”。从研究成果群所现风格来看,“经验进路”刻画了社科法学提问题的一般倾向,⑮法律的运行过程、法律的影响、法律与社会规范的关系收束着研究者的问题意识;观察、描绘抑或解释的作业类型,在切入点上可类型化为宏观社会、微观社会、微观个体三种社会科学视角;在研究成果的应用指向上,在立法论方面与公共政策分析关联,在解释论方面有助于形成证据事实。经验进路的法律作业,置身在整体的社会系统而不是封闭在社会系统分化后的法律系统内,但不意味着排斥或者脱离规范,相应作业在功能面向上与规范研究形成互补效应、在作业资源上仰赖着教义知识基础。⑯ 立基既往研究经验、心得,陈柏峰教授为“法律经验研究”设计了操作指南,指出目标为理论创造的法律经验研究包括经验材料储备、田野的学术发现、理论构思、物化等不同阶段,⑰并作了一一展开。以此检视陈编《法理学》,既有案例法理学、概念法理学的身影,又关注个体化的经验事实,还通过对部门法学知识的部分纳入尝试勾连与具体领域法律制度的关系,为读者呈现了一幅多元法理学风景画。

二、强调多元规范,肯定制定法的地位

陈编《法理学》强调多元规范,集中体现在讲述“法与社会”时抽出

---

⑭ 参见刘渠景:《论从法律之理到法治之理的法理研究转变》,载《南海法学》2021年第2期。

⑮ 参见陈柏峰:《社科法学及其功用》,载《法商研究》2014年第5期。

⑯ 参见侯猛:《法律的经验研究范式:以规范研究为参照》,载《学术月刊》2021年第3期。

⑰ 参见陈柏峰:《法律经验研究的微观过程与理论创造》,载《法制与社会发展》2021年第2期。

“法与社会规范”单列一章,将社会规范的构成图景系统地呈现在研习者面前,同时主张法律规范体系在多元规范体系中当居首位。[18] 此种编排,至少有三个方面的考虑:第一,其为对国内既有研究成果之阶段性积累的总结。在先研究一再强调国家作为法律规范创制的主体仍被坚持,同时在事实状态上法律规范的创制体系趋于多元,[19]法律属于国家建构秩序的基础性制度资源。[20] 第二,其属敏于提炼实践困惑并期待更多关注的写照。既往教材对于国家治理中多元规范所带来的挑战与困障如多元规范间显性或隐性的“鸿沟”甚至对立或冲突可能损抑治理效能等内容较少涉及,陈编《法理学》对此作了补足。第三,其属现实社会发展在法理知识更新层面的写照。通过共识凝聚、结构锚定、协调试错、类型化处理等机制形成以法律为基础并统摄其他规范的“规则之治”,[21]属于多元规范协同的理想状态。教材对待该问题既可单纯展示既成观点,又可将备选方案留给研习者思考。对于具体如何协同,陈编《法理学》选择了后者。前述连贯性思维下,陈编《法理学》显性或隐性地处理了四个问题:呈现多元图景,明晰神经中枢,把握协调技艺,力求各安其位。

在呈现多元图景方面,陈编《法理学》充分认可以下事实及观点:第一,当代中国法治建设进程中,国家制定法外存在多种规范形式。第二,制定法外规范体系中的软法、民间法、公共政策、党内法规等在社会治理实践中各自发挥着不可小觑的作用。第三,理论研究应当正视多元规范体系的现实,秉承整体性、系统化视角并从静态和动态的基本维度开展结构化研究,既应研判多元规范内部结构、连带关系及其作用机理亦应关注多元规范的实际运行机制与实施效果。[22] 此种将法律规范系统置

---

[18] 陈柏峰主编:《法理学》,法律出版社2021年版,第303页。

[19] 参见张德淼:《法律多元主义及其中国语境:规范多元化》,载《政法论丛》2013年第5期。

[20] 参见王启梁:《国家治理中的多元规范:资源与挑战》,载《环球法律评论》2016年第2期。

[21] 参见彭小龙:《规范多元的法治协同:基于构成性视角的观察》,载《中国法学》2021年第5期。

[22] 参见陈光:《论法治社会建设中的多元规范及其结构》,载《时代法学》2019年第3期。

于社会治理现实需求之中理论关怀，映射在了陈编《法理学》的编写内容择取之中。陈编《法理学》使用较多篇幅阐明当下多元规范体系中法律规范体系、党内法规体系、党和国家政策体系、社会规范体系等的具体内涵。㉓

在明晰神经中枢方面，陈编《法理学》内容与“演变结构中的‘内核’、‘纽带’、‘新介入者’之间能够保持必要的张力，而不是厚此薄彼”㉔“在当代中国多元的规范形态的客观状态中，应当构建一个法治主导下的多元规范和多元秩序共存共治的中国社会秩序结构”㉕“法律附带着法律以外的理想、权力和诸种诉求，法律构成了个人生活哲学与社会理念之间关系的折射镜”㉖等观点一致，通过明、暗两条线明确了“法律规范”是“神经中枢”。在明线上，即在具体阐述多元规范体系中各规范类型之内涵时开宗明义地指出“法律规范当居首位”。在暗线上，于整体知识体系编排中以法的价值作为统领，使研习者自觉进入法的社会场景，而后在主体性章节讲述法律规范本体衍生出的各具体问题。

在把握协调技艺方面，国家、个人、社会的现代法治理解框架可以适恰勾连研究与教学、法内与法外的关系。于此框架内，协调多元规范关系的关键在于“‘国家本位’与‘社会本位’之间寻求内在的平衡，进而强调多元社会规范之间的契合与交融”㉗。在经验主义、熟人关系盛行的社会中，法律规范显然无法事无巨细地回应社会治理需求且繁杂社会问题并不适宜全部交由法律系统处理。由此，应当明确“恪守法律至上的原则，并不排斥其他社会规范的作用；法律规范与其他社会规范存在相

㉓ 参见陈柏峰主编：《法理学》，法律出版社2021年版，第303~307页。

㉔ 俞鼎、盛晓明：《科学的多元规范论何以可能？》，载《自然辩证法研究》2019年第10期。

㉕ 刘作翔：《构建法治主导下的中国社会秩序结构：多元规范和多元秩序的共存共治》，载《学术月刊》2020年第5期。

㉖ 王勇：《法律社会学及其中国研究进路的初步思考——一般理论与本土问题的知识建构》，载《法制与社会发展》2007年第2期。

㉗ 郭星华、石任昊：《社会规范：多元、冲突与互动》，载《中州学刊》2014年第3期。

互依存的交融关系"[28]。对于处理好"法外论法"与"就法论法"和法学品格之间的关系,陈编《法理学》深有体认并在"法律实效的影响因素"的解读中予以集中呈现,且以"法律与基层社会规范"作了细致言说。[29]

在力求各安其位方面,秉承功能主义取径,于各具体规范体系的内涵解读之中明确作用生成的领域与具体作用的表现。陈编《法理学》指出:常见社会规范包括乡土规范、村规民约、道德规范、社团规范、商业规范、宗教规范、网络规范等,"法律支持社会规范的发展,对社会规范予以干预和改造,推动社会规范的变迁","社会规范辅助法律的执行","当代中国有法律、党内法规、党的政策、国家政策、社会规范等多种规范类型",不同类型的规范在不同秩序场域发挥特定的功能。陈编《法理学》吸纳学界所作法治建设最新理论所贡献、归纳的成果,[30]对各规范类型在社会治理结构和法治结构中的地位、作用及其相互关系一一作了展开。[31]

三、力图找回国家,讲述大国治理智慧

国内早期的法理学教材,"体系结构主要是建立在马克思主义政治学的阶级分析法、经济分析法和历史分析法等方法论基础之上,围绕着法与国家、阶级、政党、社会经济基础及其他社会现象的密切联系的阐述为主线索"[32]。陈编《法理学》指出,及至当下虽然苏联法学的影响仍存,但多是在"法的本质""法的历史类型"两章中提及,篇幅有限显得相关内容在整个法理学体系中似乎已经无足轻重。而且,国家与法的研究呈

㉘ 陈金钊:《元规范的思维统合——对法律至上原则的恪守》,载《清华法学》2016年第5期。

㉙ 参见陈柏峰主编:《法理学》,法律出版社2021年版,第294页。

㉚ 参见刘作翔:《当代中国的规范体系:理论与制度结构》,载《中国社会科学》2019年第7期。

㉛ 参见陈柏峰主编:《法理学》,法律出版社2021年版,第303~307页。

㉜ 马念珍:《对高校法理学教材改革之探讨》,载《当代法学》2000年第5期。

现分离趋势，与国家相关的现象被认为是政治学的研究范畴，导致法理学对与国家相关的法律现象关注不够。基于对此种研究状况的忧思，陈编《法理学》强调“找回国家”，专设法与国家一编，除了法的历史与发展、法与国家的本质还讨论执政党与法律、法律与公共政策、法治国家等与国家紧密相关的问题。此项试图在实证层面讨论与国家紧密相关的法律现象的努力，不仅拓宽了过往法理学教材叙事的范围而且增加了法理学研习者进入法理学世界的可能进径。应当说，陈编《法理学》的考虑除了是对理论研究忧思之外，还在法治实践、法学教育层面有所贡献。在法治实践层面，国家与法的关系可以从两个方面理解：一是国家理性的法律表达；二是法治建构的国家主义色彩。

一方面，“国家理性的法律表达就是国家理性在现代国家的法律治理层面上的理性推展”。绝对主义国家、立宪主义国家、自由主义国家之三种现代国家类型中，国家理性的法律表达皆得遵循国民身份的塑造、规则模式的创制和生活意象的营造。在结果方面，国民被分别塑造为臣民、市民和公民，行政规章模式、宪法—民法模式以及社会法模式则成为国家理性之法律表达的常见模态区隔。[33] 此类历史脉络提炼可以使作为后来者的研习者，更为深入地把握为何“法产生的标志之一是国家的出现”“法是上升为国家意志的统治阶级的意志”“社会主义法具有不同于资本主义法的属性”等命题，而不至于在思辨哲理的“冥想”中陷入知识理解的苦闷与彷徨。在学科发展意义上，深刻理解并呈现对“国家理性的法律表达”之思考，则将法的制定活动与国家权力的行使相关联，使权力的运行规律更为容易与政治学的知识资源对接，促使“国家理性”的更为整全的理解框架形成。

另一方面，“法治与国家主义存在明显的互益与背反关系，法治建构依赖国家的积极作为，但法治的限权性色彩又挑战了国家主义扩张权力的合法性”[34]。在立法领域，立法的指导思想、立法主体、立法内容，均呈

[33] 参见董政：《论国家理性的法律表达》，载《人大法律评论》2016 年第 1 期。

[34] 于浩：《共和国法治建构中的国家主义立场》，载《法制与社会发展》2014 年第 5 期。

现国家主义的色彩[35],如立法活动程序的启动高度依赖立法机关、行政机关的作为,非政府组织、人民团体、原子化个人的立法参与需要与二者发生接触才可能发生实际影响。在执法方面,在维护统治正当性话语的前提下国家主义可以强制性地要求地方政府对其号召作出回应。在具体的执法过程中,各类正式和非正式人格化和非人格化的因素注入。

相应问题的思索不应停留在描述层面。迄今,国家与法的悖反关系协调尚无获得一致认可的方案,是故需要以合适的载体最大限度地将之呈现给后来的思考者。法理学中除了专著与论文外,呈现学科知识体系的法理学教材应当自觉承载此一任务。法理学知识体系一经细致铺排,必然涉及法的本质、法的制定、法的实施等问题,与权力主要是国家权力的划分与配置密切关联。从实践角度来看,不关心科层制、不关心国家权力在法律运行过程中的介入、不关心司法机关或执法部门背后的博弈,便无法在实践语境中推动中国法治建设的进步;从研究的角度来看,近年来交叉法学或称法学新兴学科的兴起乃至领域法学范式的提出,已经一再证明言称"法学应当对此存而不论的观点"不仅无助于整体哲学社会科学的建设,仅就法学自身发展而言亦是"削足适履";从教育的角度来看,力图在法理学知识呈现中去除国家的身影,不仅使法理学对相应知识的阐述空洞、破碎,还人为地以编写者"权力"凌驾于使用者"权利"之上,迫使研习者不得不在希望尽可能系统化输入法理学知识的时候被迫接受一种已被阉割了的看似完整的知识体系。在残缺的知识体系下培养出的走向法治理论与实务的研习者,何以便捷地树立起完整的法治思维,在很大程度上是需要打上问号的。

四、融通三分方案,立足通识彰显学理

教材的编写不是也不应是孤立的作业,背后承载着编写团队的教学

---

[35] 参见于浩:《当代中国立法中的国家主义立场》,载《华东政法大学学报》2018年第5期。

方案设计考量。开设法学本科专业的高校中,法理学课程多安排在大学一年级为新生讲授。可是,法理学本为"法学的一般理论""法学的基础理论""法学的方法论""法学的意识形态"[36],为尚不知"法""法律""法治"具体为何物的新生讲授法理学,不仅是对教学者的挑战,亦给学习者带来了不小的压力。为化解现实教学矛盾,各高等院校展开了多种探索,典型模式为"一分为二"[37]。法理学教材亦作对应调整:中国人民大学孙国华、朱景文教授主编《法理学》采用先讲述一般性法理知识,后讲述中国特色社会主义法治等内容的方案;西南政法大学依据内容讲述难度将法理学教材区分为初阶、进阶、高阶。两编制、三阶制的效用在多年实践中得到了一定印证,但仍存一个共性问题。也就是说,同一主题有不同论述甚至出现类似小学"1+1=2"而到了大学"1+1≠2"的异化,不仅没有起到逐次递进的教学效果,而且在增加课程建设资源投入的同时加重了研习者负担,形成双重"增负"效应。与之相异,体现着中南财经政法大学方案的陈编《法理学》,继承了《法学通论》面向通识的传统,与张文显的《法理学》、马克思主义理论研究和建设工程重点教材《法理学》等教材形成互补效应,简略叙述知识体系下的各知识点的核心内容,附带司法案例、社会事件、部门法领域法条以辅助理解基本知识,呈现融通三阶方案,立足通识彰显学理的特色。

第一,通识的法理学本体知识叙述。学习与接受总是从身边最近的事物出发,由浅入深、由深哺浅,从门外汉转向行内人。法学教材面向的对象即研习者范围甚广,至少涵摄两类:一是基于教学任务必须使用教材的研习者,主要体现为高等学校承担教学任务的老师和必须学习的学生。二是基于兴趣偏好与研究需要志愿研读教材的研习者,如从事相关工作产生系统知识需要的实务人员等。对于兴趣聚焦于立法学、宪法学、国际法学等距一国之内司法活动较远的学科研习者而言,虽也需关注司法案例,但是作用与吸引力终归并非那么强。一味强调司法案例研

---

[36] 参见陈柏峰主编:《法理学》,法律出版社2021年版,第21~22页。

[37] 葛洪义:《论法理学教学与教材的改革——从"一分为二"谈起》,载《法商研究(中南政法学院学报)》1999年第6期。

读,无非是将原本的宪法学、立法学研究兴趣截流封存,增加了司法中心主义法学教育观的后备队伍。在此方面,陈编《法理学》尽可能与张文显教授主编的《法理学》形成互补效应,避免基本知识的纯粹正面说教,将大量篇幅腾挪给具备生活感的案例、事件等。此外,在一些小范围知识体系的编排上,亦有不轻易为人察觉的创新。以法的要素之构成的教材呈现为例,较多的法理学教材先从法律规则开始,而后讲述法律原则,接下来是法律概念,最后讲述技术性规则。正因为如此,较多法学本科新生在接触法的要素之初就遇到了"拦路虎",迷失在"法律规则""法律条文""法律规范"之中。陈编《法理学》稍微作了转换,从细微之处、更接近于生活的法律概念入手,指出"当我们打开一部法律开始阅读时,就会接触到一个又一个法律概念"。在部门法领域的为人们所熟悉的法律条文的辅助下,自然地建构起了一幅"法是什么样貌"的场景。在基本知识点的叙述中从形而上的哲理思辨转向形而下的生活法学,此类例子于陈编《法理学》中并非个例。

第二,部门法与法理学的知识衔接。"法理学之中的法理是理性通过部门法学之中的法理推论出来的,与经验的实在法不具有直接的关联,旨在将各个部门法学之中的法理构建为具有统一性的系统,以保证法学成为独立完整的科学。"㊳经由具体法治、具体法理抽象出的法理学之"法理"已距生活较远,少了生活气息而加增了专业色彩。就理论研究的角度来看,其是法学研究阶段性成功的一个体现,但相应研究成果被纳入教材之中时与生活的距离感增大了理解难度,也使得对具体部门法学领域知识更为熟悉的研习者感受不到法理学的"有用"和部门法的"身影"。故需尝试通过法理学教材扭转"法理学"无用的认知,法理学教材"作为法学的基本理论教材必须注重法理学与部门法学的结合"㊴,无论是显性抑或隐性。在此方面,陈编《法理学》对法理学知识点作了宏观层面应然、实然的布局,创新了接入部门法学与融通法理学——部

㊳ 王夏昊:《论"法理"的多层次与统一性——以康德认识论为基础》,载《学术界》2021年第8期。

㊴ 张文显:《编写〈法理学〉教材的若干体会》,载《中国大学教学》2000年第2期。

门法学的处理技艺,“兼具理论法理学与工程法理学特质”[40]。法学成熟的一个重要面向在于法理学与部门法学真正融为一体。法理学与部门法学的关系至少体现在三对关系方面,即抽象与反哺、输入与运用、蕴含或融合。[41] 陈编《法理学》在此三对关系上皆有体现:如在抽象与反哺方面,及时纳入了党内法规、监察法等法治成果;在输入与运用方面,如使用成本效益分析了守法的成本问题;[42]在蕴含或融合方面,如法律概念的分类中大量例举部门法领域法律条文,完成法理学知识叙述的同时也对部门法学知识加以铺陈。[43]

五、考量学生需求,尊重知识选择权利

法理学教材编写的立场还可置于编写者与使用者的模拟沟通之中观察。从教材使用者或称研习者角度而言,研习或教学中的知识输入之主动或被动的兴趣养成通常是由较易接近的事物切入的,要求教材贴近“现实场景”、具有“生活气息”。为了平衡专业性、生活性的关系,一种理想型方案是废除法理学导学课类的课程设置并为高年级本科生与研究生分开开设法理学、法律经济学、法律社会学或更多理论法学的专业课程。[44] 然而,理想型方案与现实遭遇时:一方面,面临着师资队伍的困境,如招生规模较小、育人方向精细的法学院难以合需求地组建教师团队并编写对应教材;另一方面,“10 + X”基础上增加多科法理学子课程加大了学生的学习任务,容易引起排斥心理,多学科课程考核压力下,学生自主性选择学习侧重点情境中,相应法理学子课程的教学质量难以保证。相较之下,教材、教学、教法三者一体地面向以学生为中心的转换,

---

[40] 李拥军、侯明明:《法理学二元划分的意义与功用——对法理学与部门法学关系的深层省思》,载《学习与探索》2019 年第 4 期。

[41] 参见雷磊:《法理学与部门法学的三重关系》,载《河北法学》2020 年第 2 期。

[42] 参见陈柏峰主编:《法理学》,法律出版社 2021 年版,第 187 ~ 190 页。

[43] 参见陈柏峰主编:《法理学》,法律出版社 2021 年版,第 60 ~ 62 页。

[44] 参见侯猛:《当代中国法学理论学科的知识变迁》,载《法商研究》2006 年第 5 期。

即对学习质料、学习活动、学习技巧的考量作一变革,更加具有实践可行性。在此方面,陈编《法理学》不可谓努力不大。

一是“日常生活引法理”。法理学要发现“法理”,可采方式包括但不限于通过阅读、比较、批判、日用常行等。[45] 发现法理的方式多元意味着“发现”的仅是零碎的、感性的,因而需要系统化的提炼法理之作业。在反复辩驳、体验、总结等提炼法理作业基础上,需对接近“教义”“内核”的“法理”作出阐释,通常阐释法理需要遵循既要“我注六经”也要“六经注我”等要求。[46] 目光转向法学教育或初入法门的研习者时,应当认识到形形色色的法律现象容易找寻但“法理”不易接近。由此,法理学教材的主要任务并非“寻求法理”“发现法理”“提炼法理”“阐释法理”,而在于展示何以“接近法理”。秉持生活立场开展法理学教学工作与编写教材,通过“从具体的社会生活之中概括提炼法学的理论,用抽象的法学的理论来分析阐释具体的社会生活”促成“生活”与“法理”彼此参悟与印证示范,将潜移默化地引导学生逐渐学会观察社会、体悟生活。[47] 陈编《法理学》通过多种形式为研习者呈现法理学知识,正是对“接近法理”立场的践行。

二是“循循善诱归于一”。教材的编写,多数学者选择精心甄别、挑选出“通说”“主流”,以之作为蓝本展开“概念”收束,然后从此概念的内涵、特征、辨析、意义、运用等角度出发展开分析。此种教材写作模式,整体特征可概括为“出于一”。近年来的中国法学教材,对此陆续展开了反思,陈编《法理学》即属此类。以对“义务的内涵”之解读为例,多年来的教学、研究、学习实践已经反馈出了“义务”的内涵之不定性,加之“权利本位论”被大力提倡与广泛接受,对于“义务的内涵”之认知多数时候被一笔带过。“权利本位论”的贡献不可否认,[48]然而面对当前社会中诸

---

[45] 参见邱本:《发现法理的方法》,载《苏州大学学报(法学版)》2021 年第 1 期。

[46] 参见邱本:《如何阐释法理?》,载《山西师大学报(社会科学版)》2020 年第 3 期。

[47] 参见姚建宗:《“法理学”课程教学的基本理念与教材分析思路》,载《中国大学教学》2015 年第 10 期。

[48] 参见郭栋:《从权利本位到法理中心:中国法理学的变革之路(1978—2018)》,载《法治现代化研究》2019 年第 5 期。

般“泛权利论”的冲动，应该意识到“权利义务一致论”的国家治理与个人行为的指引意义。在对“义务”的阐述上，陈编《法理学》选择了“多维迈向一元”的方案，以人们所熟悉的“权利”认知作为参照系，对“义务”从约束性、不利性、强制性三个方面作了展开，最后得出“可以把义务定义为，存在于社会规范中并实现于社会关系中的具有约束性、不利性、强制性的要求”之结论，[49]并阐述了权利义务一致论的主张。

三是“学说梳理式说理”。法理学教学中从微观层面的教学目的出发，以较为固定的法理学概念的历史与当下之演进脉络为抓手，呈现、归类、对比不同观点的教学方案，既为研习者认知法学概念提供基本资料，又属教学方法上的创新尝试，[50]实则还可作为一种教材编写方法予以践行。陈编《法理学》即有此尝试，如“对于国家属于什么性质的法律主体，学者们尚存争议。有的认为，国家属于一种特殊的法人，国家机关是国家的代表；也有的认为，国家是独立于国家机关的一种特殊的法人；还有学者认为，国家不是一种实体意义的法人，而是一种法秩序或者一种集合体。在对国家是不是法人的争论中，核心的问题其实是国家是一个组织实体，还是一种抽象的集合体或者法秩序”[51]。陈编《法理学》在多个知识点的呈现中采用着“学说梳理出发定于一”方案，走出了“绝大多数中国法理学教材属于灌输式教材而非启发式教材，偏重于传授正确性知识，忽略了学生对知识的探索过程”的泥藻，[52]更易让读者形成对结论的共鸣。且不同观点的展示，除了让学生掌握较为完整、系统的法学基础理论知识外更可培养研习者的思辨能力。[53]

---

[49] 参见陈柏峰主编：《法理学》，法律出版社2021年版，第114～115页。

[50] 参见余涛：《学说史梳理式的法理学教学方法探析》，载《法学教育研究》2019年第1期。

[51] 陈柏峰主编：《法理学》，法律出版社2021年版，第101页。

[52] 参见郭忠：《法理学知识的“死”与“活”——一个被中国法理学教材长期忽视的问题》，载《河北法学》2012年第9期。

[53] 参见刘爱龙：《论法理学教学与法学思辨能力的培养》，载《黑龙江高教研究》2006年第1期。

六、携教材拥抱现实,彼我皆可辨读思

起点于社科法学、终点于社科法学的陈编《法理学》,还在法学研究方法三分、法学流派中看“法”、本土语境的法渊源、推进法律部门划分、法律责任竞合叙事、细化法律论证解说、守法的成本收益论、政党与法治的呈现、公共政策中的法理、社会生活中的法影十个方面呈现“新见”。阅读如此一本从体例到内容与同类教材皆有不同的《法理学》,恰确的姿态是“携教材拥抱现实”。当然,当进入具体的阅读情境中,一种非阅读者主观所愿的现实便时刻发生着:读者将同时扮演阅读者、评价者、研习者的角色。是故,依托法理学教材而非依赖法理学教材研习法理学知识,眼中不能仅有“他与它”、不能画圈自缚。那么转入法理学教材使用者立场时,“彼我皆可辨读思”为何成立?又该如何践行呢?

一则“知识具有相对性”,部分观点有待商榷。知识具有相对性,[54]并非如真理那般不可辩驳。“尽信书不如无书”,运用与看待陈编《法理学》亦是如此。以“当代中国立法的基本原则”知识点为例,陈编《法理学》归纳出了“宪法原则”“法治原则”“民主原则”“科学原则”。[55]“宪法原则”的表述指向极为含混,按其所述核心内容,实际上希望表达的是“立法的合宪性原则”或称“依宪立法原则”。对于“法治原则”,“法治原则”可以涵盖“民主原则”与“科学原则”,而陈编《法理学》所述内容缩小了应有内涵,故将“法治原则”作为“立法的基本原则”知识点的组成部分,无论从形式上还是内容上看,妥适性皆有待斟酌。至于科学立法原则,陈编《法理学》提炼了两项要求,即“立法必须从现实国情出发”“立法必须反映客观规律”。实际上,科学立法原则不仅体现在立法过程中亦体现在立法结果中,从指导立法实践功能角度出发必须尊重《立

---

[54] 参见陈立思:《浅析关于知识相对性的两种观点》,载《中国青年政治学院学报》1987年第2期。

[55] 参见陈柏峰主编:《法理学》,法律出版社2021年版,第145~146页。

法法》第6条的表述以体系化思维求证科学立法原则内涵。[56]

二则“读书有六法”[57],群读续思尤为关键。以“法律规范”一词为例,此词具体所指在不同语境中存在较大差异,陈编《法理学》在此方面尝试提炼意涵辨识的共性,对于“法律条文”和“法律规则”作了区分,并在各处零散呈现了法律规范的不同用法。不过,零散地呈现不如将之作与“法律体系与立法体系”“法律体系与法学体系”“法律体系与法治体系”等概念辨析类似的梳理。已有学者作了辨析工作,如陈历幸指出国内学者通常不区分“法律规范”与“法律规则”的做法缺陷相当明显,体现在法律规范逻辑结构问题上的大量争议之来源都可以归结到二者的混用。[58] 类似此种既有国内法理学教研与学习中的概念区辨难题的教材回应,在原始学术素材积累方面或在编写技术上并不存在阻碍,可进一步在广泛展开调查与整理的基础上作出回应。当教材尚无回应之时,研习者可自行通过群文、群书阅读予以拓补。譬如,定位为“通过正本清源的工作,为中国法理学的发展作出一些奠基性的工作,为法律学子提供更为精准分析中国现实的工具”的《法理、文本与案例》一书,[59]作为陈编《法理学》姊妹篇,即可纳入群读续思中以与对陈编《法理学》的阅读互为补充。

三则“灼见书外有”,推开篱栅可迎馨香。“书本上的法”内容明确、逻辑一致却缺乏应有的灵活甚至僵化、停滞,只有调之以“生活中的法”,“书本上的法”才能展现应有的活力和热度。[60] 同时,社会问题“不可能仅靠哪一个学科或哪一个学科领域的专家就能解决”[61]。陈编《法理学》坚持接近“法理”、入于现实,达成此项任务的方法即为法学研究

---

[56] 参见姜明坤:《地方物流业立法:模式选择、功能定位与实现路径》,载《东北农业大学学报(社会科学版)》2019年第6期。

[57] 参见杨天宏:《读书六法:朱熹读书方法演绎》,载《重庆师范大学学报(社会科学版)》2018年第5期。

[58] 参见陈历幸:《法律规范逻辑结构问题新探——以现代西方法理学中“法律规范”与“法律规则”的不同内涵为背景》,载《社会科学》2010年第3期。

[59] 资琳主编:《法理、文本与案例》,中国法制出版社2021年版,前言第2页。

[60] 参见付子堂:《法之理在法外》,载《法制日报》2013年3月13日,第11版。

[61] 周叶中:《关于跨学科培养研究生的思考》,载《学位与研究生教育》2007年第8期。

方法。法学研究方法亦可作为检思法学教材知识叙事的方法。“以法律规范为中心,法学研究可以有三种不同视角:一是从法律内部视角对法律规范进行分析。二是从法律之上的价值视角对法律现象进行评价。三是从法律之外的社会视角对法律现象进行实证研究。”[62]发展中国法理学应把三者相互结合,以马克思主义法学核心观点为基础,把法哲学、法社会学、法实证论有机地聚合成一个整体[63]。就此而论,从以陈编《法理学》、张文显所著的《法理学》为代表的法理学教材出发,讲授者或研习者尚需深入社会中的法律现象尤其是法律文本、民间法、司法活动等,对“书本中的法理知识”作一结合“生活中的实践体悟”。结合教学活动而言则需将其纳入读后交流,原则上可由教师引导学生课外阅读学术论文或专著后再到课堂展示阅读和研究成果。[64] 充足的读后讨论,可以进一步自觉吸纳法治实践的“活教材”,发现教材之外的不断变化的丰富法律生活。

结　语

每一时代的学人有每一时代学人的使命。中国法理学欲继往开来、推陈出新,必得重视法学教育中的法理学教材编写,以求面向过去总结成就、面向未来培育新才。法理学教材建设:应当注重引导学生“回归经典,关注现实”,塑造学生的人文精神;应当注重融合交叉学科知识,开阔学生视野,助力中国法理学走向实践。[65] 就反面来看,好的法学教材应当避免知识传授与技能养成的畸重畸轻、异化“传经布道”为“追名逐

[62] 陈柏峰主编:《法理学》,法律出版社2021年版,第11页。

[63] 参见朱景文:《中国法理学学科体系的变迁和反思——以中国人民大学法理学教材为主线》,载《中国法律评论》2020年第1期。

[64] 参见尹生:《法学学术阅读与写作课程模式探索》,载《高等教育评论》2021年第1期。

[65] 参见付子堂、郭小东:《中国法理学教材改革新论——以新中国法理学教材70年为研究对象》,载《河南财经政法大学学报》2021年第3期。

利”、内容表达雷同、割裂教材知识与研究动态的勾连、叙事形式单一刻板且少实践关照。从此评判标准出发,整体上陈编《法理学》称得上一本好书、一本好教材,可同时承载“知识传承、思维培养与立场引导”功能,[66]亦可在法理学知识立场的显性、隐性呈现之间辅助研习者塑造“学术人格”。虽然四个方面的承载力度有所差异,但通过纸面叙事“由器显道”目标基本达成。期待更多的法理学乃至法学教材,如陈编《法理学》、张文显所著的《法理学》在内的优秀教材一般涌现出来,更好地为法学研习者呈现法学知识图景,从法学教材乃至法学教育的角度助力中国法治建设。

On the Jurisprudence-Centered Opinions of the School of the Law and Social Sciences in China that Leads a Diversity-Regulated Norm Convergence

—The Book Review of *Jurisprudence* Compiled by Chen Baifeng

Jiang Mingkun　Dang Yuqin

Abstract: The theoretic research and talent cultivation of Chinese jurisprudence need to highlight the carrier of the current achievements, refine the deficiency systematically and ideally build the jurisprudence teaching materials, which should be considered as one of the explorative paths of the reform and advancement. The jurisprudence, complied by Professor Chen Baifeng, meets the demand of legal education, roots in the frontier of the academic research, continues the characteristics of the classical teaching

[66] 参见陆幸福:《知识传承、思维培养与立场引导——法理学本科教学的三个维度》,载《法制与社会发展》2012 年第 4 期。

materials and integrates the features of his research team, which has ignited great impact on both the theoretical circle and the practical counterpart. The philosophy of this textbook includes, but is not limited to: (1) Insisting on jurisprudence as the center while portraying different aspects of jurisprudence; (2) Emphasizing the pluralistic norms of jurisprudence and affirming the status of statutory law; (3) Searching for and telling the wisdom of governance of large countries; (4) Using a three-dimensional approach, with general education as the root and legal theory construction; and (5) Considering students' needs and respecting knowledge. This textbook is based on teaching, research, and learning from multiple perspectives, integrating theoretical knowledge and the relationship between learners, all of which shape a path and goal of "knowledge transfer—competence development—personality building". All these features deserve the attention of all researchers and learners.

Key Words: axiom of rule of law; multiple norms; teaching materials of jurisprudence; Law and Social Sciences; academic reading of law

《法学教育研究》稿约

《法学教育研究》创办于2009年，是国内较早系统关注法学教育研究的专门性学术出版物，由西北政法大学高等教育研究所主办、法律出版社定期出版。2017年起本书每年出版4卷，现已入选南京大学CSSCI来源集刊。

宗旨：本书恪守科学性、实践性、创新性、开放性原则，集中出版法学教育教学研究成果，探索法学教育教学规律，促进法学教育事业的发展。

主要栏目有理论探讨、教学研究、比较研究、教材体系、管理经纬、学问人生、教育法制、法务反哺、法学资讯、书评等。

《法学教育研究》致力于搭建高水平的学术探讨平台，所有来稿均以学术价值为遴选标准。敬请作者来稿时提供：(1)中英文题目及作者姓名，标题尽量确切、简洁；(2)中英文摘要（不超过200字）；(3)中英文关键词(3～5个)；(4)作者简介（含姓名、工作单位、职称、学历学位、研究方向、通信地址、邮政编码、联系电话、电子邮箱)，如果来稿系作者承担的省级以上科研基金项目，请注明项目名称和编号；(5)正文；(6)注释。

注释：是对文内某一特定内容的进一步解释或补充说明。用①②③……数字标注序号，采用当页脚注整篇连续编号形式。著作类包括“序号,著者:《书名》,出版社出版年,起止页码”。论文类包括“序号,作者:《题目》,载《报刊名》出版日期或期号”。

声明:《法学教育研究》已许可中国学术期刊(光盘版)电子杂志社在中国知网及其系列数据库产品中以数字化方式复制、汇编、发行、信息网络传播全文。《法学教育研究》已许可北大法宝法学期刊数据库以电子形式对本书进行制作、以不脱离于数据库的形式进行传播和销售;《法学教育研究》被北京万方数据股份有限公司、万方数据电子出版社数据库收录,相关著作权使用费和稿费一并支付;《法学教育研究》已被维普网全文收录。如无特别说明,作者提交文章发表的行为即视为同意上述声明。

本书的微信公众号为 fxjyyj-xfd,定期发布相关信息,敬请关注。本书的网络采编系统现已开通,网址为 http://fxjy. cbpt. cnki. net,请通过网络采编系统投稿。

联系方式:

E-mail: fxjyyj@ 126. com

电话:029 - 88182796

地址:西安市长安区西长安街 558 号

西北政法大学长安校区 80 号信箱

邮编:710122

图书在版编目(CIP)数据

法学教育研究. 第四十一卷 / 范九利主编. -- 北京:
法律出版社, 2023
(法学教育研究)
ISBN 978-7-5197-8352-5

Ⅰ. ①法… Ⅱ. ①范… Ⅲ. ①法学教育-研究-中国
Ⅳ. ①D92-4

中国国家版本馆 CIP 数据核字(2023)第 184283 号

法学教育研究(第四十一卷)
FAXUE JIAOYU YANJIU (DI-SISHIYI JUAN)

范九利 主编

责任编辑 孙东育 曲 杰
装帧设计 李 瞻

出版发行 法律出版社
编辑统筹 学术·对外出版分社
责任校对 王 丰
责任印制 陶 松
经 销 新华书店

开本 710 毫米×1000 毫米 1/16
印张 23.75 **字数** 321 千
版本 2023 年 4 月第 1 版
印次 2023 年 4 月第 1 次印刷
印刷 北京新生代彩印制版有限公司

地址:北京市丰台区莲花池西里 7 号(100073)
网址:www.lawpress.com.cn
投稿邮箱:info@lawpress.com.cn
举报盗版邮箱:jbwq@lawpress.com.cn

销售电话:010-83938349
客服电话:010-83938350
咨询电话:010-63939796

书号:ISBN 978-7-5197-8352-5
定价:98.00 元
凡购买本社图书,如有印装错误,我社负责退换。电话:010-83938349